JN437181

자신과 타인 그리고 조직과 사회를 살찌게 하는 인간성공 경영

삶의 차이를 만드는

인간성공 경영

백석(佰晢) 지음 · 최정민 그림

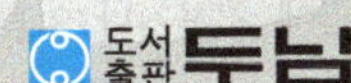
도서출판 두남

머리말

나는 정말로 나 스스로 내가 누구인지를 알 수 있을까? 내가 알고 있는 나 자신이 진짜 나의 모습이라고 확신할 수 있을까?

완벽한 인간, 완벽한 사회인이란 인간이 만들어 낸 도달 불가능한 평가와 가치 기준일 뿐이 아닌가 싶다.

사람들은 인간이 지구상에서 가장 현명하며 위대한 인격체라고 자칭한다. 그리고 인간이 인간을 만들어 내기도 하고 평가도 한다.

어찌 지구상에는 그 위대한 인간만이 존재한단 말인가? 그렇다. 인간은 지극히 편협적이고 근시안적인 사고에서 벗어나지 못하는 사회적 동물이기에 그것밖에, 그 정도밖에 모르는 것이 어찌 보면 인간에 대한 정확하고 올바른 평가일지도 모른다.

저자 본인은 환갑이 돼서야 비로소 철이 든 것을 느꼈다고 생각한 적이 있다. 그러나 시간이 흘러 지금에 와서는 그때 그 한 말이 부끄럽게 느껴지곤 한다.

물론 철이 든다는 기준과 척도는 개인에 따라 차이를 보일 수 있다. 그러나 나에게는 생을 마감할 때까지 부족하다고 느껴진다는 생각 때문이다.

인간은 끊임없이 부족한 것을 채워가는 노력을 다할 때 그나마 삶에 대한 행복의 가치를 조금 맛볼 수 있다고 평소 생각했다. 하지만 현재에 와서 생각해보니 그것조차 새삼 부끄러움에 눌려 주저앉을 지경이다.

이 책은 저자 본인이 70여 생을 살아오면서 보고, 듣고, 느낀 경험을 토대로 한 내용이 수록되었다. 특히 자격시험 출제위원으로서 시험문제 출제 및 합격자를 대상으로 하는 실무수습 교육을 준비하고 진행하기 위해 모아진 자료와 수년간 신문지상을 빌어 연재한 "인간성공 경영" 기고의 글, 그리고 몸담았던 대학에서 수강생들을 지도하기 위해 준비과정에서 얻게 된 작은 지식을 발췌 · 재정리한 것에 불과하다.

이 책은 심층적인 이론을 논하여 새로운 지식을 독자에게 공급하는 것은 결코 아니다. 단지 일상적인 생활 속에서 그리고 조직 생활을 영위해 가면서 필요하다고 생각되는 내용을 나름대로 망라한 것에 불과하다.

좀 더 구체적인 내용은 이렇다. 삶을 영위해 나가면서 자기 자신이 희망하는 바람직한 결과를 얻기 위해서는 우선 인간의 본성을 이해하는 데서부터 출발해야 한다고 생각했다. 그리고 자신을 알고 자신의 역량을 키워야 행복한 삶, 성공적인 인간관계를 잘 할 수 있다는 데 초점을 맞춰 엮어냈다.

각 주제 내용 첫머리는 본문의 내용을 시각적으로 이해를 돕기 위해서 삽화를 배치하였다. 그리고 끝머리에는 독자가 본문의 내용을 함축적으로 쉽고 깊이 있고 폭넓게 이해하도록 고사성어의 본뜻과 더불어 본뜻에 대해 저자가 재구성한 의미의 내용과 TIP을 수록하였다.

따라서 한 가지 작은 소망이 있다면 살아가면서 인생경영을 잘하여 더욱 성숙한 인간으로 거듭나서 자신이 마음먹고 희망하는 삶이 이루어지고 더불어 메마른 사회를 좀 더 기름진 사회로 만들어가는 데 조금이나마 도움이 되었으면 하는 마음을 조심스럽게 가져 본다.

2022. 1.
저자 씀

Contents

차례

라

마

바

사

아

자

차

타

하

▣ 초대의 글

가 삶의 차이를 만드는 인간성공 경영

01 강압

강압은 상대방의 자유의사를 짓밟는 반인륜적인 행위이다

강압은 상대를 굴복시켜 마음을 일시적으로 모으게 할 수는 있지만, 그건 그리 오래가지 못하고 몇 배의 반감작용으로 인하여 오히려 마음을 흐트러지게 만드는 주범이 된다.

인간은 인격의 주체로서 존귀한 가치를 지니므로 행복을 추구하며 동시에 인간답게 살 수 있어야 한다. 따라서 인간은 어느 사람이나 존엄하게 대우받을 권리가 있는 존엄성을 지니고 있다. 그러므로 사람은 어떤 형태든 자유가 억눌리는 삶이 되어서는 안 된다.

강요는 자신의 원하는 목적을 달성하기 위해 상대방의 의사와 관계없이 강제하고 통제하는 행위이다. 그러므로 강요는 수동적 · 강압적인 성격이 강한 부정적인 특성을 보이는 것이다.

모든 사람은 독특한 개성을 가지고 있으며, 깊이 있는 내면의 세계에서 자신의 존엄한 가치를 뿜어낸다. 그러므로 누구의 강요로 남이 요구하는 제안이나 의견을 무조건 받아들이는 사람은 없다. 그러나 적지 않은 사람들은 자신의 주관적인 관점에서 모든 것을 판단하고 자기 뜻을 남에게 강요하려고 한다. 그러므로 강압은 상대방의 자유의사를 짓밟는 반인륜적인 행위라고 할 수 있다.

"자신이 원하지 않는 것을 타인에게 행하지 말라"는 말이 있다. 이는 「논어」에 나오는 공자의 말씀으로서 유교적 황금률로 잘 알려져 있다. 공자는 타인이 자신에게 행하기를 원치 않는 것을 나 역시 타인에게 행하지 않는다고 말했다.

강요는 우리 사회 각처에서의 여러 형태로 나타나는 것을 흔하지 않게 볼 수 있다. 특히 위계질서를 중시하는 조직에서의 강요는 오랜 시간을 지나오면서 침전되어 굳어졌다. 마음에 내키지 않거나 싫어도 해야만 하는 그런 문화로 정착된 것도 볼 수 있다. 아니 당연히 해야 할 일도 스스로 할 수 있는 일도 모두가 강요로 하는 예도 있다.

모든 조직의 리더는 강압을 사용하지 않고 구성원들을 대상으로 긍정적이고 수용적인 태도를 끌어내야 하는 능력의 리더십을 발휘해야 한다. 따라서 조직을 이끌어 나가는 리더는 구성원들에게 조직이 나가야 할 방향을 제시하고 자율성과 능동성 그리고 배려를 통하여 마음을 끌어들이는 노력이 우선 되어야 한다.

리더가 옳다고 생각하는 방식을 추종자들은 언제나 모두 마음에 들지 않는다는 것이 조직에서의 보편적인 현상이다. 그러나 불가피하게 필연적으로 반드시 해야만 할 중대 사안일 경우, 리더가 할 방법은 무조건 강요보다 설득과 협상 능력을 발휘해서 구성원들이 마음을 바꿔 따르도록 하는 것이 매우 중요하다. 리더가 구성원을 대상으로 강압하지 않고 설득하여 수용적 태도로 마음을 바꾸게 하는 일은 리더가 지녀야 할 역량이기 때문이다.

따라서 설득의 효과를 거두기 위해서는 전제 조건이 따라야 한다. 가장 우선시되는 것은 상대방이 현재 취하고 있는 정보를 파악해서 차이를 보이는 정보를 제시해야 설득을 위한 소통의 효과가 나타나게 된다. 그러기 위해서는 상대방의 태도를 파악하고 그에 합당한 메시지를 전달해야 설득이 효과를 거둘 수 있다.

강압하지 않고 설득하는 방안은 우선 리더가 제안하고 지지하는 안이 옳다는 것을 보여주는 구체적인 추가 증거를 구성원들에게 제시하는 것이다. 데이터를 활용하는 때도 있고, 과거의 예나 또는 다른 유사한 사례에서 처리했던 관행을 증거로 제시하는 것이다. 왜냐하면 증거를 제시하는 것은 강압하지 않고 합리적 설득의 가장 중요한 방편이기 때문이다.

그리고 또 하나의 설득 방안은 리더와 구성원들이 함께 공유하고 있는 대의와 이념 등의 신념체계를 내 세워 영감적 호소를 활용하는 것이다. 즉 가슴에 감동이 올 수 있도록 호소하는 것이다. 그래서 구성원들의 생각을 바꿀 수 있도록 비전, 이념, 가치, 이상, 철학 등 동원 가능한 모든 것을 활용하여 마음에 감동을 자아내어 설득하는 것이다.

마지막으로는 구성원들에게 혜택을 제공하는 것이다. 생각을 바꿔 따라와 주면 모종의 혜택을 제공하겠다는 것을 직·간접으로 약속하는 것이다. 혜택을 제공할 때는 반드시 조건이 따라야 하고 주는 혜택은 가능 범위 내에서 공정하고 합리적이어야 하며 실천에 옮길 수 있어야 한다.

강압은 상대를 굴복시켜 일시적으로 쾌감과 원하는 것을 얻을 수는 있다. 그렇지만 그건 오래가지 못하고 결국에는 모든 것을 다 잃을 뿐만 아니라 원성만이 난무하게 된다. 강압보다 설득하고 부드러운 것, 그리고 상대의 마음을 돌려놓을 수 있는 관계의 기술이야말로 인간의 마음과 자유를 통제하고 빼앗는 반인륜적인 행동에서 벗어나는 유일한 방법이 되는 것이다.

✔ 고사성어

- **강목수생**(剛木水生): 剛(굳셀 강), 木(나무 목), 水(물 수), 生(날 생)
  "마른 나무에서 물을 내게 한다"는 뜻이며, "어려운 사람에게 없는 것을 내라고 억지를 부리며 강요한다"는 의미다.
  - 부당하고 합리적이지 못한 일이나 사실이 아닌 것에 대하여 강압적인 지시나 명령으로 조직을 이끌어 나가는 리더의 행태는 바람직하지 못하다. 또한 "힘들고 어려운 환경에 처해 있는 사람에게 없는 것을 억지를 부려 강요(강목수생: 剛木水生)" 하는 행태 등은 조직 분위기의 자율성을 해치는 것은 물론이거니와 더 나아가 인본주의적 가치를 파괴하는 행위이다. 따라서 강압은 상대를 굴복시켜 원하는 것을 일시적으로 얻을 수는 있지만 결국에는 "강노지말(强弩之末: 강대한 힘일지라도 최후에는 쇠약해짐)" 되어 이미 얻은 것조차 잃을 뿐만 아니라 갈등과 반목이 깊어져 조직이 추구하는 성과를 기대하기는 쉽지 않다.

☐ TIP 1. 조직에서 강압적 방법의 문제점

- 주인 정신을 잃게 된다.
- 능동적인 태도가 무기력하고 수동적 태도로 전환된다.
- 리더는 부하직원들로부터 부여받은 특수신용을 잃게 된다. 따라서 부하들은 리더를 리더로 인정하지 않는다.
- 자율적 분위기를 파괴한다.
- 일시적인 성과는 얻을 수 있으나 시간이 지남에 따라 성과는 극대화할 수 없고 오히려 저조함을 보인다.
- 바람직하지 못하고 예상치 못한 문제를 발생하게 한다.

- 팀워크의 응집력이 파괴된다.

□ TIP 2. 강압이 무조건 나쁜 것만은 아니다. 상황에 따라서는 효과적일 수 도 있다.

- 조직 내 구성원들이 리더를 신뢰하고 따른다.
- 조직에서 추구하는 과업 목표나 업무처리 방법이 명확하든가 또는 보상과 벌의 권한이 강하든가, 둘 중 하나가 높으면 상황의 호의성이 높다는 것이다.
- 이런 상황에서는 리더가 구성원을 대상으로 일을 하도록 강압적으로 독려를 해도 아무 불만 없이 긍정적인 생각을 하고 매사에 자율적으로 열심히 일을 한다.
- 위와 같은 상황에서 시간상으로 급박(急迫)함이 요구되는 업무일 경우에는 강압적 방법은 더욱 빛을 발하게 된다.

02 거짓말

거짓말은 자신과 남을 속이는 것이며 정신까지 피폐화시키는 독버섯이다

신뢰는 진실만을 쌓는 것이고 거짓말은 신뢰를 허무는 것이다.

"신뢰를 쌓는 것은 매우 힘들지만 잃는 것은 한순간이다"라는 말이 있다. 이 말의 의미는 이렇다. 현대사회는 신뢰와 신용의 사회이다. 그 때문에 거짓말은 대인관계에서 막대한 부정적인 악영향을 미치게 된다는 내용으로 해석된다.

"양치기 소년"에 관한 이솝우화 이야기다. 양치기 소년이 양을 치다가 심심해서 "늑대가 나타났다!"라고 거짓말하기 시작하였고, 마을 사람들은 늑대를 잡기 위해 모였다가 속은 것을 알고 화가 나기 시작했다. 그런데 어느 날 진짜 늑대가 나타나자 양치기 소년은 늑대가 나타났다고 소리를 질렀지만 마을 사람들은 또 소년이 거짓말을 하는 줄 알고 아무도 오지 않아 양들 모두가 그리고 양치기 소년까지 늑대에게 잡아먹혔다.

속담에 "콩으로 메주를 쑨다고 해도 곧이듣지 않는다"는 말이 있다. 이 속담은 이솝우화에 나오는 "양치기 소년"을 잘 대변해 준다. 한번 거짓말을 하게 되면 신뢰를 잃고 더 나아가 모든 것을 다 잃는다는 참 교훈을 던져준다.

한 개인을 이해하고 평가하는 것은 그 사람의 성장 과정과 경력을 보고 알 수도 있지만 더욱 중요한 것은 얼마나 가식과 거짓말 없이 상대를 대하고 진실하게 살아가는가이다.

거짓말은 생존에 필요한 전략일 수도 있고 불가피하게 의도적으로 행하게 되는 선의의 거짓말일 수도 있다. 이러한 거짓말은 일정한 범주를 벗어나지만 않는다면 정당화될 수도 있고 오히려 아름다운 미덕이 될 수도 있다.

우선 전략적 거짓말은 자기방어적 측면이 강하다. 가령 전쟁 상황에서 승리하기 위해서는 전략적 거짓말은 전술이 되어 전쟁에서 패하지 않고 승리하여 평화를 지킬 수 있다. 이와 같이 전략적 거짓말은 사회생활을 하면서 대인관계에서도 마찬가지다.

또한 선의의 거짓말은 오히려 자신을 겸손하게 하는 교훈을 주기도 한다. 그리고 선의적인 거짓말은 타인을 배려하고 타인을 위해 희생정신을 부여하기도 한다.

그러나 자신만의 이익 추구를 위해 자신을 속이면서까지 남까지 속이는 거짓말은 자신을 망치게 하는 독버섯이나 다름없다. 거짓말이 습관화되면 더욱 승화되고 강도가 높아져 사실이 아닌 것을 사실처럼 꾸며내고 없는 것도 지어내어 상대를 현혹하기 때문이다.

이처럼 남을 이용하기 위한 위선과 거짓말은 오래가지도 못하고 성공할 수도 없다. 거짓말의 횟수와 강도는 신뢰와 반비례하기 때문이다. 사람이 신뢰를 잃게 되면 모든 것을 다 잃는다. 비근한 예를 하나 들어보자면, 매우 급한 상황에 처해 있어서 꼭 남의 도움이 필요로 할 때, 일생에 한번 도움을 청하더라도 상대방은 그 요청을 들어줄리 만무하기 때문이다.

인간은 관계를 중시하면서 살아가는 사회적 동물이다. 상호관계 속에서 거짓말을 하는 사람들의 심리는 어느 정도 공통점을 가지고 있다.

거짓말은 자신의 품위와 체면을 유지하려는 방편으로 사용되기도 한다. 자신이 갖고 있는 허물이 타인들에게 알려지면 비난이란 두려움 때문에 자기보호적 측면에서 거짓말을 하게 된다는 것이다.

또한 타인에게 자신에 대한 좋은 모습, 훌륭한 모습을 보여주어 자신을 돋보이고 싶은 욕망이 강하게 작용하기 때문이기도 하다.

거짓말하는 심리의 또 하나는 어렵고 괴로운 일들이 현재 진행되고 있을 때 자존심이 상하는 감정을 감추기 위해 거짓말을 하게 된다는 것이다.

이러한 거짓말의 심리는 반복될수록 자기합리화가 승화되어 죄책감조차 느끼지 못하는 정신적, 심리적 장애로 발전되기도 한다.

인간은 누구나 숭고하고 존엄한 가치를 추구한다. 그렇다면, 어떻게 훌륭한 인격을 갖추어 신뢰받는 사람으로 존재할 것인가 하는 것은 그 무엇보다도 정직하고 진실성 있는 윤리적 인간이 되기 위한 노력을 해야 한다.

그건 무엇보다도 일상생활 속에서 스스로 자신의 마음을 돌아보며 반성하고 살펴보는 '자기성찰'을 하는 것이다. "나는 평소에 윤리적 행동을 하고 있는가?", "평소 나의 태도에 대해 상대방은 나를 어떻게 평가하고 있을까?"에 대한 자기가 자기에게 던지는 질문에 관하여, 자기 자신의 마음을 돌아보며 반성하고 살펴보는 자기성찰과 자기비판을 냉철하게 해보는 것이다.

"아무도 신뢰하지 않는 자는 누구의 신뢰도 받지 못한다"는 제롬 블래트너(Jerome Blattner)의 명언을 마음속 깊이 간직하고 생활하는 것도 '자기성찰'에 도움이 될 것이다.

✔ 고사성어

■ 허망지설(虛妄之說): 虛(발 허), 妄(허망할 망), 之(갈 지), 說(말씀 설)
"거짓이 많아 미덥지 않은 말"이라는 뜻이며, "거짓말을 하는 사람은 신뢰와 존경을 받을 수 없다"는 의미다.

▸ 거짓말은 "자신을 속이고 남을 속이는 것이다(자기기인: 自欺欺人)" 따라서 사람이 성숙한 윤리적 인간으로서 존경과 신뢰를 쌓기 위해서는 "표리부동(表裏不同: 겉으로 드러나는 언행과 속으로 가지는 생각이 다름, 겉과 속이 다름)"하지 말고 "진실무위(眞實無僞: 참되어 거짓이 없음)"한 삶을 살아야 한다. 그러기 위해서는 꾸준히 "존심양성(存心養性: 양심을 잃지 않고 그 성품을 키워나감)" 노력을 해야 한다.

☐ TIP 1. 거짓말의 유형

- 하얀 거짓말: 악의 없이 무심코 하는 거짓말
- 새빨간 거짓말: 근거 없는 일을 악한 마음을 갖고 남을 해치려고 하는 거짓말
- 뻔한 거짓말: 속이 다 들여다보이는 거짓말

☐ TIP 2. 거짓말의 심리학: 욕심 때문에 거짓말에 말려드는 까닭

- 호감의 법칙: 타인에게 호감을 느끼는 순간 이상적 판단이 마비된다.
- 권위의 법칙: 권위에 자동으로 반응한다.
- 희귀성의 법칙: 한정 판매에 약하다.
- 상호성의 원칙: 호의를 갚아 줘야 한다는 의무감을 느낀다.
- 사회적 증거의 법칙: 우리는 다수의 행동을 믿고 따라 한다.

03

게으름

게으름은 현실을 무시하고 안주하게 하는 근본적 원인이다

게으름도 병의 일종이다. 서 있으면 앉고 싶고, 앉아 있으면 눕고 싶고, 누우면 잠자고 싶은 것이 인간의 습성 때문이다. 이런 습성이 반복되면 현대 의학으로도 고칠 수 없는 고질병이 되는 것이다.

세계에서 가장 영향력 있는 경영의 대가 피터 드러커는 "시간은 가장 희소한 자원이다. 따라서 시간을 관리하지 못하는 사람은 다른 어떤 것도 관리하지 못한다"고 말했다. 기업을 경영하면서 필수적으로 요구되는 물적 자원, 재무적 자원, 인적 자원보다도 더 중요한 것이 시간이라는 것을 강조하는 대목이기도 하다.

시간의 흐름은 누구나 똑같이 공유한다. 그러나 누가 얼마나 삶의 가치를 바람직한 방향으로 추구하면서 시간을 보내느냐가 삶에 대한 성공과 실패를 좌우하게 한다.

어느 철학자는 말했다. "운명은 자신이 개척해 나가는 것이며, 게으른 자는 그 대가를 지급하게 될 것이고 근면한 자는 행복과 성공을 얻게 될 것이다"고 말이다. 이는 게으름과 근면함에 관한 결과는 너무나도 다르고 차이가 많다는 것을 단적으로 말해주는 참 교훈이라 할 수 있다.

자신이 현재 어떠한 상황과 환경에 처해 있다 해도 어떤 일이든 포기하거나 안주하면 안 된다. 포기하거나 안주하는 것은 모두가 게으름에서부터 시작되기 때문이다.

모든 사람은 시간의 흐름에 대해 통제는 할 수 없으나 시간의 흐름에 대한 활용은 얼마든지 할 수 있다. 생활 속에서 사람들은 주어진 한정된 시간을 효율적으로 활용하지 못하고 편한 것만 찾고 안주하다가 타성에 젖어 나태해지게 된다. 또한 심각한 게으름은 몸에 자연스럽게 자신도 모르게 침전되어 그것을 인지하여 탈출을 시도해도 어렵게 된다.

"일생의 계획은 어린 시절에 달려 있고, 일 년의 계획은 봄에 있으며, 하루의 계획은 새벽에 달려 있다. 어려서 배우지 않으면 늙어서 아는 것이 없고, 봄에 밭을 갈지 않으면 가을에 바랄 것이 없으며, 새벽에 일어나지 않으면 그 날 한 일이 없게 된다"는 말은 공자(孔子)의 게으름에 대한 충고의 명언으로 유명하다.

대체적으로 사람들은 자신의 삶에 대해 나름대로 미래를 설계하고 길고 짧은 계획을 세워서 생활에 임하기 마련이다. 그러나 설령 아무리 미래를 설계해 놓고 훌륭한 계획을 세워놓았다 하더라도 게으름의 영향을 받아 실천하지 못한다면 성과로 이루어질 수 없는 것은 자명한 사실이다. 이는 곧 게으름은 실패를 의미하는 것이다.

인간은 누구나 편안한 삶을 갈구하고 즐겁게 살기를 바란다. 그러나 게으름은 변화하기를 싫어하기 때문에 게으름의 깊이가 깊어질수록 타성에 젖어버리게 된다. 따라서 경쟁사회에서 승리하여 좀 더 성공하고 윤택한 생활을 영위하기 위해서는 게으름의 타성에서 벗어나 늘 혁신적인 삶을 추구하는 노력을 해야 한다. 근면하여 얻어진 성공에 대한 편안한 삶과 그리고 노력하지 않고 현재 그대로의 편안한 삶의 차이는 행복과 즐거움의 질과 정도가 다르기 때문이다.

'초(初)'자는 옷(衣)과 칼(刀)로 합쳐진 글자다. 옷을 만들려면 옷감을 먼저 칼로 자르는 것에서 시작했기에 옷과 칼이 합쳐진 글자는 '처음, 시작'이라는 뜻을 가지게 됐다. 따라서 초심(初心)은 옷감을 처음 마름질할 때 귀한 옷감을 상하게 하지 않도록 매우 정성스럽게 시작해야 하는 마음이다. 결국 게으름은 초심을 잃기 때문에 부지런하지 못한다는 의미다.

사람은 누구나 처음에는 성실하고 부지런하지만 시간이 지날수록 게을러지는 것은 인간이 지닌 일반적인 성향이라 할 것이다. 처음처럼 성실하고 부지런하려면 처음의 마음을 잊지 말고 늘 새롭게 해야 한다.

인간은 기계가 아니므로 때로는 귀찮고, 어렵고, 힘들어서 성가실 때가 있다. 이럴수록 더욱 힘을 내서 한 번 더, 한걸음 더 내딛는 실천행동이야말로 정신주체를 키워서 삶 전체를 변화시키는 계기가 되는 것이다.

실천은 도전이고, 의지이며, 부지런함이다. 게으름에서 벗어나려면 바로 실천할 일을 바로 실천하는 것뿐이다.

마라톤 선수에게 던져지는 말이 있다. "오늘 당장 뛰지 못하면 내일은 앉은뱅이가 된다"는 말씀 말이다.

✔ 고사성어

■ 행불무득(行不無得): 行(갈 행), 不(아닐 부), 無(없을 무), 得(얻을 득)
"움직이지 않으면 얻는 것이 없다"는 뜻이며, "고통없이 얻는 것이 없고 노력없이는 어떤 이득도 없고, 행동하지 않으면 어떤 결과도 기대할 수 없다"는 의미를 지닌다.

▸ 인간의 게으름과 근면함은 곧 실패와 성공으로 이어진다. 그러므로 좀 더 성공하고 윤택한 삶을 영위하기 위해서는 "습여성성(習與性成: 습관이 오래되어 마침내 천성이 됨)"에서 벗어나야 한다. 따라서 게으름의 습성에서 벗어나는 방법은 오로지 "극기상진(克己常進: 자기를 이기고 항상 나감)"하는 길밖에 없다. 그래야 게으름에서 벗어나 "근자필성(勤者必成: 부지런한 사람은 반드시 성공함)" 할 수 있다.

☐ TIP 1. "소가 된 게으름뱅이"의 설화

- 게으름뱅이가 소 탈을 쓰고 소가 되어 힘들게 일하다 무를 먹고 다시 인간으로 돌아와서 부지런한 사람이 되었다는 설화가 있다.
- 이 이야기는 게으른 사람을 소로 변신시켜 소가 지닌 우직함과 성실함을 몸소 체험하게 한다. 이를 통해 게으른 사람은 현실로 돌아왔을 때 부지런한 인간으로 변신하여 부지런하고 활력이 넘치는 삶을 살아간다. 소는 우리 민족의 삶에서 가족처럼 가장 가까운 존재이자 집안의 힘든 일을 함께해 준 부지런한 동물이다. 이 이야기는 무위도식하는 게으름뱅이가 소가 지닌 좋은 성품을 본받기를 바라는 상상에서 비롯된 변신 이야기일 가능성이 크다.
- "소가 된 게으름뱅이"의 설화는 현대사회를 살아가는 사람들에게 게으름에서 탈출해야 성공된 삶, 행복한 삶을 이룰 수 있다는 참 교훈을 던져준다.

☐ TIP 2. 게으름 탈출법

- 자신과 싸움에서 이기기 위한 강인한 정신주체를 키운다. "오늘 걷지 않으면 내일은 앉은뱅이 된다"는 말을 늘 지속해서 뇌까리며 하고자 하는 일을 늦추지 말고 즉시 실천에 옮긴다.
- 자신이 나아갈 방향(비전)을 설정하고 매일같이 생각한다.

- 계획을 중장기계획, 단기계획으로 나누어 세워놓고 중요한일, 급한 일 등 우선순위를 정하여 실천한다.
- 자신이 지닌 강점과 장점을 특기로 삼고, 그리고 잘할 수 있는 일을 취미로 삼아서 매일같이 열심히 한다.
- 부정적인 사고를 떨쳐버리고 긍정적인 사고의 힘을 기른다.
- 열심히 살아가는 활기찬 세상/환경을 자주 접하여 수시로 자극을 받는다.
- 게으름에서 탈출하지 못한다면, 미래에 어떤 위치, 어떤 모습으로 비칠 것 인가를 상상해 본다.

04 겸손

'낮은 곳을 찾아 흐르는 겸손(謙遜)'이 주는 인간성공 경영

자신을 낮추고 자신을 내세우지 않는 사람은 오히려 남으로부터 칭찬과 존경을 받고 남과 함께 행복한 삶을 노래하게 한다. 진정한 겸손은 자신을 들춰내지 않고 오히려 낮추어 타인을 배려하는 고운 마음씨이기 때문이다.

모든 사람은 어떻게 하면 인간관계를 잘 하여 성공적이고 행복한 삶을 이룩할 것인가를 희망하고 있다.

지식이 넘치고 역량 있는 인물이 되는 것은 매우 중요하다. 그렇지만 모든 사람으로부터 존경받기 위한 덕목의 하나인 겸손은 더욱 중요한 것이다. 그것이 바로 노자(老子)의 물(水)의 육덕(六德) 중에서 '낮은 곳을 찾아 흐르는 겸손'이다.

독일 철학자 헤겔은 "갈등 과정을 극복하고 상호 간의 인정을 통해 결국에는 공동체적 정신으로 고양된다"고 말했다. 그러나 우리가 상호 간의 인정을 받는 과정이 꼭 그렇게 커다란 갈등을 필요로 하지는 않다. 단 무엇보다도 타인으로부터 인정받기 위해서는 먼저 마음의 문을 열고 상대를 인정하는 태도가 필요하고, 그리고 그런 태도는 겸손으로부터 나오기 마련이다.

겸손함은 결코 자기 자신을 비하하는 것도 아니고, 그렇다고 다른 사람에게 인정받기를 포기하는 것도 아니다.

물은 결코 낮은 곳에서 높은 곳으로 거슬러 올라가지 않고 그저 낮은 곳을 추구할 뿐이다. 이것은 곧 겸손을 의미한다.

가장 높은 곳에서 머무는 물보다 흐르고 흘러 가장 낮은 곳에 모인 물은 지저분 하지만 그 물은 열을 받아 기화가 되면 높은 곳으로 올라갔다가 다시 아래로 내려와 대지 위에 생명을 키우는 선(善)한 일을 하며, 또다시 낮은 곳을 추구한다. 이는 상대방을 존경하고, 상대를 배려하고 자기를 낮추고 살아가게 되면 자기가 원치 않더라도 자신에게 존경과 사랑으로 다시 돌아온다는 의미이기도 하다. '남을 돕는 것은 결국 자신을 돕는 길이다'라는 참 진리인 것이다.

어떤 사람은 즐거운 마음으로 남을 돕는가 하면, 어떤 사람은 상대방에게 도움을 주기는커녕 상대방으로부터 도움을 받기를 원하고 도움을 청한다. 이런 현상은 개인이 갖는 사고방식의 차이라 볼 수도 있지만, 인간의 본성인 이기적 발로 때문이다.

남을 돕는다는 것은 아름다움이요, 행복이다. 남을 돕는다는 진정한 의미는 상대방이 도움을 받기를 원하거나 도움을 청할 때 주는 것보다 도움이 필요하다는 사실을 먼저 알아차려서 도움의 손길을 내밀고 조건 없이 도움을 주는 것이다. 높은 곳 고정된 자리에서 아래를 내려다보는 것보다 낮은 자세로 넓은 세상을 바라보면 더 많은 것을 볼 수 있고 더 자세히 볼 수가 있기 때문이다.

겸손은 자신을 들어내 보이기보다 남을 더 생각하는 마음이다. 겸손 없는 사랑과 배려는 훌륭한 인간관계를 기대하기 어렵다. 좋은 인간관계를 만들고 어려움을 해결하는 과정에서 남을 위해 봉사하고 희생하는 정신은 21세기에 들어오면서 우리나라에서도 경영윤리와 더불어 필수주제가 되었다.

타인을 위한 봉사와 자기희생은 인간이 살아가는 데 있어서 가장 기본이 되는 윤리적 자질요소로부터 시작되며 이는 겸손이라는 덕목이 전제되어야 가능한 것이다.

공자는 『논어』에서 "남이 알아주지 않아도 분노하지 않는 사람이 군자가 아니겠는가?(人不知而不? 不亦君子乎)"라고 말하여 남이 자신을 무시하고 인정해주지 않아도 성내지 않는 사람이 군자라고 말하여, 알아주지 않아도 의젓하게 자신을 지킬 수 있는 그런 인격, 바로 그것은 겸손함에서만 나올 수 있는 일이라고 말하였다.

"겸손이란 자기 자신을 낮추는 것이 아니라 자신을 덜 생각하고, 남을 더 생각하는 것이다. 겸손 없이 다른 사람들을 이끌고 격려하는 것은 불가능하다"는 '닉 워렌'의 명언을 마음속에 새기고 행동한다면, 행복하고 아름다운 사회를 만들어 가는데 틀림없는 21세기 선도자(先導者)의 주인공이 될 것이다.

✔ 고사성어

■ 낭중지추(囊中之錐): 囊(주머니 낭), 中(가운데 중), 之(갈 지), 錐(송곳 추)
"주머니 속의 송곳"이라는 뜻이며, "주머니 속의 송곳은 그 예리한 끝이 주머니를 뚫고 나오듯, 재능이 뛰어난 사람은 숨어 있어도 남의 눈에 드러난다"는 의미다.

▸ 주위 사람들로부터 칭찬과 존경을 받고 자신의 내면의 세계를 넓혀서 행복하고 아름다운 사회를 만들기 위해서는 "겸양지덕(謙讓之德: 겸손하고 사양하는 미덕)"을 갖춰야 하고 "자기 자랑을 하지 않고 묵묵히 할 일을 하는 겸손한 사람(대수장군: 大樹將軍)"이 되어야 하며, 그리고 "때로는 자신의 역량을 낮추어 어울릴 줄 알아야 한다(난득호도: 難得糊塗)"

□ TIP 1. 겸손의 본질적인 성찰은 오로지 오만함을 방지하고 퇴치하는 데 있다.

겸손함은 자신의 역량과 공헌에 대해서는 객관적이고 현실적인 평가인 동시에 그것을 드러내지 않는 데 있다. 그리고 타인의 역량과 공헌에 대해서는 인정해주고 즉각적인 보상(외적 및 내적 보상)을 해 주는 데 있다.

□ TIP 2. 사회적 겸손

- 시선은 ⇨ 사람
- 관계는 ⇨ 나와 너
- 내용은 ⇨ 너 앞에서 나를 관리하고 또 너를 관리하는 것
- 관건은 ⇨ 내가 나를 의지적으로 얼마나 죽이느냐에 관건이 있다.
- 겸손과 지혜는 ⇨ 겸손과 지혜는 내가 추구하는 것

05 경쟁

경쟁 없는 사회는 공정하고 평등한 사회가 아니다

경쟁 없는 사회는 현실 안주에서 벗어나지 못하고 발전도 꾀할 수 없다. 내일에 더 큰 행복한 삶을 이루기 위해서는 경쟁은 필수 조건이다.

인간이 경쟁심리가 작용하는 것은 누구나 갖게 되는 선천적으로 타고난 천성이다. 따라서 의식 있는 인간은 누구나 경쟁심이 있기 마련이다. 그러므로 경쟁 없는 사회는 있을 수 없고 경쟁이 없으면 개인의 삶은 물론 사회도 발전을 이룩할 수 없다. 오로지 내일에 더 큰 행복한 삶을 이루기 위해서는 경쟁은 필수적이다.

솔개의 양육방법은 현대사회를 살아가는 모든 사람에게 경쟁의 중요성에 대해 많은 교훈을 전달해 준다.

조류 중 가장 강력한 힘과 위용을 지닌 조류는 솔개다. 솔개는 보통 한 번에 너 댓 마리의 새끼를 낳아 키운다. 새끼에게 먹이를 주기 위해서 어미가 물고 오는 먹이의 양은 매번 한 마리 새끼를 먹일 정도의 양밖에 되지 않는다. 그러나 어미가 새끼들을 먹이는 방식은 결코 평등원칙에 따르는 것이 아니다. 먹이는 새끼 중에서 가장 빠르고 거세게 덤벼들어 먹는 새끼의 몫이 된다.

이런 상황에서 허약하고 느린 새끼는 먹지 못하고 자연 도태되어 죽게 된다. 그래서 힘이 강하고 재빠른 놈들만 살아남는 것이다. 이런 적자생존이 대대손손 이어지면서 솔개는 더욱 강한 하늘의 왕자가 되어가는 것이다.

우리가 살아가는 사회도 마찬가지다. 경쟁을 통한 적절한 적자생존 방식을 채택하지 않고 오로지 무조건 공정과 평등만을 추구한다면 조직은 발전이 지연되고 치열한 무한 경쟁사회에서 도태되는 것은 시간문제다.

평등한 사회는 누구나 모두 평등한 부를 누릴 권리가 부여된다. 그러나 보편적이고 의도적으로 무조건 모두 평등한 부를 누리게 만들어서는 안 된다. 그건 평등이 아니라 오히려 불평등을 초래하기 때문이다.

평등은 공정한 경쟁에서 얻어지는 자유 민주주의 꽃을 피우게 하는 하나의 규칙이나 다름없다.

공정한 경쟁 없이 모두 똑같이 똑같은 양의 빵을 먹게 된다면 노력하지 않고 빵을 먹으려는 사람의 숫자는 늘어날 것이고, 반면 열심히 노력해 오던 사람의 숫자는 줄어 들것이다. 그리고 불평이 난무할 것이고 결국에는 모두가 게을러져 행복한 삶과 사회발전은 기대할 수 없게 한다. 그 원인은 각박하고 치열한 경쟁사회에서 열심히 노력을 안 해도 남들과 똑같이 빵을 먹고 편안히 살 수 있다는 심리가 인간의 마음을 지배하니까 그렇다.

"경쟁은 적이 아니라 라이벌"이란 말이 있다. 경쟁은 반드시 공정과 평등이 성립되어야 하며, 똑같은 조건 속에서 규칙이나 규정을 어기지 않고 정정당당히 싸워야 한다. 결과에 대해 승자는 패자에게 겸손과 아량을 보여야 한다. 그리고 패자를 위로하는 배려정신이 녹아 흘러내려야 한다. 또한 패자는 승자를 인정해주고 축하의 손길을 내밀 줄 알아야 한다.

경쟁은 기업을 경영함에서도 마찬가지다. 기업의 궁극적 목적은 이익 극대화다. 그렇다고 해서 무조건 수단 방법을 가리지 않고 기업을 경영하여 아무리 이윤추구 극대화를 이루었다 해도 그 기업은 사회 속에서 존경받을 수도, 그리고 존속할 수 없게 된다는 사실이다. 그 타당한 이유는 공정한 경쟁의 규칙이란 링 안에서 벗어났기 때문이다.

이렇듯 비도덕적이고 비윤리적인 기업은 사회로부터 낙인찍혀 그에 따르는 영향은 불매운동 등으로 따가운 시선의 중심에 서게 되는 것이다. 이로 인하여 그 회사에서 생산되는 제품이나 서비스의 충성도가 급격히 낮아지고 매출이 줄어 종국에는 파산에 이르기도 한다.

그러나 기업을 경영하면서 경쟁의 규칙과 규정을 준수하고 사회적 책임을 다하는 기업은 사회로부터 존경을 받고 신인도와 기업가치가 높아져서 지속적인 성장 · 발전을 꾀할 수 있다.

이러게 선의의 경쟁에서 승리한 기업들은 자신들의 이익 일부분을 사회에 환원하는 사회공헌활동이 활발히 이루어져 국민의 삶의 질을 향상시키는데 일조한다. 그리고 공공선을 추구하여 사회를 아름답게 만드는 중추적 역할을 하게 되는 것이다.

경쟁 없는 사회는 공정하고 평등한 사회가 아니다. 경쟁 없는 사회나 개인은 현실 안주에서 벗어나지 못하고 발전을 꾀할 수 없다. 그러나 무리한 경쟁이나 파괴적인 경쟁은 사회질서의 존립을 무너뜨리게 하는 요인이 되기도 한다.

현재 살아가고 있는 우리 사회는 물질 만능주의, 무한 경쟁의식이 팽대하여 인간의 존엄성이나 인간이 지녀야 할 참가치가 훼손되고 있다. 그러나 경쟁의 규칙을 만들어 공정하고 합리적인 경쟁을 한다면 개인도 행복하고 사회도 발전하는, 그야말로 아름답고 정의로운 사회, 풍요로운 사회가 만들어질 수 있다.

✔ 고사성어

■ 계목쟁식(鷄鶩爭食): 鷄(닭 계), 鶩(집오리 목), 爭(다툴 쟁), 食(밥 식)
"닭과 집오리가 먹이를 서로 먼저 먹으려고 다툰다"는 뜻이며, "여염(閭閻)의 사람들이 서로 다툰다"는 의미다.

▸ 작금의 사회는 "쟁선공후(爭先恐後: 앞서기를 다투고 뒤처지는 것을 두려함)" 사회다. 그러므로 치열한 경쟁사회에서 살아남기 위해서는 "전부지공(田父芝功: 힘들이지 않고 이득을 봄)"은 불가능하다. 그리고 급변하는 환경에 적응하지 못하면 "적자생존(適者生存: 환경에 적응하는 생물만 살아남고 적응하지 못하는 것은 도태되어 사라짐)" 되고 만다. 따라서 치열한 경쟁사회에서 살아남으려는 방안은 "이사위한(以死爲限: 죽움을 각오하고 어떤 일을 함)"각오로 매사에 임하여야 한다. 그러나 전제조건은 "도리를 따르지 않고 무리하게 행하거나 상식에 어긋나는 행동을 하는 것(도행역시: 倒行逆施)"과 특히 "자기편 끼리 하는 다툼(자중지란: 自中之亂)"은 공정하고 평등한 경쟁 그리고 선의의 경쟁이 아니기 때문에 자제해야 한다.

□ TIP 선의(善意)적인 경쟁의 장점

- 매번 물고기를 잡아주는 것에서 탈피하여, 물고기 잡는 방법을 알려준다.
  ⇨ 경쟁을 통해서 역량을 기르게 된다.
- 경쟁을 통하여 얻게 되는 자극은 동기부여가 된다.
- 자신의 단점과 약점을 장점과 강점으로 승화시켜 더 나은 효과와 가치를 창출한다.
- 선의의 경쟁으로 인한 발전은 곧 사회적 이익을 추구하는데 기여하게 된다.

06 경청

경청(傾聽)의 인생성공 경영

상대를 이길 수도 있고 져 줄 수도 있는 또 하나의 방법은 경청뿐이다.

경청은 소통의 기초이다. 대부분의 사람은 말을 많이 하지만 듣기를 싫어하는 경향이 있다. 그 이유는 '상대보다 자기가 훨씬 낫다'라는 생각을 하고 있으며, 동시에 자기중심적 사고가 강하기 때문이다.

인간관계에서 상대방의 말을 잘 들어 준다는 것은 상대방에 대한 기본적인 예의이며 신뢰를 한다는 강력한 신호이기도 하다. 또한 말하는 사람의 마음속에 빠져들면 마음의 소리가 들려, 그 속에서 그동안 잘못알고 있는 지식이나 정보가 올바르게 수정되게 된다. 그리고 부족하고 몰랐던 새로운 지식과 진리를 얻게 되어 자신을 더욱 성숙하게 하는 계기가 된다.

그러나 사람들은 대체로 하고 싶은 말은 많이 하는데 듣기는 잘못한다는 비판을 받는다.

잘 듣지 않는다는 것은 상대방이 전달하려는 내용의 진실과 상관없이 자기 마음대로 해석하고 편리하게 결론을 내버린다는 뜻이다. 그러기 때문에 중요한 정보를 획득하지 못하므로 인해 정확하고 훌륭한 의사결정을 할 수 없게 된다.

누구든지 상대방의 말이 채 끝나기도 전에 말을 자르고 나름대로 상상하여 결론을 내린다면 그것이야말로 상대방을 무시하는 처사이다. 그리고 그 무시는 고스란히 본인에게 다시 돌아오기 마련이다.

동서고금을 통하여 위대한 성인(聖人)의 삶과 사상은 후대(後代)에 지대한 영향을 미쳤다. 聖人(성인)은 듣고 난후 입을 연다. 그래서 "聖(성)은 인간이 도달할 수 있는 최고 경지이다"라 하고 있다.

聖(성)자를 살펴보면 참으로 뜻이 깊다. 耳(귀), 口(입), 王(왕) 자(字)의 3요소가 합해진 글자이다. 耳(귀)를 먼저 쓰고 口(입)자를 나중에 쓰는 것은 우연한 일이 아닌 듯싶다. "聖人은 먼저 타인의 얘기에 관심을 기울이며 그리고 역사의 소리와 진리의 소리를 조용히 모두 듣고 난 후에 입을 열어 말씀한다"라는 의미가 담겨 있다고 한다.

그리고 경청(傾聽)의 사전적 정의는 '귀를 기울여 듣는다.'는 뜻이다. 聽(청)을 측자파자(測字破字 - 한자가 만들어지면서부터 이미 각각의 뜻을 가진 여러 글자로 분리되고 결합) 형식으로 풀어보면 다음과 같다. 耳(귀이), 王(임금왕), 十(열십), 目(눈목), 一(한일), 心(마음심)으로 구성되었다. 즉, '임금의 귀를 듣고, 열 개의 눈으로 듣고, 일관된 마음으로 들어야 한다'는 뜻이다.

이 뜻이 주는 또 다른 의미는 지위가 높고 존경받는 위치에 있을수록 상대방에 대한 말을 먼저 들어야 하며, 또한 편견과 지각오류 없이 모든 사람을 똑같이 대하며 일관되게 경청해야 한다는 의미가 담겨 있는 것이다.

성공하는 사람과 그렇지 못한 사람의 대화 습관에는 뚜렷한 격차가 있다. 그 차이점이 무엇인지 단 하나만 꼽는다면 그것은 당연히 '경청하는 습관'을 들 수 있다.

권력을 추구하는 것은 인간의 본능이다. 때문에 누구나 어느 정도 지배력과 통제력을 갖고 싶어 한다. 그렇기 때문에 대부분의 사람은 상대방과 대화를 나눌 때 먼저 얘기하고 싶어 하며, 더 많이 얘기를 하려고 애쓰는 것이다.

인간은 누구나 경청하려고 하면 혈압이 상승하고 맥박이 빨라지며, 땀이 분비된다고 한다. 그만큼 경청하기란 그리 쉽지 않다는 것을 의미한다.

그렇다면 경청으로 상대를 존경해주고, 상대로부터 존경을 받아 인간 성공을 이룩할 수 있는 방안은 무엇일까.

우리는 지금껏 말하기, 읽기, 쓰기에만 골몰해왔지 듣는 것은 배우지 못했다. 하지만 정작 우리의 감성을 지배하는 것은 '귀'라는 것을 깨달아야 한다.

감성의 풍요는 세상을 가슴으로 받아들이기 때문에 타인을 이해하고 배려하며 어울리는 것부터 터득하여 생활화해야 한다. 그러기 위해서는 '지혜학습'과 '체험이란 훈련'을 통해 꾸준히 습득해 나가야 한다.

경청하는 만큼 상대방은 자신을 존경하고 신뢰하게 만드는 것이다. 자기 말을 들어주는 사람을 싫어하는 이는 세상에는 없다. 사회생활 속에서 인간관계를 하면서 상대를 알고, 설득하고, 내가 존중받는 유일한 방법은 경청임을 잊지 말아야 한다.

✔ 고사성어

■ 이청득심(以聽得心): 以(써 이), 聽 (들을 청), 得(얻을 득), 心(마음심)
"귀를 기울여 경청하는 것은 사람의 마음을 얻는 최고의 지혜이다"라는 뜻이며, "경청은 상대방에 대한 존중과 예의고 경청함으로서 상대방의 진심을 이해하는 동시에 자신을 깨닫게 한다"는 의미가 있다.

- 인간관계에서 "사람에게 믿음이 없이는 성공적인 삶은 어렵다(무신불위: 無信不位)" 그러므로 "통양상관(痛痒相關: 무슨 일에 관해서도 관심을 가지는 것처럼 매우 친한 사이나, 아픔과 가려움도 서로 관계함)"하려면 무엇보다도 경청(敬聽)만큼 중요한 것은 없다. 따라서 사람들의 마음을 얻어 신뢰를 쌓아가는 가장 이상적인 방법은 "이청득심(以聽得心)"이므로 "경청할 때는 귀를 씻고 마음을 쏟아 공손하게 들어야 한다(세이공청: 洗耳恭聽)"

□ TIP 1

경청은 상대와 자기 자신에게도 육체적 안정을 안겨준다. 듀크대학교(Duke University)의 연구진은 다른 사람의 말을 자르는 사람은 경청하는 사람에 비해 심혈관계 질환에 걸릴 위험이 7배나 높다는 연구 결과를 발표하였다.

□ TIP 2. 경청은 상대에 대한 존경이고 신뢰이다. 그러므로 경청 10계명을 생활화해야 한다.

① 우선 말하는 것을 멈춘다.
② 말하는 사람이 편안하게 느낄 수 있도록 도와준다.
③ 말하는 사람에게 내가 듣기를 원한다는 것을 행동이나 표현으로 보여준다.
④ 방해 요소를 제거한다.
⑤ 상대방에게 감정 이입하여 듣는다.
⑥ 인내심을 가진다.
⑦ 자신의 기분을 가라앉힌다.
⑧ 상대방의 발언이나 입장에 대하여 논쟁이나 비판을 하지 않는다.
⑨ 질문을 한다.
⑩ 말하기를 멈춘다.

07 고난과 절망

고난과 절망을 극복하는 방법은 강인한 인내심과 낙관적인 태도를 유지하는 것이다

현명한 사람은 고난과 절망이 닥치더라도 긍정적인 태도를 가지며 원망하지도 않는다. 다만 늘 확고한 신념을 갖고 그 어둠 속 터널에서 빠져 나오는데 최선을 다 할 뿐이다. 삶이란 고난과 절망 없이는 희망도 성공도 없기 때문이다.

인간이 살아가는 앞길은 아무도 모른다. 단지 예측만 가능할 뿐이다. 개인이든, 조직이든 모두는 행복한 삶을 꿈꾸고 희망을 노래하며 앞으로 달려가고 있다. 그러나 평탄한 길만을 걸어가면 좋으련만, 세상을 살아가는 길은 늘 성공의 길로만 안내해 주지는 않는다.

세상살이는 생각하는 만큼 만만치는 않다. 열심히 살아가다 보면, 크고 작은 시련과 어려움에 봉착하기도 한다. 그러나 고난과 절망이란 환경을 맞이하더라도 희망을 품게 되는 것은 삶에 대한 강한 의지가 마음 깊은 곳에 자리 잡고 있기 때문이다.

1967년 충남 청양 구봉광산이 무너졌는데도 지하 125m에 매몰된 광부 양창선 씨가 15일 만에 극적으로 구조되어 다시 세상 빛을 보게 되었다.

칠흑 같은 어둠 속에서 가마니와 볏짚, 잡지의 종이, 심지어 작업복을 씹어 먹으며 생존을 위한 의지를 불태웠다고 한다.

그는 말하기를 "한국 전쟁 중 전투를 하면서 일주일 이상 굶은 경험이 생환에 큰 도움이 됐다"고 했다.

누구나 시련에 처하면 두려움과 초조함이 찾아와 좌절과 절망감 같은 부정적인 생각이 자신을 지배하기 마련이다. 이러한 부정적인 생각은 스스로 극복방법을 찾아야 만이 그 어려움과 고통에서 벗어날 수 있다.

광부 양창선씨가 암흑 속 절망적인 환경 속에서 다시 세상의 빛을 보게 된 것은 배고픔의 시련이란 경험을 이미 맛봤기 때문에 가능했을 것이라 짐작된다. 그리고 포기하지 않는 인내심과 자기 동기부여가 결정적인 원인이라고 추정된다.

양창선씨는 삶과 죽음의 갈림길에서 자신만이 가진 독특한 방법으로 삶에 대한 희망을 불태웠을 것이다. "쥐구멍에도 볕들 날 있다"고 말이다. 그는 강한 인내심 기반 위에 낙관적인 태도를 유지할 수 있는 능력을 발휘했던 것이다.

양창선씨의 극적인 새로운 삶은 현대사회에 살아가는 모든 사람에게 커다란 교훈을 던져준다. "아무리 어렵고 힘들며 좌절과 절망에 빠졌다 하더라도 인내심을 가지고 낙관적인 태도를 보이게 되면 극복할 수 있다"는 것을 말이다.

사람들은 시련과 고난에 처했을 때 어려운 환경을 극복하지 못하고 삶을 포기하는 경향이 있다. 그 사람들은 그 환경에 처한 역경을 이겨내지 못하고 늪에 빠진 것처럼 점점 가라앉고 만다. 그러나 어려운 환경 속에서 겪는 고통을 참으면서 희망을 잃지 않고 인내하면, 더욱 힘차고 행복한 삶을 이룩할 수 있다.

「일기고사(日記故事)」에 나오는 우언(寓言), "이백(李白)을 감동하게 한 할머니"의 이야기는 "아무리 어려운 일도 끈기 있게 노력하면 이룰 수 있다(마저작침: 磨杵作針)"고 하는 우리에게 아주 깊은 감동을 준다.

이백이 소년시절 서당에서 공부할 때 과정이 끝나지도 않았는데 중도에 그만두고 집으로 돌아가다가 길에서 큰 쇠몽둥이를 갈고 있는 할머니를 만났다.

"무엇에 쓰려고 하십니까?" 하고 물으니 할머니가 "바늘을 만들려고 그런다네." 하고 대답했다.

그 말을 듣고 이백은 느낀 바가 있어 오던 길을 되돌아가 공부를 마쳤다.

우리 주변을 둘러보면 좌절과 절망에 빠졌는데도 스스로 희망을 불태워 다시 우뚝 선 사람들을 많이 엿 볼 수 있다. 그 사람들은 아무리 힘들고 어려운 환경이 닥치더라도 강인한 인내심과 불굴의 의지를 불태울 힘을 가졌기 때문에 가능한 것이다.

인내심을 키우는 것은 골프공 회복 탄력성과도 유사하다.

골프공 회복 탄력성이란 원래 제자리로 돌아오는 힘을 일컫는 말로써 심리학에서는 주로 시련이나 고난을 이겨내는 힘을 말한다.

공이 쭈그려져 있을 때 고난과 시련을 상징하고, 다시 원상태로 회복되었을 때 고난과 시련을 극복함을 의미한다.

결국 인내는 평화롭고 순탄한 삶 속에서 존재하는 것은 결코 아니다. 단지 괴로움과 어려움을 극복하는 과정에서 존재하고 그 경험을 통하여 더욱 힘을 발휘하게 된다는 것이다.

벤 존슨(Ben Johnson)은 이런 명언을 남겼다. "역경에 부딪혀서 고난을 극복해 본 적이 없는 사람은 자기 자신의 참된 능력을 알지 못한다"고 말이다.

✔ 고사성어

■ 와신상담(臥薪嘗膽): 臥(누울 와), 薪(새 신), 嘗(맛볼 상), 膽(쓸개 담)
"큰 뜻을 이루기 위해 온갖 괴로움을 참고 견딘다"는 뜻이며, "어떤 목표나 큰 뜻을 이루고자 어떠한 고난과 절망도 참고 견디어 이겨낸다"는 의미다.

- 인생이란 자체가 "새옹지마(塞翁之馬: 인생의 길흉화복은 항상 변하는 것이어서 미리 알 수 없다.)"다. 따라서 삶이 "설상가상(雪上加霜: 어려운 일이 일어나 불행이 겹쳐서 한꺼번에 일어난다.)"이라 해도 "백절불굴(百折不屈: 여러 번 어려움과 고난을 겪으며 극복하여 이겨 나간다.)"이면 "고진감래(苦盡甘來: 고생 끝에 낙이 온다.)" 한다.

□ TIP 닭 형(形) 인간과 독수리 형(形) 인간

- 닭과 독수리는 위험과 절망 앞에서 전혀 다른 반응을 보인다.
- 폭풍이 몰려오면 닭은 몸을 날개에 묻은 채 숨을 곳을 찾는다. 그러나 독수리는 거대한 날개를 활짝 편다. 그리고 태풍에 몸을 싣고 유유히 날아올라 안전지대로 향한다.
- 인생의 폭풍을 만날 때 사람도 두 유형으로 나뉜다.
- 고통스러운 일, 억울한 일, 괴로운 일이 닥치면 몸을 숨기는 '닭 형 인간'과 사태를 해결하기 위해 담대하게 대처하는 '독수리 형 인간'이 있다.
- 문제를 해결하는 것은 항상 '독수리 형 인간'이다.
- 시련을 일단 피하고 보자는 식의 삶의 여정에는 고난의 가시밭길이 그치질 않는다.
- 인류의 역사는 담대하게 고통을 극복한 사람들에 의해 다시 쓰인다.
- 돈키호테의 저자 세르반테스는 가난한 집에서 교육도 제대로 받지 못했고, 24세 때에는 레판트 해전(Battle of Lepanto)에서 팔을 다쳐 장애인이 되었으며, 28세 때

에는 적국의 포로가 되어 5년이나 감옥 생활을 했다. 38세 때에 작품을 쓰기 시작했으나 팔리지 않아 생활고로 세금 징수원이 되었으나 영수증 잘못 발행한 죄로 옥에 갇혔다. 그러나 그는 옥중에서도 고난에 굴하지 않고 작품을 써 명작(돈키호테)을 완성하였다.

- 서양 속담에 '북풍이 바이킹을 만들었다'는 말이 있다.
- 사나운 바람으로 인해 조선술과 항해술이 발전했다.
- 모진 바람과 추위를 이겨내며 자란 나무는 좋은 목재가 된다.
- 용기와 믿음 그리고 인내심과 낙관적인 태도는 고난과 절망을 극복하게 하여 우리를 나약한 닭에서 강한 독수리로 바꿔 놓는다.

08 고집

쓸데없는 고집은 쓸모없는 에너지의 원천이다

바람직한 고집은 불가능도 가능케 하는 결과물을 잉태하지만 쓸데없는 고집은 자신의 인격을 상실케 하는 가장 위험하고 쓸모없는 에너지만 양산한다.

"고집이 세다"하면 일반적으로 긍정적인 측면보다 부정적인 측면의 성격이 강하다.

긍정적인 측면에서의 고집은 일반적으로 바람직한 성격으로 간주하곤 한다. 그러나 부정적인 측면에서는 당연히 옳은 일도 남이 제안이나 건의하면 싫어하고 자신의 의견만 내세워 주장하기 때문에 문제가 된다.

「전국책 위책(戰國策 魏策)」에 나오는 우언(남쪽으로 가겠다는 사람이 북쪽으로?)은 잘못된 고집에 대한 이야기다.

위나라 왕이 한단(邯鄲)을 공격하려 한다는 소식을 듣고 계량(季良)은 가던 길을 돌아와 구겨진 옷을 입은 채 머리도 감지 않고 가서 왕을 만났다.

그리고 왕에게 "제가 오는 길에 수레를 몰고 북쪽으로 가는 사람을 만났습니다. 그 사람은 저를 보고 '초나라(楚)로 가는 길입니다.'라고 말하였습니다. 저는 이상한 생각이 들어 그에게 물었습니다. '당신이 초나라로 가려면 마땅히 남쪽으로 가야 하는데, 어찌 북쪽으로 가고 계십니까?' 하고 물었습니다. 그 사람은 '저의 말(馬)이 좋습니다.'라고 하더군요. 저는 그 사람에게 '말이 비록 좋다 하지만 그것은 초나라로 가는 길이 아닌 걸요'라고 말해 주었습니다. 그러자 그 사람은 '저는 여비가 많습니다.'라고 하더군요. 저는 다시 그 사람에게 '여비가 많다 해도 북쪽으로 향해서 가면 초나라에 닿을 수가 없습니다.'라고 말해 주었습니다. 그러나 그는 여전히 고집스럽게 '저의 마부(馬夫)가 수레를 모는 기술이 좋아요.' 하더군요. 사실 그 사람은 방향을 잘못 잡은 것이지요. 그가 말한 몇 가지 조건이 좋으면 좋을수록 초나라와의 거리는 갈수록 멀어지는 것이지요."라고 아뢰었다.

잘못되고 모르는 것을 남이 올바르게 지적하여 가르쳐 주면, 잘못된 것을 고쳐 올바름을 택해야 할 텐데, 그 사람은 고집스럽게도 자기주장을 합리화시켜 고집은 더 승화되고 결국은 고집에 의해 크나큰 낭패를 겪게 된다는 교훈을 이 우언에서 얻을 수 있다.

자신만의 의견만 고집하게 되면 대인관계에서도 장애로 등장한다. 특히 조직에서의 쓸데없는 고집은 조직경영에 크고 작은 지대한 악영향을 미치게 한다.

사람들이 생활해가면서 공통적으로 늘 수행하는 것이 의사결정이다. 또한 삶 속에서 행하는 모든 일은 의사결정에서부터 시작되고 또 반복된다.

어떤 일을 해결할 때 남의 의견을 무시하고 자기중심적으로 자기 의견만을 고집하는 사람들은 자기애(自己愛)에 빠진 사람들이 대부분이다.

자기애에 빠진 사람들은 남의 말을 경청할 줄 모른다. 그리고 남들로부터 비판에 너무 민감한 성격의 소유자가 대부분이다. 특히 고집이 센 사람들은 남들로부터 코칭이나 안내를 싫어하고 지나친 경쟁의식이 강한 편이다.

조직에서도 의사 결정할 때, 의사결정 방법을 잘 선택해야 의사결정의 질을 높이고 조직구성원들의 수용도가 높아져 개인의 목표와 조직의 목표를 일치시켜 추구하는 목표를 달성할 수 있다.

의사 결정할 때, 자신이 현재 가지고 있는 완벽하고 충분한 정보를 이용하여 스스로 문제를 풀고 리더 독단으로 의사결정을 하는 경우가 있다. 이런 고집스러운 독단적 의사결정은 별다른 문제가 되지 않는다. 특히 시간이 촉박하여 의사결정을 신속히 내리지 않아 많은 문제가 예상될 경우에는 리더 독단의 의사결정은 더욱 지지를 받게 되기 때문이다.

그러나 필요한 정보도 충분히 가지고 있지 않고 문제해결 능력이 미숙할 때는 어떠한 경우라도 리더 독단의 의사결정은 하지 말아야 한다. 구성원을 참여시켜

구성원들의 의사를 들어보고 의사결정을 하여야 하지만 고집스럽게 리더 독단으로 의사결정을 할 경우에는 많은 문제가 발생하기 때문이다.

또한 사안의 중요도를 비춰볼 때 구성원들에게 위임할 문제인데도 고집스럽게 리더 독단으로 의사결정을 할 경우에도 문제가 발생할 수 있다.

자신의 의견만을 고집하는 사람은 자신이 지닌 편협한 사고의 틀에서 맴돌기 때문에 폭넓고 깊이 있는 문제를 해결하는 데는 한계가 있기 마련이다.

따라서 자기 의견만을 고집하는 편협한 사고에서 벗어나는 방법을 체득해야 한다. 그래야 대인관계도 좋아지고 조직에서도 구성원들 개인의 만족과 조직의 만족, 모두를 가져와 성과 극대화를 이룩할 수 있는 것이다.

우선 타인을 존중하는 법을 알아야 한다. 모든 인간은 본성적으로 타인으로부터 존경과 인정을 받고 싶어 하는 자아존중감이 강한 인격체이다. 그러므로 리더 자신도 남들로부터 존경과 인정을 받고 싶듯이 타인을 존경하고 인정하는 것이다. 그렇게 하면 자기중심적이고 이기적인 사고의 틀이 이타주의로 전환되어 쓸데없는 고집에서 벗어날 수 있다는 것이다.

또 한 가지 중요한 것은 경청이다. 경청은 구성원들을 존중과 수용적인 태도로 이해하는 것이다. 적극적이고 능동적인 경청을 통해 구성원들의 욕구를 정확히 알게 되면 현재 리더가 가지고 있는 쓸데없는 고집에서 탈출할 수 있다는 것이다. 경청이 일상화되면 오히려 남들이 자신에게 강요와 설득하는 것도 필요한 것은 받아들이는 그런 획기적인 사고의 전환이 이루어지기 때문이다.

“위대한 신념과 이상을 가지고 바람직한 희망을 위하여 오로지 그 길만 정진하는 것은 고집이 아니라 지당한 소신이기 때문에 격려와 응원의 박수를 보내지만, 관계 속에서 자기의 편협한 사고에 기초한 맹목적인 고집은 쓸데없는 고집으로써 멸시를 당하고 비판을 받게 된다”는 말을 마음속에 간직한다면 쓸데없는 고집에서 탈출하는 기회가 될 것이다.

✔ 고사성어

■ 견강부회(牽强附會): 牽(끌 견), 强(굳셀 강), 附(붙을 부), 會(모일 회)
"가당치 않은 말이나 주장을 억지로 끌어다 대어 자기주장의 조건에 맞도록 한다"는 뜻이며, "도리나 이치에 상관없이 자신의 주장만을 합당하다고 우기는 꼴이니, 지나치게 자신의 의견만을 고집하면서 다른 사람들의 견해에는 전혀 귀를 기울이지 않는 사람을 가리킬 때 사용하는 표현"의 의미다.

▸ "수석침류(漱石枕流: 실패나 잘못을 인정하려 들지 않고 억지를 씀)", "이가난진(以假亂眞: 가짜가 진짜를 어지럽힘)", "아전인수(我田引水) 자기에게만 이롭게 생각하거나 행동함)" 등은 "주변 사람들로부터 멸시를 당하고 비판을 받는 등 자신의 인격을 상실케 한다(각주구검:刻舟求劍)." 그러나 간혹 어쩔 수 없는 처지 때문에 "도리에 어긋나는 줄 알면서도 부득이하게 순리에 거스르는 행동(도행역시: 倒行逆施)"을 할 때도 있다. 이것이야말로 쓸데없는 고집이라고 말할 수는 없다.

▢ TIP 1. 고집과 신념의 차이

- 고집(固執): 자기 의견을 바꾸거나 고치지 않고 굳게 지켜서 우김
- 신념(信念): 어떤 사상이나 생각을 굳게 믿으며 그것을 실현하려는 의지
  - 고집은 대부분 유전적인 특성이나 삶의 환경에 의해서 나타나지만, 신념은 말씀과 체험 속에서 성장한다.
  - 고집은 내게 묻지 않고 내게 확인하지 않은 것이지만, 신념은 나와 함께 만들어서 갈수록 더욱 화려하게 승화된다.

▢ TIP 2. 고집과 아집의 차이

- 고집(固執): 자기 의견을 바꾸거나 고치지 않고 굳게 지켜서 우김
- 아집(我執): 자기중심의 좁은 생각에 집착하여 다른 사람의 의견이나 입장을 고려하지 아니하고 자기만을 내세우는 것.
  - 고집은, 타인의 생각은 이해하면서 자신의 의지와 의견을 꺾지 않는 것이라면, 아집은, 타인의 생각은 이해하려 하지도 않은 채 그저 자신의 생각이 옳다고 믿으며 굽히지 않는 것이다.
- 결국 고집과 아집의 차이는 타인에 대한 이해의 차이로 나타난다.

09 공중도덕

공중도덕을 지키는 것은 자신과 사회를 아름답고 행복하게 한다

공중도덕은 사회의 안녕과 질서를 유지하여 모든 사람이 다 함께 행복하고 번영토록 하는 데 있어서 자신의 편익을 양보하고 희생하는 정신이다.

공중도덕은 사회 한 구성원이 여러 사람과 함께 사회생활을 하는 데 있어서 지켜야할 질서이고 도덕적 의무이기도하다.

어느 사람이나 가끔은 공공화장실이나 국립공원 같은 곳에 쓰레기가 수북이 쌓여 있는 모습을 본 적이 있을 것이다. 그리고 교통질서를 지키지 않는다든가 공공장소에서 큰소리로 떠들어 주위 사람들에게 눈살을 찌푸리게 하는 경우를 종종 엿 볼 수도 있다. 이외에 공중도덕을 지켜야할 요소는 부지기수(不知其數)다. 이러한 모든 것들은 '나 하나쯤이야', '이번에 한 번쯤이야', '이 정도쯤이야' 하는 생각에서부터 출발한다. 아니 인간의 본능인 무의식의 소산일 수도 있다. 따라서

공중도덕을 지키기 위해서는 무엇보다도 자기 한 사람의 편익만을 지향하는 마음을 버려야 한다.

공중도덕은 삶 속에서 야기되는 모든 것을 법률로서 규정하기에는 어려운 일이기도 하다. 설령 법률로 금지한다 하더라도 도덕적 노력 없이는 사회의 안녕과 질서를 기대하기란 쉽지 않은 것 또한 사실이다. 그 이유는, 공중도덕은 양심

과 윤리의 문제이기 때문이다.

공중도덕은 '공유지의 비극'에서도 적용된다. 공기, 물, 삼림과 같은 공유 자원이나 소유권이 없는 공유지는 소비에 제한이 없으므로, 과다 소비로 인하여 고갈될 수 있다.

공유 자원이나 공유지가 개인의 지나친 욕심으로 황폐해져 공동체 전체가 파멸되는 현상을 '공유지의 비극'이라고 한다. 이것은 '내 것'이 아니라고 하는 주인의식을 느끼지 못하기 때문에 초래되는 현상이다.

어느 마을에 누구나 가축을 풀어 키울 수 있는 초지가 있었다. 다른 비용 부담 없이 가축들에게 신선한 풀을 먹일 수 있었기 때문에 너도나도 가축을 풀어 놓았다. 공유지는 금세 가축들로 붐비게 되었고 그 결과 공유지는 얼마 지나지 않아 황무지로 변해 버렸다는 것을 암시해 주는 개념이다.

사람은 모두 다 생각과 가치관이 다르기 마련이다. 그렇다고 자신만의 이익과 권리를 극대화하고, 그리고 공공의 이익을 희생시키는 것은 결과적으로 자신을 포함한 사회 전반적인 공동체가 피해를 보게 되는 것이다.

인간이 갖는 도덕의 근본은 선량한 마음에서 우러나오는 행동이라야 하며, 그 행동은 지극히 질서와 윤리가 포함되어야 한다. 해야 할 일과 해서는 안 되는 일, 좋은 일과 나쁜 일을 가려서 하는 데에 도덕의 본의가 있는 것이다.

중국의 옛말에 "군자는 반드시 그 홀로 있음을 삼간다(君子必愼其獨)"고 하였고, "소인은 한가히 있으면 그릇된 일을 한다(小人閑居爲不善)"고 하였다. 여기에 군자라 함은 유덕한 인격자를 말하고, 소인이라 함은 부덕한 졸장부를 말한다.

누군가 자신을 주시하고 있을 때 과장하기 마련이다. 착한 척, 멋있는 척, 하는 것은 누군가 자신을 보고 있기 때문이다. 그러나 군자는 다르다. 누군가가 보지 않아도 자신의 마음을 정성스럽게 하고 몸을 삼간다. 그럴 수 있는 것은 자신이 스스로 부끄럽지 않기 때문이다.

공중도덕을 지키는 것은 인격이다. 현대사회에서도 마찬가지다. 아무리 능력과 지식이 뛰어나다 하더라도 공중도덕을 지키지 않으면 그 사람은 품격이 뒤떨어지는 사람으로 평가받기 마련이다.

어느 사람이나 자신의 편익을 추구하고자 노력하는 것은 당연하다. 그러나 그것이 타인과 사회에 미치는 영향이 어떠한가를 사회 전반적인 측면에서 도덕적으로 생각하고 행동해야 한다.

공중도덕은 사회의 안녕과 질서를 유지하여 모든 사람이 다 함께 행복하고, 번영하도록 하는 데에 중요한 의의를 가지고 있기 때문이다.

✔ 고사성어

■ 조이불망(釣而不網): 釣(낚시 조), 而(말 이을 이), 不(아닐 부), 網(그물 망)
"낚시 질 해도 그물질을 하지 않는다"는 뜻이며, "무슨 일이나 정도를 넘지 않는 훌륭한 인물의 태도 말한다"는 의미다.

▸ 인간이 사회생활을 하면서 공중도덕을 지키지 않는다는 것은 스스로 인격을 상실케 하는 행위이며, 그 결과는 "자업자득(自業自得: 자기가 저지른 일의 결과를 스스로가 돌려받음)"하기 때문에 지금 자신의 행동이 어떤 결과를 초래할지 생각해 보고 "아전인수(我田引水: 자기에게 이롭게만 하려는 것)"에서 벗어나야 "공동체 생활 속에서 사회질서가 존립하고 공공선(公共善: 개인을 포함하는 사회 전체, 또는 온 인류를 위한 선)"을 추구할 수 있다.

▢ TIP

"나 하나쯤이야!", "나 하나 어때!"를 모든 사람이 "나 하나쯤이야!", "나 하나 어때!"하면, 공중도덕은 실종되고 만다. 모든 사람을 나라는 사람이 합쳐져 나누게 되면, 나 한 사람이 되기 때문이다. 따라서 "나 하나 빠지면 인구조사 하나마나"와 같은 맥락이다.

10 성공

성공의 핵심은 중심을 바로잡는 리더의 균형감각이다

조직구성원들의 부화뇌동은 조직 전체를 좀먹는 훼방꾼과 다름없다. 조직이 성공하기 위해서는 부화뇌동하지 말고 객관적이고 합리적인 균형감각을 갖춰야 한다.

한 조직이 성공을 이룩하기 위해서는 조직구성원들의 능력도 물론 중요하지만 조직을 이끄는 리더의 역할은 더욱 중요하다. 따라서 조직이 지속적인 성공을 이루기 위해서는 무엇보다도 모든 구성원이 부화뇌동(附和雷同) 하지 말고 균형감각을 갖추는 것이 중요하다.

"부화뇌동(附和雷同)"은 자신의 주체적인 의견과 객관적인 기준을 도외시한 채 물질적인 이해관계 또는 남의 주장이나 의견을 맹목적으로 추종하는 것을 경고하는 고사성어(故事成語)이다.

부화뇌동은 개인의 삶과 집단 모두에 부정적인 영향을 미친다는 의미를 지닌다. 그러나 개인의 삶에서의 부화뇌동은 개인이 갖는 고유의 특성에서 기인한 삶의 철학이기도 하기 때문에 그 미치는 영향은 집단에서 보다는 덜 하다고 볼 수 있다.

집단에서의 부화뇌동은 공명정대한 명분이나 사리판단보다는 이해관계에 따라 생각하기 때문에 조직은 물론이거니와 조직구성원 모두에게 적잖은 영향을 미치게 된다.

우선 국회조직만 해도 그렇다. 국회의원들은 나라의 안위와 국민에 대한 생각은 뒷전인 채, 각 정당은 그릇되고, 위험하고, 문제가 되는 것을 인지하면서도 무조건 패거리가 형성되어 한목소리를 내며 행동한다. 이러한 부화뇌동은 각 정당의 정치 이념에 따라 나타나는 집단 이기주의 현상에서의 '들쥐 떼 근성' 때문이라고 말할 수 있다.

그 다음에는 기업조직을 비롯한 그 이외 모든 조직에서 나타나는 부화뇌동이다. 각 조직에서 리더와 부하의 역할 모두는, 조직에서 일어나는 크고 작은 일 모두에 경영함에 있어서 지대한 영향을 미치게 된다. 의사결정할 때 리더는 부하구성원들의 제안이나 요구에 대해 무조건 수용적 태도를 보이는 리더가 있다. 그리고 부하직원들은 리더가 주장하는 것을 이것저것 따지지 않고 무조건 수용적 태도를 보이는 경우도 있다. 이러한 모두의 수용적 태도는 리더와 부하 구성원들의 태도에 기인한 부화뇌동이라고 할 수 있다.

물론 타인의 의견을 수용하고 존중하며 따라간다는 것은 타인을 위한 배려이고 아름다운 미덕이라 할 수는 있다. 그러나 타인의 생각에 따라 자신의 행동을 조건 없는 결정한다면 자아를 잃는 타인의 노예로 전락하는 꼴이 되는 것이다.

뚜렷한 주관 없이 다른 사람들의 선택을 따라 하는 '편승효과'는 바람에 흔들리는 갈대와 비유할 수 있다. 즉 리더와 부하 구성원들은 소신 있게 행동해야지 부화뇌동하면 안 된다는 것을 의미하기도 한다. 다른 사람이 말하는 것을 듣고, 그것이 옳은지 그른지 생각조차 해보지 않고 경솔하게 그 말에 동조해서는 안 된다는 것이다.

조직에서 의사결정은 성공과 실패를 좌우한다. 그만큼 의사결정이 중요하다는 방증(傍證)이기도 하다. 그렇다면 각 조직의 리더는 의사 결정할 때 어떤 자질과 능력을 갖추어야 한단 말인가?

훌륭한 리더십 브랜드의 평판을 얻기 위한 리더의 중요한 과제는 무엇보다도 업무상에 발생하는 여러 가지 크고 작은 일에 대하여 어떻게 균형을 잡고 어떤 의사결정을 내릴 것인가이다. 리더가 취해야 할 균형은 어느 한쪽에 치우쳐서 어느 한 가지만 선호하여 선택하는 것이 아니다. 전체적인 청사진을 보는 안목과 세부적인 일의 균형, 그리고 신중함과 신속성 사이의 균형을 이루어 객관적인 의사결정을 해야 한다는 것이다.

리더는 구성원 모두에게 영향을 미치는 존재이며, 복잡 다양한 측면을 관리하는 존재이기 때문에 리더의 역량은 매우 중요한 것이다. 그러므로 훌륭한 리더가 되기 위해서는 부화뇌동하지 말고 객관적이고 합리적인 균형감각을 두루 갖추도록 노력하고 실천적 행동을 해야 한다.

✔ 고사성어

■ 관맹상제(寬猛相濟): 寬(너그러울 관), 猛(사나울 맹), 相(서로 상), 濟(건널 제) "너그러움과 엄격함이 서로 넘나 든다"는 뜻이며 "사람을 다스릴 때는 어느 한 쪽으로 치우침 없이 관용과 엄벌을 적절히 안배하여 사용해야 한다"는 의미다.

▸ 조직이 성공하기 위해서는 "부화뇌동(附和雷同: 아무런 주관 없이 남의 의견을 맹목적으로 좇아 함께 어울림)"하지 말고 객관적이고 합리적인 균형감각을 갖춰야 한다. 따라서 리더는 리더십을 발휘할 때 "관맹상제(寬猛相濟)"의 경영 철학으로 조직을 이끌어야 훌륭한 리더라고 말할 수 있으며, 성공을 이룰 수가 있다.

□ TIP 리더십의 효과는 균형의 힘이고, 중용은 리더십 핵심의 찬란한 꽃이다. 따라서 균형의 힘은 중용(中庸)이다.

- 인간관계에 있어서 중용이란 말은 남에게 베푸는 말과 행동, 그리고 감정표현을 하면서 부족함이나 문제가 있는지를 살펴서 상황적합하게 행동하는 것을 말한다.
- 중용은 과한 것과 부족한 것의 중간을 말하며, 한쪽으로 치우치지도 않고 떳떳하며 변함이 없는 상태나 정도를 의미한다.
- 예를 들면, 성격도 마찬가지다. 용기가 지나치면 무모함과 만용이 되고, 용기가 없으면 무기력함을 보여주는 것이다.
  - 중용의 힘은 자기만이 가치를 가지고 있어야 함 ⇨ 실천적 지혜가 필요함
  - 중용은 30cm 자에서 15cm가 중용이 아니다.
  - 중용은 극단(極端/extreme) 대한 감정의 표현이다. 즉 극단적인 집단이 있어야 중간을 알게 된다.

11 관용

객관적이고 정의로운 관용(寬容)은 아름다운 사회를 만들어가는 원동력이다

용서한다는 것은 남을 위해서가 아니라 자신을 위해서이다. 용서할 줄 아는 사람은 마음이 넓고 강한 사람이다.

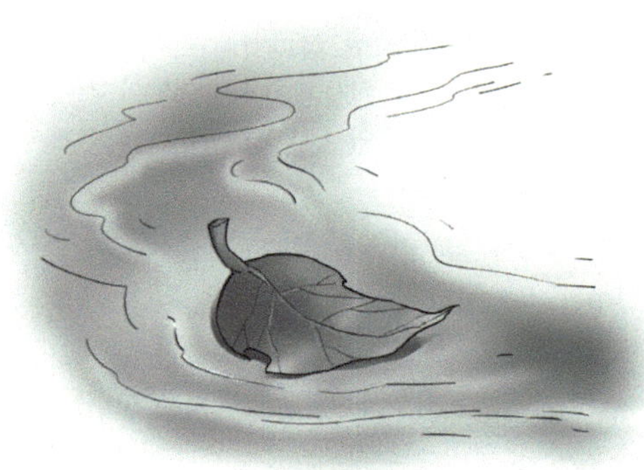

남을 용서한다는 것은 그리 어렵지 않고 쉬워 보이지만 결코 쉽지만은 않다. 모든 인간은 완벽한 인격체가 아니기 때문이다. 따라서 자신도 완벽하지 못하다는 것을 알아야 관용할 수 있다. 관용은 자기 자신을 위한 일 이기도 하기에, 너그럽게 마음을 활짝 열어 받아들이고 용서할 수 있는 역량을 키어야 한다.

작금의 우리 사회에 대한 참모습을 분해해 보자면, 개인적인 다툼, 집단 간 다툼, 정치적 다툼 등 한마디로 말하자면 다툼이 차고 넘쳐흐르는 사회가 물결을 치고 있다. 때문에 맑고 밝은 희망이 점차 소멸하여 어두운 그림자가 눈앞에 어른거리니 참으로 앞날이 걱정된다.

모든 인간은 개인적인 독특한 특성 때문에 성격이 다르고 가치관과 욕구 그리고 경험의 정도가 모두 다를 수밖에 없다. 따라서 그 모두 다른 특성을 누구도 상대를 자기 자신에 귀속시키고, 자기만이 지닌 그 독특한 특성을 상대에게 맞춰달라고 할 수는 없는 것이다.

그러므로 불가피하게 다툼은 하되 그 다툼은 생산적이고 건전한 다툼이 되어야 하고, 그 다툼이 바람직한 결실을 보려면 관용이란 정신이 필요한 것이다.

관용의 전제는 이기주의에서 벗어나 상대를 이해하고 사물을 보고 판단하는 객관성으로부터 출발한다. 아무리 타인을 관용하더라도 객관성을 잃은 주장이나 행동까지 관용의 정신에 포함되어서는 안 된다.

마땅히 자신의 이해에 따라 사실을 왜곡하지 말아야 하고 자기와 다른 상대방의 의견도 존중할 줄 알아야 하며, 또한 객관성이 없고 정의롭지 않은 일에 무턱대고 의견에 동의해 무리를 지어 어울리지 말아야 할 것이다.

까다로운 자격요건이 필요한 미덕이라는 '관용'은 Tolerance(톨레랑스)와 仁(인)에서 그 근본을 찾아볼 수 있다. Tolerance(톨레랑스)는 프랑스어로 '관용의 정신'을 뜻한다. 이는 나와 타인과의 차이를 인정하고 그 차이에 대해 너그러운 마음을 가지는 것으로 해석된다. 그리고 '어질다.'라는 의미의 仁(인)은 맹자가 인간의 기본 윤리로 제시한 五常(오상)에 속하는 仁(인), 義(의), 禮(예), 智(지), 信(신) 중에서도 가장 으뜸으로 치는 것이 仁(인)이다. 따라서 仁(인)의 근본적 의미는 '이타적 행위(남을 위하거나 이롭게 하는 행위)'인 것이다.

1963년 미국의 어느 시험에서 한 직원의 실수로 폭발사고가 일어났다. 폭발로 인해 실험실 지붕이 날아가고 같은 층의 유리창도 모두 산산조각이 났다.

사고를 낸 직원은 어떻게 책임을 져야 할지 막막했다. 곧 직속 상사가 그 직원을 찾아왔다. 그런데 그 상사의 얼굴에는 화난 기색이라고는 찾아볼 수 없었다. 오히려 그 상사는 "자네 이번 폭발에서 배운 것이 많았을 거야 어떤가, 우리 회사 센서 프로그램을 고칠 수 있겠나?"라고 말하며, 오히려 그를 격려했다. 그 당시 사고를 낸 직원은 경영의 신으로 불리는 GE의 CEO 잭 웰치이다.

잭 웰치는 직속 상사의 "격려"와 "관용"의 말을 잊지 못하고 훗날 경영자의 기본 자질로 삼았다고 한다. 이처럼 상대에 대한 잘못이나 실수를 너그럽게 마음의 문을 열어 받아들이고 용서하는 것은 가장 큰 마음의 수행이다. 그리고 인격을 향상하는데 있어서 자신은 물론 남에게도 가장 큰 선물이 된다.

그렇다면, 각박한 사회에서 아량과 포용, 관용으로 가는 정신세계를 이룩하여 아름다운 사회를 펼쳐가는 지름길은 과연 무엇일까.

우선 자기 자신 나름대로 용서 방법을 개발해야 한다. 미국 16대 대통령 링컨은 자기의 명령에 불복종하는 장관들 때문에 좌절과 분노를 느끼면, 그 사람들 앞으로 온갖 욕설과 비난을 퍼붓는 편지를 쓰곤 했다. 그리고는 편지를 부치기 직전에 갈기갈기 찢어 쓰레기통에 버림으로써 자신을 괴롭히는 부정적인 감정을 털어 냈다. 링컨은 자신만의 용서 방법으로 충동에서 벗어나고 분노와 증오를 극복한 것이다.

둘째는 자신의 감정을 바람직한 방향으로 통제하고 타인의 감정을 이해할 수 있는 능력의 정도를 키워나가야 한다. 마음에 부정적인 감정이 가득 차면 사람이나 사물을 객관적으로 바라보지 못한다. 따라서 부정적인 감정에서 벗어나려면, 가깝거나 믿을 수 있는 사람에게 속마음을 털어놓는 것은 감정 조절에 도움이 된다.

셋째는 자기인식이다. 자기인식은 "나는 누구인가?"를 자신에게 끝없이 질문하고 그 대답을 찾아가는 과정이다.

무엇보다도 인간은 양면성을 가지고 있다는 것을 알아야 한다. 따라서 가장 어려운 것이 나를 아는 것이다. 그러므로 나를 알아야 남을 알아서 특정 대상에 대한 자기의 감정을 정확히 인식할 수 있다.

넷째는 감정 이입이다. 이는 타인의 감정을 이해할 줄 아는 능력을 향상해야 한다는 것이다. 타인의 감정을 이해하는 데는 타인과 입장을 바꿔 생각해 보는 것도 좋은 방법이 될 수 있다. 마지막으로는 사회적 기술이다. 이는 타인의 감정에 적절히 반응하여 인간관계를 원활히 잘할 수 있는 능력을 향상해야 한다는 것이다.

대부분 사람은 관용이란, 바람직한 태도에 대해 많이 알고는 있지만 실천하고 행동함에서는 부족함이 많은 것 또한 사실이다. 이제부터라도 우리 모두가 감정지수를 높이고, 이타적 행위를 실천하며, 사물을 보고 판단하는 객관성을 유지하여, 공동체 속에서 그 가치가 침전되도록 다 함께 노력해야 한다. 그래야 우리 사회는 비로소 관용의 정신이라는 정의롭고 아름다운 사회의 뿌리가 내려 희망의 나라로 순항할 것이다.

✔ 고사성어

■ 불념구악(不念舊惡): 不(아닐 불), 念(생각할 념), 舊(예 구), 惡(악할 악)
"지난날의 잘못을 따지지 않는다"는 뜻이며, "남의 잘못이나 개인적인 원한을 마음에 새겨두지 않고 크게 용서하는 마음"의 의미다.

▸ "너그러움을 가지고 지난날의 잘못을 따지지 않는 사람(절영지연: 絕纓之宴)"은 참으로 훌륭한 인격을 소유한 사람이라고 할 수 있다. 그런 사람들은 설령 "남들이 실수나 잘못을 저질렀다 하더라도 온정으로 참고 이치에 비추어 용서한다(정서이견: 情恕理遣)." 따라서 그 사람들은 "마음이 너그럽기 때문에 그 사람 주변에는 늘 많은 사람이 모여 든다(관즉득중: 寬則得衆)"

□ TIP 1. 자기성찰(自己省察)은 관용(寬容)의 힘을 키운다.

- 남의 잘못이나 실수를 너그럽게 받아들이고 용서하는 마음은 자기성찰로부터 뿌리를 내리게 한다. 그러므로 자기성찰은 자신에 대한 이해가 부족함을 채워주고 타인을 이해하는데 어려움에서 벗어나게 만들어 관용의 힘을 강하게 한다.

□ TIP 2. 논어(論語)에는 너그러움과 관용에 대해 우리 모두가 본받아야 할 말이 많이 담겨 있다.

- "너와 내가 함께 어울려 사는 것이 이 세상이다. 그러기에 사람은 항상 남의 일을 내일처럼 여기는 너그러움에 인색하지 말아야 한다. 그리고 어쩌다 남이 잘못을 저질렀을 때는 그 잘못을 너그럽게 이해하고, 남이 잘못을 뉘우치면 곧 관용으로 그 잘못을 용서할 줄 아는 너그러움이 있어야 한다. 또한 자기 생각이 깊고 너그러우면 이웃과 주변의 많은 사람들의 호감과 신의를 얻게 된다"

나 삶의 차이를 만드는 인간성공 경영

12 나약함

나약함은 오로지 실패와 굴욕감과 절망감만이 찾아올 뿐이다

강인함은 당당함과 자신감을 품고 있는 사람만이 뿜어내는 강력한 힘이다.

나약함은 자신감이 없는 상태에서 나타나는 현상으로써, 자신과 조직 모두에게 부정적인 영향을 미치게 한다. 결국 나약함은 정신 주체가 해이해져서 나타나는 심리적 결함이라 할 수 있다.

인간이 나약해지는 이유 중 그 하나는 현재 삶의 가치가 미래에 예측되는 결과에 미치지 못한다는 부정적 평가가 너무 앞서가기 때문이기도 하다.

아무리 훌륭한 인격과 능력이 뛰어난 사람이라 하더라도 중요한 의사결정을 할 때, 옳고 그름에 대해 정확하고 냉정하게 판단하지 못하는 경우가 있다. 그리고 어떤 사람은 그 실수가 반복되는 경우도 있다. 이런 판단력의 결함이나 또한 실수나 오류가 발생할 때, 자기벌칙을 잘못가하면 자기도 모르는 사이에 나약함의 터널 속으로 더욱 깊이 빠져들게 된다.

사람이 나약해지는 이유 중 또 하나는, 부와 명예 그리고 지식축적의 관계보다도 오히려 정신의 빈곤에서 오는 문제이다. 그것은 바로, 의지(意志)가 약하기 때문에 나타나는 현상이다. 강한 의지(意志)를 실현하기 어려운 것은 남을 이기는데 달린 것이 아니라 스스로 자신을 이기는데 기인한다. 따라서 자신을 이기는 것은 강한 사람이며, 강한 사람은 자신감이 넘치기 마련이다.

나약한 사람들은 일반적으로 남에게 의지(依支)를 많이 하는 편이다. 그리고 자신이 처한 환경과 일어나는 모든 일은 자신이 통제할 수 있다고 믿는 것이 아니라 우연이나 행운을 기대하는 편이 강하다.

남에게 희망을 거는 사람은 목적을 달성할 수 없고, 남에게 의지(依支)하는 사람은 뜻하는 바를 제대로 이루지 못한다. 그러므로 나약함에서 벗어나려면 자신 스스로 강한 의지(意志)를 불태워야만 가능하다.

의지(意志)가 약하여 자신감이 결여된 사람들은 자신이 바라는 희망과 계획에 대한 포기를 초래한다. 그리고 자신에 대한 약점과 단점을 타인에게 드러냄으로써 타인에게 유리한 기회를 제공해 주는 꼴이 된다. 그러므로 경쟁사회에서 승리를 위해서는 상대방에게 약점과 단점을 보이지 말아야 한다는 것이다. 다시 말해 약점과 단점을 보이지 말라는 것은 자신의 강점과 장점을 강화하라는 의미이기도 하다.

중국 「동파전집 맹덕전」에 나오는 우언(寓言), "호랑이도 무서워하지 않는 아이들"에 대한 얘기가 있다.

어떤 부인이 낮에 두 아이를 백사장에 남겨두고 개울로 빨래를 하러 갔다. 그때 호랑이가 어슬렁어슬렁 산에서 내려왔다. 부인은 놀라 물속으로 몸을 피하였는데, 두 아이는 여전히 백사장에서 놀고 있었다.

호랑이가 가까이 다가와 한참을 쳐다보다가 머리로 두 아이를 툭툭 건드려 보기도 하였으나 두 아이는 천진난만하여 무서워할 줄도 몰랐다. 그러자 호랑이도 별수 없다는 듯 고개를 돌려 떠나버렸다.

호랑이가 사람을 보면 먼저 겁을 주어 사람이 놀라면 달려들어 해치는데, 자기를 전혀 무서워할 줄 모르는 아이들에 대하여는 어찌할 바를 몰랐다.

이 우언고사의 내용은 우리에게 시사하는 바가 크다할 수 있다. 아이들이 강하여 호랑이가 아이들 곁을 떠난 것이 아니다. 아이들이 지닌 약점과 단점을 호랑이는 감지하지 못한 것뿐이다. 강인함과 나약함이 인간에게 얼마나 상반된 영향이 미치는가를 바로 말해 준다.

"나약함은 운명에 대한 굴복이다"란 우언(寓言)이 또 하나 있다.

갑과 을이라는 두 마리 양이 산골짜기에서 늑대를 만났다.

갑이라는 양이 늑대를 보자마자 머리를 숙이고 발에 힘을 준 채 당장이라도 늑대를 향해 돌격할 것처럼 전투 자세를 취했다. 반면 을이라는 양은 덜덜 떨며 늑대에게 제발 살려달라고 애원했다.

늑대는 잔인하게 웃음 지으며 을에게 다가왔다.

"착하기도 하지! 난 너처럼 착한 애들이 좋아!" 을은 여전히 벌벌 떨면서 물었다.

"제 어떤 점이 마음에 든다는 거예요?" 바로 그때 늑대가 을을 덮치며 말했다.

"나는 너의 이런 순한 모습이 마음에 들어. 힘들이지 않고 먹이를 먹을 수 있거든." 말이 끝나기가 무섭게 늑대는 을의 목덜미를 물어뜯었다.

이와같이 사람 사는 사회도 마찬가지다. 강인한 의지로 무장한 사람은 성공하고, 스스로 나약함을 자초한 사람은 실패를 맞이하게 되는 것이다.

남들과 비교했을 때 모든 사람은 모든 분야에서 최고가 될 수는 없다. 어떤 분야에는 부족하여 그것이 약점이 되지만, 또 어떤 분야에서는 잘할 수 있는 것이 분명히 있어서 강점이 되기도 한다. 따라서 남들보다 더 잘할 수 있는 것부터 우선 선택하여 열심히 노력하다 보면, 거기에서 자신감을 얻게 된다. 그리고 약하고 부족한 부분도 용기와 자신감이 생겨서 결국에는 나약함을 극복할 수 있는 것이다. 나약함을 극복하는 방안은, 결국은 강인함으로 정신을 무장하는 것 뿐이다. 강인함은 당당함과 자신감을 품고 있는 사람만이 뿜어내는 강력한 힘이기 때문이다.

이런 참 빛 한마디가 있다. "자신을 신뢰하여 바람직한 방향으로 움직이게 하는 사람은 삶을 노래하는 사람이고 자신을 부정하는 사람은 삶을 파괴하는 사람이다"

✔ 고사성어

■ 개문납적(開門納賊): 開(열 개), 門(문 문), 納(받칠 납), 賊(도둑 적)

"나약함은 스스로 문을 열고 도적에게 바친다"는 뜻이며, "스스로 재화(災禍)를 끌어 들인다"는 의미다.

▸ "어리석은 사람이라도 꾸준히 공부하고 노력하면 성공한다(파별천리: 跛鱉千里)." 따라서 나약함을 극복하는 방법은 "칠전팔기(七顚八起: 여러 번의 실패에도 절대 굽히지 않음)"하고 "백전불굴(百折不屈: 백번 꺾이어도 굴하지 아니한다. 굳센 의지로 매사에 매진함)"의 정신으로 임하게 되면, "재소자처(在所自處: 자신의 의지에 따라 얼마든지 환경을 바꿀 수 있고 자신의 인생도 바꿀 수 있다)"할 수 있다.

□ TIP 나약함을 극복한 후에는 목계지덕(木鷄之德) 같은 자신감과 강인함을 길러야 비로소 나약함을 극복하게 되는 것이다.

장자(壯者) 달생편(達生篇)에서 목계지덕(木鷄之德: 나무로 만든 닭처럼 작은 일에 흔들림이 없다는 뜻을 가짐)이라는 내용이 있다.

기원전 8세기경 중국 주(周)나라의 선왕(宣王)이 투계(鬪鷄)를 몹시 좋아하여 뛰어난 싸움닭을 들고 기성자(記性子)란 당시 최고의 투계(鬪鷄) 사육사를 찾아가 최고의 투계(鬪鷄)로 만들어 달라고 요청했습니다.

10일이 지난 뒤 선왕(宣王)이 기성자(記性子)에 물었습니다.

"닭이 충분히 싸울 만한가?" 기성자(記性子)는 이렇게 대답하였습니다.

"아닙니다. 아직 멀었습니다. 닭이 강하긴 하나 교만(驕慢)하여 아직 자신이 최고인 줄 알고 있습니다. 그 교만(驕慢)을 떨치지 않는 한 최고의 투계라 할 수 없습니다"

다시 열흘 후 선왕(宣王)이 또 물었을 때, 기성자(記性子)는 이렇게 대답하였습니다.

"아직 멀었습니다. 교만(驕慢)함은 버렸으나 상대방의 소리와 그림자에도 너무 쉽게 반응합니다. 태산처럼 움직이지 않는 진중(鎭重)함이 있어야 최고라 할 수 있습니다"

또 10일이 지난 뒤 선왕(宣王)이 다시 묻자, 기성자(記性子)는 다음과 같이 대답했습니다.

"아직 멀었습니다. 조급(躁急)함은 버렸으나 상대방을 노려보는 눈초리가 너무 공격적입니다. 그 공격적인 눈초리를 버려야 합니다"

마지막 열흘이 지난 뒤 선왕(宣王)이 묻자, 기성자(記性子)는 목계(木鷄)가 되었다고 대답하였습니다.

"이제 된 것 같습니다. 상대방이 소리를 질러도 아무 반응을 보이지 않고 완전히 마음의 평정(平靜)을 찾았습니다. 나무와 같은 목계(木鷄)가 되었습니다. 닭의 덕(德)이 완전해졌기에 이제 다른 닭들은 그 모습만 봐도 도망갈 것입니다"

위 고사에서 배우는 교훈은, 강한 사람일수록 외부로부터 자극을 덜 받고 경솔하게 반응하지도 않으며, 충동적이지 않음을 알 수 있다.

결국은 훌륭한 인품을 지닌 사람일수록 남들이 자신을 어떻게 생각하고 대하든, 반응하지 않는다는 것이다. 이는 자신이 나약해서가 아니라 자신감과 강인함이 충만하기 때문이다.

13 남의 단점

남의 단점을 들춰내는 것은 자신의 취약함을 들어내는 것이다

남의 단점을 들춰내는 사람들은 자신이 저지른 잘못이나 문제의 원인을 자신이 아닌 외부에서 찾는데 숙련된 선수다.

진안군 백운면 덕현리에서 전해오는「황희 정승과 농부」이야기가 있다. 이 이야기 내용은 이렇다. 황희 정승이 길을 가다가 황소와 검은 소, 두 마리를 몰아 밭을 가는 농부에게 어느 소가 일을 더 잘하냐고 묻자 농부가 짐승도 자기 단점을 말하면 싫어하므로 귓속말로 이야기해 주었다는 내용이다.「황희 정승과 농부」이야기가 던져주는 의미는 강하다. 단점을 얘기하면 짐승도 싫어하는데 하물며 사람이 남의 단점을 얘기하면 그 사람에 대한 인격을 가늠케 할 수 있다는 교훈을 준다.

우리가 살아가는 사회의 주변을 살펴보면 자신이나 자신이 속한 조직을 보다 돋보이려고 남의 단점이나 문제점을 놓치지 않고 세세히 찾아내어 마구 쏟아대곤 한다. 이러한 현상은 허술하고 약하여 남에게 뒤떨어지는 점을 공격하고 비난하여 자신이 우월하고 옳다는 것을 주장하기 위해서 취해지는 심리적 현상이다. 이것이 집단행동으로 나타나면 더욱 심각한 사회문제로 야기되어 상대방에게 비난하는 것을 뛰어넘어 심지어는 공공(公共)의 적(敵)으로 생각하는 경향도 적지 않다. 이 모든 현상은 배척의 논리만 한쪽으로 편중되어 강하게 나타날 뿐, 포용의 논리가 없기 때문이다.

모든 인간은 자신만이 지닌 고유한 특성이 있으며, 또한 개인이 지니는 특성은 누구나 장단점의 양면성을 지니고 있기 마련이다. 그리고 가치관이 달라서 인생관이 다를 수도 있다. 그러나 가치관이 다르다고 해서 남의 인생관을 단점과 문제점으로 오해하여 떠들고 다니는 사람도 적지 않다. 이것은 오로지 남에게는 엄격하고 자신에게는 관대하므로 나타나는 현상이다.

2020년도 한 해의 우리나라 정치꾼들에 대한 세평은 '나는 옳고 남은 그르다'는 뜻의 '아시타비(我是他非)'가 사자성어로 대학교수들에 의해 1등으로 뽑혔다. 이른바 '내로남불'을 한자로 옮긴 것이다. 내가 하면 로맨스이고, 남이하면 불륜이라는 속어이기도하다.

남이 저지른 잘못이나 문제의 원인은 그 사람의 성격, 사상, 역량, 신념 등에서 찾지만, 자신이 저지른 잘못이나 문제의 원인은 자신이 아닌 외부에서 찾는 심리상태다. 이와 같이 '내로남불'의 주된 원인을 귀인오류(attribution Error)에서 찾는다. 예를 들자면, 남이 발생시킨 교통사고는 성격이 급하고 운전 실력이 없어서이고, 자신이 발생시킨 교통사고는 그럴만한 타당한 이유가 있었기 때문에 불가피한 교통사고라고 둘러대는 방어기제의 발동인 자기합리화다. 그러므로 똑같은 잘못이나 문제를 야기해도 나는 피치 못한 사정이 있어서 그랬다 하고 남은 큰 잘못과 문제가 있다고 비난하며 상대를 몰아 부처 곤경에 빠지게 만든다.

그렇다면 과연 '내로남불'에 갇혀있는 사고의 틀에서 벗어나는 방법은 없을까.

'내로남불'이라는 사고의 틀을 파괴하는 방법은 우선, 남을 비판하고 싶다면, 자신은 똑같은 문제점이 없는지, 그리고 잘못을 저지른 적이 없는지에 대하여 과거의 행동, 생각, 배움을 복기하고 깊이 있게 성찰해 보는 것이다. 그렇게 복기하고 성찰하게 되면, 남들이 바라보는 객관적인 관점으로 자신의 마음을 들여다 보게 되고 자신에게도 부족한 점, 문제점이 많다는 사실을 깨닫게 되어 수정하게 되는 것이다. 그리고 여기에 이타주의의 발로인 포용의 힘이 가미가 되어야 한다. 또한 포용의 힘을 키우려면 무엇보다도 자신에 대한 자긍심을 키워야 한다. 낮은 자긍심을 가진 사람은 사물의 실제 모습이 아니라 삐뚤어진 느낌에 기초를 둔 태도를 보이기 때문이다.

"사악한 마음으로 말을 하거나 행동을 한다면 괴로움이 그 사람을 따라다닌다. 반대로 깨끗한 마음으로 말을 하거나 행동을 한다면 행복과 보람이 그 사람을 따라다닐 것이다."는 말은 '법구경'에 나오는 명언으로써, 남의 단점에 귀 기울이지 말라는 참 교훈을 던져주는 대목이다.

✔ 고사성어

■ 불언장단(不言長短: 不(아닐 불), 言(말씀 언), 長(길 장), 短(짧을 단)
"사람의 장단점을 함부로 말해서는 안 된다"는 뜻이며, "어떤 사람이 지닌 장점과 단점을 남에게 함부로 얘기해서는 안 된다"는 의미다.

▸ "남의 그릇됨을 나무라면서도 자기가 또한 비행을 저지르는 사람(우이효지: 尤而效之)"과 "장창소인(藏倉小人: 남을 헐뜯기 좋아하는 소인배)" 같은 사람은 가장 나쁜 사람의 행태 중 그 하나로서 그런 사람들은 큰일을 할 수 없으며 성공할 수도 없다. 따라서 인덕을 갖춘 성숙한 인간으로서 거듭나기 위해서는 "남의 잘못이나 실수를 관대하게 용서하고 자신의 허물을 깨우침(절영지회: 絕纓之會)"에 소홀해서는 안 된다. 그러기 위해서는 "남의 단점을 함부로 말하지 않고 자신의 장점을 드러내지 않는 겸손함(불벌기장: 不伐己長)"의 자세를 가져야 한다.

☐ TIP 1. 채근담(菜根譚)에 나오는 명언 "나의 장점으로 남의 단점을 들추지 마라"

- 毋偏信而爲奸所欺(무편신이위간소기), 毋自任而爲氣所使(무자임이위기소사).
- 毋以己之長而形人之短(무이기지장이형인지단), 毋因己之拙而忌人之能(무인기지졸이기인지능).
- 한쪽으로만 치우쳐서 간사한 사람에게 속지 말 것이며, 제힘만 너무 믿어 객기 부리는 일이 없이 하라.

☐ TIP 2. 말마다 상대방의 인격에 상처를 주는 사람은 자신을 부정하고 못 믿기 때문이다.

- 자신과 타인 그리고 삶에 대하여 가지는 태도가 자기부정, 타인부정인 사람이다.
- 자신과 타인, 환경에 대하여 부정적이며 희망이 없고 비판적, 절망적인 태도를 보인다.
- 다른 사람들과 원만한 관계를 맺지 못한다.

☐ TIP 3. 자기부정을 긍정적으로 이끄는 방안 ⇨ 자기부정을 자기 긍정으로 하면 타인부정이 타인긍정으로 할 수 있다.

- 작은 실패를 극복함으로써 자신감을 갖는다.
- 할 수 있는 일, 가능한 일부터 한다.
- 목표는 단기목표와 장기 목표로 구분한다.
- 컨트롤 할 수 없는 일은 단념한다.
- 괴로운 때 일수록 소통을 많이 한다.
- 커뮤니케이션이 해결의 실마리다.

14 너 자신을 알라

소크라테스 "너 자신을 알라"의 참된 교훈

현명한자는 분수를 알고 분수를 지킬 줄 안다. 그러나 어리석은 자는 분수를 지키지 못한다. 그건 분수를 모르기 때문이다.

예로부터 인간은 물질적으로 비록 가난할지라도 정신적으로는 편안하게 분수를 지키면서 살아가는 삶의 도리를 존중해 왔다. 그래서 예나 지금이나 분수를 알고 분수에 맞게 사는 사람들을 가장 훌륭하고 현명한 사람이라고 일컫는다.

"과한 것은 모자람만 못하다"는 옛말이 있다. 자신에 대한 믿음이 넘쳐서 자신감이 과하면 자만(自慢)이 되는 것이다.

늑대 한 마리가 활기차게 그리고 엄청난 식욕을 느끼며 집을 나섰다. 힘차게 뛰어가는데 해가 저물 무렵이라 늑대의 그림자가 커졌다. 그림자의 모습이 실제 늑대보다 백배는 커진 듯했다.

"와우!" 자신의 그림자를 본 늑대가 자랑스럽게 떠들었다.

"보라고! 내가 얼마나 큰지. 사자한테 좀 보여줘야 하겠는걸! 자기가 얼마나 보잘것없는지 말이야! 그리고 누가 왕이 될 자격이 있는지도 따져야겠어. 자기인지 아니면 나인지!"

그런데 이윽고 더 거대한 그림자가 늑대를 완전히 덮어버렸다. 늑대는 사자의 한주먹에 나가떨어지고 말았다.

이 이솝우화 내용이 던져주는 교훈은 무엇보다도 자신의 지니고 있는 능력과 지식의 척도를 착각하고 배움의 스승 또는 조직에서의 윗사람이 지닌 능력과 자질을 평가절하하여 발생되는 현상이라 할 수 있다.

대다수 사람은 자기가 추구하는 지식을 축적하기 위해 스승을 만나게 된다. 그리고는 일정 기간 지식을 습득한 후 스승의 곁을 떠나 독립의 길을 걷게 된다. 스승의 곁을 떠나는 이유는 두 가지로 귀착된다. 그 하나는 지식을 충분히 모두 습득했기 때문일 것이고, 또 다른 하나는 그 스승에게 이제는 배울 것이 없어서 떠나는 것이다.

그렇다면, 스승 곁을 떠난 사람은 정말로 지식을 모두 충분히 습득하였으며, 그리고 그 스승으로부터 더 배울 것이 없어서 과연 스승 곁을 떠난 것일까.

우리 사회는 자신을 잘 알고 자신을 다스릴 줄 아는 사람보다 자신을 다스릴 줄 모르는 사람이 더 많은 것 같다. 그것은 현재의 자신에게 만족했다는 착각 때문이다. 그래서 만족의 착각 속에 자기는 우쭐하고 상대를 얏 잡아 보는 태도는 더욱 문제가 있는 것이다.

인간의 능력은 무한하다. 그러므로 자신이 지니고 있는 지식이나 능력이 모두 채워져서 최고라고 생각하고 행동하는 것은 성숙하지 못하고 미성숙하기 때문이다.

조직에서도 잘못된 부하의 태도를 흔히 볼 수 있다. 조직 분위기를 보자면, 부하자신에게 주어진 역할을 거부하고 능력이 한참 부족한데도 리더처럼 생각하고 행동하는 사람들을 흔치 않게 볼 수 있다. 이들은 리더가 내리는 지시나 의사결정을 감정적으로 반발하거나 비판하는 경우가 많다.

그렇다고 상사가 시키는 것만 성실히 수행하면서 창의적이고 혁신적인 일조차 기피하라는 것은 결코 아니다. 오로지 그것은 자칫하면, 자기 자신을 지나치게 과소평가해서 위축된 삶을 사는 것과 마찬가지이기 때문이다.

"날 때부터의 시각장애인은 자기에게 어떤 시각이 없는지 모른다"는 말이 있다. 이 말은 결국 사람은 자기의 힘에 맞는 자기의 세계밖에 가지지 못한다는 뜻을 의미하기도 한다.

그런데 우리 사회, 우리 주변에는 이성을 잃고 마치 정신질환을 앓는 사람과도 같이 스스로 자신을 과대평가하여 사리를 분별하지 못하고 가치 없는 용기를 마구잡이로 만용(蠻勇: 사리를 분별하지 않고 함부로 날뛰는 용기) 부리는 사람을 적지 않게 볼 수 있다. 그런 사람들은 지나치지 않고 분수에 알맞게 행동하면,

후회하는 일도 없고 삶의 만족을 가져올 수 있다는 것을 모르는 사람들이다.

사람들은 자신이 얼마나 부족한지 모르고 많은 지식을 가졌다고 착각하면서 살아가는 사람들이 의외로 많다. 그래서 사람들은 소크라테스의 "너 자신을 알라"는 옛 그리스의 금언을 가슴에 담고 살아가고 있는듯하다.

무엇보다도 자기 자신에 대해 올바르고 정확히 평가하기 위해서는 자신만이 아니라 자신을 둘러싼 모든 환경과 사물에 대해서 참모습과 참가치를 정확히 인지하여 구분하고 판단할 수 있는 역량을 키워나가야 한다.

"은총과 이익에는 남의 앞에 서지 말고, 덕행과 사업은 남의 뒤에 처지지 말라. 받아서 누릴 일에는 분수를 넘지 말고 자기를 닦아서 행할 일에는 분수를 줄이지 말라."는 말은 채근담에 있는 말이다. 이 명언은 인간이란 모름지기 자기의 행동에는 책임을 지고 부끄러워할 줄 알아야 한다는 참 교훈이 담겨 있는 것이다.

✔ 고사성어

■ 묘시파리(眇視跛履): 眇(애꾸눈 묘), 視(볼 시), 跛(절뚝발이 파), 履(밟을 리)
"애꾸가 환히 보려하고 절름발이가 먼 곳을 가려 한다"는 뜻이며, "역량이 부족한 사람이 억지로 감당하기 힘든 일을 하다가는 오히려 화를 입게 됨"을 의미 한다.

▸ "이익을 탐하여 자신의 처지를 돌아보지 않는 어리석은 행동(당랑박선: 螳螂搏蟬)", "자기 분수도 모르고 무모하게 덤빔(당랑거철: 螳螂拒轍)" 그리고 "자기주제도 모르고 남의 일에 참견하거나 분수에 맞지 않는 행동을 하는 사람(족가지마: 足家之馬)" 등은 "자승자박(自繩自縛: 자기가 자기를 망치게 함)"하는 꼴이 되고 만다. 따라서 "유만부동(類萬不同: 정도에 넘쳐 분수에 맞지 않음)"한 행동을 하지 말고 "안분지족(安分知足: 제 분수에 맞는 삶)"하는 삶을 살아야 편안한 삶이 되고 자신을 사랑하는 삶이 된다.

□ TIP 1. "너 자신을 알라"

• 소크라테스는 인간만이 영혼을 가지며, 이것을 통해 '내적 삶'이 가능하다고 보았다. 이런 관점에서 인간은 다른 동물과 다르고 신과 가깝다. 따라서 소크라테스의 견해는 인간은 지극히 위대한 존재이다. "너 자신을 알라."는 말은 '영혼을 가진 네가 얼마나 위대한 존재인지 자각하라.'는 의미 이기도하다.

□ TIP 2. 분수에 맞는 삶

- 수학에서 다루는 분수에는 분모와 분자가 있다.
- 아래쪽에는 분모가, 위쪽에는 분자가 자리하고 있다.
- 부모가 어린 자식보다 크듯, 분수에서도 분모가 분자보다 커야 안정감을 가지게 된다. 그러나 분자가 분모보다 큰 분수도 있지만, 그 분수는 가분수(가짜 분수)가 된다.
- 이와 같은 맥락에서 생각해 보면, 높은 건물도 마찬가지다. 건물의 기초(분모)가 튼튼해야지, 기초(분모)는 약하고 건물(분자) 높이가 높고 면적만 넓다면, 그 건물은 얼마 지나지 않아 붕괴하기 십상이다. 이렇듯 사람도 자기 신분이나 처지에 맞는 삶을 살아야지 그렇지 않으면 불행한 삶이되기 마련이다.

15 너그러움

너그러운 마음에는 늘 풍요가 깃든다

너그러움은 이해와 용서를 하고 사랑과 평화를 노래하게 하는 그 사람의 품성과 인격이다.

인간의 본성은 지극히 이기적인 특성을 보이고 있기 때문에 타인의 입장을 배려하지 못하고 오로지 자기중심적인 사고에 기초하여 행동하는 측면이 강하다. 그러나 사람을 이해하는 너그러운 마음은 이타주의적 행동으로 전환시키고 타인을 존중하게 되어 사회를 아름답고 행복하게 하는 폭 넓은 힘을 발산한다. 그러므로 너그러운 사람을 만나면 따뜻한 봄바람에 묻혀 풍기는 꽃의 아름다움과 향기같이 느껴진다. 따라서 그 너그러움 속에는 늘 평화와 기쁨과 행복이 깃들기 마련이다.

모든 사람은 행복하고 풍요로운 삶이 되기를 기대하고 노력한다. 그러나 풍요는 노력만으로는 한계가 있다. 억지로는 얻을 수 없다. 오로지 가슴에 너그러움이란 아름다운 씨앗을 심어 그 씨앗이 발아될 때만이 풍요는 자연스럽게 슬며시 찾아드는 것이다. 결국은 마음에 무엇을 심고 어떻게 관리하느냐가 중요하다.

채근담(菜根譚)은 자연에 대한 즐거움과 인생의 처세를 다루고 있는데, 이에 주목해 볼 것은 유교, 불교, 도교의 사상을 모두 폭넓게 융합하여 교훈을 주는 가르침을 담고 있다. 그 내용에는 배타적이 아니라 용서, 포용, 배려, 아량, 관용,

관대, 이해, 신뢰, 양보 등 폭넓은 너그러움의 철학이 스며든다. 이는 인생의 참뜻과 지혜로운 삶을 알려 주기 때문에 우리 인간들이 지녀야 할 도량을 넓히는 지침서라 할 수 있다.

덕의 성장은 바로 너그러움을 갖는 것이다. 그리고 너그러움을 갖기 위해, 깊은 식견은 정의로움이란 기반 위에 높다란 윤리와 도덕적 기준을 가지고 포용 배려 등이 뒤따라야 가능한 것이다. 그렇다고 너그러운 마음은 이것저것 기리지 않고 무조건적으로 포용과 배려의 범주에 포함 되는 것은 결코 아니다.

"재상의 뱃속에는 배까지 띄울 수 있다"는 옛말이 있다. 이 말의 의미는 재상의 도량이 넓다는 것을 칭찬하는 말이다. 물론 어디서나 도량이 넓게 처리하는 것이 항시 옳은 것은 아니지만, 윤리와 도덕성에 어긋나지 않으면서 도량이 넓게 일을 처리하는 것이 속이 좁은 것보다 훨씬 훌륭하다는 말이다.

풍요는 이미 모든 사람의 마음속 깊이 가득한데도 자신의 마음을 열어 풍요를 즐겨볼 생각은 안 하고 어리석게도 남의 마음속 풍요와 똑같아지려고 애쓰는 어리석은 사람들도 적지 않다. 결국 너그러움이 풍요롭게 한다는 것은 알고 있지만, 진작 자신은 자신과 남들이 공유할 수 있는 풍요를 생산해 내는데 여력이 없고 내적 빈곤만이 존재해 있다는 애기다.

너그러움의 대상은 사회적 약자뿐만 아니라 모든 사람들에게 해당되고 그리고 모든 상황에서 일어나는 사건에 해당된다. 조직에서도 상대를 위한 너그러움의 배려는 조직에 활력을 불어넣어 조직구성원들의 자발적 충성심이 생겨나게 한다.

세상에는 다른 사람에게 관심을 갖기 보다는 오히려 다른 사람의 관심을 얻기 위해서 애쓰는 사람이 더 많은 것 또한 사실이다. 그러나 너그러운 사람은 이와 반대다. 오로지 다른 사람에 관심을 갖고, 매사에 존중과 사랑이 넘쳐흐른다. 그러므로 너그러운 사람에게는 많은 사람이 모여들고, 또한 그 사람들은 평화와 행복과 기쁨을 느끼면서 살아간다.

다른 사람이 자신을 좋아하기를 바란다면, 그리고 누군가와 진정한 우정을 나누고 싶다면 상대에게 먼저 다가가 순수한 관심을 보여야 한다. 그 순수한 관심은 너그러움으로부터 나타나며 풍요를 모르고 세상을 살아가는 사람들에게 마음을 활짝 열게 하기 때문이다.

테레사 수녀는 이렇게 말했다.

"어떤 사람을 만났을 때, 그 사람이 당신을 만나고 나서 즐거운 마음을 가질 수 있게 해야 합니다.

신의 은총을 당신의 행동으로 보여주세요.

친절한 얼굴, 친절한 눈, 그리고 친절한 미소로 사람을 대하세요."

너그러움 앞에서는 마음의 평온을 가져오며, 분노의 강한 힘도 스스로 꺾기 마련이다. 너그러운 사람은 따뜻한 가슴과 청결한 눈으로 말하기 때문이다.

✔ 고사성어

■ 가기이방(可欺以方): 可(옳을 가), 欺(속일 기), 以(써 이), 方(본뜰 방)
"그럴 듯한 말과 방법으로 남을 속일 수 있다"는 본뜻을 가지고 있지만, "훌륭하고 유능한 사람은 알고도 속아준다"라는 인자함이 스며있다는 의미를 지니다.

▸ 타인을 대할 때 정중하고 예의 있게 대하며 모든 상황을 "역지사지(易地思之: 다른 사람의 입장이나 다른 사물의 처지에서 생각함)"하는 자세로 본다면 너그러움을 키울 수 있어 "관즉득중(寬則得衆: 너그러우면 사람을 얻게 됨)"하여 마음의 평온을 가져와 늘 평화와 기쁨과 행복이 넘치게 된다.

□ TIP 1. 너그럽지 못한 사람이 특징

너그러움 앞에서는 마음의 평온을 가져오며, 분노의 강한 힘도 스스로 꺾기 마련이다. 그러나 분노를 다스리지 못하면 분노는 내가 죽는 것이고, 나만 죽는 것이다. 따라서 분노는 결국 자기 자신만 손해 보게 된다.

- 성질이 조급하다.
- 은혜롭지 못하다.
- 없고 고집이 세다.
- 삶의 의미를 잃고 자긍심이 낮다.

□ TIP 2. 너그러움도 키울 수 있다.

마음이 넓고 생각이 깊어서 이것저것 가리지도 않고 따지지도 않는 포용의 품성을 지녔다고 해서 결코 좋은 것만은 아니다. 너그러움을 키우는 것은 지극히 윤리적이고 도덕적인, 엄격한 판단 기준을 가지고 있으면서 너그러워야 한다. 그래서 채근담에서는 "덕의 성장은 넓은 도량에서 발생하고, 넓은 도량은 깊은 식견에서 자랄 수 있다"고 했다. 결국 너그러움을 키우기 위해서는 깊은 식견이 필요하며, 깊은 식견은 세상사에 대한 건전한 상식을 바탕으로 한 지식을 습득해야 함을 말한 것이다.

16 노력

노력하는 사람 앞에 장사(壯士) 없다

노력은 절대로 배반하지는 않는다. 노력은 오로지 정직함만 존재할 뿐이다.

힘들이지 않고 많은 노력 없이 쉽게 자기가 추구하는 목표를 달성하여 성공을 이룬다는 것은 어찌 보면 인간의 보편적인 심리일 것이다.

그러나 이 세상에 노력 없이 쉽게 그냥 얻어지는 것은 하나도 없으며, 설령 노력 없이 얻어진다 하더라도 그건 무의미한 가치를 누리는 것이다.

종달새 한 마리가 숲길을 따라 움직이는 작은 물체를 발견하고는 호기심으로 다가갔습니다.

그건 고양이가 끌고 가는 작은 수레였습니다. 그 수레에는 이렇게 쓰여 있었습니다.

"신선하고 맛있는 벌레 팝니다" 종달새는 호기심과 입맛이 당겨 고양이에게 물었습니다.

"벌레 한 마리에 얼마예요?"

고양이는 종달새 깃털 하나를 뽑아주면 맛있는 벌레 세 마리를 주겠다고 했습니다.

종달새는 망설임도 없이 그 자리에서 깃털을 하나 뽑아주고 벌레 세 마리를 받아 맛있게 먹었습니다.

종달새 깃털 하나쯤 뽑았다고 해서 날아다니는 데는 아무런 지장도 없었습니다.

한참을 날다 또 벌레가 생각났습니다.

여기저기 돌아다니며 벌레도 잡을 필요도 없고 깃털 몇 개면 맛있는 벌레를 배부르게 먹을 수 있는 게 너무나 편하고 좋았습니다.

이번엔 깃털 두 개를 뽑아주고 벌레 여섯 마리를 받아먹었습니다.

이러기를 수십 차례 …

그런데 어느 순간 하늘을 나는 게 버거워 잠시 풀밭에 앉아 쉬고 있는데, 아까 그 고양이가 갑자기 덮쳤습니다.

평소 같으면 도망치는 것은 일도 아니었지만 듬성듬성한 날개로는 재빨리 움직일 수 없었습니다. 후회해도 때는 늦었습니다. 종달새는 벌레 몇 마리에 목숨을 잃었습니다.

종달새와 고양이와의 관계에 대한 우언(寓言)이 주는 내용은 이렇다. "자신을 무능하고 무기력하게 만드는 것은 노력 없이 그저 쉽게 얻을 수 있기 때문이다"라는 교훈을 준다.

부지런한 사람도 어쩌다가 자기가 희망하는 것을 쉽게 얻게 되면, 그 사람은 그다음에도 노력하지 않고 쉽게 얻을 수 있다는 심리가 작용하게 된다. 그러나 더 큰 문제는 그것이 반복될수록 게으름이 되고, 자신도 느끼지 못하는 사이에 게으름은 이미 타성에 젖어 버리고 만다는 것이다.

많은 노력을 하여 어렵고 힘들게 맺은 결실은 가치를 높게 평가하여 고귀하고 소중함을 생각하게 한다. 또한 결실을 이루는 과정에서 고통과 어려움을 극복하는 인내의 경험은 미래에 더 큰 행복과 성공을 가져다준다.

그러나 노력을 들이지 않고 쉽게 얻어진 성과는 가볍게 생각하여 쉽게 잃어버리게 된다. 각 조직에서 경영하는데 중요한 인적자원도 마찬가지다. 아이큐가 높은 사람보다 아이큐가 좀 낮더라도 근면 · 성실하고 노력하는 사람이 더욱 성공한다는 얘기는 세상에 널리 알려져 있다.

자신의 높은 아이큐만 맹신하다가 주어진 일에 게을리하다간, 그 아이큐는 이미 녹슬어 쓸모없게 된다는 사실이다.

세계적인 천재 에디슨은 "천재는 1%의 영감과 99%의 땀(노력)이다"라는 명언을 남겼다. 결국은 "노력하는 사람 앞에 장사 없다"는 말로 대변된다. 그냥 쉽고 가볍게 던지는 말이 아닌 듯싶다. 모두가 깊이 새겨듣고 성찰해야 할 진리이며 명언이다.

✔ 고사성어

■ 마부작침(磨斧作針): 磨(갈 마), 斧(도끼 부), 作(지을 작), 針(바늘 침)
"도끼를 갈아 바늘을 만든다"는 뜻이며, "아무리 어려운 일 이라도 끈기 있게 노력하면 이룰 수 있다"는 의미다.

▸ "땀을 흘리지 않고는 아무 일도 이룰 수 없다(무한불성: 無汗不成)" 따라서 성공하고 행복한 삶을 이루기 위해서는 "분골쇄신(粉骨碎身: 뼛가루가 되고 몸이 부서진다는 말로, 있는 힘을 다해 노력함)" 하고 "각고면려(刻苦勉勵: 온갖 고생을 견디어 내며 부지런히 노력함)"하면 비로소 "고생 끝에 낙이 온다(고진감래: 苦盡甘來)."

□ **TIP '노력(努力)'이란 말은 목적을 달성하기 위한 과정에서 거짓 없고 진실 되며 빛나는 단어이다.**

영국의 시인이자 극작가인 로버트 브라우닝(Robert Browning)은 다음과 같은 명언을 남겼다.
"위대한 사람은 단번에 그와 같이 높은 곳에 뛰어오른 것이 아니다.
많은 사람이 밤에 단잠을 잘 적에 그는 일어나서 괴로움을 이기고 일에 몰두했다.
인생은 자고 쉬는 데 있는 것이 아니라 한 걸음 한 걸음 걸어가는 그 속에 있다.
성공의 일순간은 실패했던 몇 년을 보상해 준다"
세상에서 결코 공짜는 없다. 내가 뿌리고 가꾼 만큼 성과를 거두는 것이 자연의 순리고 법칙이다.
자연의 법칙과 순리를 거스르면 인간의 심성은 비뚤어지고 게으름만 치닫게 되어 결국에는 실패에 따른 불행만 남게 되는 것이다.

다

삶의 차이를 만드는 인간성공 경영

17 대의: '흐르고 흘러 바다를 이루는 대의'가 주는 인간성공 경영

18 도덕적 의무: 노블레스 오블리주 정신은 리더가 행동해야 할 선택이 아니라 필수이다

19 도리: 아름다운 사회를 창조하는 다섯 가지 도리

20 도움: 가슴으로 하는 도움은 자신을 행복하게 하고 사회도 아름답게 한다

17 대의

'흐르고 흘러 바다를 이루는 대의(大義)'가 주는 인간성공 경영

자신보다 이웃을 위하고, 사회와 인류를 위해서 마땅히 행하거나 지켜야 할 도리를 다하는 것만이 행복한 삶과 아름다운 사회를 이룰 수 있다.

모든 사람은 어떻게 하면 인간관계를 잘 하여 성공적이고 행복한 삶을 이룩할 것인가를 희망하고 있다.

성공적인 인간관계를 위한 노자(老子)의, 물(水)의 육덕(六德) 중에서 그 하나가 '흐르고 흘러 바다를 이루는 대의(大義)'다.

물처럼 살라는 것은 마음도 아픔도 물처럼 그냥 흘려보내라는 것이고, 물처럼 살라는 것은 강물처럼 도도히 흐르다 바다처럼 넓은 마음을 가지라는 의미가 담겨 있는 것이다.

아무리 긴 시간 속에 온갖 고난이 닥쳐오고 아픔과 고통이 따르더라도 자신보다도 이웃을 위하고 사회를 위해서, 더 나아가 전 인류애를 위해서 인간으로서 마땅히 행하거나 지켜야 할 큰 도리를 다행해야 한다는 것이다.

남아프리카 공화국은 342년간 백인 소수 통치가 계속되면서 흑백 인종 차별이 극에 달했었다. 1994년 4월 말 인종 차별을 종식시키는 총선을 실시했는데, 선거 결과는 27년여 간 복역하고 출소한 '넬슨 만델라'가 흑인 대통령으로 추대되었다. 그러나 현실은 달랐다. 권력을 빼앗긴 백인의 저항, 그동안 억눌리고 불평등한 대우를 받았던 흑인들의 복수심 및 도취감으로 인한 흑백 갈등은 더욱 폭발적이었고 화합과 공존은커녕 공멸 위기의 수위는 더욱 높아지고 있었다. 이런 혼란에 빠진 남아프리카 공화국을 구해낸 것은 '우분투 정신'이었고 그 중심에는 넬슨 만델라가 있었다. 우분투(Ubuntu)란 단어는 '우리가 있기에 내가 있다'는 뜻의 인사말인데 그 속에는 서로에 대한 존중과 신뢰라는 아프리카 특유의 철학적 가치가 함축 되었다고 한다.

만델라는 과거 청산 방법을 보복과 응징, 처벌 대신 용서와 화해, 포용을 기초한 공동체 복원을 추진했다. '내가 아니라, 우리가 아니라, 우리 모두가'라는 우분투 정신을 살린 것이다.

그러나 우리 사회는 어떠한가? 조직이 크든, 작든, 대부분 조직은 서로 사이가 좋지 않아, 미워하거나 대립이 존재하는 반목을 일삼고 있으며, 집단 간 갈등은 가중되어 집단 이기주의의 산물은 우리 인간의 가치관과 태도를 변화시키고 있다.

특히 우리나라 정치적 현실은 더욱 괄목할만하다. 보수와 진보라는 정치성향의 이념은 가치관 충돌로 인하여 양측균형이라는 긍정의 힘이 작용하는 것이 아니라 적대적 관계양상으로 발전되고 있는 것이 작금의 현실이다.

상대방은 싸워서 승리해야 할 원수나 적이 아니라, 선의적인 경쟁을 통해 이겨야 할 라이벌이라는 것을 망각한 것이다.

정치 발전의 근본적 조건은 보수와 진보의 양립에서 비롯된다. 창공을 나는 새는 좌우 날개가 튼튼해야 멀리, 높이, 오래 날을 수가 있듯이 정치집단도 좌우가 건전하고 튼튼해야 나라가 번성하고 국격을 높일 수가 있다. 그러나 우리 사회의 면모를 보면, 상대를 인정하지 않고 화합과 공존은 어느 구석에서도 찾아볼 수가 없다. 보수집단은 진보집단을, 그리고 진보집단은 보수집단을 대상으로 보복을 일삼으며 상대를 적이나 원수로 생각한다. 그리고 막강한 권력에 도취되어 방향성을 잃고 브레이크 없는 자동차의 질주를 연상케 한다.

화합과 공존을 위한 유일한 방법은 내가 아니면, 우리가 아니면 안 된다는, 사고의 틀에서의 탈출이다. 훌륭한 인간의 역량이란 '흐르고 흘러 바다를 이루는 대의'이기 때문이다.

분열을 일삼고, 공존하지 않는 것에서 벗어나 상대를 인정하고, 공조하고, 그리고 겸손하고 겸허한 오리정승 같은 정치인, 그런 리더들이 각 조직에서 많이 탄생 될 때 행복한 삶, 진정한 아름다운 사회가 펼쳐질 것이다.

✔ 고사성어

■ 명철보신(明哲保身): 明(밝을 명), 哲(밝을 철), 保(보전 보), 身(몸 신)
"세상 이치에 밝고 사리에 분별력이 있어 도리에 어긋나지 않는 행동으로 자신을 잘 보전한다"는 뜻이며, "시류에 말려들지 않고 매사에 법도를 지켜 온전하게 처신한다"는 의미다.

▸ "권력과 공정성과 엄격한 법 집행을 위해 사사로운 것을 포기(읍참마속: 泣斬馬謖)" 하고 "대의멸친(大義滅親: 큰 의리를 위해서 사사로운 정의를 버림)" 하게 되면 "명철보신(明哲保身: 시류에 말려들지 않고 매사에 법도를 지켜 온전하게 처신한다)" 할 수 있다.

▢ TIP 흐르고 흘러 바다를 이루는 대의(大義)

인간은 사회적 동물이다. 때문에 혼자 존재할 수도, 살아갈 수도 없기에 어떤 형태와 내용이든 관계를 맺으면서 생활해 가고 있다.
그러나 자신과 타인과 다름으로 인한 갈등과 반목 그리고 각종 집단과 집단, 이념과 사상 간의 갈등과 반목 등은 우리가 살아가는 사회를 혼탁하게 만들고 있다.
사람이 하는 행동이 착하면 좋은 영향이 미치고, 악한 행동은 나쁜 영향을 미치게 되는 것이다. 따라서 더 큰 사람, 더욱 아름다운 사회를 이룩하기 위해서는 타인을 배려하고 신뢰하며 그리고 존중과 포용하는 것만이 대의(大義)를 이루는 길이다.

18

도덕적 의무

노블레스 오블리주 정신은 리더가 행동해야 할 선택이 아니라 필수이다

부를 누리고, 지위가 높고, 강한 권력을 가진 사람이 그 지위와 권력을 남용하지 않고 오히려 겸손한 마음으로 남을 위해, 사회를 위해 아낌없이 봉사하고 희생하는 정신이야말로 이 시대에 진정한 노블레스 오블리주를 실천하는 사람이라 말할 수 있다.

한 국가나 한 조직이 성공과 번영을 이루기 위해서는 지도자의 자질과 능력에 달려 있다 해도 과언이 아니다. 특히 21세기에 들어와서 최고 지도자나 최고 경영자가 지녀야 할 윤리와 높은 도덕성은 더욱 중요성이 강조되고 있다.

노블레스 오블리주(noblesse oblige)의 사전적 의미는 '높은 사회적 신분에 상응하는 도덕적 의무'이다. 이는 초기 로마 시대에 왕과 귀족들이 보여준 투철한 도덕과 윤리, 솔선수범하는 공공정신에서 비롯된 말이다.

그리고 오블리주는 '고귀하게 태어난 사람은 고귀하게 행동해야 한다.'는 의미가 담겨 있기도 하며, 프랑스어로 '귀족은 의무를 갖는다.'를 의미한다.

또한 오블리주는 일반적으로 부와 권력, 명성은 사회에 대한 책임과 함께 해야 한다는 의미로 쓰이기도 한다. 즉 사회지도층에게 사회에 대한 책임이나 국민의 의무를 모범적으로 실천하는 높은 도덕성을 요구하는 단어이다. 하지만 이 말은 사회지도층들이 국민의 의무를 실천하지 않는 문제를 비판하는 부정적인 의미로 쓰이기도 한다.

14세기 100년 전쟁 당시에 영국에서 가까운 프랑스 북부도시 칼레가 영국군에 포위당한 적이 있다. 칼레 시민들은 영국의 거센 공격을 잘 막아 냈지만 결국 양식이 떨어져서 1년 만에 항복하게 되었다. 그리고 영국 왕 에드워드 3세에게 자비를 구하는 항복 사절단을 파견하였다. 이때 영국 왕은 '모든 시민을 살려주겠다. 그 대신 누군가가 그동안 반항에 대해 책임을 져야 하니 전체 시민을 대신하여 죽을 사람 6명을 찾아 목에 밧줄을 걸어 데려오라'고 요구했다. 이런 상황에서 목숨을 내놓을 수 있는 사람이 얼마나 되겠는가.

칼레의 시민들은 큰 혼란에 빠져들었다. 모두가 머뭇거리는 상황에서 그 도시 최고 부자가 먼저 나섰고, 이어서 시장, 변호사 등 지도층 인사 5명이 동참하였다. 칼레의 시민 전체를 살리기 위한 용단이었다.

그들은 다음날 아침 목에 밧줄을 건 채, 영국 왕 앞으로 나갔다. 평민이 아닌 귀족들이 나오자 왕은 그들의 희생정신에 감복했다. 게다가 마침 임신 중이었던 왕비가 '임신 중에 사람을 죽이는 것은 아이에게 좋지 않다'고 간청을 하자 영국 왕은 이들을 살려 주게 된다. 이때부터 명예만큼 의무를 다해야 함을 뜻하는 '노블레스 오블레주'라는 말이 생겨나게 되었고 그로부터 500년 후 프랑스 조각가 로뎅의 「칼레의 시민」이라는 작품으로 인해 이 아름다운 이야기가 전 세계로 알려지게 되었다.

영국의 케임브리지 대학이나 옥스퍼드 캠퍼스를 들러보는 사람들에게 가장 큰 감동을 주는 장소는 이 학교 출신 중 전쟁이 났을 때 전쟁터에 나가서 목숨을 바친 동문의 사진이 걸린 장소라고 한다.

영국 왕실의 서열 5위인 해리 왕자가 10년간 군 복무를 하고 전역하였다. 특히 아프카니스탄 전선에서 군 복무를 했다는 사실이 알려져 전 세계에 잔잔한 감동을 준 적이 있다. 그것도 억지로가 아니라 스스로 선택한 길이기에 그 길이 더욱 아름다운 것이다.

영국 왕실이 평소에 남보다 많이 누리는 것 같아도 국가가 위기에 처하게 되면 이처럼 가장 먼저 달려가 목숨을 걸고 싸우는 책임감이 그들에게 있었기에 영국의 귀족문화가 오랫동안 존속 되어오고 있다.

이처럼 노블레스 오블리주는 어느 국가나 어느 사회 각 조직이 혼란과 어려움에 부닥쳐있을 때 최고의 지도자나 최고경영자가 현재 가지고 있는 합법적으로 주어진 권력과 권한을 모두 포기하거나 내려놓고 반납하는 것이다. 그리고 자기 희생을 솔선수범해야 한다. 그래야 나라나 조직이 혼란하고 어려울 때 전체 구성원들의 마음을 한데로 묶어 함께 위기를 극복할 수 있는 것이다.

✔ 고사성어

■ 살신성인(殺身成仁): 殺(죽일 살), 身(몸 신), 成(이룰 성), 仁(어질 인)
"정의를 위해 목숨을 희생함, 즉 인의(仁義)를 위하여 목숨을 바친다"는 뜻이며, "살신성인은 반드시 목숨을 바치는 것뿐만 아니라 자신의 고통을 감수하며 이웃에 봉사하거나 자신의 이익을 양보하여 남을 위한다"는 의미다.

▸ 우리가 살아가는 사회는 "견리망의(見利忘義: 눈앞 이익이 멀어 의리를 저버림)" 하고 "윤리에 문제가 있는데도 다른 사람들의 충고를 듣지 않는(호질기의: 護疾忌醫)" 풍토가 만연하다.
따라서 사회지도층 일수록 솔선수범하여 "극기복례(克己復禮: 사욕을 극복하고 공공적 예의범절을 실천함)"하고 "선우후락(先憂後樂: 먼저 걱정하고 뒤에 누린다는 점에서 의무와 책임을 앞세움)"정신으로 매사에 임한다면, "근본을 바로하고 근원을 맑게 하여(정본청원: 正本清源)" 아름답고 풍요로운 사회가 펼쳐질 것이다.

□ TIP 1.

사회생활 속에서 인간이 행동하거나 판단할 때 마땅히 따라야 할 법칙과 원리(도덕적 규범, 사회적 규범, 행동규범)를 철저히 준수해야 하며, 그중에서도 사회생활 속에서 '사회규범' 준수는 더욱 중요하다.
사회 규범의 종류에는 관습, 종교, 도덕, 법 등이 있다. 관습은 생활의 반복에서 비롯하는 관행에 의해 생활과 행동을 규제한다. 도덕은 사람들의 양심에 따라 자율적으로 지키는 규범이다. 관습이나 도덕을 지키지 않을 때 사람들은 공동체로부터 비난을 받기도 한다. 법은 공적인 성격을 띠기 때문에 이를 지키지 않으면 재판 등을 통해 강제적으로 제재를 받게 된다. 특히 높은 사회적 신분일수록 사회적 규범의 준수는 더욱 중요성이 강조되므로 선택이 아니라 필수 중에 필수이다.

□ TIP 2. 윤리와 도덕이 차이점

1. 서양 철학사의 일반적 관점
   - 도덕(moral): 개인적인 차원에서 인간이 지켜야 할 바람직한 행동 규범과 가치적인 것을 말한다. ⇨ 개인생활 전 영역에 걸쳐 적용된다.
   - 윤리(ethic): 사회생활의 특정 영역에서 지켜야 할 것을 말 한다. ⇨ 경영윤리 또는 직업윤리처럼 해당 영역에서만 적용된다. 따라서 해당 특정 영역에서 각기 다른 윤리의 기준과 범위가 적용된다.

2. 버나드 윌리엄스(Bernard Williams)의 자발성과 타율성의 구분

- 도덕(moral): 이미 사회적으로 주어져 있어 인간은 태어나는 순간부터 지키도록 강요되는 규범으로 제도화된 것을 말한다. ⇨ 외적 강제력을 특징으로 한다.
- 윤리(ethic): 내면적인 것으로써 스스로 만들어가는 차원에서 각 상황에 맞는 윤리를 만들어 가는 것이다. ⇨ 능동적인 특징을 갖는다.

19 도리

아름다운 사회를 창조하는 다섯 가지 도리(道理)

한 개인이 갖는 인격(人格)과 품격(品格)은 그 나라의 국격(國格)과 비교된다. 한 개인이 갖는 인간의 도리(道理)를 다하지 못하면 그 사회는 아름다운 사회로 만들어 갈 수 없다.

모든 사람은 성공하기를 바라고 타인으로부터 존경받기를 원한다. 그러나 그것은 그냥 쉽게 얻어지는 것이 아니다. 그 찬란하고 위대한 조상의 지혜와 정신 그리고 오상(五常)의 기반 위에서 만이 얻어지고 찬란한 빛을 볼 수 있는 것이다.

한양도성(漢陽都城)은 五常(오상)에 기초하여 건립했다. 五常(오상)이란 사람이 항상 갖추어야 하는 다섯 가지 道理(도리)이며 사람이 언제나 몸에 갖추어야 할 5가지 대사(大事)이기도 하다.

동대문(東大門)은 '인(仁)'을 일으키는 문(門) 이라 해서 흥인지문(興仁之門)이라 했는데, 이는 측은지심(惻隱之心)으로써 불쌍한 것을 보면 가엽게 여겨 정을 나누고자 하는 마음을 뜻하기도 한다.

서대문(西大門)은 '의(義)'를 두텁게 갈고 닦는 문(門)이라고 해서 돈의문(敦義門)이라 했다, 이는 수오지심(羞惡之心)으로써 불의를 부끄러워하며 악한 것은 미워하는 마음을 뜻하기도 한다.

남대문(南大門)은 '예(禮)'를 숭상하는 문(門)이라 해서 숭례문(崇禮門)이라 하였다, 여기에서 예(禮)는 사양지심(辭讓之心)으로써 자신을 낮추고 겸손해하며 남을 위해 사양하고 배려할 줄 아는 마음을 뜻한다.

북문(北門)은 '지(智)'를 넓히는 문(門)이라 해서 홍지문(弘智門)했는데, 지(智)는 시비지심(是非之心)으로써 옳고 그름을 가릴 줄 아는 마음을 말한다.

그리고 그 중심에 가운데를 뜻하는 신(信)을 넣어서 보신각(普信閣)을 건립했다. 신(信)은 광명지심(光名之心)으로써 중심을 잡고 항상 가운데서 바르게 위치하여 밝은 빛을 냄으로써 믿음을 주는 마음의 뜻이 담겨있다.

이처럼 도성을 건립하는 데에도 사람의 도리를 중시하는 조상들의 지혜와 개념적 능력에 대한 넓고 깊은 마음은 고개를 숙이고 입을 다물 수밖에 없다.

특히 仁 義 禮 智 중심에 가운데를 뜻하는 신(信)을 넣어서 보신각(普信閣)을 건립한 그 배경은 인간이 삶을 영위해 나가는데 가장 중요한 가치를 대변하는 중용(中庸: 과한 것과 부족한 것의 중간을 말하며, 한쪽으로 치우치지도 않고 떳떳하며 변함이 없는 상태나 정도를 의미한다.)이란 높은 정신으로 대변할 수 있다.

오상지도(五常之道)는 우리가 살아가는 현대사회에서 도(道)의 가치 수준을 어떻게 평가하고 어떻게 실천. 지향적 행동으로 뿌리를 내려야 할 것인가에 대해, 크게 깨달음을 주는 교훈이 된다.

또한 인간이 갖추어야 할 도덕적 의무와 윤리의식, 사회생활을 함에 있어 사회적 의무를 진 사회규범과 시민정신 그리고 자기가 하고 싶은 일을 하는 것이 아니라 마땅히 해야 할 일을 해야 하는, 행동 규범과도 일맥상통하는 것으로 대변 할 수 있는 것이다.

한 개인이 갖는 인격(人格)과 품격(品格)은 그 나라의 국격(國格)으로 비교된다. 아무리 물질적으로 풍요를 이룬다 해도 한 개인이 갖는 인간의 도리(道理)를 다하지 못하면 그 사회는 아름다운 사회로 만들어 갈 수 없다.

인간이 살아가는 데 있어서 기본적으로 지켜야 할 도리를 다하기 위해서는 인간이 지녀야 할 바람직한 인성의 바탕 위에서 윤리적 자질과 높은 도덕성, 그리고 균형감각을 두루 갖춘 훌륭한 사람들이 많이 태어날 때 비로소 우리 사회, 우리조국은 우리가 바라는 희망의 나라로 정진.안착 할 것이다.

✔ 고사성어

■ 대도무문(大道無門): 大(큰 대), 道(길 도), 無(없을 무), 門(문 문)

"사람으로서 마땅히 지켜야 할 큰 도리나 정도에는 거칠 것이 없다"는 뜻이며, "누구나 그 길을 걸으면 숨기거나 잔재주를 부릴 필요가 없다"는 의미다.

▸ 작금의 세상을 살짝 들춰보면 "겉은 옳은 것 같으나 실제로 속은 다름(사시이비: 似是而非)"이 만연하며, "낯이 두껍고 뻔뻔하며 부끄러움을 모르며(후안무치: 厚顔無恥)", 그리고 "자신의 허물을 잘 알지 못하지만, 참으로 정작 남의 잘못은 잘 본다(목불견첩: 目不見睫)" 그러므로 "혼용무도(昏庸無道: 세상이 온통 어지럽고 도리가 제대로 행해지지 않음)"한 세상이 난무하다. 따라서 "그릇된 생각을 버리고 올바른 도리를 다 하는(파사현정: 破邪顯正)" 것 만이 "사람으로서 마땅히 지켜야 할 큰 도리나 정도에 거칠 것이 없게 된다(대도무문: 大道無門)"

☐ TIP 1. 맹자(孟子)의 하늘을 섬기는 방법

맹자께서 말씀하셨다.

"'자기의 마음을 다하면, 자기의 성(性: 성품)을 알고, 자기의 성(性: 성품)을 알면 천(天: 하늘)을 알게 되는 것이다.'

'자기의 마음을 보존하여, 자기의 성(性: 성품)을 기르는 것은, 하늘을 섬기는 방법이다.'

'요절과 장수에 의심을 두지 않고, 자신의 덕을 닦아서 천명을 기다리는 것이, 천명(天命: 천명)에 따르는 방법이다'"

여기서 성(性)이란 본성(本性)), 자성(自性), 성품(性品), 성리(性理)를 가리킨다. 특히 주자학에서의 성리(性理)는 인간의 본성 또는 존재원리를 이르는 말이고 인간이 가져야 할 도리(道理)라고 뜻풀이가 되어있다. 그러므로 인간 내면세계의 틀이 인의예지(仁義禮智)의 사단(四端)으로 되어있는 까닭에, 잠재되어 있는 선(善)한 본성(本性)을 밖으로 들어내어 수양하면 곧 하늘의 뜻을 이해할 수가 있게 된다.

- 본성(本性): 사람이 본디부터 가진 성질
- 자성(自性): 본래의 성질
- 성품(性品): 사람의 성질과 됨됨이
- 성리(性理): 인간의 성품과 자연의 이치

☐ TIP 2. 사림광기(事林廣記)에 나오는 "피부병의 다섯 가지 덕성"에 관한 우언(寓言)

진대경(陳大卿)이 피부병을 앓고 있는데 그의 상관이 재미있어하며 웃었다.

그러자 진대경은 정색하고 "웃지 마세요. 이 질환은 5가지 덕이 있는데 그 위상이 다른 병들보다 상위에 있습니다"라고 말하였다.

상관이 "그 다섯 가지 덕이란 어떤 것들이오?" 하고 물었다.

그가 "말씀드리기가 좀 거북스럽습니다" 하자 상관은 "괜찮으니 어서 말해 보시오." 하고 오히려 답을 재촉하였다.

진대경은 "사람의 얼굴로 번지지 않으니 인(仁)이며, 남에게 전염 잘되니 의(義)이며, 항상 사람이 손을 뻗어 긁게 하니 예(禮)이며, 관절 마디 사이를 골라 숨어 살아가니지(智)이며, 때를 맞춰 가려우니 신(信)이옵니다"라고 말씀드렸다.
그러자 상관은 뱃살을 거머쥐고 웃었다.
여기에서는 인간이 기본적으로 지켜야 할 규범을 사람 몸에 생기는 피부병과 결부시켜 인(仁), 의(義), 예(禮), 지(智, 신(信)을 설명하고 있어 생각보다 훨씬 해학적(諧謔的)이기 때문에 마음에 훨씬 가깝게 다가온다.

도움

가슴으로 하는 도움은 자신을 행복하게 하고 사회도 아름답게 한다

행복은 누가 가져다주지 않는다. 단지 어떻게 봉사할지를 찾고 노력할 따름이다. 그래서 그런 사람들은 행복하고 아름다운 삶을 위해 늘 노래하는 것을 즐긴다.

사회 속에서 다양한 사람들과 수많은 상호작용을 하면서 살아가는 것이 우리 인간의 삶이다. 그러므로 인간은 사회적 동물이라고 한다.

우리가 살아가는 세상은 모두가 똑같이 걱정과 어려움 없이 행복한 삶을 살아간다는 것은 불가능하다 할 것이다. 물질적이나 정신적으로 어려움과 고통을 겪는 사람이나 또한 신체적으로 불편함 때문에 고통을 받으며 살아가는 사람 등 우리 사회 면면을 들춰보면 외부로 나타내지 않을 뿐이지 그에 해당하는 사람들이 의외로 많은 것 또한 사실이다.

이러한 삶 속에서 남에게 도움을 주며 살아간다는 것은 인간이 기본적으로 행해야 할 책무이기도 하다. 따라서 남에게 도움을 준다는 것은 공동체 속에서의 봉사 정신과 이타주의의 발로에서 출발 한다할 수 있다.

살아가면서 어떤 형태로든 도움을 준다는 것은 참으로 고귀하고 아름다운 마음이며, 또한 자신을 행복하게 하고 사회를 아름답게 하는 일이다. 그러나 도움을 줄 때는 교환관계가 성립되어서는 안 된다는 것이다. 도움을 줄 때는 아무 조건 없이 줘야지 받는다는 전제가 돼서는 진정한 의미의 도움이 아닌 것이다.

도움은 따뜻한 가슴으로 하는 것이지 머리로 하는 지혜가 아니기 때문이다.

일반적으로 사람들은 무조건 도움을 주면 고마워한다. 그러나 어떤 사람에게 도움을 주면 그 사람에게 자존심을 상하게 할 수도 있다. 그러므로 도움을 줄 때는 상대의 입장을 정확히 헤아려서 신중히 도움을 줘야 한다.

"들꿩은 열 발 짝을 걸어야 모이 하나를 쪼아 먹는다.

그리고 백 보를 걸어야 물 한 모금을 마실 수 있다.

그러나 새장에 갇혀 사육당하길 원치 않는다."

춘추전국시대 「장자(莊子), 양생주편(養生主篇)」에 나오는 이 우어(寓言)은 "비록 궁핍할지언정 속박당하지 않는다"는 의미를 내포하고 있다.

사회생활 속에서 상대에게 도움을 주는 것도 마찬가지다. 돕는다는 것은 도움 받을 사람이 도움을 희망하고, 필요한 것이어야 하고, 유익한 것이어야 한다. 그렇지 않으면 도움을 받는 당사자에게는 그 도움은 무의미한 것이 되고 마음을 상하게 할 수도 있게 된다.

근래에 와서는 도움의 의미가 확대되어 봉사의 개념과도 일맥상통하는 서번트 리더십(Servant Leadership)이 사회 전반에 관심대상이 되고 있다.

통상적으로 리더는 높은 자리에서 군림하면서 하위직급에 있는 구성원들을 이끌어 갔지만, 서번트 리더십은 상사이면서도 오히려 하인처럼 구성원들을 섬김으로써 그들의 욕구를 충족시켜주고 더욱 성장할 수 있도록 이끌어 주는 것이다.

서번트 리더십에서 "다른 사람을 섬긴다"고 했을 때, 다른 사람이란 꼭 조직의 부하들을 뜻하는 것만은 아니다. 국가, 지역사회, 친구, 가족 등 자신을 둘러싼 내 · 외부 인적자원 모두가 섬김의 대상이 되는 포괄적 개념이 되는 것이다.

조직에서 도움이란 범주는 도움의 본질적인 개념을 뛰어넘어 물질적으로 분류되는 외적인 보상과 그리고 정신적으로 분류되는 내적인 보상이 모두 포함되어야 한다. 따라서 조직에서 구성원들이 노력하여 이룩한 성과에 대해 보상을 해 줄 때도, 리더가 일방적으로 무조건 해 줘서는 안 된다는 것이다. 그러므로 리더는 구성원들이 필요하고 원하는 것이 무엇인가를 살펴본 후에 합당한 보상을 해 줘야 진정한 봉사이며 도움이 되는 것이다.

어떤 구성원은 외적(물질적)인 보상보다 내적(정신적) 보상에 해당하는, 즉 자존감이 높아지는 칭찬과 인정 등을 더 원할 것이고, 또한 다른 구성원은 반대로 내적(정신적)인 보상보다 외적(물질적)보상에 해당하는 금전적, 승진 등을 더 원할 것이다. 그러므로 돕는다는 것은 도움을 받는 사람이 필요하고 원하는 것을 가급적 적정시점에 신속하게 제공해 줘야 진정한 의미의 도움이 되는 것이다.

"누구에게 도움을 준다는 것은 의무가 아니라 그저 가슴 뜨거운 열정일 뿐이다. 도움은 곧 공공선(公共善)이며, 사랑과 봉사이며, 참된 자기희생이다"라는 이 참 빛 한마디는 마음이 그다지 풍요롭지 못한 이 시대에 살아가는 모든 사람들에게 행복하고 아름다운 사회를 만들어 가기 위한 막중한 책임과 의무를 더 갖게 한다.

✔ 고사성어

■ 세답족백(洗踏足白): 洗(씻을 세), 踏(밟을 답, 足(발 족), 白(흰 백)

"상전의 빨래를 발로 밟아 해주다보면 종의 발꿈치가 희게 된다"는 뜻이며, "남을 위하여 한 일지만 원하지 않더라도 자신에게도 얼마간의 이득이 된다"는 의미다.

▸ 사람이 "착한 일을 좇아 하는 것은 산을 오르는 것과 같이 매우 힘든 것이다(종선여등: 從善如登)" 그러나 남을 위하고 사회를 위한 봉사정신과 저기희생정신이 강하면 자신이 원치 않더라도 "금시발복(今時發福: 어떤 일을 한 보람으로 당장 복을 받아 부귀를 누림)"한다. 따라서 진정한 도움을 주고 값진 보람을 실현하기 위해서는 무엇보다도 "청운추월(晴雲秋月: 사람의 마음속이 맑고 깨끗함)"해야 하며 "마정방종(摩頂放踵: 자기 몸을 사리지 않고 남을 깊이 사랑함)"하는 마음이 가슴속 깊은 곳에서 우러나와야 한다.

□ TIP 1. 가슴으로 하는 도움 ⇨ 서번트 리더십

남에 대한 봉사의 의미가 있는 '서비스(service)의 어원은 하인(servant)에서 비롯되었다고 한다. 서번트 리더십은 '타인을 위한 봉사의 마음에 초점을 두고 종업원과 고객 및 커뮤니티를 우선으로 여기며 그들의 욕구를 만족시키기 위해 헌신하는 리더십'으로 정의된다. Greenleaf는 서번트 리더십의 기본 아이디어를 헤르먼 헤세(Herman Hesse)의 작품인 "동방으로의 여행(Journey to the East)"에서 얻었다고 하였다.

"동방으로의 여행"은 여러 명의 동방 여행자들을 위해 그들의 허드렛일을 하는 레오(Leo)라는 인물에게 초점을 맞추고 있다. 여행 중에 레오가 사라지기 전까지 모든 일은 잘 되어갔지만, 어느 날 그가 사라지자 일행은 혼돈에 빠지고 결국 여행은 중단되었다. 사람들은 레오가 없어진 뒤에야 그가 없으면 아무것도 할 수 없다는 사실을 깨달았다. 레오는 특별한 존재였던 것이다. 일행 중 한사람은 몇 년을 찾아 헤맨 끝에 한 종교 교단에서 레오를 만나게 되었다. 거기서 그는 심부름꾼으로만 알았던 레오가 그 교단의 정신적 지도자이며 훌륭한 리더라는 것을 알게 되었다. 레오는 서번트 리더의 전형으로 제시된 것이다.

□ TIP 2. 서번트 리더의 특징

- 경청(Listening): 부하를 존중과 수용적인 태도로 이해하는 것이다.
- 공감(Empathy): 차원 높은 이해심이며 부하와의 감정의 공감을 형성하여 일체감을 느낀다.
- 치유(Healing): 리더가 부하를 이끌어 가면서 보살펴 주어야 할 문제가 무엇인 가를 살피는 것이다.
- 스튜어드십(Stewardship): 부하들을 위해 자원을 지원하고 봉사해야 한다.
- 부하의 성장을 위한 노력(Commitment to the growth of people): 부하들의 성장과 전문적 발전 및 정신적 성숙의 기회와 자원을 제공한다.
- 공동체 형성(Building community): 조직구성원들이 서로 존중하며 봉사하는 진정한 의미의 공동체를 만들어간다.

라 삶의 차이를 만드는 인간성공 경영

21 리더: 훌륭한 리더는 훌륭한 부하직원들로부터 태어난다

21 리더
훌륭한 리더는 훌륭한 부하직원들로 부터 태어난다

줄다리기는 힘이 강한 사람 쪽으로 상대방이 끌려가지만 리더십에서는 힘(직급)이나 권력(직책)이 강하다고 해서 반드시 리더가 되는 것은 아니다. 직급이나 직책만을 가지고 "내가 리더다"라고 외쳐대면 그 사람은 직급과 직책을 다 잃는 것이다.

명나라 때 「울리자(鬱離子)」에 나오는 한 우언(寓言)의 내용이다.

몸은 하나인데, 머리가 아홉인 새가 있었다.

먹이가 생기면 아홉 개의 머리가 서로 제가 먼저 차지하려고 피투성이가 되어 싸워 제대로 입에 넣지도 못하고 상처만 남았다.

갈매기가 그 광경을 보고 웃으며 "입 아홉 개가 따로따로 차지하는 먹이가 결국 뱃속으로 다 들어오게 되어 있는데 무엇을 그리 다투느냐?" 하더란다.

리더는 오로지 조직이 추구하는 목표를 달성하여 개인의 만족과 조직의 만족 모두를 가져오게 하는데 주안점을 두고 있다. 그러기 위해서는 리더와 구성원이 한마음으로 뭉쳐, 한 방향으로 일사불란(一絲不亂)케 움직이게 하는 자질과 능력을 갖춘 역량을 발휘해야 한다는 것을 이 우언은 말해 준다. 즉 조직을 이끄는 리더의 역량은 어떠해야 하는 가를 바로 말해 준다 할 것이다.

어떠한 조직이든 모든 조직은 한결같이 성공하기를 바라고 있으며, 조직이 성공하기 위해서는 무엇보다도 훌륭한 추종자들과 리더가 공존하면서 균형을 이루어야 가능한 것이다.

오케스트라 제1 바이올린을 뽑는 것보다 제2 바이올린을 뽑는 것이 더 어렵다고 한다. 왜냐하면 가장 훌륭한 연주를 위해서는 제2 바이올린의 능력이 제1 바이올린을 받쳐줄 수 있는 만큼 되어야 하고, 무엇보다도 실력이 비슷한 제2 바이올린 연주자가 너무 앞서지 않으면서 제1 바이올린을 받쳐줄 수 있는 겸손함이 있어야 하기 때문이다.

오케스트라 제2 바이올린에 관한 이야기는 리더와 부하직원은 주종관계(主從關係)가 아니라 상호 협력 관계가 얼마나 중요한가를 잘 나타내는 대목이다.

이처럼 조직도 마찬가지다. 성공한 조직을 들여다보면, 모두가 상당한 원인이 있기 마련이다. 조직을 이끌어 가는 데 있어서 역량이 뛰어난 훌륭한 리더와 그리고 자신의 위치에서 맡은 일을 묵묵히 최선을 다하는 유능한 구성원들이 있기에 가능한 것이다.

추종자들과 리더는 끊임없이 받은 것과 주는 것을 계산하게 된다. 부하직원들은 자신들이 속한 조직을 이끄는 리더가 과연 적임자인가를 늘 관찰하고 평가하기 마련이다. 이 자격이 바로 부하가 리더에게 주어지는 신용이다.

신용을 얻으려면, 리더는 추종자들에게 한없는 믿음을 제공해 주어야 한다. 그리고 추종자들이 기대하고 원하는 것이 무엇인가를 정확히 꿰뚫어 보고 욕구를 충족시켜주어야 한다. 그래야 비로소 리더의 역할을 강력하게 수행할 수 있는, 리더가 갖는 특수신용이란 자격을 부여받게 되는 것이다.

리더가 특수신용을 얻기란 참으로 힘들지만, 잃는 것은 한순간이다. 따라서 리더는 특수신용을 잃지 않도록 추종자들을 위해서 매사 노력하고 충실해야 한다. 그래야 훌륭한 리더로 인정받아 존재하게 되는 것이다.

당나라의 유명한 재상이었던 위정(魏征)은 “물은 배를 띄울 수도 있고 뒤집을 수도 있다”라는 말을 했다.

여기에서 물은 추종자이고 배는 리더로 비유해서 해석된다. 조직을 이끄는 리더는 추종자들로부터 존경과 인정을 받아 훌륭한 리더로서 존재할 수도 있지만, 그렇지 않을 경우에는 리더에게 주어진 특수신용을 철회 할 수도 있다는 의미다. 특수신용이 철회되면, 리더는 더 이상 리더로서 존재의 의미가 사라지게 되는 것이다.

배가 순항을 하여 목적지에 도달하기 위해서는 리더에게 주어지는 특수신용이 얼마나 중요한가를 바로 말해 준다.

예전과 달리 이제는 리더의 역할이 "내가 리더이니까 따라오라!"가 아니다. 리더는 부하를 대상으로 뒤에서 채찍질하는 역할이 아니라는 것이다. 오로지 리더는 앞장서서, 앞에서 부하를 이끌어 주고 코칭하여 성장시켜 주고 부하를 위해 봉사와 희생하는 자리인 것이다.

세상의 90% 이상이 추종자라고 해도 과언이 아니다. 그만큼 리더의 역할도 물론 중요하지만 추종자의 역할도 매우 중요하다는 것이다.

리더는 늘 평상심을 유지하고 추종자들의 노력과 도움에 감사할 줄 알아야 한다. 그래야 리더에게 부여된 특수신용을 유지하여 성장할 수 있으며, 그리고 조직도 성공을 이룩할 수 있다.

"줄다리기는 힘이 강한 사람 쪽으로 상대방이 끌려가지만 리더십에서는 힘(직급)이나 권력(직책)이 강하다고 해서 반드시 리더가 되는 것은 아니다. 직급이나 직책만을 가지고 '내가 리더다'고 외쳐대면 그 사람은 직급과 직책을 다 잃는 것이다" 이 참빛 한마디는 조직이 성공을 위해서는 부하를 위한 리더의 역할이 얼마나 중요한가를 깨우쳐 준다.

✔ 고사성어

■ 교학상장(教學相長): 教(가르칠 교), 學(배울 학), 相(서로 상), 長(긴 장)
"가르치는 사람과 배우는 사람이 서로의 학업을 증진 시킨다"는 뜻이며, "남을 가르치는 일과 스승에게 배우는 일이 함께 실행되어야 자신의 학업이 향상된다"는 의미다.

▸ 조직이 성공하기 위해서는 무엇보다도 구성원 상호 간 신뢰가 아주 중요하며(무신불립: 無信不立), 추종자들과 리더가 공존하면서 균형을 이루어야 한다. 따라서 훌륭하고 유능한 인재의 탄생은 리더와 부하가 "줄탁동시(啐啄同時; 서로 합심하여 일이 잘 이루어짐)" 하고 "교학상장(教學相長)"할 때 비로소 가능하다.

☐ TIP 1. 한비자의 리더십(2인자를 위한 리더가 지켜야 할 7가지 법도)

- 법도 1: 리더는 2인자들이 자유로이 말할 수 있게 해야 한다.
- 법도 2: 리더는 지혜와 능력이 탁월하더라도 마음을 비우고 고요함을 유지해야 한다.
- 법도 3: 리더는 형벌(刑罰)과 덕(德), 두 개의 칼자루를 적절히 활용할 줄 알아야 한다.
- 법도 4: 리더는 거울이나 저울처럼 형평을 유지해야 한다.

- 법도 5: 리더와 2인자는 욕망을 같이하면서 직분은 달리하는 사람이다.
- 법도 6: 리더가 2인자의 의견을 들을 때는 실제 효용을 목표로 삼아야 한다.
- 법도 7: 리더와 2인자는 교류할 때 서로 존중해야 한다.

□ TIP 2. 훌륭한 부하의 조건: 조직에 맞게 자기관리를 잘하는 부하

- 리더가 일일이 통제하지 않아도 자신이 해야 할 일을 스스로 계획하고 실행하고 평가해 나갈 줄 아는 부하
- 부하 자신의 이익이나 자신이 맡은 일만을 위해서 하는 것이 아니라 동료나 다른 팀의 구성원들과 협조와 공유를 잘 하는 부하
- 자신의 팀에 필요한 기술과 역량을 개발하여 자신은 물론 조직 전체 그리고 팀 모두의 만족과 성과를 가져오도록 노력을 경주하는 부하
- 환경변화에 대한 예측과 대응을 잘하며 혁신적인 사고를 하고 도전적이며, 실패나 실수를 두려워하지 않는 부하

□ TIP 3. 제 2인자의 상황 부적합 communication 유머

숫자 4.5와 5가 있었다.
5보다 낮은 4.5는 항상 5를 형님이라고 모시며 깍듯한 예의를 차리곤 했다.
그러던 어느 날
평소에 예의 바르던 4.5가 5에게 반말을 하며 거들먹거렸다.
화가 난 5가 “너 죽을래? 어디서 감히 ! ”
그러자 4.5가 가만히 째려보면서
하는 말
“야 임 마 ! 나 점(.) 뺐어.”

마

삶의 차이를 만드는 인간성공 경영

22 문화: 경주 최부자宅(교동 최씨) 六訓(여섯 가지 교훈)이 주는 인간성공 경영

23 미룸(지연행동): 미루지 말고 행동하는 것은 미래에 더 큰 성공의 기약이다

24 믿음과 의심: 믿음은 어떤 시련도 극복할 수 있는 보약이고, 의심은 정신을 병들게 하는 독약이다

25 마음의 씨: 자신의 마음속에 무엇을 심느냐가 인간성공과 실패를 가른다

22 문화

경주 최부자宅(교동 최씨) 六訓(여섯 가지 교훈)이 주는 인간성공 경영

어떠한 조직이 갖는 독특한 문화는 그가 속한 개인의 태도 변화를 가져오게 하고 사회에 전반에 영향을 미치게 하는 주요 요인이다.

"'덕을 베풀면 3대에 걸쳐 복을 받는다.', '아무리 부자라도 재물을 간직하는데 3대 가기가 어렵다.'"라는 옛말이 있다. 그러나 경주 최 부자 댁은 400년 동안 9대에 걸쳐 진사를 배출했고, 12대에 걸쳐 만석꾼 집안으로 이어 왔다.

이는 최 부자 댁만이 간직한 가정 조직의 독특한 문화와 철학 그리고 가정을 경영하면서 사회적 책임을 다한 결과의 숭고한 가치로 귀착(歸着)될 수 있다.

경주최씨 집안의 첫 번째 가르침은 "과거를 보되 진사(進士) 이상 벼슬을 하지 말라"이다.

이는 욕구가 지나치면 탐욕이 될 수 있어서 탐욕을 자재해야 마음과 정신의 풍요를 이룰 수 있다는 참 교훈을 던져준 것이라 할 수 있다.

두 번째 가르침은 "만석 이상의 재산은 사회에 환원하라"이다.

이는 부지런히 그리고 열심히 일하여 정정당당하게 얻은 결실에 대해 일정량의 크기를 지역사회 복리 증진을 위해 사용해야 한다는 정신에서 사회적 책임을 다하는 사회공헌을 솔선수범했던 것이다.

세 번째 가르침은 "흉년 기에는 땅을 늘리지 말라"이다.

이는 가진 사람이 욕심을 더하여 없는 사람의 것을 착취하지 말자는 고도의 노블리스 오블리주(noblesse oblige)라는 높은 사회적 신분에 상응하는 도덕적 의무의 정신이 투철했다고 말할 수 있다.

네 번째 가르침은 "과객을 후하게 대접하라"이다.

지나가는 나그네들에게 정성스럽고 극진히 대접하는 데에 있어 인색하지 말라는 것을 엿볼 수 있다. 이는 신분을 가리지 않고 편견 없이 모든 사람에게 똑같이 베풀어야 한다는 교훈을 던져주는 대목이기도 하다.

다섯 번째 가르침은 "사방 백리 안에 굶어 죽는 사람이 없도록 하라"이다.

이는 '상부상조'라는 의미를 뛰어넘어 사회 그리고 인류애의 발로인 공공선(公共善)을 추구하고 실천하는 행동을 했다고 할 수 있다.

여섯 번째 가르침은 "시집온 며느리들은 3년간 무명옷을 입어라"이다.

이는 '근검절약'이라는 의미도 있겠지만, 최 씨 가정만이 지닌 독특한 전통과 문화를 향유(享有)했다고 말할 수 있다.

우리가 살아가는 현재 사회를 단적으로 설명하자면, "메마르고 각박한 세상, 비상식이 상식을 뛰어넘는 사회, 남의 배려 없이 이기주의가 팽대한 사회, 이념의 틀에서 벗어나지 못하고 갈등의 골만 깊어 가는 사회"라고 표현해도 지나침이 없고, 무례가 아닐 것이다.

이런 작금의 시대에 경주 최 부자 댁의 독특한 전통문화와 훌륭한 경영철학은 현대사회를 살아가는 우리에게 커다란 경종을 울린다.

탐욕을 자제하여 정신적으로 풍요로운 삶은 사회적 책임을 다하고 공공선을 추구하는 삶으로 승화시키고, 자신을 낮추고 남을 공경하는 삶은 모든 사람을 편견 없이 대하고 베푸는 삶을 갖는다. 이런 삶이야말로 우리 사회를 아름답게 만들고 더불어 개인은 물론 조직의 성공을 기약할 수가 있을 것이다.

✔ 고사성어

■ 귤화위지(橘化爲枳): 橘(귤나무 귤), 化(화할 화), 爲(될 위), 枳(탱자 지)
"기후와 풍토가 다르면 강남에 심은 귤이 강북에 옮겨 심으면 탱자가 된다"는 뜻이며, "사람도 주위 환경에 따라 많은 영향을 받아서 달라진다"는 의미다.

▸ 경주 최부자 댁(宅) 여섯 가지 교훈(六訓)이 주는 "미풍양속(美風良俗: 아름답고 훌륭한 풍속이나 기풍)"의 가정 조직 문화는, "기운은 산과 같이 굳세고 마음은 바다와 같이 넓어서(기산심해: 氣山心海)" "만 가지 복이 구름처럼 일어나게 하여(만복운흥: 萬福雲興)" 그 그윽한 "아름다운 향기는 백 세대를 간다(유방백세: 流芳百世)"

▢ TIP 1. 경주 최부자 댁(宅) 문화

사람마다 개인의 특성을 말하듯이 조직도 조직마다 특성이 있다.
국가별 문화 차이가 있고 한 국가 내에서도 조직마다 문화의 차이가 있으며, 가정마다 문화의 차이도 있다. 이렇게 비춰보았을 때 경주 최 부자 댁(宅) 문화는 아주 독특하고 훌륭한 문화를 가지고 있다 할 수 있다.

▢ TIP 2. 각 조직의 문화는 그 특성에 따라 목표달성 방법과 리더십 스타일이 다르다. 그리고 조직구성원들의 가치관과 태도를 변화시킨다.

• 우리나라 각 조직 문화: 유머 "사무실에 뱀이 들어왔을 때 반응"
- 현대: 우선 때려잡고 고민한다.
- 삼성: 때려잡을까? 쫓아버릴까? 의사결정 후 치밀한 계획을 세워 행동한다.
- LG: 삼성의 처리결과를 지켜본다.
- 두산: 트위터로 물어본다
- 한화: 회장에게 어떻게 할지 물어본다.
- 네이버: 뱀이 사무실에 들어왔다고 뉴스캐스트에 올린다.
- 다음: 아고라에 뱀 잡는 방법을 물어본다.

• 글로벌 사회 문화
글로벌 사회에서 인간관계를 잘하여 성공을 이루기 위해서는 해외 각국문화에 대한 이해가 필수적이다. 그것은 다른 국가문화의 배경, 즉 외국의 가치관, 비즈니스 습관, 도덕성, 아이덴티티 등을 이해하는 것이다. 따라서 다른 나라 문화와 접하는 방법을 배우는 것이 중요하다.
- 한국과 일본은 고(高) 배경문화이다. 남에게 싫은 소리할 때도 그 사람의 상황, 처지, 관계 등을 고려해서 상대를 대한다.
- 미국과 영국은 저(低) 배경문화이다. 남에게 싫은 소리할 때도 정황 불문하고 직설적으로 대한다.

미룸(지연행동)

미루지 말고 행동하는 것은 미래에 더 큰 성공의 기약이다

세상에서 가장 소중한 것은 시간이다. 그러나 잡지 못하면 무용지물이나 다름없다. 시간은 마냥 기다려 주지 않고 흘러가기 때문이다.

"미루지 말고 행동해야 여러 문제가 발생치 않고 미래에 더 큰 가치 있는 것을 얻을 수 있다"는 말은 비단 개인이나 조직에서만 해당하는 것이 아니다.

2010년 신생 출판사 아나베(Anabet)의 창립자 다비드 데깽빌(David d'Equainville)이 인간의 '질질 끄는 행동에 익숙해진 사회'를 방지하자는 차원에서 '세계 미루지 않는 날(La journee de la procrastination)'을 창설했다"

프랑스 일간지 르 피가로(Le Figaro)는 이날을 기념하기 위해 프랑스인의 미루는 습관을 조사해 다음과 같이 발표했다. "85%의 프랑스인은 가정에서뿐만 아니라 직장에서도 미루는 버릇이 있다. 당신은 다음과 같은 말을 한 번 이상 해 본 적이 있는가. '아직 더 있어도 돼', '그거 나 마지막 순간에 할 거야', '내일 의욕이 생기면 할 거야.' 만약 여기에 포함된다면 당신은 질질 끄는 경향이 있거나 내일에 구속을 당하는 사람이다" 이러한 현상은 청년층(19-24세, 92%)에서 가장 심한 것으로 나타났다.

인간은 누구나 어디에서 무슨 일을 하건 매일같이 더 나은 삶과 행복 그리고 성공을 열망하고 그 목적을 달성하기 위해 열과 성을 다한다.

개인이나 조직에서 어느 일을 계획하고 실행에 옮길 때는 일반적으로 두 가지 성향으로 대별 할 수 있다. 해야 할 일이 보이면, 우선 재빨리 일을 벌여놓고 보는 성향이 있고, 또 하나는 실행에 옮기기 전에 치밀한 계획을 세워서 안정적인 행동을 한다. 그러나 이 두 가지 성향 중 어느 성향이 성공을 이끄는데 좋은 성향인가 하는 것은 정확히 구분 지을 수 없다. 그 이유는 매사에 열정으로 비전을 만들어 내며, 지극히 인간적이면서도 어느 순간에는 과감한 결단력을 발휘하여 행동으로 옮기는 공통점과 그리고 늘 강도 높은 혁신으로 때를 놓치지 않는 공통점이 있기 때문이다.

“돌다리도 두들겨보고 건너라”는 옛말이 있다. 이 말의 의미는 비록 잘 알고 익숙한 일이라도 세심한 주의를 기울여서 실수가 없도록 해야 한다는 의미가 담겨 있다. 이렇듯 어떠한 일을 할 때는 심사숙고는 하되, 실행에 옮길 시간이 되면 지체없이 행동해야 한다는 것이다. 미루는 일은 기회를 잃을 수 있고, 미루지 않고 행동에 옮기면 미래에 더 큰 성공을 기약할 수 있으며 그리고 성공할 확률도 높기 때문이다.

미루지 않고 행동한다는 것은 당장 해야 할 일, 오늘 해야 할 일 그리고 주간별, 월별, 분기별, 년간 등 단기 및 중장기적으로 해야 할 일들이 모두 포함되는 것이다.

오늘의 만족과 성공이 내일의 만족과 성공이 될 수 없으며, 오늘의 새로운 아이디어는 내일은 새로운 아이디어가 될 수 없다. 작금의 시대는 스피드 시대이며, 무한 경쟁시대이다. 계획된 일을 미루다 보면, 뜻하는 성과를 얻을 수 없고 경쟁사회에서 뒤처지기 마련이다. 결심이 섰으면 즉각 행동으로 옮겨야 성공할 수 있고 경쟁에서 뒤처지지 않는다.

성공의 열쇠는 타이밍이다. 현명한 사람들은 대부분 중요한 일에 대하여 정확하고 빠른 의사결정을 내린다. 열정과 훌륭한 의도, 노력과 역량이 성공을 이룩하는데 기여를 하지만, 더욱 중요한 것은 과정이 아니라 결과이다. 성공적인 결과는 심사숙고한 절차가 빚어내는 산물로, 여기에 행동할 시간이 되면 필요치 않은 생각을 멈추고 돌진할 때만 가능한 것이다.

어떤 사람들은 변화와 혁신보다 안정과 평안을 추구한다. 그러나 변화와 혁신 없는 안정과 평안은 그저 자신도 모르게 실패의 길을 들어서는 것이나 마찬가지이다. 귀찮고, 힘들고, 고통이 따르더라도 미루지 말고 행동하는 것만이 경쟁사회에서 살아남을 수 있다.

시간은 누구에게나 똑같이 주어지기 때문에 공평한 것이다. 그러나 시간을 제때에 잘 활용하는가의 차이가 성공과 실패를 결정짓게 된다.

나폴레옹은 "먼저 전투에 임하고 나중에 작전을 세우라"고 했다. 이 말은, 결단했으면, 망설이거나 주저하지 말라는 뜻이다. 적군은 아군의 병영 앞 까지 쳐들어 왔는데, 언제 작전을 세워 전투에 임하겠는가. 타이밍은 우리를 기다리지 않으며 마냥 주어지는 것도 아니다.

✔ 고사성어

■ 피장재일(皮匠再日): 皮(가죽 피), 匠(장인 장), 再(두 재), 日(날 일)
"갖바치(가죽신 만드는 것을 직업으로 삼는 사람들)의 내일"이라는 뜻이며, "내일 된다, 모래 된다 하면서 약속 날 자를 이날저날 미루는 행동"을 의미한다.

■ 전광석화(電光石火): 電(번개 전), 光(빛 광), 石(돌 석), 火(불 화)
"번개가 치거나 부싯돌이 부딪칠 때의 번쩍이는 빛"이라는 뜻이며, "매우 짧은 시간이나 매우 재빠른 동작"을 의미한다.

▸ 세상에서 가장 소중한 것은 시간이다. 시간은 마냥 기다려 주지 않고 마냥 흘러가기 때문에 지나가는 시간을 활용하지 못하면 성공된 삶을 기대하기 어렵다. 따라서 "피장재일(皮匠再日: 내일, 모래 하면서 계획한 일과 약속된 날 자를 자꾸 미루는 행동)" 하게 되면 "전도양양(前途洋洋: 앞날이 희망차고 전망이 밝음)"은 기약할 수 없으며 머지않아 "때 늦은 시기를 후회하여 한탄만 하게 된다(만시지탄: 晩時之歎)"

□ TIP 1. 미루고 망설여질 때 의사결정 방법

- 갈까 말까 할 때는 가라
- 살까 말까 할 때는 사지 마라
- 말할까 말까 할 때는 말하지 마라
- 줄까 말까 할 때는 줘라
- 먹을까 말까 할 때는 먹지 마라

□ TIP 2. 습관의 변화가 인간의 삶을 바꾼다.

듀크 대학교(Duke University) 연구진이 2006년에 발표한 논문에 따르면, '우리가 매일 행하는 행동의 40%가 의사결정의 결과가 아니라 습관 때문이었다.'라고 한다. 자신의 습관은 자신도 모르는 사이에 자주 만나는 사람의 행동이나 습관을 닮아가게 된다. 이런 무의식적인 상태에서 익숙해진 습관은 뇌의 깊은 곳에 자리 잡고 언제든 익숙한 행동으로 나타나게 된다.

24 믿음과 의심

믿음은 어떤 시련도 극복할 수 있는 보약이고, 의심은 정신을 병들게 하는 독약이다

남을 믿지 못하는 것은 스스로 의심하는 커다란 문제를 안고 있기 때문이다. 그러므로 남을 의심하지 않는 방법은 스스로 믿음의 힘을 키우는 것뿐이다.

대체로 불행한 삶을 살아가는 사람들은 자기 자신을 믿지 못한다. 반면 행복한 삶을 영위하는 사람들은 자신을 굳게 믿는 특성을 보이고 있다.

결국 자신 스스로 자신을 부정하고 있는가, 아니면 긍정적으로 생각하고 있는가에 따라 불행과 행복의 차이를 초래하게 된다.

우리 인간들은 보편적으로 타인을 신뢰하기도 하고, 의심도 한다. 한 개인이 어떤 대상을 신뢰하고 의심하는 정도는 처해 있는 환경과 상황에 따라 그리고 그 사람이 지닌 특성에 따라 차이를 보이는 것 또한 사실이다.

우선, 자신을 굳게 믿으면 타인을 의심하지 않고 어떤 시련과 고난도 극복할 수 있는 보약이 된다. 불치병환자가 심한 고통을 호소할 때, 담당 의사가 그 환자에게 밀가루로 반죽한 하얀 알을 주면서 하는 말, '이 흰 알약을 먹게 되면 좋아질 것입니다'라고 하였는데, 그 결과, 그 알약을 먹은 환자는 참을 수 없는 고통에서 벗어날 수 있었다는 것이다. 이런 현상을 "위약" 혹은 "플라시보(Placebo)효과"라고 일컫는다. 그야말로 굳게 믿음으로 인한 긍정적인 효과가 발생한 것이다.

또한, 사람들에게 아무 작용이 없는 물질을 주고, '이것을 먹으면 머리가 아플 것입니다'라고 말한 경우, 그것을 먹은 사람이 진짜로 두통을 일으켰다는 것이다. 단순한 믿음으로 야기된 부정적인 효과를 거두는 이런 현상을 "노시보(Nocebo)효과"라고 한다.

이 모든 효과는 상대방을 의심하지 않고 상대방을 적극적으로 신뢰하고 믿음으로 받아들여진 산물이다.

반면, 의심은 잘못된 생각에서 시작되고, 의심이 깊어지면 몸과 정신을 병들게 하는 독약이 된다. 황석공 소서(黃石公 素書)에서도 스스로 의심하면 남을 믿지 못하고 스스로 믿으면 남을 의심하지 않는다고 하였다. 즉 남을 믿지 못하는 것은 타인에게 문제가 있는 것이 아니라 자신에게 문제가 있는 것이다.

'기인우천(杞人憂天)'이란 말도 있다. 이 말은 옛날 중국 기(杞)나라 사람이 하늘이 무너질까 봐 걱정하였다는 뜻으로, 앞일에 대하여 쓸데없는 걱정을 함을 이르는 말이다. 이는, 의심은 어리석고 우매함에서 시작된다는 경계의 의미가 담겨 있다. 스스로 믿지 못하면 어리석고 우매함에서 벗어날 수 없기 때문에 남을 의심하기에 앞서 자신을 믿는 것이 최선의 방법이라 할 것이다.

인간이 의심이 많다는 것은 부정적인 심리상태로서 언제나 타인을 속이려는 마음이 속 깊이 잠재되어 있기 때문이다. 또한 남을 음해하고 속이려는 사람은 절대 타인을 신뢰하지 않고 인정하지도 않는다. 그리고 자기가 타인으로부터 경계의 대상이 되는 존재라 생각하는 사람은 언제나 타인의 접근을 의심하기 마련이다. 이렇게 되면 사회생활의 관계적 측면은 물론이거니와 아무리 업무에서의 자질과 능력이 뛰어난 사람일지라도 인간관계는 잘 할 수 없게 된다는 것이다.

이렇듯이 세상의 모든 대상을 부정적으로 봤을 때, 세상 또한 자기를 부정적인 대상으로 생각하고 거부할 것임을 깨달아야 한다.

"상대를 신뢰하게 되면, 그 신뢰는 필연적으로 자신에게 되돌아오게 되어있다. 따라서 자신을 신뢰하게 되면, 신뢰는 모든 사람에게 유익하고 훌륭한 공유자원이 된다"는 말을 깊이 마음에 새겨 둘 필요가 있다.

마음속에 두려움과 헛된 욕심이 없는 사람은 의심하지 않아도 남의 꾀임에 속을 일이 없고, 어떤 시련과 고난도 극복할 수 있다. 반면, 믿지 않고 의심을 하게 되면 날마다 고뇌와 고통 속에서 살게 될 것이며, 결국에는 육체와 정신을 병들게 된다.

상대와 사물에 대해 선입견과 편견을 버려야 믿음의 능력으로 승화시킬 수 있다. 믿음의 결과는 반드시 진실이 살아서 승리하기 때문이다.

미국의 근대 건축가인 프랭크 로이드 라이트(Frank Lloyd Wright)는 믿음에 대한 명언을 이렇게 남겼다. "당신이 진정으로 믿는 일은 반드시 이루어진다. 그 믿음이 그것을 실현한다"

✔ 고사성어

■ 무신불립(無信不立): 無(없을 무), 信(믿을 신), 不(아닐 불), 立(설 립)
"믿음이 없으면 살아갈 수 없다"는 뜻이며, "사람이 세상을 살아가는데 신뢰가 아주 중요하다"는 의미다.

▸ 사람이 삶을 영위해 나가면서 "너무나 의심이 많으면 망상(妄想)을 일으켜 마음이 불안해지거나 선입관(先入觀) 때문에 판단을 흐리게 하며(의심암귀: 疑心暗鬼)", "자기 스스로 의혹된 마음이 생겨 고민에 빠지게 된다(배중사영: 杯中蛇影)." 따라서 세상을 살아가면서 "믿음이 없으면 살아갈 수 없으므로 무한한 신뢰를 쌓아야 삶이 행복해지는 것이다(무신불립: 無信不立)" 그러므로 남들과 한없는 신뢰를 쌓으며 사이좋게 지내야 관계가 좋아지고 자신도 행복을 느낄 수 있는 것이다. 그러나 "옳고 그름을 따지지 않고 무턱대고 남의 의견에 동조하여 무리를 지어 절대로 어울리지는 말아야 한다(화이부동: 和而不同)" 그래야 행복하지도, 유익하지도 않은 일에 시간을 낭비하지 않고 기쁨이 없는 관계에 매달리지 않게 되어 현명하고 지혜로운 삶을 영위해 나갈 수 있는 것이다.

☐ TIP 1. 무조건 믿으며, 무조건 의심하게 하는 것은 진정한 믿음과 의심이 아니다. 믿을 것은 믿어야 하고 의심할 것은 의심해야만 참된 믿음과 의심이 되는 것이다.

- 믿음과 의심 모두는 길을 안내하는 스승이다.
- 믿음은 무엇이든 받아들일 수 있는 긍정(肯定)의 힘을 얻게 하는 용기(勇氣)이며, 자신을 성공의 길로 안내하는 참 스승이다.
- 의심은 돌다리를 두들겨보고도 건너는 것을 포기하도록 안내하는 잘못된 스승이다.

☐ TIP 2. 자성적 예언(self-fulfilling prophecy)

자성적 예언은 기대, 자기충족적 예언 그리고 지각의 준비라고도 한다.
지성적 예언은 개인의 기대나 믿음의 결과로 행위나 성과를 결정하게 되는 지각오류를 뜻한다. 또한 자성적 예언을 피그말리온 효과(꿈과 소망을 가지면 현실이 달라진다.)라고도 한다. 피그말리온 효과를 극단적으로 말한다면 "바라고, 원하고, 기대하면 무엇이든지 이뤄진다"라고 표현 할 수 있다. 이와 같이 긍정적인측면에서의 지각오류는 인간의 삶에 희망과 활력을 가져다준다.

25

마음의 씨

자신의 마음속에 무엇을 심느냐가 인간성공과 실패를 가른다

착한 마음을 가지면 남에게 베풀고 선한 행동을 하지만, 나쁜 마음을 가지면 남에게 해를 끼치고 악한 행동하기 마련이다. 자신의 마음속에 무엇을 심느냐가 삶의 성공과 실패를 가르게 되는 것이다.

우리가 하는 행동들은 대부분 자아개념에 의해 지배를 받는다. 자아개념이란 사람들이 지닌 능력, 태도, 느낌을 포함한 자신에 대한 주관적인 인식 개념이다. 즉 자신을 어떻게 인식하는 가를 의미하기도 한다. 그렇기 때문에 자아개념은 인간들의 행동에 지대한 영향이 미치게 된다.

우리가 매일 같이하는 행동이나 일들은 자아개념에 영향을 주고 다시 자아개념은 우리가 하는 행동에 영향을 준다. 그러므로 자신을 긍정적으로 보면 자아개념은 긍정적 자아개념이 되고, 부정적으로 보면 부정적 자아 개념이 된다. 그런데 자아개념은 상대방에게까지 영향을 주기 때문에 중요하기도 하고 문제가 되기도 한다는 것이다.

사람들의 생각은 모두 다를 수 있고 역량 또한 차이가 있기 마련이다. 그러므로 남들이 사고하고 행동하는 것에 대해 언제나 마음에 들지 않고 못 마땅히 여기게 되는 것은 어찌 보면 당연하다 할 것이다.

어느 회사에 입사한 지 몇 개월밖에 되지 않은 신입사원에게 상사는 자주 꾸짖는다. "그것도 몰라!", "그것밖에 못 해!" "능력이 그 정도 밖에 안 돼!" 하면서 상사는 늘 부하를 꾸짖고, 더 나아가 팀의 성과가 좋지 않으면 그 신입사원이나 다른 부하직원들에게 책임을 돌리고 탓한다.

어떤 사람들은 자신의 잘못이나 실수로 발생한 결과에 대해, 자신의 반성은 커녕 오히려 상대방에게 원망과 비난을 퍼붓는다. 그리고 주변 환경과 상황을 탓하기도 한다. 이런 모든 것들은 자신을 성찰하지 못한 궁핍한 마음에서 나타나는 현상이다.

백석은 말한다. "진정한 마음의 가난은 가진 것이 없고 찌들은 마음이 아니라 더 나은 것을 추구하는 욕구이며, 궁핍한 마음은 자신을 왜곡, 포장하고 과장을 갈구하는 탐욕일 뿐이다"고 말이다.

어떤 사람들은 자신을 돌아보고 반성할 줄을 잘 모른다. 자신을 스스로 꿰뚫어 보고 측정할 수 있는 방법은 무엇보다도 타인의 입장에서 생각하고 사고한다면, 그 문제는 간단히 해결된다. 오로지 내면의 궁핍한 마음에서 벗어나는 방법은 오로지 자기중심적인 사고에서의 탈출이기 때문이다.

인간은 누구나 지극히 자신의 이익과 복지와 안녕에 의거해 자기 입장에서만 생각하고 행동하는 '이기주의'에서 벗어나야 한다는 것이다. 따라서 타인의 이익을 위해 상대방의 입장에서 생각하고, 행동하고 공동체의 중요성을 강조하는 본성을 지닌 존재인 '이타주의'에 더욱 비중을 두어 관계형성을 해야 한다. 그렇게만 된 되면 자기성찰은 물론 궁핍한 마음에서 저절로 해방될 수 있다.

증자(曾子)는 말했다. "나는 하루에 여러 차례 나 자신을 반성한다. 남을 위해 일을 도모하는 데 정성을 다하지 않은 것은 아닌가? 벗과 사귀는 데 진실하지 않은 것은 아닌가? 전수한 진리를 복습하는 데 게을리 하지 않은 것은 아닌가?"

이러한 성찰과 반성은 자신도 잘 모르는, 지배하기 힘든 내면을 점검하는 연습이다. 자기성찰과 반성을 할 줄 아는 사람은 사회생활을 하면서 어떤 행동이 자신에게 옳은지 그른지 그리고 합당하고 적절한지를 스스로 깨달을 수 있기 때문이다.

"콩 심은 데 콩 나고 팥 심은 데 팥 난다"는 속담은 사람의 마음속에 무엇을 심느냐에 따라 결과가 나타난다는 뜻을 내포한다. 사람이 착한 마음을 가지면 남에게 베풀고 선한 행동을 하지만, 나쁜 마음을 가지면 남에게 해를 끼치고 악한 행동을 하기 마련이다. 자신의 마음속에 무엇을 심느냐가 삶의 성공과 실패를 가르게 되는 것이다.

✔ 고사성어

■ 명경지수(明鏡止水): 明(밝을 명), 鏡(거울 경), 止(멈추다 지), 水(물 수)
"맑은 거울과 조용히 멈춰있는 물이다"라는 뜻으로, "순진무구한 깨끗한 마음"이라는 의미다.

▸ 남에게 베풀고 선(善)한 행동을 위해서는 그 무엇보다도 "고요하고 깨끗한 마음을 갖고 늘 유지하여야 한다(明鏡止水)." 그리고 "기본에 충실하고 잘못을 거울삼아 올바르게 정도를 가야하며, 비상식적이고 바람직하지 못한 것은 근원을 바로잡아야 한다(정본청원: 正本淸源)." 그러므로 그렇게 행동하면, "'측은지심(惻隱之心: 불쌍히 여기는 마음)', '수오지심(羞惡之心: 자기의 옳지 못함을 부끄러워하고, 남의 옳지 못함을 미워함)', '사양지심(辭讓之心: 겸손하여 남에게 사양할 줄 아는 마음)', '시비지심(是非之心: 시비를 가릴 줄 아는 마음)'" 등 4가지 마음씨가 사람의 본성에서 우러나오게 된다.

☐ TIP 1

"콩 심은 데 콩 나고 팥 심은 데 팥 난다"는 말은 "원인에 따라 거기에 걸 맞는 결과가 생김"을 의미한다.
종두득두(種豆得豆: 콩 심은 데 콩 난다.), 종과득과(種瓜得瓜: 오이를 심으면 오이가 난다.)

• 본디부터 타고난 마음씨가 착함을 지속해서 유지하게 된다면 남에게 베풀고 선한 행동을 하지만, 타고난 심성(心性)이 악(惡)함에도 불구하고 그 악(惡)함을 선(善)을 위한 노력이 없다면 남에게 해를 끼치고 악한 행동을 하기 마련이다. 자신의 마음속에 무엇을 심고 노력하느냐에 따라 삶의 성공과 실패를 가르게 되는 것이다.

☐ TIP 2. 인간에 대한 관점(인간 본성에 대한 견해)

인간의 본성은 극단적인 어느 한쪽 면을 가지고 있는 것이 아니라 상반되는 두 가지(선과 악)를 함께 가지고 있다는 것이다. 다만 사람에 따라 어느 측면을 가지고 있느냐에 대한 관점의 차이일 뿐이다.

• 성선설(性善說): 성선설은 맹자(孟子)가 처음 주장하였는데, 인의예지(仁義禮智)의 사단(四端)은 천성에서 발생하므로 인간의 본성이 선하다는 것이다.
• 성악설(性惡說): 성악설은 동양의 순자(荀子: BC, 3세기경)와 그리스의 Platon (BC 5세기경)에 의해 주창되었는데, 이는 인간은 태어날 때부터 악한 충동, 욕망, 공격성을 지닌 본질에서 악한 존재로 보는 관점이다.

바 삶의 차이를 만드는 인간성공 경영

26 베풂: 남에게 베풀고 돕는 삶은 자신의 삶을 살찌게 하고 사회를 행복하게 한다

27 변화: 변화에 둔감하면 미래도 없다

28 비웃음: 타인을 비웃는 것은 바로 타인이 자신을 비웃는 것이다

29 변명: 변명은 자신은 물론 타인의 마음을 병들게 하는 속임수에 불과하다

26 베풂

남에게 베풀고 돕는 삶은 자신의 삶을 살찌게 하고 사회를 행복하게 한다

베푸는 것은 사랑이고, 사회를 아름답고 살맛 나게 하는 가슴 뜨거운 열정의 향기다.

우리가 살아가는 사회는 혼자만이 존재하여 살아갈 수는 없으므로 공존의 사회라고 한다. 공존의 사회는 공동체를 의미하기도 한다. 따라서 참된 마음으로 다른 사람의 입장을 헤아려 배려하고 베푸는 정신을 바탕으로 하는 공동체 의식이 저변에 깔려있어야 참된 사회라 할 수 있다.

그러나 변화와 혁신이 가속화되고 있는 무한경쟁 사회를 살아가는 이 시대에 이기주의가 팽대함으로 인하여 남과 사회를 위하는 마음은 메말라 있고, 무조건 자신이 끌어안으려고만 하는 욕심 때문에 사회의 온기는 식어만 가고 있다.

이러한 작금의 시대에 살아가는 세상은 물질문명이 발달하여 풍요를 누릴 수는 있지만, 그 반면에 인정이 넘쳐 가슴에서 우러나오는, 깊고 너그러운 마음은 점차 식어가는 것 또한 부정할 수 없는 현실이다.

세계적으로 유명한 여배우 '오드리 헵번'이야기다.

그는 무척이나 가난한 가정에 태어나 홀어머니와 살았습니다.

먹을 것이 없어 아사 직전에 이웃에 발견되어 간신히 목숨을 건진 적도 있었습니다.

이러한 어려운 환경 속에서 설상가상(雪上加霜)으로 전쟁까지 발발하게 되어 힘들고 어려움은 더 하던 차에 어느 구호단체에서 나눠주는 구호품을 받아 굶주림을 해결하였다.

그녀는 결국 구호 빵으로 위기를 극복했고, 그 이후 여러 나라를 전전하다가 우여곡절 끝에 미국에 이민을 왔습니다. 그는 미국에서 장성하여 끝내는 세계적인 영화배우가 되었습니다.

그녀는 "절망의 늪에서 나를 구해준 분들을 위해 이제 내가 남에게 봉사할 차례다"라고 말하면서 전 세계 구호를 돕는 일에 열심을 다 했습니다.

그는 죽기 전에 자기 아들에게 이런 시를 읽어 주었습니다.

"매혹적인 입술을 갖고 싶으면 친절한 말을 하라.

사랑스러운 눈을 갖고 싶으면 사람들에게서 좋은 점을 보아라.

날씬한 몸매를 갖고 싶으면 네 음식을 배고픈 사람들에게 나눠라.

아름다운 머리카락을 갖고 싶으면 하루에 한 번 어린이가 손가락으로 쓰다듬게 하라.

네가 결코 혼자 걷지 않음을 명심하면서 걸으라.

사람들은 상처로부터 복구되어야 하며 낡은 것으로부터 새로워져야 하며, 병으로부터 회복되어야 하며, 무지한 것으로부터 교화되어야 하며, 고통으로부터 구원받고 또 구원받아야 한다.

결코 누구도 버려서는 안 된다. 기억하라.

네가 만약 도움을 주는 손이 필요하다면 너의 팔 끝에 있는 손을 이용하면 된다.

네가 더 나이가 들면 손이 두 개라는 것을 발견하게 될 것이다.

한 손은 너 자신을 돕는 것이고 또 한 손은 다른 사람을 돕는 것이다"

그녀는 봉사를 통하여 남에게 베푸는 정신을 배웠고 그 속에서 친절과 호의 그리고 넓은 아량과 너그러운 관용의 철학을 배웠다.

오드리 헵번은 자신의 인생을 뒤돌아보면서 사랑하는 아들에게 인생을 살아가면서 남과 사회를 위해 행복하고 살맛 나는 세상을 살아가는 방법을 가르쳐 주고 싶었던 것이 생전에 그녀가 추구하는 삶의 철학이었음을 말해주기도 한다.

그러나 우리가 살아가는 사회의 면면을 살펴보면 과연 어떠한가?

어떤 사람은 즐겁고 행복한 마음으로 베푸는 삶을 사는가 하면, 어떤 사람들은 베풀기는커녕 오히려 다른 사람들로부터 무엇이든 얻고자 애쓰는 사람이 많다.

대부분 사람은 자기중심적 사고가 강하여 모든 것을 자신의 품 안으로 끌어들여 무조건 담아두려고 애쓴다. 그러나 담아놓는 것이 가득 채워지기도 전에 아낌없이 남에게 베풀고 나눠 주게 되면 행복과 풍요만이 깃든다는 사실을 모르고 있다.

예나 지금이나 남을 돕고 베풀면서 살아간다는 것은 훈훈한 인정이며 인간의 참된 도리다. 다만 알면서도 실제 행동으로 옮기지 못할 뿐이다.

남을 돕는다는 것은 무엇보다도 남을 위한 양보와 배려 그리고 헌신과 희생정신이 기본적으로 가슴속 깊이 침전되어 녹아 흘러내려야 한다. 또한 이기주의에서 벗어나 늘 남을 이롭게 하려는 생각과 사상을 가지고 있어야 가능하다.

베푸는 방식도 차이를 나타낸다. 머리가 작용하여 베푸는 것은 지극히 형식적이며 이해 타산적일 수 있기 때문에 주게 되면 받는다는 전제가 깔려있을 수 있다. 그러나 마음속 깊이 뜨겁게 우러나서 베푸는 것은 진정한 인간적 선행과 공공선이며, 주게 되면 받는다는 전제가 성립되지 않는다. 자신이 남에게 준다는 것은 어떤 대가나 보답도 바라지 않고 그저 베푸는 것이 진정한 의미의 베푸는 정신이 되는 것이다.

베풀고 돕는 것은 모든 조직에서도 마찬가지이다. 현대사회에 들어와서 봉사와 희생정신 리더십이 주목받고 있는 것도 그 이유 중 하나이다.

상사는 부하를 대상으로 위에서 군림하는 것이 아니라 오히려 부하를 섬김으로서 그들의 욕구를 충족시켜주고 잠재력과 정의감을 발동시켜 오히려 상사를 따르게 만들고 성과도 낼 수 있게 한다.

리더 자신이 부하들로부터 인정받고 성과를 내기 위해서 부하들을 몰아붙이고 힘들게 하는 것은 베풀고 봉사하는 자세가 아니다. 다른 사람들의 행복과 복리 증진을 위해서는, 자신이 합법적으로 갖는 권력과 권한을 포기해야 비로소 부하를 위한 희생이 되고 진정한 의미의 베푸는 정신과 봉사가 될 수 있다.

탈무드에서도 뒷받침할 만한 내용이 있다. '진정한 사랑이란 뭔가를 바라지 않고 온전히 희생하는 것'이라고 말이다.

봉사하고 나눔의 실천은 영리를 추구하는 기업도 똑같다. 공정하고 정의로운 규칙 속에서 열심히 노력하여 획득한 이익은 당연히 기업의 몫이 된다. 그러나 기업도 사회라는 공동체 속에 존재하여, 사회를 대상으로 이익을 얻게 되므로 기업도 사회적 책임을 다하기 위해 이웃과 사회에 봉사하고 기부를 하게 되는 것이다.

베푼다는 것은 물질적인 도움도 중요하지만 정신적으로 따뜻한 마음과 사랑을 주는 것 또한 진정한 봉사다. 이러한 봉사야말로 사회구성원들에게 희망과 보람을 갖게 하는 것이다.

베풀게 되면 기쁨과 진실한 사랑을 발견할 수 있다. 베푸는 것은 결코 손해보지 않고 늘 아름다움과 행복만 가득할 뿐이다. 베풀면 자기도 모르는 사이에 곧바로 베풂이 자신에게 배로 돌아오기 때문이다.

✔ 고사성어

■ 덕필유린(德必有隣): 德(큰 덕), 必(반드시 필), 有(있을 유), 隣(이웃 린)
"선행을 하고 덕을 쌓으면 반드시 이웃이 생긴다"는 뜻이며, "내가 가진 것을 지키고 끊임없이 채우려하는 것이 인간의 속성이다. 남에게 나누고 베푸는 행위를 손해로 여기지만 실제로는 그렇지 않다. 나눔에는 반드시 그에 따르는 이웃이 생긴다"는 의미다.

▸ 남과 사회를 위해 베풀며 살아가는 삶을 위해서는 우선 "명경지수(明鏡止水: 마음이 고요하고 안정됨)" 해야 하고 "허심탄회(虛心坦懷: 마음을 비운 채 사심을 품지 않음)" 해야 한다. 그래야 비로소 이웃을 사랑하고 베풀며 희생하는 정신이 강하게 작용하게 된다. 그런 사람들은 "착한 일을 많이 한 결과로 경사스럽고 복된 일이 자손에까지 미치게 된다(적선여경: 積善餘慶)"

□ TIP 1. 베푼다는 것은 사랑이고, 자기희생이다. 그러므로 조직에서 리더가 부하를 위해 베푸는 것은 리더의 자기희생적인 리더십이 빛나야 한다.

- 자기희생적 리더십(Self-sacrificial-Leadership)은 조직 생활에서 리더 자기희생의 불가피성과 과정을 설명하고 있다. 조직이 어려움에 처한 경우에 리더가 자기희생적 리더십을 발휘하면 구성원들의 태도와 행동의 변화적 반응을 통해 조직성과에 영향을 미친다는 것이다. 그리고 조직 불안전성이 클수록 리더십의 개입을 더욱 필요로 하게 되고, 이때 리더가 자기희생을 통해 상황을 극복 할 수 있다는 믿음을 주는 상징적 행위를 하여야 한다. 그러한 행동이 구성원들의 소극적이고 기회주의적인 태도와 행동을 포기하게 하는 중요한 계기를 만들 수 있다.
- 리더의 자기희생은 세 가지 범주에서 이루어진다.
  첫째, 업무분장 상의 자기희생으로써 위험하고 힘들며 기피하는 업무, 역할, 순번 등을 자청하는 희생이다.

둘째, 보상분배 상의 자기희생으로써 자기에게 정당하게 분배 되어야 할 금전적.비금전적 보상을 포기하거나 미루고 줄이는 희생이다.
셋째, 권한행사 상의 자기희생으로써 리더에게 합법적으로 주어진 자원과 권환 등의 사용을 자제하거나 포기하는 희생이다.
리더의 이러한 자기희생적 행위는 구성원의 인지, 정서, 행위에 영향을 미치게 된다.

- 사랑의 마음: 하버드 의대 스티븐 로크 교수
  항상 남을 이용하려 하고, 남의 것을 빼앗으려 하는 사람, 매사에 타산적이고 고립적인 사람은 질병에 잘 걸리고 일단 병에 걸리면 잘 낫지 않는다.
  반면에 믿음과 신념을 가졌고 이웃을 사랑하며, 남에게 베풀기를 좋아하는 사람은 병에 잘 걸리지도 않고 걸리더라도 치료하기 쉽다.

□ TIP 2. 녹명(鹿鳴): 鹿(사슴 록), 鳴(울 명)

"녹명"이란 '먹이를 발견한 사슴이 다른 배고픈 사슴들을 부르기 위해 내는 울음소리'를 말한다.
수많은 동물 중에서 "사슴"만이 먹이를 발견하면 함께 먹자고 동료를 부르기 위해 운다고 한다. 여느 짐승들은 먹이를 발견하면 혼자 먹고 남는 것은 숨기기 급한데, "사슴"만은 오히려 울음소리를 높여 함께 나눈다는 것이다.
"녹명"은 시경(時經)에도 등장한다.
사슴 무리가 평화롭게 울며 풀을 뜯는 품성을 어진 신하들과 임금이 함께 어울리는 것에 비유했다.
"녹명(鹿鳴)에는 홀로 사는 것이 아니라 함께 살며 나보다 남을 위하고 베푸는 아름다운 마음이 담겨 있다.

변화
변화에 둔감하면 미래도 없다

현재에 만족하고 자만하다가 금방 위기를 맞이하는 것이 작금의 현실이다. 수많은 개인이나 조직들이 급변하는 환경에 둔감하여 삶아진 개구리가 되었고, 되고 있다.
환경변화 예측과 적응을 잘하여 고난과 역경을 극복하면 경쟁력이 될 수 있으나 그렇지 못하고 미온적이면 그건 실패하기만 기다리는 패잔병 꼴이 되는 것이다.

무한경쟁 사회에서 성공하려면 현재보다 더 크고 가치 있는 미래를 위해 혁신적인 핵심을 불러일으키는 모험 정신이 필요하다. 오늘의 새로운 방식이 내일이면 새로운 삶의 방식이 아니라는 생각을 가져야 모험도 가능한 것이다.

"안전 지향은 지금 이대로 좋다는 뜻인데, 세상은 변한다. 본인은 변함없이 제자리에 있다고 해도 그 자체가 퇴보된다. 세상의 흐름은 앞서거나 최소한 세상과 더불어 앞으로 나가야 한다. 기업이건 어떤 조직이건 성장하지 않는다면 존재가치가 없다"고 유니클로 야나이 다다시 회장은 말했다.

이 명언은, 변화에 둔감하면 미래는 없으며, 변화와 혁신을 추구하고 고난과 역경을 극복하는 사람만이 내일의 주인공이 될 수 있음을 말해 주기도 한다. 어려움을 겪어본 사람들은 위기에 닥쳐도 잘 적응하고 대처해서 그 어려움으로부터 벗어날 수 있는 확률이 높기 때문이다.

일반적으로 사람들이 성공하기 힘든 까닭은 발전을 추구하지 않고 너무 쉽게 현실에 만족하고 변화에 둔감하기 때문이다. 그러나 성공을 추구하는 사람들은 다르다. 그들은 자신이 현재에 처한 상황과 환경을 전사적으로 꿰뚫어 보고 무엇이 문제이고 어떻게 하면 개선하고 혁신하여 더 나은 삶을 영위 할 것인가에 대한 고민과 함께 미래를 생각하고 전략을 세운다. 그들은 자신의 약점을 감추거나 강점을 자랑하지 않으며 객관적인 태도로 엄격하게 자신을 평가하고 비판한다.

인간은 원래 성공의 열매를 딸 수 있고 성공의 무한한 영광을 누릴 수 있지만 기꺼이 그것들을 포기해버린다. 그 원인은 변화에 따르는 모험을 원하지 않고 안정과 안전만을 추구하기 때문이다.

세상의 어떤 일도 순조로울 수만은 없다. 모험이 있으면 간혹 실수와 실패도 따르기 마련이다. 그렇다고 실수와 실패를 했다고 해서 낙담할 필요는 없다. 실패는 성공의 어머니라고 하지 않는가.

변화와 혁신은 '솔개의 장수비결'에서 찾아볼 수 있다. 솔개는 대략 70년의 수명을 누릴 수 있다고 한다. 70년 동안 건강하게 장수하려면 40년의 세월이 흘렀을 때 매우 고통스럽고 중요한 결심을 한다고 한다.

솔개는 태어나서 40년이 흐르게 되면 발톱이 노화하여 사냥능력이 그전만 못하다고 한다. 부리도 길게 자라서 구부려져 가슴에 닿을 정도가 되고 깃털이 짙고 두껍게 자라 날개가 무겁게 되어 하늘을 나르기가 나날이 힘들게 된다고 한다. 이쯤 되면 솔개에게는 두 가지 선택이 있을 뿐이라고 한다. 그 상태에서 죽을 날을 기다리든지 아니면 약 반년에 걸친 매우 고통스러운 갱신과정을 수행하는 것이다.

그대로 죽지 않고 갱신의 길을 선택한 솔개는 먼저 산 정상부근으로 높이 날아올라 그곳에서 둥지를 틀고 머물며 고통의 수행을 시작한다고 한다. 먼저 부리로 바위를 쪼아 부리가 깨지고 빠지게 만든다고 한다. 그러면 서서히 새로운 부리가 돋아나는 것이다. 그런 후 새로운 부리로 노화된 발톱을 모두 뽑아낸다고 한다. 그리고 새로운 발톱이 돋아나면 그다음에는 날개의 깃털을 모두 뽑아낸다고 한다. 이런 고통스런 수행과정 반년이 지나 새 깃털이 돋아난 솔개는 완전히 새로운 모습으로 변신하게 된다고 한다. 이러한 과정을 모두 거친 솔개는 다시 힘차게 하늘로 날아올라 나머지 30년의 수명을 건강하게 더 누리다고 한다.

이처럼 변화와 혁신은 그저 쉽게 이루어지는 것은 아니다. 피나는 노력과 모험이라는 위험하고 고통스러움과 두려움을 감내해 낼 때 비로소 발전을 꾀할 수 있는 것이고 행복을 누릴 수 있는 것이다.

많은 심리학자는 자신을 성공적으로 변화시키는 방법에 대해 단호하게 이야기한다. 변하고 싶다면 결심만 하지 말고 우선 환경과 분위기를 바꾸고 끊임없는 노력을 해야 한다고 말이다. 운동하고 싶다면 헬스장에 가야 한다. 운동하게끔 동기유발 시키는 환경에 자신을 노출하는 것이다. 원하는 행동을 유발하는 적절한 공간과 사람을 만들어 내지 않는다면, 성공적인 변화는 일어나기 어렵다.

✔ 고사성어

■ 제구포신(除舊布新): 除(덜 제), 舊(옛 구), 布(베 포), 新(새 신)
"묵은 것은 버리고 새로운 것을 펼치다"는 뜻이며, "그릇된 것이나 묵은 것은 버리고 새롭게 하는 쇄신과 개혁"을 의미한다.

▸ "세상의 일이 덧없이 빠르게 변한다(상전벽해: 桑田碧海)." 이러한 무한경쟁 사회에서 성공하려면 "새로운 상황에 맞춰 쉼 없이 변화에 대응해야 한다(응형무궁: 應形無窮)." 그리고 "변화에 한발 앞서서 대응은 물론 주도적으로 길을 새롭게 개척해야 한다(응변창신: 應變創新)" 그렇게 해야 비로소 "입신양명(立身揚名: 사회적으로 인정받고 출세하여 이름을 세상에 드날림)"할 수 있다.

□ TIP 이 세상에서 두려움 없는 모험은 없다. 성공하려면 두려움을 극복해야 한다.

• 두려움이 생기는 이유
① 몸과 입과 뜻이 청정하지 못하면 두려움과 공포를 일으킨다는 것이다.
② 분노하는 마음, 증오하는 생각을 가지면 두려움과 공포를 일으킨다는 것이다.
③ 의혹과 의심에 가득 차 있으면 두려움과 공포를 일으킨다는 것이다.
④ 자기를 칭찬하고 남을 경멸하면 두려움과 공포를 일으킨다는 것이다.
⑤ 겁을 먹고 겁에 질려 있으면 두려움과 공포를 일으킨다는 것이다.
⑥ 이득과 존경과 명성을 바라고 있으면 두려움과 공포를 일으킨다는 것이다.
⑦ 게으르고 정진하지 않으면 두려움과 공포를 일으킨다는 것이다.
⑧ 깊이 새기지 않고 잘 알아채지 못하면 두려움과 공포를 일으킨다는 것이다.
⑨ 집중하지 못하고 마음이 산란해 있으면 두려움과 공포를 일으킨다는 것이다.
⑩ 지혜롭지 못하면 악하고, 건전하지 못하면 두려움과 공포를 일으킨다는 것이다.

• 두려움을 뿌리째 제거하는 것은 불가능하다. 두려움이 닥치면 닥치는 대로 겪을 수밖에 없다. 이 사실을 인정하면 놀랍게도 두려움에 맞설 용기가 자연스레 솟아난다. 두려움을 피하지 않고 느끼는 것, 용기의 핵심은 바로 여기에 있다.
두려움의 원인과 성격을 이해하면 두려움은 우리 마음의 족쇄에서 풀려나 엄청난 변화를 겪으면서 모습부터 기능까지 완전히 달라진다.
두려움이라는 것은 자신이 컨트롤할 수 있느냐 없느냐에 따라 생긴다.
따라서 두려움을 극복하는 방법은 첫째, 더 두려워하라-두려움과 정면으로 부딪쳐 익숙해져야 한다. 하버드 교수는 두려운 일을 생각할수록 두려움이 없어진다고 발표를 했다. 둘째, 두려움이 더 이상 커지지 않도록 준비하라 입니다.

28 비웃음

타인을 비웃는 것은 바로 타인이 자신을 비웃는 것이다

타인을 비웃는 것은 아주 좋지 않은 습관에서 비롯되고 그 습관이 중독되어 나타나는 현상이라고 볼 수 있다. 좋은 습관의 중독은 삶을 살찌게 하지만 나쁜 습관의 중독은 자신을 물론 타인의 정신과 삶을 파멸로 이끈다.

사회가 발전하고 다양한 이해관계의 충돌이 잦아지면서 인권문제는 점점 증가하고 그 양상이 복잡해지고 있다.

예전에는 태어날 때부터 누구나 가지게 되는 권리는 생명권이나 자유권 정도라고 여겨졌다. 하지만 인권 개념이 확장되면서 성별이나 인종 등과 관계없이 누구나 똑같은 대우를 받아야 한다는 평등의 개념이 널리 퍼졌다.

그런데도 인간은 신(神)이 아니라 사회적 동물이기 때문에 완벽한 인격체를 갖춰 완벽한 인간관계를 추구한다는 것은 결코 쉬운 일은 아니다. 그래서 많은 사람은 올바른 행동과 인간이 갖추어야 할 인격을 갖추고 그리고 올바른 품성을 지키면서 순화를 위해 부단히 노력하고 있는 것이다.

어떠한 사람들은 자신이 부족한 단점을 발견하여 그 문제점을 장점으로 승화시켜 나가고자 노력하기도 한다. 그러나 어떤 사람들은 자신이 최고라는 우쭐한 마음으로 남보다 잘났다고 착각하여 타인을 비웃고 업신여기는 것을 어렵지 않게 볼 수 있다. 그러나 비웃는 사람이 비웃음을 당하는 사람보다 더 나은 것은 결코 없는 것이다. 그런데도 타인을 비웃는 것은 아주 좋지 않은 습관에서 비롯되는 것이고 그 습관이 중독되어 나타는 현상은 적지 않은 인간관계이 부정적인 영향을 주게 된다.

습관은 필연적으로 길들며, 좋은 습관과 나쁜 습관이 공존하기 마련이다. 좋은 습관의 중독은 삶을 살찌게 하지만 나쁜 습관의 중독은 자신은 물론 타인의 정신과 삶을 파멸로 이끄는 주범이 되는 것이다.

사람을 무시하고 비웃는 것 중 가장 나쁜 습관은 타인의 자아(自我)를 짓밟는 것이다. 또한 비웃음은 타인이 가진 존엄한 가치를 훼손시키고 상처를 주는 최고의 무기다.

남을 비웃게 되면 본인은 기분이 좋을지 모르겠지만, 상대방의 자존심을 매우 상하게 만드는 것이고, 비웃음을 당하는 사람은 비웃는 사람을 경계하기 마련이다. 경계한다는 것은 결국 인간관계를 멀리 한다는 의미다.

미덕을 갖추지 못한 사람은 인간이 가져야 할 존엄한 가치를 지니지 못하고 있다. 그렇기 때문에 비웃는 사람은 개인의 능력에 기초한 자본이 되는 '인적자본'의 결함으로 인하여 결국 사람과의 관계에 기초한 자본이 되는 '사회적 자본'까지 모두 잃게 되는 것이다.

그렇다면 어떻게 하면 비웃는 태도에서 벗어날 수 있을까?

비웃음은 겸손함을 배우지 못해서 기인하기도 한다. 겸손함은 동서를 막론하고 인간이 성숙할수록 갖춰야 하는 태도인 것을 일찍이 역사 속 많은 현자(賢者)들의 격언 속에서도 확인할 수 있다.

겸손이라는 것은 내가 대우받기를 원하는 이상으로 남을 대하는 것이다. 나만큼 남도 대우받을 자격이 있음을 알고 행동해야 된다는 것이다.

또한 남을 업신여기고 비아냥거리는 태도는 자신이 갖는 신념이나 나가는 방향이 옳다고 생각하기 때문에 남을 무시하고 자기중심적 사고가 강하기 때문이다. 이런 사람은 자신을 책임질 줄 모르고 스스로 자신이 갖는 가치를 잃어버리게 되는 것이다. 그러므로 비웃음에서 벗어나는데 가장 접근하기 좋은 한 가지 방법은 자기중심적인 사고의 틀에서 탈출하여 남의 입장에 서서 남을 먼저 생각하고 배려하는 마음의 자세로 전환하는 것이다.

타인을 비웃기 전에 우선 자신에게 부족한 점은 없는지 남을 비웃다가 부정적인 상황에 부닥치지는 않을지 잘 생각해야 한다는 것이다. 그리고 입장을 바꾸어 생각해 보는 것이다. 그러면 남의 비웃음을 사지 않고, 겸손함을 배울 수 있을 것이다.

우리 인간은 원래 본성이 타인으로부터 존중과 칭찬을 받고 싶고 받기를 원하지만, 진작 본인은 타인에게 존중과 칭찬을 하는 데는 너무 인색한 것이 사실이다. 그러므로 타인으로부터 내가 존중과 칭찬을 받고 싶듯이 상대를 존중하고 칭찬하는 방법을 먼저 배워야 한다. 켄 블랜차드(Ken Blanchard)의 "칭찬은 고래도 춤추게 한다"를 의미있게 생각해 볼 필요성이 있다. 모든 관계는 상대적이기 때문이다.

✔ 고사성어

■ 겸려지기(黔驢之技): 黔(검을 겸), 驢(당나귀 려), 之(의 지), 技(재주 기)
"당나귀의 뒷발질, 서투른 짓거리"를 뜻하며, "보잘 것 없는 기량을 들켜 비웃음을 산다"는 의미다.

▸ "망자존대(妄自尊大: 자기만 잘 났다고 뽐내고 남을 업신여김)"하고 "안하무인(眼下無人: 교만하여 남을 업신여김)"격인 사람은 상대방으로부터 비웃음을 사기 마련이며, 그 비웃음은 바로 자신에게 돌아온다는 사실을 알아야 한다.

□ TIP 남을 비웃고 비판적인 말을 하는 사람은 그 마음에 비통함이 있기 때문이다.

• 3종류의 비통함

① 한때 알았던 사람을 잃었을 때: 예, 정신질환, 치매 등
우리 곁에 남아 있지만 우리가 알던 사람이 아니다. 서로를 묶어주던 유대, 공유한 기억, 성격조차 살아진다.

② 우리가 아직 잃지 않는 사람을 잃었을 때
시한부 진단을 받은 사람에 대해 느끼는 비통함이다.

③ 예전에 나를 잃었을 때
과거와 현재, 그리고 가까운 미래에 다가올 차이는 너무나 크다. 차이를 수용 극복 못 할 경우

• 비통함을 극복하기

새로 이사한 집 뜰에서 거대하게 우거진 톱 야자나무를 제거하고 나니까 또 다른 문제가 기다리고 있었습니다. 쿠드주 덩굴이라고 아주 빨리 자라는 덩굴이 있는데, 단풍나무와 소나무 줄기에 달라붙어 나무들을 죽이고 있었습니다. 덩굴을 눈에 보

이는 데까지 다 잘랐지만, 계속해서 기어 올라왔습니다. 뿌리를 통째로 뽑아 버리지 않고서는, 덩굴이 계속 기어 올라갈 것이라는 것을 깨달았습니다.

▷ 생각해 보기

우리 인간은 삶을 영위하는 동안 비통함과 분노를 경험하고 또 경험하게 된다. 그 비통함과 분노는 우리의 행복과 평화를 빨아 먹는다.

• 비통함을 극복하여 인생성공을 이룩하기 위해서는?

복과 평화를 빨아 먹는 그 뿌리를 통째로 뽑아 버려야 한다. 서로 용서하고 서로 용서받으면 비통함의 뿌리는 우리 마음에 자랄 수 없고 행복과 평화의 열매를 맺게 된다.

① 비통함의 뿌리를 통째로 뽑는 방법은 본인과 타인과 함께 공유해야 한다.
② 친구, 카운슬러, 협력 단체 등이 필요할 수도 있다.
③ 본인의 감정의 정당함을 먼저 이해하는 것이 기분이 나아지는 유일한 방법이다.

29 변명

변명은 자신은 물론 타인의 마음을 병들게 하는 속임수에 불과하다

자신의 잘못이나 실수를 인정하지 못하고 변명하는 사람은 자신을 비겁하게 만들 뿐 아니라 그 어떤 것도 잘 할 수 없다. 변명하는 사람은 자기합리화에 능하여 변명의 내용을 더 돋보이게 하는 선수이기 때문이다.

우리가 살아가는 삶 속의 면모를 들여다보면 핑계가 난무하는 사회이다. 모든 사람은 인간관계 속에서 두렵거나 불쾌한일이 발생할 수도 있고 그리고 욕구불만에 부딪칠 때도 종종 경험하게 된다. 이때 사람들은 자기자신을 지키기 위해 자동적으로 취해지는 '방어기제'가 작동하게 된다. 그러나 자기방어적인 행동이 습관화되고 정도를 벗어나면 윤리적, 도덕적으로 문제에 봉착하게 되고 타인으로부터 비판을 받게 된다.

"홍두깨로 소를 몬다"는 옛 속담이 있다. 이 속담은 이치에 맞지 않고 도리에 어긋나도 억지로 일을 밀어붙인다는 뜻이 담겨 있다. 바꾸어 말하면 어떤 잘못이나 실수에 대해 이런 저런 구실을 대며 자기주장을 굽히지 않는다는 의미다.

우리의 삶 속에서 일상적으로 이루어지는 약속도 '자기합리화'가 자주 등장한다.

약속시간을 지키지 않고 늘 늦은 사람은 한결같이 모두가 다 이유가 있다. 물론 이유 없는 무덤이 어디 있겠느냐마는 말이다.

그렇지만 사람들은 현실에 부닥친 문제를 비켜나가기 위하여 그럴듯한 이유를 붙여 자기합리화에 최선을 다하려고 애쓴다.

인간은 다른 동물과 달리 자기변명과 자기합리화 시키는데 무척이나 뛰어난 재주를 가지고 있다. 그래서 그럴듯한 이유를 들어 옳지 못하고 불합리한 것을 정당화시켜 당장에 자신을 위장하여 보호하고자 하는 심리가 강하게 작용한다.

이런 사람들의 특징은 올바른 것으로 알고 행동하는 과정에서 잘못이나 문제점이 드러났는데도, 모른체하며 인정도 그리고 수정도 하지 않는다. 더구나 자신이 한 행동에 대해 자기합리화에 능수능란할 뿐이다. 그야말로 견강부회(牽强附會: 근거가 없고 이치에 맞지 않는 것을 억지로 끌어대어 자기에게 유리하도록 맞춤)가 따로 없다.

변명은 자기 자신을 속이는 기만행위이고 현실 도피이다.

핑계를 대어 자신의 실수나 잘못을 덮을 수만 있으면 얼마나 좋으련만 현실은 그렇지 않다.

핑계는 자신은 물론 타인의 마음을 병들게 하는 속임수에 불과한 것이다. 따라서 속임수는 안 좋은 버릇에서부터 싹이 트기 시작한다. 항상 무슨 일이 있을 때마다 안 좋은 버릇 중에서 가장 바람직하지 못한 것이 핑계 대는 것이다. 어느 연구결과에 의하면 실패하는 사람과 성공하는 사람의 차이는 궁색한 핑계를 대며 살아가느냐, 아니면 그렇지 않은가의 차이라고 한다.

핑계를 대는데 습관화되어있는 사람은 인간의 통제성향의 성격 중에서 자기 자신에 상대를 귀속시키는 '외부통제론 자'에 가깝다고 할 수 있다. 외부통제론자들의 대표적인 특징은 세상만사는 운이나 다른 힘 있는 사람들 또는 신에 의해서 통제된다고 굳게 믿는다. 이런 사람들은 일에 대해서 스스로 주도하지 않으며 비전과 목표도 없다. 이런 사람들의 특징은 대체로 자신의 행동에 대해 많은 어떠한 이유를 갖고 있으며, 그 이유는 습관화 되어있다.

핑계를 대는 사람은 이기주의자이고 자기합리화가 강한 사람이다.

잘못된 견해나 행동을 그럴듯한 이유로 들어 정당화하는 '자기합리화'가 강한 사람은 이기적인 사람이다. 이기주의는 자신의 행동에 대한 양심, 죄의식, 수치심 없이 오로지 자신의 이득만을 위해서 살아가는 사람들이다.

이기적인 사람들의 특징은 자기가 했던 모든 행동은 모두 다 이유가 있으며, 그럴 수밖에 없다고 변명을 댄다. 이러한 사람들은 정신적으로 건강하지 못하고 지혜롭지 못하며 타인의 말을 경청할 줄 모르고 화를 잘 내는 편이다. 그리고 인간이 기본적으로 갖게 되는 자연스러움의 욕구충족이 아니라 남의 것을 빼앗으려는 욕망이 하늘을 찌른다. 이러한 사람들은 인간관계를 잘 할 수가 없으며 성공할 확률도 떨어진다.

이기주의에서 벗어나는 방법은 자신을 겸허한 자세로 성찰해야 한다.

이기주의에서 벗어나는 방법은 무엇보다도 늘 타인의 입장에서 생각하고 사고하는 행동이 항상 몸에 젖어있어야 한다. 자신이 준 것보다 더 많이 받기를 바라는 것에서 벗어나는 것은 물론이거니와 준만큼 받기를 원하는, 공평함을 원칙으로 하는 것에서 벗어나 철저히 타인을 위해 더 봉사하고 희생하는 정신을 키워야 한다.

이 세상에서 핑계 없는 무덤이 어디 있겠는가. 변명하지 않는 사람은 성공하는 사람이다.

"솔직하게 자신의 부족함이나 문제점을 인정하여 겸손한 자세를 취하는 것은 체면을 깎는 것이 아니라 오히려 상대방을 감동하게 한다"는 말을 잊지 말아야 한다.

✔ 고사성어

■ 능서불택필(能書不擇筆): 能(능할 능), 書(글 서), 不(아닐 불), 擇(가릴 택), 筆(붓 필) "글씨를 잘 쓰는 사람은 붓을 가리지 않는다"는 뜻이며, "경지에 오른 사람은 도구나 재료에 구애받지 않고도 자기실력을 충분히 발휘할 수 있다"는 의미다.

▸ "변명이 되풀이되면 습관이 되고, 습관이 오래되면 천성이 된다(습여성성: 習與性成)." 또한 변명은 자기 자신을 속이는 기만행위이고 현실 도피다. 따라서 잘못이나 실수가 없는데도 오해소지가 충분한 사안에 대해서는 "극구변명(極口辨明: 온갖 힘을 쏟아 부어 자기 잘못이 없음을 변명함)"은 이상적인 행동이라 할 수 있지만, 그렇지 못한 것에 대해 궁색한 핑계를 대는 것은 자신을 비겁하게하고 타인의 마음에 상처를 줄 뿐이다. 따라서 "과거에 변명이나 핑계 경험이 있었다면, 잘못을 뉘우쳐 다시는 그런 잘못이 없도록 하게하는 자기성찰이 필요하다(자원자애: 自怨自艾)."

☐ TIP 변명유형 5가지

① 운명 신봉 형: 자신의 노력과 힘으로 현재 상황을 바꿀 수 없다는 스타일("내 운명은 이미 결정되어있다. 도저히 내 능력으로 바꿀 수 없어!"

② 시간 타령 형: 특별한 목적 없이 시간을 허비하는 스타일("난 정말 시간이 없어, 하루 24시간이 모자랄 지경인데 언제 그걸 다해 못해!"

③ 의기소침형: 매사에 부정적이고 소극적인 태도에 도전을 겁내는 스타일("내가 잘할 수 있을까?", "지난번에도 포기했는데, 아예 포기하는 것이 좋을 것 같아" "남들이 어떻게 생각할까?"

④ 문제 확대형: 사소한 것을 크게 확대하여 해석하여 불필요한 스트레스를 받는 스타일("이제 끝장이야, 나는 뭐든 되는 일이 하나도 없어!"라며 절망함)

⑤ 인생방임형: 말 그대로 "될 대로 돼라"하며 의지가 없는 스타일(어떤 문제에 직면한 것이 분명 한데도 "글쎄, 잘 모르겠어!, 어떻게 되겠지 뭐"라며 남 이야기 하듯 하는 유형)

사

삶의 차이를 만드는 **인간성공 경영**

30 선과 악: 악을 이길 수 있는 유일한 방법은 선한 행동뿐이다
31 선입견: 선입견은 일과 인간관계 모두를 망치게 하는 주요 요인이다
32 성공: 성공은 온갖 시련과 고통의 결과이다
33 성공과 실패: 성공과 실패는 조급함의 강약 조절에 있다
34 성공요소: "ㄲ" 7가지는 성공을 이루기 위한 필수 요소다
35 시각: 보는 방향을 달리하면 긍정과 낙관의 힘의 가치가 나타난다
36 신념: 신념의 위력은 성공의 문을 열게 한다
37 신념과 노력: 신념과 노력이 양립해야 원하는 것을 얻을 수 있다
38 신분: 신분이 갖는 편견은 그저 편견일 뿐이다
39 신언서판: 리더의 자질과 능력의 바탕이 되는 "신언서판"은 조직의 성과를 극대화하는 성장 동력이다
40 신용: 윗사람이 갖는 신용은 성공과 실패를 가늠하는 잣대다
41 신조: 숫자로 풀어보는 생활신조
42 실패: 인생 최고의 실패는 자기 자신의 위치를 잃는 것이다
43 사회적 자본: 사회적 자본은 사회를 아름답게 만들고 삶을 살찌게 한다

30 선과 악

악(惡)을 이길 수 있는 유일한 방법은 선(善)한 행동뿐이다

원한은 악행뿐 아니라 선행에서도 발생한다는 것을 명심해야 한다. 선한 일도 악을 초래하면 누구나 원수가 된다. 사람이 하는 일은 동기가 아니라 과정과 결과를 평가하기 때문이다.

선(善)한 행동을 위한 프란치스코 교황의 '아름다운 메시지'는 현대사회를 살아가는 모든 사람에게 잔잔한 감동을 준다.

"강은 자신의 물을 마시지 않고, 나무는 자신의 열매를 먹지 않으며, 태양은 자신을 비추지 않고, 꽃은 자신을 위해 향기를 퍼트리지 않습니다.

남을 위해 사는 것이 자연의 법칙입니다. 우리는 모두 서로를 돕기 위해 태어났습니다. 아무리 어렵더라도 말입니다….

인생은 당신이 행복할 때 좋습니다."

인간의 본성은 극단적으로 선(善)과 악(惡), 한쪽 면을 가지고 있는 것이 아니라 상반되는 선(善)을 지칭하는 천사와 그리고 악(惡)을 지칭하는 악마가 함께 깃들여 있다. 그러므로 사람의 마음속에는 선을 행하려는 경향과 악을 행하려는 경향이 나란히 공존하고 있다.

그중 하나가 인간은 순진하고 티 없이 착한 성품을 지니고 태어나지만 문명과 사회제도의 영향을 받아 오염된 학습을 함으로써 악한 성향을 갖게 된다는 맹자(孟子)가 주창한 성선설(性善說)이다.

또 하나는 인간은 태어날 때부터 선천적으로 충동, 욕망, 공격성을 지닌 본질에서 악한 존재로 보는 관점이다. 따라서 인간의 성품은 선천적으로 악하기 때문에 후천적으로, 인간을 선한 행동으로 변화시킬 수 있다는 순자(荀子)의 성악설(性惡說)이다.

성선설이나 성악설 모두는 공통으로 인간은 모두가 악을 버리고 착한 삶을 살아 갈 수 있는 노력을 해야 한다는 것으로 귀착된다. 그래야 성공되고 행복한 삶, 아름다운 사회가 될 수 있다는 것이다.

맹자(孟子)가 어렸을 때 맹자의 어머니는 자식의 공부와 성공을 위해 3번이나 이사를 했다는 '맹모삼천지교(孟母三遷之敎)'의 이야기는 세상에 많이 알려져 있다.

첫 번째 이사한 곳은 공동묘지다. 아들이 조용한 곳에서 공부하기를 바라고 공동묘지 근처에 살았더니 어린 맹자가 주변의 곡소리를 흉내 내었다고 한다.

그리고 두 번째는 시장 근처로 이사를 하였다. 그런데 이번에는 상인들의 흥정하는 모습을 흉내 내기 시작했다고 한다.

마지막으로 학교 주변으로 이사를 하였는데, 이번에는 맹자가 주변의 학구적인 분위기에 어울려 공부에 전념했다는 이야기다.

맹자의 어머니는 맹자가 학교 근처의 면학적 환경에 적응해 공부를 열심히 하게끔 교육 분위기를 조성해 주었다.

인간의 본성은 환경에 지대한 영향을 받는다는 비유적인 이야기가 또 하나 있다.

회남의 귤을 회북으로 옮겨 심으면 탱자가 된다는 뜻으로, 사람의 특성도 환경과 조건에 따라 변할 수 있다는 의미의 '귤화위지(橘化爲枳)'다.

이 모두의 이야기는 인간의 본성은 타고난 측면이 더 크게 작용하는 특성도 있지만, 후천적으로 환경을 바꾸고 노력만 하면 얼마든지 악을 선으로 변화 시킬 수 있다는 참 교훈을 던져주는 대목이다.

우리가 살아가는 사회는 모든 사람이 마음이 곱고 어진 사람들만 살아가는 것은 아니다. 혹은 선하게 살아가다가도 인간의 본성을 다스리지 못하고 악의 터널로 빠져들어 가기도 한다.

악행을 하는 사람들은 그 악한 행동이 얼마나 나쁜지 모르는 경우가 다수를 이룬다. 혹시나 알더라도 오히려 상대방에게 잘못을 전가 하는 경우가 대부분이다. 그것은, 자신이 저지른 악행을 자책감이나 죄책감에서 벗어나기 위하여 자신이 한 행위를 정당화하고 합리화하려는 데에 기인한다.

그렇다면 악한 행동을 지양(止揚)하고 선한 행동을 지향(志向)하기 위해서는 어떻게 해야 할까?

선을 추구하기 위해서는 무엇보다도 스스로 솔선수범하여 자신에 대한 엄격한 윤리적 판단 기준을 정해 놓고 준수하려고 애써야 한다. 그리고 늘 생각을 해본 후 행동해야 한다. 악한 행동의 출발은 윤리적 기준선을 식별하지 못하기 때문이다.

예컨대, 사회 빈곤층을 돕기 위해서 남들로부터 재산을 갈취하는 것은 용납될 수 없다. 또한 불우이웃돕기를 한다는 명목으로 개인이나 기업들로부터 자발적인 사회공헌을 끌어냈다 하더라도 그렇게 모아진 재물을 자신의 이익을 위해 일부를 사용하는 것도 악행인 것이다.

또한 선한 일도 악을 가져오면, 누구나 원수가 된다. 사람이 하는 일은 동기가 아니라 과정과 결과를 평가하기 때문이다.

"지옥으로 가는 길은 선의로 포장돼 있다" 이 말은 로마 시대부터 전해져 오는 유명한 서양 격언이다. 설령 좋은 의도로 시작했을지라도 그 일의 결과는 의도와 반대로 나쁠 수도 있다는 뜻을 담고 있다.

일상생활에서 조건 없이 선한 행동을 하는 경우가 있다. 이렇게 조건 없는 호의가 계속되면 그건 당연한 권리인줄 안다. 그리고 그 호의는 위험을 초래할 수 있다. 왜냐하면 상대방은 이를 당연한 것으로 생각해 전혀 고마워하지 않은 채 무시하거나 악행으로 되돌아올 수 있기 때문이다. 이렇듯 원한은 악행 뿐 아니라 선행에서도 발생한다는 것을 명심해야 한다.

삼국시대 유비(劉備)는 아들 유선(劉禪)에게 이런 말을 남겼다. "악은 아무리 작아도 행하지 말고 선은 아무리 작더라도 반드시 행해야 한다"는 말씀 말이다.

✔ 고사성어

■ 사필귀정(事必歸正): 事(일 사), 必(반드시 필), 歸(돌아갈 귀), 正(바를 정)
"무슨 일이든 반드시 옳은 이치로 돌아간다"는 뜻이며, "과거의 선과 악의 인연에 따라서 길흉화복의 갚음을 받게 된다"는 의미다.

▸ "사람은 습관이나 환경에 따라 그 성품이 착해지기도 하고 악해지기도 한다(묵자읍사: 墨子泣絲)" 그러므로 인간은 "선한 일을 하면 반드시 선한 결과가 따르게 되고(선인선과: 善因善果)," "악한 일을 하면 반드시 나쁜 결과가 따른다(악인악과: 惡因惡果)." 따라서 "착한 일을 보기를 마치 목마른 것 같이 하고(견선여갈: 見善如渴)," "악함을 들음을 청각장애인 같이 해야 한다(문악여롱: 聞惡如聾)"

☐ TIP 사람이 "착하다"는 것은 곧 "어질다(너그럽고 덕행이 높다)"는 의미가 있다.

공자[孔子: 이름은 구(丘). B.C.551~479]는 아첨꾼에 대해 《논어(論語)》〈학이편(學而篇)〉에서 이렇게 말했다. 발라맞추는 말과 아랑거리는 태도에는 '인(仁)'이 적다. 교언영색 선의인(巧言令色 鮮矣仁)이라는 말은, "말재주가 교묘하고 표정을 보기 좋게 꾸미는 사람 중에 어진 사람은 거의 없다"는 뜻이다. 이 말을 뒤집어서 또 공자는 자로편(子路篇)에서 이렇게 말했다. "강직 의연하고 질박 어눌한 사람은 '인(仁)'에 가깝다(강의목눌 근인(: 剛毅木訥 近仁)." 이 말은 곧 "의지가 굳고 용기가 있으며 꾸밈이 없고 말수가 적은 사람은 '인(덕을 갖춘 군자)'"에 가깝다는 뜻이다.
그러나 이러한 사람이라도 '인(덕을 갖춘 군자)' 그 자체는 아니라고 공자는 옹야편(擁也篇)에서 이렇게 말했다. 문질 빈빈한 연후에야 군자라 할 수 있다(문질빈빈 연후군자: 文質彬彬 然後君子), 즉 문(文: 형식)과 질(質: 실질)이 잘 어울려 조화를 이루어야 군자라는 뜻이다.

31 선입견

선입견은 일과 인간관계 모두를 망치게 하는 주요 요인이다

지금 보이는 '그것'을 '이것'으로 바르게 볼 수 있는 유일한 방법은 '그것'을 깨부수는 일뿐이다. 이것이야말로 선입견을 버리고 인간관계를 잘 하여 더 나은 행복한 삶을 영위할 수 있다.

사회생활 속에서 사람이나 사물을 객관적으로 평가하지 못하고 정확히 인식하지 못하는 이유는 선입견 때문이다.

그릇된 선입견에 사로잡혀 매몰되면 옳고 그름을 판단하지 못하여 모든 일을 망치게 할 뿐 아니라 자신도 남으로부터 존경과 인정도 받을 수 없게 된다. 따라서 선입견은 자신을 훌륭한 인격체로 발전시키는데 저해 요인이 되는 것이다.

예를 들면, 어떤 사람을 평가할 때, "그 사람은 뚱뚱하니까 게으르고 미련할 거야!"는 선입견의 한 예가 될 수 있다.

그렇게 평가하게 되는 배경은 직접 경험해 보지 않은 상태에서 먼저 들은 말이나 간접적인 경험을 토대로 "뚱뚱한 사람은 게으르고 미련하게 행동할 것이다"는 것이 머릿속에 기억으로 굳어져 있어서 그렇게 평가하게 되는 것이다.

또한 자신이 이미 정해 놓은 기준이나 고정관념으로 세상을 바라보고 사람을 평가하는 선입견도 있다. 이 선입견에 관한 우언(寓言)은 이렇다.

어떤 사람이 도끼를 잃어버렸다.

그는 이웃집 아이를 의심하였다.

그의 걸음걸이를 보아도 도끼를 훔친 것 같고, 얼굴빛도 도끼를 훔친 것 같았으며, 말하는 것도 도끼를 훔친 것 같았고, 동작과 태도마다 도끼를 훔치지 않은 것이 없어 보였다.

그는 얼마 안 되어 계곡을 파다가 그 도끼를 찾았다.

다음날 다시 그 이웃집 아이를 만났다.

동작과 태도가 도끼를 훔친 사람 같지 않았다.

이 우언은 춘추전국시대 「열자(列子) · 설부편(說符篇)」에 나오는 선입견에 관한 내용이다.

사람이나 사물을 대하고 평가할 때 선입견이 발생하게 되면, 일을 망치는 등 여러 측면에서 많은 부작용이 발생하게 된다. 특히 선입견은 경영자원 중 인적 자원이 가장 중시되는 현대사회 생활 속에서 훌륭한 인간관계를 갖는다는 것은 기대하기 어렵다.

인간은 누구나 뜻하지 않게 실수나 잘못을 저지를 수 있다. 실수나 잘못은 시행착오를 겪고 극복하는 과정에서 인식 및 판단 능력과 결단력, 실천력을 기르고 평가안목과 더불어 자기발전을 꾀하게 할 수 있는 계기가 된다.

그러나 선입견에 의해 발생하는 문제는 그렇지 못하다. 선입견은 경험이 쌓일수록 선입견이란 함정에 깊이 빠져들어 문제해결을 더 어렵게 하는 것은 물론이거니와 자기발전을 저해하는 요인이 되기 때문이다.

선입견에 대한 우언(寓言)이 또 하나 있다.

청대 민간소화집(靑代 民間笑話集) 「소득호(笑得好)」에 나오는 우화(寓話)가 또 하나 있다.

참새가 어느 날 비취새와 독수리를 만찬에 초대했다.

비취새를 보고 "차림새가 화려하시니 상석으로 모시겠습니다"라고 반갑게 맞이하였다.

이윽고 도착한 독수리를 향해서는 "덩치는 크시나 행색이 초라하시니 어쩔 수 없이 아래쪽으로 모시겠습니다"라고, 천대하였다.

독수리가 몹시 노여워하면서 "너 이 조무래기야, 어찌 이리 겉모양에 매달리느냐?"라고 하자.

참새가 "이 세상에 누구 하나 제가 좀팽이요, 안목이 천박하다는 것을 모르는 이가 있을 라고요?"라고 시치미를 떼고 아무렇지도 않은 것처럼 받아넘기더란다.

사회생활을 하면서 사람을 평가할 때 상대방이 지닌 내면의 세계를 객관적으로 보지 못하고 외모나 옷차림으로 됨됨이를 평가하게 된다면, 일과 인간관계 모두를 실패하게 한다는 것을 우언(寓言)에서는 말해 준다.

선입견이란 매몰된 함정에서 빠져나오려면 사람이나 사물의 한 단면이 이미 가지고 있는 사고와 어긋날 때는 기존의 가치관을 과감히 버리든가 부정하고, 그리고 객관적인 판단과 더불어 상황적합하게 해석하는 인지능력을 길러야 한다.

이런 말이 있다. "지금 보이는 '그것'을 '이것'으로 바르게 볼 수 있는 유일한 방법은 '그것'을 깨부수는 일뿐이다"라고 말이다. 이것이야말로 선입견을 버리고 인간관계를 잘 하여 더 나은 행복한 삶을 영위할 수 있는 길이다.

✔ 고사성어

■ 고정관념(固定觀念): 固(굳을 고), 定(정할 조정), 觀(볼 관), 念(생각 념)
"마음속에 굳어있어 변하지 않는 생각"이라는 뜻이며, "어떤 사람의 마음속에 잠재하여, 항상 머리에 떠나지 않고, 외계(外界)의 동향(動向)이나 상황의 변화에 의하여 변혁되기가 어려운 생각"을 의미한다.

▸ "외모만 보고 내심을 깊이 살피지 못하는 일. 그리고 지식, 관찰, 판단 등이 천박한 일(피상지견(皮相之見)" 등은 "고정관념(固定觀念: 마음속에 굳어있어 변하지 않는 생각)" 때문이다. 따라서 선입견(先入見)에서 벗어나는 유일한 방법은 고정관념을 깨부수고 상대방에 대한 이해와 배려하는 정신이 필요하다. "절장보단(絶長補短: 긴 것을 잘라 짧은 것을 보태어 부족함을 채움)"

☐ TIP 선입견에서 벗어나려면 고정적인 관념을 제거하고, 불확실한 것을 의심한다.

선입견은 상동적 태도이고 고정관념에 의한 오류라고도 한다.
후광효과와 뿔 효과는 개인에 대한 지각을 바탕으로 하지만, 상동적 태도는 소속집단을 바탕으로 판단하는 점에서 차이가 있다. 여기에서 소속집단은 출신 지역 및 출신학교, 전공학과, 종교, 인종 등을 대표적인 예로 들 수 있다. 이를테면, "그 사람은 어느 지역 출신이므로 이러할 것이다"라든가 "그 사람은 어떤 학교 출신이니까 아마도 이러할 것이다"라는 것으로, 개인이 지닌 참가치를 평가하는 것이 아니라 집단에 대한 지각으로 상대방을 평가하는 오류를 말한다.
기업에서 구성원을 선발할 때 이런 평가 오류를 범하지 않기 위해서 블라인드 면접, 즉 출신지, 학교명 등 정보를 의도적으로, 모르고 평가하는 경우가 보편화 되는 추세다.

32 성공

성공은 온갖 시련과 고통의 결과이다

넘어지지 않고 달리는 사람에게는 박수를 잘 보내지 않지만, 넘어졌다 다시 일어나 또 달리는 사람에게는 힘찬 박수를 보낸다.

인간은 누구나 마찬가지로 성공을 이루어 행복하고 복된 삶을 이룩하는 것이 꿈일 것이다. 그러나 성공은 모두가 한결같이 쉽게 이룩되는 것은 아니다. 똑같은 조건 속에서 똑같은 일을 하더라도 온갖 시련과 고통의 정도만 다를 뿐이지 그냥 손쉽게 이루어지는 것은 하나도 없다.

「명소림(明笑林」에 나오는 우화(寓話), "사람이 되고 싶었던 원숭이"에 관한 얘기다.

원숭이가 죽어서 염라대왕 앞에 나아가 사람이 되게 해달라고 청원하였다.

그러자 염라대왕이 "사람이 되려면 네 몸에 난 털을 다 뽑아야 하느니라." 말하고 야차(夜叉)를 불러 원숭이 몸에 있는 털을 뽑게 하였다.

가까스로 몸의 털 하나를 뽑았는데, 원숭이는 아프다고 야단법석을 떨었다.

염라대왕이 웃으면서 "네가 몸의 털 한 오라기도 뽑지 않고 어떻게 사람이 되겠다고 하느냐?"라고 말하였다.

누구나 소망을 이루어 행복한 삶을 이루려면 그에 상응하는 고통과 인내가 뒤따라야 가능하다는 것을 우언은 말해준다.

"실패는 성공의 어머니다"는 속담이 있다. 실패의 가르침은 그 무엇과도 바꿀 수 없는 가장 소중한 경험의 자산이요, 도전이라는 희망의 자산이기 때문에 그런 속담이 태어난 것 같기도 하다. 그리고 그건 분명 실패에서 얻게 되는 경험과 희망은 성공을 가능케 해주기 때문일 것이다.

성공이라는 험한 길을 향해서 가다 보면 온갖 어렵고 힘들고 고통스러운 시련을 겪게 된다. 모든 인간은 개인에 따라 정도의 차이는 있을 뿐, 완벽하지 못한 것이 인간의 존재 이유기도 하다. 따라서 어떤 사람은 실패 없이 성공을 이룩하는가 하면, 어떤 사람은 실패의 길을 경험하고 다시 도전하여 끝내는 성공을 이룩하는 사람도 있다. 그러나 실패 없이 성공을 이룩했다 해도 아무런 고통과 시련 없이 성공을 이루기는 힘이 드는 것이다. 또한 현재의 성공이 미래에도 성공이 계속되리라는 것도 장담할 수는 없다.

과연 당신은 어떤 타입의 사람인가? 인생은 늘 평탄한 길만 갈 수 없고 높고 험하며 가파른 길을 가기도 한다. 그 과정에서 누구나 좌절과 시련을 겪게 된다. 그러나 중요한 것은 어떻게 해야 어렵고 힘든 속에서 배움을 터득하여 실패를 승리로 바꿀 수 있는가 하는 것이다. 그러기 위해서는 역경과 시련을 극복하는 인내의 길뿐이다.

역경과 시련을 극복하고 창의성과 지혜를 발휘하여 성공한 사례는 수없이 많다. 그 대표적으로 세계적인 음악가 베토벤은 청력을 완전히 잃은 뒤에도 아름다운 음악을 25곡이나 작곡하였고, 밀턴은 44세에 눈이 멀고 나서야 '실낙원'이라는 명저를 저술하였다.

심리학자들이 이런 실험을 한 적이 있다. '가진 것이라곤 레몬 한 개밖에 없을 때 당신이라면 어떻게 하겠는가?'라고 말이다. 어떤 사람은 '이젠 모든 게 끝이야. 운명은 너무 불공평해. 기회라곤 주지도 않잖아'라고 세상을 원망하며 자기 연민에 빠질 것이라고 말했다. 또 다른 사람은 자신이 이번 시련에서 무엇을 배울 수 있을지, 어떻게 하면 현재의 시련을 극복할 수 있을지, 어떻게 레몬으로 주스를 만들지에 대해 생각하겠다고 말했다.

이렇듯이 성공과 실패는 힘들고 어려운 환경에 처해 있을 때 자포자기를 할 것인가, 아니면 힘들고 어려움을 극복할 수 있는 희망의 끈을 찾아 혁신적인 사고를 할 것인가의 선택에 달려 있다.

'비 온 후 땅이 굳어진다.'는 속담이 있고, '햇빛은 비 온 뒤 더욱 찬란히 빛난다.'라는 말이 있다. 이는 온갖 고통과 시련 뒤에는 늘 희망이라는 성공이 기다린다는 의미를 가지는 것이다.

절망과 시련에 굴하지 않고 도전하는 지혜로운 인생, 온갖 고통을 이겨내고 성공을 이루기 위해서는 자신에 대한 믿음과 자신감 그리고 끊임없는 도전정신과 창의적인 사고뿐이다.

✔ 고사성어

■ 극세척도(克世拓道): 克(이길 극), 世(인간 세), 拓(넓힐 척), 道(길 도)
"어려움을 극복하고 새 길을 개척한다"는 뜻이며, "현재의 어려움을 극복하고 새로운 길을 만들어 낸다"는 의미다.

▸ "백절불요(百折不撓: 거듭되는 실패에도 불구하고 뜻을 절대로 굽히지 않음)"의 강인한 의지와 "칠전팔기(七顚八起: 실패가 계속되어도 포기하지 않고 계속 도전하는 정신)"의 의지만 있으면 "극세척도(克世拓道: 현재의 어려움을 극복하고 새로운 길을 만들어 냄)" 할 수 있다.

□ TIP 1. 「성공에의 몰입」이란 책이 있다.

이 책은 성공에 관해 연구해온 토머스 헤리슨이 지은 책이다. 내용의 결론은 이렇다. 누구나 성공은 할 수는 있지만, 그러나 절대로 그냥 성공할 수 있다는 말은 아니다. 뿌린 대로 거둔다는 것이 삶의 법칙이기 때문에 성공하기 위해 최선을 다할 때 비로소 그에 상응하는 노력의 대가가 따른다는 것이다.

□ TIP 2. 장 자크 루소(Jean-Jacques Rousseau)의 명언 "인내는 쓰다. 그러나 그 열매는 달다"가 주는 교훈

달콤하고 말랑하고 부드러운 마시멜로의 유혹은 너무나 강렬하다. 스탠퍼드 대학 연구원들이 어린이 600명에게 마시멜로를 한 개씩 주면서 "15분 동안 먹지 않고 참으면 한 개를 더 주겠다"고 말했다. 그리고 아이들을 15분 동안 독방에 앉아 있게 한 다음 결과를 기록하고 귀가시켰다. 수십 년 후에 마시멜로 실험에 참여했던 아이들이 어떻게 살고 있는지 확인했더니 흥미로운 결과가 나왔다. 15분 동안 인내심을 발휘한 아이들이 훨씬 더 성공적인 인생을 살고 있었던 것이다.

현자(賢者)들이 성공을 얻는 데 필요하다고 말하는 모든 값진 비결들도 인내심이 없이는 아무 소용없는 것이다. 인내심 없이 용기만 있다가는 죽음을 당할 수도 있다. 인내심 없이 야망만 갖고 있다면 아무리 역량이 뛰어난 사람일지라도 파멸의 길을 걸을 뿐이다.

- 인내심이 강하면 강할수록 성공확률은 배가 된다.
- 모든 성공은 인내하며 노력한 결과이다.
- 뛰다가 넘어져도 포기하지 않고 다시 일어나 골인지점을 통과해야만 한다. 성공은 경주가 아니기 때문이다.
- 인내심을 갖고 있으면 어떠한 고난과 역경도 이겨낼 수 있으며 어떠한 실패에도 다시 일어날 수 있다.
- 인내심을 갖고 있으면 자신의 운명을 조정할 수 있으며, 희망하는 것을 얻을 수 있다.
- 정신 주체를 키우는 것은 인내심이다. 정신 주체는 키우면 불가능도 가능케 하는 역동적인 힘이 발산된다.

33 성공과 실패

성공과 실패는 조급함의 강약 조절에 있다

급하게 한다는 것은 빠른 것이 아니라, 더 늦음을 초래할 뿐이다. 그리고 여유는 실수할 확률이 낮으나 조급함은 실수와 실패할 확률이 높다.

여유롭다는 것은 느리다 와는 확연히 다르다. 그리고 서두른다는 것은 부지런함이 아니라 조급함이다.

"휴식은 더 큰 행복과 성공을 열망하게 하고 전진을 위한 재충전의 에너지다"라는 말이 있다. 이 말은 결국은 "여유로움을 갖기 위해서는 적당한 마음의 휴식이 있어야 가능하며, 조급함에서 탈피하는 기회가 되는 것이다"로 귀착된다.

조급함은 마음이 급하므로 집중이 안 되며, 서두르기 때문에 마음을 불안하게 하고 일을 그르치게 하여 성과는 기대에 미치지 못한다. 그리고 조급함은 욕심이 많아서 의욕이 너무 앞서기 때문이며, 자신을 신뢰하지 못함으로 인하여 안정감을 느끼지 못하고 늘 불안감과 강박관념에 사로잡혀 있다.

이러한 조급함은 인간의 특성 중 성격에서 나타나는 현상이 지대하다. 조급한 사람들에 대한 성격의 특징을 보면, 정서적 안정성 측면에서 자신감과 자긍심이 부족하고 늘 불안해한다.

인간은 지극히 목표 지향적이다. 자신이 하고자 하는 일에 대해 목표를 세우고 될 수 있는 대로 빠른 시간 내에 성과를 내기 위하여 서두름이 강한 편이다.

그러나 문제는 서두름을 어떻게 강약을 조절하느냐에 따라 성공과 실패가 갈린다.

동해에 의태(意怠)라는 새가 있다.

퍼드덕 퍼드덕 휘적휘적 느려빠지고 높이 날지도 못하여 재주가 없어 보인다.

그러나 서로 의지하고 무리 지어 나르며 서로 뒤쫓듯 내려앉고 물러갈 때도 뒤쳐지지 않는다.

먹이를 쫄 때에는 앞을 다투지 않고, 집단행동에도 분명한 질서가 있다.

그리하여 모든 움직임에 혼란이나 흩어짐이 없어, 남이 해칠 수도 없어 환난을 면할 수 있다.

이 우언은 「莊子 山本」에 나오는 "느리게 사는 지혜"이다. 우언이 주는 내용은 이렇게 귀착된다. "지구상에 살아 숨 쉬는 모든 생명체는 삶의 방식에 따라 나름대로 필요한 속도가 있다. 느리게 가야 할 것이 빨리 간다든지, 빨리 가야 할 것이 느리게 가면, 생존에 필요한 질서가 무너지고 혼란이 오게 된다. 속도는 필요한 만큼 빨라야 하고 또 필요한 만큼 느려야 한다"는 참 교훈을 준다.

대나무는 정확히 5년 후에 땅속에서 죽순이 나온다는 것을 알고 있는 사람은, 3년밖에 지나지 않는 시점에서 왜 죽순이 나오지 않는다고 조급해하거나 안절부절 하지 않는다. 이와 마찬가지로 정확한 성공의 공식을 아는 사람은 절대 초초해 하지 않는다.

우리가 살아가는 모든 방식도 매 마찬가지다. 일의 특성에 따라서 어떠한 일은 제때에 해야 하는 일이 있고, 또 어떤 일은 기다렸다가 여유로움을 가지고 해야 하는 일이 있다.

우리나라는 "빨리빨리 문화"가 아직도 존재한다. 음식점에 가서 음식을 주문할 때도 "빨리 주세요!", 일을 시키는 사람도, 하는 사람도 모두가 "빨리빨리"다. 모두가 "빨리빨리"에 너무나 익숙해진 것이다. 가능한 빨리 익숙한 것에서 이별을 해야 한다.

사람들은 어떤 일을 처리 하는 데 있어서 한 가지 방법을 가지고 밀어붙이다가 실패를 자초할 때도 있다. 그 모든 것이 조급함에 오는 결과이다.

조급함의 극복은 하루아침에 해결할 수는 없다. 시간을 두고 평소에 마음을 다스리는 자기훈련을 통해 조금씩 변화의 노력을 해야 한다.

침착해지는 비결은 무엇보다도 현재하고 있는 것을 잠시 멈춰 세우는 것이다.

그리고 이성적인 사고와 여유로움을 가져 보는 것이다. "급할수록 돌아가라"는 옛 말을 상기시켜 볼 수만 있다면 그건 여유로움을 가질 수 있는 확률이 높다 할 것이다.

일하는 것도 질서와 정도가 있는 법이다. 무엇보다도 중요한 것은, 해야 할 일에 대해 공정을 짜 놓고 행동하는 것이다. 먼저 해야 할 일, 늦게 해야 할 일, 먼저 시작하되 천천히 할 일, 늦게 시작하되 빨리해야 할 일을 구분하여 알고 실행에 옮긴다면 이 모두가 조급함에서 벗어나는 유일한 방법이 되는 것이다.

영국의 극작가이자 시인인 '셰익스피어(Shakespeare, William)는 유명한 명언을 남겼다.

"신중하되 천천히 하라. 빨리 뛰는 것이야말로 넘어지는 것이다"는 말씀이다.

✔ 고사성어

■ 알묘조장(揠苗助長): 揠(뽑을 알), 苗(싹 묘), 助(도울 조), 長(성장할 장)
"싹을 뽑아 자라는 것을 돕다"는 뜻이며, "조급한 마음에 무리하게 일을 진행하다가 오히려 일을 망치다"는 의미다.

▸ 성공과 실패는 조급함의 강약 조절 여부에 달려있다. "성급하게 서두르면 일이 성사되기 어렵고(욕속부달: 欲速不達)", "너무 잘 하려고 하다간 오히려 일을 망쳐 놓는다(욕교반졸(欲巧反拙)" 따라서 성공적인 삶, 행복한 삶을 위해서는 "경중완급(輕重緩急: 일하면서 중요한 것과 급한 것을 분별하여 먼저 처리함)"하는 습관을 생활화해야 한다.

□ TIP 1. 논어(論語)의 자로편(子路篇)에 나오는 이야기

자하(子夏)가 거보라는 고을의 태수가 되어, 공자에게 정치를 잘하는 방법에 대해 질문을 했다.
"선생님, 어떻게 해야 정치를 잘 할 수 있습니까?"
공자는 다음과 같이 대답했다.
"급히 서두르지 말고 작은 것에 집착하지 않아야 한다. 급하게 서두르면 일이 성사되기 어렵고 작은 것에 매달리다 보면 큰일을 이루지 못하기 때문이다"
바로 이 말이 유명한 "욕속부달(欲速不達), 욕교반졸(欲巧反拙)"의 유래가 되었다.
"일을 서두르면 도리어 이루지 못하고, 너무 잘 하려 하면 도리어 잘 안 된다"는 것을 명심하라는 뜻이다.

▢ TIP 2. 조급함

- 서두르면 오히려 보지 못하는 것과 놓치는 일이 너무 많다. 서두르는 사람은 늘 한 번에 여러 가지 일을 펼치는 성향이 있는 사람들이다. 또한 이 성향의 사람들은 양적으로는 많은 일을 처리할 수 있으나 재충전할 시간이 없기 때문에 삶에 대한 질이 높지 못하고 그로 인하여 스트레스가 많이 발생한다.
- 기다리는 것을 싫어하고 일 처리 과정에서 구성원들에게 구체적이고 자세히 설명할 마음의 여유를 가지지 못한다. 이러한 사람들은 의도적으로 일의 속도를 늦추거나 일에 대한 중요성과 시급성의 순서를 정해 놓고 단계적으로 일을 처리하는 습관을 길러야 한다. 또한 스트레스를 줄이며 이완을 도모하고 정신적 성장을 강화하는 '명상'을 한다든가, 충분한 시간을 가지고 좋아하는 운동을 한다. 그리고 주변 사람들에게 자신이 서두르는 행동을 보일 때마다 지적해 주고 도와줄 것을 부탁한다.

34 성공요소

"ㄲ" 7가지는 성공을 이루기 위한 필수 요소이다

있는 것은 활용하고, 부족한 것은 노력하고, 없는 것은 창조하는 사람만이 성공의 열매를 맛볼 수 있다.

모든 사람의 삶에 대한 궁극적인 목표를 한가지로 말하자면, 공통으로 "성공적 삶"이 될 것이다. 그리고 모든 사람들은 한결같이 그 성공적인 삶을 달성하기 위해서 비전과 목표를 설정해 놓고 꾸준한 창의적인 노력을 아끼지 않는다. 이에 따라 인간의 성공조건 "ㄲ" 7가지 요소는 성공적인 삶을 이룩하는 대표적인 지침이 될 것이다.

첫째로 "꿈"을 가져야 성공할 수 있다. 인간이 살아가면서 개인이나 모든 조직은 추구하는 원대한 포부와 꿈이 있어야 하고 그리고 확고한 목표가 있어야 성공 할 수 있다.

꿈은 우리가 살아가는 데 있어 나침반 역할을 한다. 따라서 꿈은 본인이 달성하고자 하는 희망의 등불이며 자기가 추구하는 목표달성 과정에서의 자신감이라 할 수 있다.

꿈을 현실로 이룩하기 위해서는 자기가 추구하는 목표를 정하고 그 목표를 달성 할 수 있도록 꾸준히 노력해야 만이 꿈을 실현할 수 있다. 꿈이 없는 성공은 있을 수 없기 때문이다.

둘째, "끼"가 있어야 성공할 수 있다. 인간은 모든 분야에서 모두 잘 할 수는 없다. 그러나 남들보다 두드러지게 잘 할 수 있는 타고난 소질이나 재능을 하나씩은 가지고 있기 마련이다. 그러므로 그것을 장점으로 승화시켜 전문성을 발휘하면 성공할 수 있다.

셋째, "꾼"이 되어야 성공할 수 있다. "꾼"은 인간이 지니는 개인의 능력이며, 성공하려면 전문가적인 능력을 갖춰야 한다는 것이다. 전문가적 능력이란 전문적 지식이라 불리는 "기술적 능력"과 주변 사람들을 지휘하고 동기부여 시키며 갈등을 조정하고 관리하는 "인간적 능력" 그리고 모든 문제를 전사적 관점에서 기초하여 파악하고 의사결정 할 수 있는 "개념적 능력"을 말한다.

넷째, "깡"이 있어야 성공할 수 있다. "깡"은 온갖 고난과 역경 속에서도 포기하지 않고 불굴의 의지로써 인내해야 한다는 것이다. 인간의 삶 자체가 언제든지 늘 어려움 없이 행복하고 성공적인 삶만 영위되는 것이 아니다. "귀찮고 성가스런 일이라도 수백 번 수천 번 올바르게 거듭하여 한결같이 지키는 것만이 정신 주체를 키운다"는 말은 어떠한 어렵고 시련이 닥쳐와도 포기하지 않고 도전하여 성공적인 삶을 살아가는데 도움이 될 것이다.

다섯째, "꾀"가 있어야 성공할 수 있다. "꾀"는 인간이 살아가는 데 있어서 지혜와 슬기이다. 인간의 특성 중 하나가 막히면 돌아갈 줄 모른다는 것이다. 막히면 무작정 부딪쳐보고 어떻게든 뚫고 나가려 한다. 제법 올곧고 맹렬한 것 같은데 사실은 극히 자기중심적이고 이기적인 소산의 단적인 예에 불과한 것이다. 막히면 돌아가고 논쟁이 발생하면 논쟁을 피하는 지혜의 능력을 키워야 성공할 수 있는 것이다.

여섯째, "꼴"을 지녀야 인간은 성공할 수 있다. "꼴"은 인간이 지녀야 할 사람의 품성과 인격을 말한다. 이는 인간이 성공하려면, 성숙한 시민 정신과 지극히 윤리적인 자질을 갖추어야 하고, 사회적 규범이나 의무감으로써, 자기의 위치에서 어떤 역할을 감당하게 되는 규범적 동기에 해당하는 도덕적 규범이 녹아내려 흘러야 한다는 것이다.

일곱째, "끈"이 있어야 성공할 수 있다. "끈"은 인간관계 속에서 사회적 자본을 말한다. 성공적인 사회생활을 하려면 다양성의 사람들을 많이 알고 관계를 하면서 그 사람들과 평소에 건전한 몰입의 관계를 구축해야 한다. 그래야 그 어렵고 힘든 일이 닥쳤을 때 정신적, 물적 도움을 청하여 문제를 해결할 수 있다는 것이다.

인간의 성공조건 "ㄲ" 7가지 요소를 지녀, 꾸준히 창의적이고 혁신적인 사고를 하고 실천행동 한다면 틀림없이 "성공적인 삶"을 달성할 수 있을 것이다. "원대한 포부와 꿈", "자신만이 가지는 독특한 재주", "해당 분야에서의 최고의 전문성", "인내의 강인한 정신", "지혜와 슬기", "훌륭한 품성과 인격" 그리고 "사회생활 속에서 훌륭한 인간관계" 등은 선택이 아니라 모든 삶을 영위해 나가면서 인간이 확실히 필수적으로 지녀야 하는 "성공요소"이기 때문이다.

✔ 고사성어

■ 입신양명(立身揚名): 立(설 립), 身(몸 신), 揚(오를 양), 名(이름 명)
"자신의 뜻을 확립하고 이름을 드날리다"라는 뜻이며, "사회적으로 인정받고 유명해진다"는 의미다.

▸ "나은 자는 이기고, 못한 자는 패하기 마련이다(우승열패: 優勝劣敗)." 따라서 무한 경쟁사회에서 살아남아 성공하려면, "다문박식(多聞博識: 보고들은 그것이 많고 학식이 넓음)"하고 인간의 성공조건 "ㄲ" 7가지 요소(꿈, 끼, 꾼, 깡, 꾀, 꼴, 끈)를 지니고 있어야 "유지경성(有志竟成: 이루고자 하는 뜻이 있는 사람은 반드시 성공함)"하여 "입신양명(立身揚名: 사회적으로 인정받고 유명해짐)"할 수 있다.

☐ TIP 성공조건

한나라의 문화와 전통은 "온고지신(溫故知新: 옛것을 익히고 그것을 통하여 새것을 알게 된다.)"의 정신에 기초하여 혁신적으로 발전시켜야 한다. 그러나 현대를 살아가는 사람들은 자신이 어리석고 부족해도 옛 성현들의 지혜를 배우려 하지 않는다. 따라서 이제부터라도 "노마지지(老馬之智: 연륜이 깊으면 나름의 강점과 장점 그리고 특기가 있음)"가 절실히 필요하다.

35

시각

보는 방향을 달리하면 긍정과 낙관의 힘의 가치가 나타난다

긍정과 낙관의 힘은 불가능도 가능케 하는 힘의 위력을 발산시킨다. 그러나 부정과 비관의 힘은 가능한 것도 불가능한 것도 모두를 불가능케 하는 힘을 강화하는 위력을 가지고 있다.

모든 사람은 삶을 영위해 나가면서 늘 바라는 것이 있다. 그것은 아마도 어떠한 시련과 고통도 겪지 않고 그저 평탄한 길을 걸어가면서 원하는 것을 성취하고 성공하기를 바라는 것일 것이다.

그러나 삶의 과정에서 예상치 못한 상황과 외부의 급격한 환경의 변화로 인하여 기대에 어긋나는 크고 작은 일들이 발생하곤 한다. 이때 사람들은 스스로 고통과 시련을 지혜롭게 이겨내기도 하지만, 어떤 사람들은 그 어려움에서 벗어나지 못하고 좌절과 절망에 빠져 종국에는 실패하는 때도 있다. 그것은 단지 세상을 바라보는 태도가 다르기 때문에 초래되는 결과일 뿐이다.

일찍이 칼릴 지브란(Kahlil Gibran)은 "낙관주의자는 장미에서 가시가 아니라 꽃을 보고, 비관주의자는 꽃은 망각하고 가시만 쳐다본다"고 지적했다.

장미꽃의 특성을 말하자면, 아름다움과 가시를 말할 수 있다. 장미정원에 놀러 온 두 소녀가 있었다. 낙관적인 태도를 가진 소녀는 '가시마다 꽃이 있다'는 사실을 발견하였다. 그 반면에 비관적인 소녀는 '꽃마다 가시가 있다'는 사실을 발견했다.

이와 같이 긍정적이고 낙관적인 태도를 보인 소녀는, '가시는 아름다운 꽃을 피우기 위해 비바람을 이겨내는 데에 따른 고통의 흔적'이라고 믿는다. 따라서 '장미꽃은 가시가 있으므로 아름다움의 가치가 더 한다'고 생각하는 것이다.

또한 하버드대 데이비드 렌즈(David S. Landes) 교수는 "세상에서는 주로 낙관주의자들이 승리하는데, 그것은 그들이 항상 옳기 때문이 아니라 긍정적이기 때문이라고 했다" 그들 낙관론자는 잘못되었을 때조차도 긍정적이라고 한다. 그들의 그런 태도가 성취하고 성공을 이루는 길로 연결되는 것이다. 이와 같이 긍정이고 낙관적인 태도가 삶을 영위해 나가는 데 있어서 얼마나 중요한가를 단적으로 말해주고 있다.

객관적으로 주어지는 환경은 누구에게나 같기 마련이다. 그러나 어떤 사람은 그 속에서 긍정과 낙관을 보고, 또 다른 사람은 부정과 비관을 보게 되는 것이다. 긍정적인 생각을 가지고 행동을 하는 사람은 인생을 영위해 나가는 데 있어서 얽힌 것도 어려움 없이 잘 풀리게 하여 하는 일마다 잘 된다. 그리고 기적을 만들어 낼 확률이 배가 될 수 있다는 것이다. 희망과 절망은 저울의 양 추와 같아서 한쪽의 추가 내려가면 다른 쪽의 추는 자연스럽게 올라가게 되어있다. 따라서 놀라운 사실은 마음에 무엇을 심느냐에 따라 결과는 흑백으로 완연히 갈린다. 즉 주어진 환경을 어떤 시각으로 바라보느냐에 따라 명암이 갈린다는 것이다.

주변 사람들을 살펴보아도 그렇다. 자신이 하고자 하는 일을 성취한 사람들은 절대로 남과 주변 환경을 탓하지 않는다는 점을 발견할 수 있다.

대부분 사람은 어떠한 바람직하지 못한 상황에 직면하게 되면, 그 원인을 주변 환경에 돌리는가 하면, 어떤 사람은 고난이나 역경을 스스로 극복해, 더 나은 결과를 만들어 내는 사람도 있다. 그래서 고난 속에서도 희망을 품은 사람이 행복의 주인공이 되는 것이다.

성취와 성공의 영광은 그냥 쉽게 이루어지지 않으며, 오로지 어려운 역경과 난관을 극복했을 때 누릴 수 있는 선물이다. 따라서 시련과 고통에서 벗어나 자기가 추구하는 목표를 성취하고 성공하는 방법을 터득해야 한다.

그것은 무엇보다도 부딪치는 문제를 다른 시각으로 보는 노력을 하는 것이다.

개인이 갖는 고정관념과 지극히 표준화되고 규격화된 틀에서 벗어나 다른 시각으로 문제를 해결하는데 접근해야 한다. 즉 익숙한 것에서 빨리 이별을 할 줄 아는 태도 변화를 가져야 한다. 그렇게 하면 자신도 모르게 어려움에 처한 상황에서 벗어 날 수 있는 긍정적인 가치를 발견할 수 있는 것이다.

예술가의 성공도 바라보는 시각을 달리했기 때문에 이루어진 것이 아닌가 싶다. 미국의 초현실주의 사진작가 만 레이(Man Ray)는 "여인의 토르소(머리와 팔다리가 없고 몸통만으로 된 조각 작품)를 첼로로 보았다"고 하지 않는가 말이다.

✔ 고사성어

■ 군맹무상(群盲撫象): 群(무리 군), 盲(소경 맹), 撫(어루만질 무), 象(코끼리 상)
"장님 여럿이 코끼리를 만진다"는 뜻이며, "모든 사물을 자기의 좁은 소견과 각자의 주관으로 그릇되게 판단하는 것"을 의미한다.

▸ "긍정과 낙관의 힘은 그릇된 것을 깨뜨려 없애고 바른 것을 드러내게 한다(파사현정: 破邪顯正)." 또한 바라보는 시각을 달리하면, "군맹무상(群盲撫象: 모든 사물을 자기의 좁은 소견과 각자의 주관으로 그릇되게 판단함)"에서 벗어나 "현재의 어려움을 바꾸어 이로움으로 만든다(전화위복: 轉禍爲福)"

☐ TIP 1

매사에 양면이 있다.
가장 좋고 유리한 것도 그 칼날 쪽을 붙들면 고통이 되고, 반대로 불리한 것이라도 그 손잡이를 잡으면 방패가 된다.
매사를 불리하다고 하면 근심하지 말고 유리한 쪽으로 바라보라. -그라시안 -

☐ TIP 2

① **부정적인 사고도 습관이 된다.**

사람의 사고에도 습관이라는 것이 존재한다. 어릴 때부터 주변에서 무언가를 할 때 "넌 안 돼." "그런 것 좀 하지 마."와 같이 부정적인 말들을 자주 듣고 자라면 이 사람은 나중에 혼자 무언가 할 때에도 머릿속 에서 "난 안 돼." "이런 건 하면 안 돼." 같이 부정적인 사고가 습관처럼 떠오르게 된다. 즉 자동적으로 작동하는 '습관이 되어버린다. 이런 부정적인 사고습관은 사람들에게 인생에 그다지 별로 영향을 미치지 않는 사소한 부분으로 과소평가 되곤 하지만 때로는 자신감 상실로 이어지게 되고 사람들과의 관계에서도 이런 사고들이 언어로 묻어나와 다른 사람들에게 굉장히 부정적이고 비관적인 사람으로 비춰지기도 한다. 또한 무언가를 결정하는 결정적인 순간에 '나는 안 돼.' 하면서 뒤돌아서 포기해 버리는 결과를 만들어내기도 한다.

② 자기긍정문 작성하기

부정적인 사고습관도 일종의 습관이기 때문에 조금만 노력하면 금방 교정할 수 있다. 부정적인 사람도 충분히 조금만 노력만 한다면 긍정적인 사람이 될 수 있다는 것이다. 그럼 어떻게 해야 할까요? 가장 좋은 방법이 바로 자기긍정문을 작성하는 것이다.

- 자기긍정문의 예(부정적인 사고 습관에서 탈피하는 법)
  - 나는 사랑 받을 수 있는 사람이다.
  - 나는 존중 받을 자격이 있는 사람이다.
  - 나의 능력과 노력은 인정받을 수 있다.
  - 나는 무엇이든 잘 해낼 수 있다.
  - 사람들은 나와 친해지고 싶어 한다.
  - 한눈에 들어올 수 있도록 짧은 문장으로 작성하는 것이 좋다.

36

신념

신념의 위력은 성공의 문을 열게 한다

신념의 힘은 희망을 샘솟게 하고 신뢰는 긍정의 힘을 솟아나게 한다.

모든 사람은 성공을 꿈꾸며 행복한 삶을 살아가기를 희망한다. 그리고 자신이 원하는 뜻을 달성하기 위해서 강인한 신념을 불태우곤 한다.

신념은 비전과 목표가 있어야 존재하고 빛이 발한다. 그렇지 않으면 신념은 앙꼬없는 찐빵이 되고 말기 때문이다.

성공한 사람들이 공통으로 갖는 것은 강인한 신념이다. 신념은 의도하는 일을 달성케 하는 강한 힘을 가지고 있다. 또한 신념은 두려움과 무기력함을 용기와 활력으로 바꿔 놓고 불가능도 가능케 하는 도전정신을 불러일으킨다.

신념은 실패에도 굴하지 않고 다시 우뚝 일어나, 그 목표를 향해 달려가 결승점에 도달하게 하는 강인한 힘을 발휘케 하는 원동력이다.

자신의 삶을 결정짓는 것은 무엇보다도 굳게 믿는 마음에 달려 있다. 무엇이든지 할 수 있다고 굳게 믿는 마음이야말로 성공의 비결이기 때문이다.

"나는 할 수 있다. 나는 해 낸다.

나에게는 저력이 있다. 나에게는 오직 전진뿐이다.

이런 신념을 지니는 습관이 당신의 목표를 달성시킨다.

나는 해야 한다. 그러므로 나는 할 수 있다"

이 말은 유명한 독일의 철학자 "칸트"의 신념에 관한 명언이다.

할 수 있다고 스스로 믿으면 놀라운 힘이 생기지만, 도저히 할 수 없다고 생각하면 힘은 절대로 생기지 않는다. 따라서 자신을 이길 수 있는 무기는 오로지 강인한 신념뿐이다.

자신을 다스리는 위대한 신념의 위력은 또 하나 있다.

미국의 어떤 지방에 높고 험난한 산이 있다. 그 산의 정상이 하도 높아서 사람들은 무서워서 그 산을 넘지 못하고 모두 중도에서 되돌아갔다.

그런데 그 산길에 "당신은 넘을 수 있다"라는 간판을 써서 붙였더니 그 후부터는 중도에서 되돌아가는 사람이 한 사람도 없었다고 한다.

모든 사람은 똑같이 성공의 길을 걷는 것은 아니다. 어떤 사람은 실패의 늪에서 허덕이다가 빠져나오지 못하고 바로 주저앉고 만다. 그러나 어떤 사람은 똑같은 어려운 환경에 처해 있었으면서도 우뚝 일어나 끝내는 성공의 길을 걷는다.

성공의 길을 걷는 사람들의 공통적인 특징은 신념이 강하여 포기할 줄 모르는 불굴의 의지와 강인한 정신이 있다는 것이다. 무엇보다도 자신을 굳게 믿으면 그 강한 신념은 불가능도 가능케 하는 위력을 발휘한다는 사실이다.

자신의 행복한 삶을 결정짓는 요인은 무엇보다도 굳게 믿는 마음에 달려 있다. 무엇이든지 할 수 있다고 굳게 믿으면 현실로 다가오게 되어있다. 따라서 성공과 실패의 차이는 마음속에 무엇을 심느냐에 달린 것이다.

신념의 힘은 희망을 샘솟게 하고 신뢰는 긍정의 힘을 솟아나게 해주기 때문이다. 이것이 바로 신념의 위력인 것이다.

전설적인 미국의 복서 '슈가 레이 로빈슨(Sugar Ray Robinson)'은 말했다. "아무도 자신을 믿어주지 않을 때도 자기 자신을 믿는 것, 그것이 챔피언이 되는 길이다"고 말이다.

✔ 고사성어

■ 우공이산(愚公移山): 愚(어리석을 우), 公(공평할 공), 移(옮길 이), 山(뫼 산)
"우공이 산을 옮긴다"는 뜻이며, "남이 보기엔 어리석은 일처럼 보이지만 굳은 신념을 갖고 한 가지 일을 꾸준히 밀고 나가면 언젠가는 목적을 달성 할 수 있다"는 의미다.

- 무슨 일을 시작하거나 난관에 부딪치면 "자신의 힘으로 이뤄 내려는 의지(걸화불약취수: 乞火不若取燧)"가 강하고 더불어 "불광불급(不狂不及: 어떤 일을 하는 데 있어서 미치광이처럼 그 일에 미쳐야 목표에 도달 할 수 있다.)"의 정신이 신념과 의지로 무장되어있으면 성공할 확률은 배가된다.

☐ TIP 자동차 왕 헨리 포드(Henry Ford)

자동차 왕 헨리 포드는 "어떤 일을 할 수 있다고 믿든 할 수 없다고 믿든, 아마도 당신이 믿는 그대로 될 것이다"라는 심오한 말을 남겼다. 그의 말처럼 우리의 믿음과 확신과 기대와 예측에 의한 삶을 살아가게 된다. 그래서 하버드 대학교의 윌리엄 제임스(William James)박사는 신념이 바뀌면 인생이 바뀐다고 말 한 것이다.
"신념이 실제 사실을 만들어 낸다. 우리 세대의 가장 위대한 혁명은 내면의 정신세계를 바꿈으로써 외부세계를 변화시킬 수 있다는 것의 발견이다"
결국은 성공에 대한 신념과 확신이 성공을 만들어 내며, 정상에 오르도록 이끄는 것은 오로지 자신의 몫이 되는 것이다. 따라서 성공을 확신하는 것은 신념만이 가능한 것이다.

37 신념과 노력

신념과 노력이 양립해야 원하는 것을 얻을 수 있다

신념과 노력보다 더 강한 힘은 없다. 신념은 '바위도 뚫는 물방울의 인내'를 잉태하기 때문이다.

이 시대에 급변하는 환경은, 패러다임(paradigm)은 물론 모든 경영환경을 모두 바꿔 놓고 있다. 이러한 변화무쌍한 환경에서 생존하여 성장하기 위해서는 늘 변화를 통하여 자기발전을 이룩해야만 한다. 따라서 무엇보다도 항상 생각하고, 고민하면서 적극적인 삶을 통하여 무엇이든지 할 수 있다는 자신감에 대한 신념이 강하고 두터워야 한다.

우리가 살아가는 사회는 변화와 혁신이 가속화 하는 무한경쟁 사회다. 이러한 사회 속에서의 삶은 간혹 실패와 좌절, 그리로 절망도 있을 수 있다. 그러나 그 어렵고 힘든 상황과 환경을 극복하여 성공하는 유일한 방법은 포기도, 좌절도 하지 않고 오직 자신이 세워놓은 목표를 달성해야겠다는 굳은 신념을 갖고 꾸준히 노력하는 것뿐이다.

유명한 권투선수가 챔피언이 되는 길은 링 안이 아니라 링 밖에서 만들어진다. 챔피언은 링 밖에서 만들어지며, 링 안에서는 그저 탄생만 되는 것이다. 이 말은 혹독한 경쟁사회에서 싸워 승리하기 위해서는 평소에 얼마나 피나는 노력을 해야 하는가를 바로 말해 준다.

우리가 살아가는 사회 주변을 둘러보면, 성공과 실패를 경험한 사람들을 찾아보는 것은 그리 어렵지 않다. 성공한 사람들과 실패한 사람들의 특성을 살펴보면, 왜? 무엇? 그 때문에 어떤 사람은 성공하고, 어떤 사람은 실패했는가를 확연히 원인을 찾을 수 있고 그 차이를 발견할 수 있다.

승리하는 사람들의 면모를 살펴보면, 한결같이 공통점을 가지고 있다. 자신의 내면 깊숙이 잠재된 소망과 이상의 기반위에서 남달리 꾸준히 늘 생각하고 노력한다는 것이다.

'에이브러햄 링컨'은 끊임없는 노력 끝에 성공을 이룩한 대표적인 상징적 인물이다. 그는 미국의 하원의원, 상원의원 그리고 부통령 선거에서 번번이 참패의 쓴맛을 보았다. 그런데도 그는 포기하지 않는 원대한 굳은 신념을 가지고 있었다. 그렇기 때문에 계속 고배를 마시고도 피나는 노력 끝에 결국에는 미국의 16대 대통령에 당당히 당선되었다.

그는 말했다. "내가 걷는 길은 험하고 미끄러워도 그래서 나는 자꾸만 미끄러져 길바닥 위에 넘어지곤 했다. 그러나 나는 곧 기운을 차리고 나 자신에게 말했다. 괜찮아, 길이 약간 미끄럽긴 해도 낭떨어지는 아니야"라고 말이다.

사람은 힘들고 어려운 고난 속에서 적응하고 성장하기 마련이다. 그리고 포기할 줄 모르기 때문에 성공을 이룩하는 것이다. "노력하는 사람 앞에서는 대적할 만한 장사가 없다"는 말이 있다. 아무래도 노력하는 사람에게는, 이 세상에 불가능한 일이란 없으므로 탄생된 말인 듯하다.

그러나 대부분의 사람은, 피나는 노력의 과정은 그리 생각하지 못하고 성취란 결과만 중시하는 경향이 있다.

성취하려면 인간이 기본적으로 갖추어야 할 조건들이 있어야 한다. 그것은 무엇보다도 목표를 달성하기 위한 '신념'이란 의지의 에너지와 '노력'이란 끈기의 열정이 양립해야 한다.

두뇌가 뛰어나고 전문성을 가지고 있는 사람들이 희망하는 목표를 달성할 수 있는 확률이 높은 것은 사실이다. 그러나 열심히 노력하는 사람에게는 대적할 수가 없다.

아무리 뛰어난 재주를 가졌다 하더라도 그것을 사용해야 할 때 사용하지 않고 노력하지 않으면 그 사람은 이미 녹슬어 쓸모가 없는 사람이 된 것이나 다름이 없는 것이다.

"노력은 천재를 만들고 신념은 기적을 만든다"는 말을 깊이 새겨들어야 할 필요가 있다. 노력은 절대적으로 인간을 배신하지 않기 때문이다.

✔ 고사성어

■ 무한불성(無汗不成): 無(없을 무), 汗(땀 한), 不(아닐 불), 成(이룰 성)
"땀을 흘리지 않으면 아무 일도 이룰 수 없다"는 뜻이며, "노력 없이는 성공할 수 없다"는 의미다.

▸ "미치지 않으면 미치지(도달) 못한다(불광불급: 不狂不及)"
"뜻이 있으면 길이 있기 마련이다(유항심 유항산: 有恒心 有恒産)." 따라서 평소에 "전심전력(全心全力: 온 마음과 힘을 기울임)"을 다하면서 "거안사위(居安思危: 편안하게 지낼 때도 위기를 생각하며 대비해야함)" 하고 "어떠한 고난과 역경이 닥쳐도 최선을 다하면 불가능도 이룰 수 있다(인정승천: 人定勝天)"

▢ TIP 실패와 성공은 신념의 차이 때문이다.

실패하는 사람들은 자기 자신을 절대로 믿지 못하기 때문이고 성공하는 사람들은 자기 자신을 적극적으로 믿기 때문이다. 신념은 자신을 이끌어 주고 구해내서 성공의 길로 안내하는 무서운 힘이다.
당신의 배가 암초에 부딪혀 바위가 많은 바닷가 물결 속으로 휩쓸려 들어갔다고 하자. 그때 이제는 그만이라고 생각하면 당신은 그것으로 끝이다.
그러나 그때 갑자기 나는 산다, 어떻게든 이 난관을 뚫고 나갈 수 있다는 적극적인 용기가 솟았다고 하자. 그러면 당신은 살아나게 된다.
그 느낌은 곧 신념으로 바뀌고 그 신념과 함께 어디선지 당신을 구하는 힘이 오게 된다. - 콜로드 브리스톨의「신념의 마력 중에서」-

38

신분

신분이 갖는 편견은 그저 편견일 뿐이다

물질을 가지되 물질을 나누어 줄 수 있는 용기와 품성은 메마른 사회를 기름지게 한다.

인간 김영한은 1926년 서울에서 출생하여 16세에 신(新)여성이었으나 집안의 경제고로 기생에 입문하였다. 26세 천재 시인 백석이 영어교사 시절 학교회식 자리에서 22살 기생 김영한을 만나 사랑이 싹트기 시작했으며 백석으로부터 자야(子夜)라는 아명(雅名)으로 불리던 그녀는 1953년 중앙대 영문학과를 졸업하고 "선거하규일 선생 약전" 등을 저술하였다.

사랑에 흠뻑 빠진 두 사람은 3년간 동거를 하다가 만주에서 다시 만날 것을 언약하고 백석은 만주를 떠나 김영한을 그리워하며 쓴 시가 "나와 나타샤와 흰 당나귀"다.

이후 백석은 김영한을 찾아 함흥으로 갔지만 한민족 비극의 3.8선이 그어지면서 서울에 거주하는 김영한을 못 만나고 생을 마감한다.

김영한은 우리나라 3대 요정의 하나인 대원각을 건축하여 경영하다가 법정스님의 '무소유'를 탐독하고 감동하여 당시 시가 1,000억 원을 호가하는 대원각을 청정한 불도량으로 만들어주시기를, 1997년 법정 스님에게 조건 없이 시주하고, 그리고 법정 스님은 김영한에게 '길상화'라는 법명을 주게 된다.

그 후 김영한은 평생 백석을 애타게 그리워하면서도 만나지 못하고 "나 죽으면 화장해서 눈이 많이 내리는 날 '길상현' 뒤뜰에 뿌려주오"라는 유언을 남기고 1999.11.14일 73세로 생을 마감한다.

기생의 신분이 우리 사회에 주는 참 교훈

기생의 조건은 '슬퍼도 웃어야 할 줄 알고, 싫은 일도 할 줄 알아야 하고, 뱉기 싫은 말도 뱉을 줄 알아야 하고, 사랑이란 단어에 빠져서도 안 되는 그런 특별하고 기구한 운명을 지닌 존재'다.

김영한은 기생의 신분으로 살아가면서 견디기 힘든 비애와 고통의 깊이는 아마도 자신밖에 몰랐을 것이다.

그러한 특별하고 독특한 환경 속에서 생활하고 성장한 '길상화'는 우리가 살아가는 현대사회에 크고 많은 경종을 울린다.

"무소유란 결국 아무것도 갖지 않는 것이 아니라 불필요한 것을 갖지 않는 것이며, 이는 어떤 것에도 얽매이지 않는 자유를 얻게 할 뿐 아니라 소유하지 못함으로 인한 고통마저 느끼지 않게 한다. 또한 그때 비로소 자신 밖에 있는 다른 존재들의 필요를 볼 수 있게 된다"는 법정 스님의 무소유 논리이다. 이는 "1,000억 원이 그 사람 시(詩)한 줄만 못하다"고 '길상화'가 한 말이 '무소유의 논리'를 대신한다. 물질을 가지되 물질을 나눠 줄 수 있는 용기와 품성을 '길상화'는 갖추었고 그리고 조건 없는 사회공헌 실천을 해낸 것이다.

오늘날 사회는 그야말로 권력과 명예 그리고 부가 지배하며 판을 치고 있다 해도 지나친 말이 아닐 것이다. 이기주의가 팽대하고, 자기중심적 사고가 너무 강하여 정신적, 육체적 질병이 깊어 가고 있는 것 또한 부정할 수는 없는 현실이다. 이러한 작금의 시대에 '길상화'에게 깊이 자라 잡은 정신세계에서 뿜어 나오는 공공선(公共善)에 대한 아름다운 향기는 우리사회에 그리고 후손에 길이 물려줄 참 가치가 될 수 있는 롤 모델(Role model)이라 할 수 있다.

✔ 고사성어

■ 처염상정(處染常淨): 處(곳 처), 染(물들 염), 常(항상 상), 淨(깨끗할 정)
"더러운 곳에 머물더라도 항상 깨끗함을 잃지 않는다"는 뜻이며, "진흙탕 속에서 피어나지만 결코 더러운 흙탕물에 묻지 않는다"는 의미다.

▸ "절개(節介: 신념이나 신의 따위를 굽히거나 바꾸지 않는 강직한 태도)"가 꿋꿋한 사람은 "어떠한 고난과 역경이 닥치고, 더러운 곳에 머물더라도 항상 깨끗함을 잊지 않는다(처염상정: 處染常淨)" 그리고 "날이불치(涅而不緇: 성품과 인격이 고상한 사람은 주변의 나쁜 영향을 받지 않는다.)"한다.

□ TIP 신분(身分)의 편견

「掬水月在水(국수월재수), 弄花香滿衣(농화향만의)」
"물을 한 움큼 떠올리니 달이 물속에 거꾸로 비치고(국수월재수: 掬水月在水), 꽃을 희롱 삼아 건드리니 옷에 가득 향기가 배이네(농화향만의: 弄花香滿衣)"
주색잡기(酒色雜技)에 능한 사람이 "掬水月在水(국수월재수), 弄花香滿衣(농화향만의)"의 분위기에 흠뻑 취해 있다 해도 함께하는 그 사람(기생)은 절개가 강하여 "처염상정(處染常淨)"하고 "날이불치(涅而不緇)"하도다.

39 신언서판

리더 자질과 능력의 바탕이 되는 "신언서판(身言書判)"은 조직의 성과를 극대화 시키는 성장 동력이다

리더의 자격은 부하직원으로부터 부여받게 되는 것이다. 따라서 리더는 주어진 자격을 잃지 않도록 스스로 능력과 자질을 매일같이 점검하고 꾸준히 키워나가는 노력을 해야 한다.

"신언서판(身言書判)"은 사람의 풍채와 언변과 문장력 그리고 판단력으로서, 선비가 지녀야 할 네 가지 미덕을 말한다. 이는 중국 당나라 때 관리를 선발하는 시험에서 인물 평가 기준으로 삼았다고 한다.

모든 조직은 그 조직이 추구하는 비전과 목표를 세워놓고 그 목표달성 성과 극대화를 이룩하기 위해 부단히 노력한다.

성과 극대화를 이룩하기 위해, 무엇보다도 가장 중요한 것은 그 조직을 이끌고 지휘하는 리더의 리더십이라고 말할 수 있다. 이에 "신언서판(身言書判)"은 현대사회 각 조직에서 리더들이 지녀야 하는 자격의 기준으로 삼아도 아무런 손색이 없을 것이다.

첫째, "신(身)"이란? 사람의 풍채와 용모를 뜻하기도 하지만, 조직 속에서의 리더는 무엇보다도 자신의 정체성을 분명히 표출해야 하며 신체적인 건강과 정신적인 건강, 이 모두가 튼튼하고 건전해야 한다는 것이다. 그래야 스스로 능력이 있고, 믿는 정도가 커져서 조직을 이끌어 나가는데 수월한 반면, 구성원들로부터 리더의 자격을 인정을 받을 수 있기 때문이다.

둘째, "언(言)"이란? 말을 잘 하는 재주나 솜씨를 말하기도 하지만, 조직 속에서의 리더는 말을 잘해야 한다는 의미를 뛰어넘어 아름답고 고운 말과 정직하고 균형 잡힌 말솜씨 그리고 상대방에게 감동을 주어 흡입력이 강한 언변술을 발휘하여야 리더십이 효과를 창출해 낼 수 있다.

셋째, "서(書)란? 글씨를 잘 써야 한다는 필적(筆跡)의 의미도 있지만, 조직 속에서의 리더는 글을 많이 알아야 한다는 것이다. 이는 바로 지식을 말하며, 그 지식은 여러 방면에서 해박한 지식과 그리고 그 지식은 전문가 수준 이상으로 깊이가 깊어야 된다는 것이다. 그래야 부하들이 상사를 리더로 인정하고 따르게 되는 것이다.

넷째, "판(判斷)"은 '문리(文理)'를 말한다. 즉 사물의 이치를 깨달아 아는 판단력을 뜻하기도 하지만 조직 속에서의 리더는 신속하고 정확한 의사결정 능력과 원칙은 갖되 유연성도 함께 유지하여야 하며 환경에 따라 상황 적합한 리더십을 발휘해야 한다는 것이다. 아무리 '신언서(身言書)'가 훌륭하고 뛰어나다 하더라도 사물의 이치를 깨달아 아는 능력이 없으면 리더는 리더의 자격을 인정받지 못하게 된다는 것이다.

리더의 자질과 능력은 리더 자신이 기준을 정하고 평가하는 것은 결코 아니다. 리더의 자질과 능력의 평가는 리더가 평소에 조직과 구성원들을 위해서 리더의 임무를 수행해 나가는 과정에서 구성원들이 리더를 평가하여 '특수신용'이란 사회적 자본을 부여했을 때 비로서 리더의 자질과 능력을 인정받게 되는 것이다.

리더의 자질과 능력의 가장 기본이 되는 "신언서판(身言書判)"을 완벽하고 지속성 있게 유지하기란 그리 쉽지는 않을 수도 있다. 그러므로 다른 사람들을 이끌려 하기 전에 자기스스로부터 제대로 이끌 줄 아는 방법을 알아야 한다. 따라서 리더는 자기관찰을 섬세히 하여 문제가 발생할 시 자기벌칙이란 셀프리더십을 통해서 자신을 바람직한 방향으로 이끌어 나가줄 아는 능력을 키워나가야 한다는 것이다.

"'특수신용'이란 커다란 사회적 자본을 쌓기는 어렵지만 잃는 것은 한순간이 될 수 있다"는 말을 조직 생활 속에서 늘 명심한다면 틀림없이 성공리더로 거듭 탄생할 수 있을 것이다.

✔ 고사성어

■ 목계지덕(木鷄之德): 木(나무 목), 鷄(닭 계), 之(갈 지), 德(큰 덕)
"보기에 흡사 나무로 만든 닭과 같으니, 작은 일에 흔들림이 없고, 그 덕이 완전하다"는 뜻이며, "자신의 감정을 완전히 통제할 수 있고 상대방에게 역량을 보여주지 않아도 그 지도자적 능력을 인정받는 사람"을 의미한다.

▸ "자신의 감정을 완전히 통제할 수 있고 상대방에게 역량을 보여주지 않아도 그 지도자적 능력을 인정받는 사람(목계지덕: 木鷄之德)"은 당나라 때 관리를 선발하는 시험에서 인물 평가 기준으로 삼았던 신언서판(身言書判)을 모두 갖춘 사람이다. 그런 사람은 "높은 지위에 있어도 교만하지 않고 낮은 지위에 있어도 두려워하지 않는다(가고가하: 可高可下)."

▢ TIP 리더의 사명의식

- 개인 욕심으로 리더의 자리를 탐하지 마라.
  - 식무구포 거무구안(食無求飽 居無求安: 먹는 것에 배부름을 구하지 아니하며, 거처하는 것에 편안함을 구하지 아니한다) ⇨ 매사에 절제할 줄 알아야한다.
- 자기 전에 성찰하고 깨어나면 분석하라.
  - 태이불교(泰而不驕: 태연하지만 교만해 보이지 않아야 한다) ⇨ 자만심과 오만 그리고 거만함이 드러나서는 안 된다는 것이다.
- 자신을 부정하고 항상 더 좋은 아이디어를 구하라.
  - 제구포신(除舊布新: 묵은 것은 버리고 새로운 것을 펼친다) ⇨ 그릇된 것이나 묵은 것은 버리고 새롭게 하는 쇄신과 개혁해야 한다.
- 머리로 이끌고 가슴으로 포용하라.
  - 해납백천(海納百川: 바다는 수많은 강물을 모두 받아들인다) ⇨ 다른 사람을 탓하지 않고 너그럽게 감싸 주거나 받아들이는 진정한 마음을 가져야 한다.
- 내일의 비전으로 오늘의 문제를 덮으려 하지 마라.
  - 권모술수(權謀術數: 권세와 모략, 술수를 가리지 않고 목적을 달성하고자 꾀하는 술책 ⇨ 목적의 달성을 위하여 수단과 방법을 가리지 않는 온갖 술책은 하지 말아야 한다.

40 신용

윗사람이 갖는 신용은 성공과 실패를 가늠하는 잣대다

잘못한 것을 질책하기 보다는 잘 한 것을 칭찬해야 한다. 이때 칭찬의 조건은 일하는 방법, 실수나 잘못을 범하지 않는 방법을 가르쳐 주는 것이 병행되어야 한다. 이것이야말로 신뢰구축의 밑거름이 되는 것이다.

인간은 태어나서 미성숙으로부터 자아 정체의 형성과 성숙을 통해서 자아실현으로 발전해 나가는 존재이다. 이렇게 비춰볼 때 모든 인간은 부족함을 안고 살아가기 마련이다. 단 부족한 것을 채우기 위해 꾸준히 노력할 뿐이다.

사회 모든 조직은 리더와 추종자들로 구성되어 경영되고 있으며, 리더는 리더십이 훌륭해야 하고 추종자들은 팔로워십이 훌륭해야 한다. 그래야 그 조직은 성공할 수 있고 최고를 달릴 수 있다.

특히 리더십은 리더 자신이 우수한 능력을 직접 발휘하는 것보다 우수한 능력을 갖춘 추종자들을 대상으로 그들의 능력을 유감없이 열성적으로 발휘하게 만드는 것이다. 따라서 리더는 부하들이 일을 잘 할 수 있도록 열정을 불어넣는 견인차 구실을 하는 사람이라 할 수 있다.

부하를 위해 견인차 구실을 하여 성장을 돕는 데는 무엇보다도 부하로부터의 리더에 대한 신뢰가 중요하다. 리더에 대한 부하의 신뢰가 부족하면 부하는 리더에게 그간에 주어진 신의와 신용을 거둬들이기 때문이다. 그렇게 되면 리더는 조직을 이끌어 가는 데 많은 어려움을 겪게 되는 것이다.

직급이나 직책이 높은 리더일수록 신뢰는 더욱 중요하게 작용한다. 신뢰는 크고 작은 것으로 구별되는 것이 아니다. 사소한 약속이라도 반드시 지키는 것만이 리더의 신의와 신용을 더욱 견고히 쌓는 지름길이 되는 것이다.

위 문후(魏 武侯)가 숲지기와 사냥하기로 약속했다.

사냥하기로 한날, 주흥(酒興)이 무르익었을 때 비가 내렸다.

문후가 막 나가려 하려고 하니, 좌우 대신이 말했다.

"오늘 주흥이 무르익고 게다가 비가 내리는데, 군주께서는 어디를 가시려 합니까?"

"나는 숲지기와 약속했다. 주흥이 무르익었다고, 어찌 한번 한 약속을 어길 수가 있겠는가?"

곧바로 가서 직접 약속을 취소하였다.

이 우언(寓言)은 춘추전국시대 「위문후서(魏文侯書)」에 나오는 내용이다.

술에 취하여 흥이 가득 차 있는 분위기가 지속되는 상황에서 사소한 일은 생각 속에서 무시하거나 망각할 수도 있다.

보잘것없는 신분을 가진 사람과 약속을 어기더라도 큰 문제가 되지 않을 것이라고 가볍게 생각할 수도 있다. 그러나 군주는 약속을 지킨 것이다.

군주와 숲지기와의 신분차이는 하늘과 땅 사이이다. 그런데도 군주 본인이 직접 찾아가서 약속을 취소한 것이다. 이 약속의 취소는 일방적인 취소가 아니라 아랫사람을 섬기고 양해와 협조를 구하는 신뢰구축의 전략인 것이다.

현대사회 각 조직에서 부하들로부터의 리더에 대한 신뢰구축은 더욱 중요시 되고 있다.

적재적소에서의 구성원들이 주어진 일에 몰입하다 보면, 어떤 때는 본의 아니게 실수나 잘 못을 범할 때도 있다. 이때 리더는 문제를 일으킨 부하직원을 대상으로 야단을 치고 질책을 하여 자존심을 상하게 만들어 일의 의욕을 상실하게 하는 경우가 있다. 이런 리더는 리더로서 자질과 능력이 부족하므로 그동안에 쌓아둔 신의와 신용을 모두 잃게 되는 것이다.

반면, 훌륭한 리더는 부하의 잘못이나 실수에 대하여 다시는 반복되지 않도록 문제점을 조용히 지적하여, 왜 문제가 되었는가를 부하 스스로 깨닫고 수정하게 한다. 그리고 올바르게 성장하도록 코칭하고 이끌어 준다. 이것이야말로 단단한 신의와 신용을 쌓는 방법이 되는 것이다.

"잘못한 것을 질책하기 보다는 잘 한 것을 칭찬해야 한다. 이때 칭찬의 조건은 일하는 방법, 실수나 잘못을 범하지 않는 방법을 가르쳐 주는 것이 포함되어야 한다. 이것이야말로 신뢰구축의 밑거름이 되는 것이다"고 백석은 말하고 있다.

✔ 고사성어

■ 인주필신(人主必信): 人(사람 인), 主(주인 주), 必(반드시 필), 信(믿을 신)
"리더는 반드시 신의(信義)와 신뢰(信賴)가 있어야 한다"는 뜻이며, "리더의 생명은 부하들로부터 신의와 신뢰를 쌓는 것이다. 따라서 신의와 신뢰가 없으면 그 리더는 모든 것을 잃는다"는 의미다.

▸ 훌륭한 리더의 자격은 "인정냉난(人情冷暖: 인정에는 '냉담(冷淡)'함과 '온후(溫厚)'함이 있음)" 해야 하고, "인주필신(人主必信: 리더는 반드시 '신의(信義)'와 '신뢰(信賴)'가 있어야 함)" 해야 한다. 그래야 부하들을 다스리는데 "'인혜(仁惠)'로써 젖어 들게 하고 '정의(定義)'로써 갈고 닦게 해서 부하들이 '인의(仁義)'에 다가서게 한다(인점의마: 仁霑義摩)" 또한 아무리 허물없는 가까운 사이라도 쓸데없는 말은 하지 말아야 한다. 농담을 잘못하면, "장난삼아 한 것이 진심으로 한 것처럼 되어(농가성진: 弄假成眞) 그동안 열심히 노력하여 쌓아온 신의와 신용을 한 번에 모두 잃게 된다. 그러므로 "화는 입으로부터 발생하므로 말을 삼가야 함을 명심해야 한다(구화지문: 口禍之門)"

☐ TIP 부하로부터 신뢰구축을 위한 리더의 코칭(Coaching)

- 코칭은 개인의 잠재 능력을 발견하고, 최대한 개발하여, 목표설정, 전략적 행동, 뛰어난 성취를 가능하도록 도와주는 합리적 대화 기술이다.
- 코칭역할 이란?
  - 구성원 각자의 특성에 맞는 관리
  - 생산적인 대화 능력 배양
  - 부하직원의 역량을 최대한 발휘케 하는 능력
  - 일에 몰입하게 하고 창의적으로 일하게 하는 능력
  - 조직 분위기를 선택하고 책임지는 문화로 가꾸는 능력
    ⇨ 리더가 주로 자신의 경험이나 견해를 일방적으로 지시하듯이 말해 주는 경우가 많은데 이것은 코칭의 개념을 잘못 이해하고 있다.
- 코칭의 성과
  - 직속 상관과의 관계개선: 77%
  - 직속 감독자와의 관계개선: 71%

- 팀웍: 67%
- 동료와의 관계개선: 63%
- 직무 만족: 61%
- 갈등 해소: 52%
- 조직의 실행 능력: 44%
- 고객과의 관계개선: 37%

- 코칭이 강력한 이유는 무엇인가?
  - 스스로 생각하게 한다.
  - 많은 잠재 능력, 가능성을 발견케 한다.
  - 스스로 해결 방안을 찾아간다.
  - 행동에 초점(focus)을 맞춘다.
  - 행동 실행에 의지가 강하다.
  - 리더는 장기적으로 시간 절약을 많이 할 수 있다.

신조
숫자로 풀어보는 생활신조

개인이 지향하는 생활신조는 꿈을 실현할 수 있도록 이끌어주는 스승이다.

숫자가 주는 의미는 국경을 뛰어넘어 이념과 사상, 종교 그리고 문화와는 관계없이 모든 사람이 다방면에서 적용·활용한다. 물론 숫자 하나하나에 과학적인 근거는 없다. 그러나 사람들은 이치에 맞지 않는 것을 억지로 끌어대어 자기에게 유리하도록 맞추는 경우도 있다. 어떤 나라에서는 행복과 불행 그리고 성공과 실패의 지표가 되기도 한다. 또한 숫자의 발음을 이용하여 가치 있는 문장을 만들어서 활용하게 되면 그 자체가 자신의 삶에 동기부여가 되어 인간성공 경영의 나침반이 된다.

◇1일 ⇨ 일을 열심히 하되, 일의 결과에 대해 자기보상과 자기벌칙을 해라.

자기보상은 자신을 새로운 도전과 성취 그리고 새로운 목표로 이끄는 강력한 방법이다. 그리고 자기벌칙은 자신을 바람직한 방향으로 이끌어 가는데 효과적인 방법중 하나이다. 자기벌칙을 할 때는 파괴적적인 벌칙을 자제하고 건설적인 자기벌칙을 활용할 줄 알아야 성공을 이룩할 수 있다.

◇2이 ⇨ 이런 일 저런 일 끼어들지도 말고 간섭하지도 말라.

남이 하는 일에 무조건 참견하지 말아야 한다. 정의(正意)는 불사르되, 불의(不義)에 불을 댕기면, 자신을 괴멸시키는 유일한 방법이 될 뿐이다.

◇3삼 ⇨ 삼삼오오 짝지어 놀러 다녀라.

세상을 넓게 보면서 즐기는 것은 더 큰 미래를 창조하는 것이며 새로운 기회를 포착하는 것이다. 여유와 낭만을 즐기게 되면 그 과정 속에서 새로운 아이디어가 창출되고 보다 나은 희망찬 삶의 가치를 찾을 수 있다.

◇4사 ⇨ 사생결단하지 말라.

한 가지 정확한 목표를 정했으면 그 목표를 달성하기 위해 최선을 다해야 하는 것은 당연한 것이다. 그러나 몸과 마음을 희생하면서까지 어떠한 일에 몰입하게 되면, 돌아오는 결과는 모든 것을 다 잃게 된다.

◇5오 ⇨ 오케이를 생활화하라.

긍정의 힘은 부정적인 생각을 버리게 하는 강력한 파괴력을 가지고 있다. 긍정의 힘은 자신은 물론 타인에게 건강한 태도가 형성되게 하며 모두에게 선과 행복을 추구하게 만든다.

◇6육 ⇨ 육체적 스킨십을 즐겨라.

스킨십은 서로간의 깊은 애정의 표현이다. 인간은 원초아의 정신적 에너지인 성적 본능을 가지고 있다. 그러나 무분별한 스킨십은 자제해야 한다. 때와 장소 그리고 질서와 정도를 지키는 스킨십은 우리의 삶을 더욱 풍요롭고 활기차게 만드는 요인 중의 하나이다.

◇7칠 ⇨ 칠십%에 만족하라.

욕심이 지나치면 탐욕이 된다. 탐욕은 인간의 본성 중 부정적인 일면으로, 인간의 영혼을 병들게 하고 마비시키는 독버섯 같은 존재이자 온갖 사회악을 불러일으키는 근원이다. 마음의 눈으로 인간의 탐욕을 부추기는 것이 무엇인지를 정확히 볼 수만 있다면 욕망과 유혹에 전혀 동요되지 않을 것이다.

◇8팔 ⇨ 팔팔하고 건강하게 살아라.

취미생활을 생활화해야 한다. 특히 다양한 책을 꾸준히 많이 읽고 신체 운동을 하여 근력을 단련시켜야 한다. 그래야 정신적, 육체적 건강을 가져와 건전하고 튼튼하게 장수할 수 있다.

◇9구 ⇨ 구차한 변명을 삼가라.

변명을 하면 아무리 훌륭하고 능력이 뛰어난 사람일지라도 인정을 받지 못한다. “자신의 잘못이나 실수를 대담하게 인정하고 공개적으로 사과 하는 것은 체면을 깎는 것이 아니라 오히려 상대를 감동 시키게 한다”라는 말을 잊지 말고 실천해야 한다.

◇10십⇨ 십시일반(十匙一飯) 하는 사고(思考)를 갖고 삶을 살자.

인간은 혼자 살아갈 수 없는 사회적 동물이다. 공공선(公共善)은 아름다운 사회를 만들며, 자기중심적 사고를 이타주의로 이끌어 내는데 초석이 되는 것이다. 따라서 십시일반(여러 사람이 힘을 합하면 한사람 구제하기는 쉽다.) 하는 것은 봉사와 자기희생정신을 기르는 것이다.

이상의 숫자로 풀어보는 생활신조는 분명히 성공으로 이끄는 자기 동기부여이며 나침반이 될 것이다. 그러나 알고 있는 것은 그저 지식일 뿐이다. 그러므로 그 지침을 생활 속에서 꾸준히 실천하여 자기 역량을 키워나가야 진정한 인간성공 경영을 이룩할 수가 있다.

✔ 고사성어

■ 유지경성(有志竟成): 有(있을 유), 志(뜻 지), 竟(다할 경), 成(이룰 성)

"뜻이 있어 마침내 이루다"라는 뜻이며, "이루고자 하는 뜻이 있는 사람은 반드시 성공한다"는 의미다.

▸ 생활신조(숫자로 풀어보는 생활신조)는 성공으로 이끌게 하는 나침반이고, 자기 동기부여이며, 자기관리다. 따라서 매사에 "갈이천정(渴而穿井: 일이 닥쳐서 허둥지둥 덤벼댐)" 하지 말고 "안거위사(安居危思: 편안한 때일수록 위험이 닥칠 때를 생각하여 미리대비 해야 함)."하면 "일취월장(日就月將: 날로 발전함)"하여 반드시 "선수필승(先守必勝: 남보다 먼저 승리함)" 할 수 있다.

☐ TIP 징기즈칸의 생활신조: 나를 극복하는 순간 나는 징기즈칸이 되었다.

역사상 가장 유명한 정복왕 가운데 하나이며, 유목민 부족들로 분산되어 있던 몽골을 통일하고 제위(帝位: 칸)에 올라(1206) 몽골의 영토를 중국에서 아드리아해까지 확장시켰다.

- 집안이 나쁘다고 탓하지 마라: 나는 아홉 살에 아버지를 잃고 마을에서 쫓겨났다.
- 가난하다고 말하지 마라: 나는 들쥐를 잡아먹으며 연명했고 목숨을 건 전쟁이 내 직업이고 내 일이었다.
- 작은 나라에서 태어났다고 말하지 마라: 그림자 말고는 친구도 없고 병사로만 10만 백성은 어린애, 노인까지 합쳐 200만도 되지 않았다.
- 배운 게 없다고 탓하지 마라: 나는 내 이름도 쓸 줄 몰랐으나 남의 말에 귀 기울이면서 현명해지는 법을 배웠다.
- 너무 막막해서 포기해야겠다고 말하지 마라: 나는 목에 칼을 쓰고도 탈출했고 뺨에 화살을 맞고 죽었다가 살아나기도 했다.
- 적은 밖에 있는 것이 아니라 내 안에 있었다.: 나는 내 속에 거추장스러운 것을 깡그리 쓸어 버렸다.

실패

인생 최고의 실패는 자기 자신의 위치를 잃는 것이다

생각하지 않고 억지로 성급하게 일을 처리하고 행동하는 사람은 자신의 위치를 잃는 것이다. 위치를 잃는다는 것은 바로, 무모한 이익에 눈이 멀어서 자칫하면 비윤리적이고 비도덕적인 관계 행동으로까지 치닫게 될 수도 있다.

맹자(孟子) 공손추(公孫丑)에 나오는"발묘조장(拔苗助長)"이란 사자성어가 있다. 발묘조장은 억지로 싹을 뽑아서 성장을 도와준다는 뜻이다. 이 사자성어는 사물의 발전 규율은 생각하지 않고 조급하게 억지로 성과를 이루려고 하지만, 결과적으로는 오히려 그르치게 된다는 의미를 지니고 있다.

그리고 '달걀을 보고 새벽을 알리기를 바라고, 새총의 탄알을 보고 새(鳥) 구이를 찾는다.'는 말은 장자 제물론(齊物論)에서 나오는 말이다. 달걀을 보면 병아리가 알을 깨고 나온 뒤 자라서 닭이 돼 새벽을 알리기를 바라며, 새총의 탄알을 보면 이것을 쏴 새를 잡아서 구워먹을 생각부터 한다는 것이다. 이 모두는 성급하게 결과를 예단하는 태도를 경계한다는 말이다. 여기에서 나온 한자성어가 "견란구계(見卵求鷄)"이다. 비슷한 영어 속담도 있다. "Don't count your chickens before they are hatched." 이 속담은 '부화하기도 전에 병아리를 세지 말라'는 겸손 속담의 뜻이다. 이 모두는 상대방의 속도 모르고 지레짐작으로 그렇게 될 것으로 믿고 경솔하게 행동함을 이르는 말이다.

중국 명나라 때의 「응해록(應諧錄)」에 나오는 우언(寓言)에 관한 내용이다.

형제가 길을 가다가 큰 기러기가 하늘에서 나는 것을 보고 형이 활을 쏘려고 시위를 당기면서 "저놈을 잡으면 삶아 먹어야지..." 하고, 중얼거렸다.

이 말을 들은 아우가 참견하는 투로 "아니지요. 고기는 삶아 먹는 것이 좋지만, 기러기는 구워서 먹는 것이 제 맛이지요!"라고 말하였다.

형과 아우가 서로 먹는 방법을 두고 다투다가 결정을 내지 못하고 결국 고을 수령을 찾아가 판정을 청하였다.

수령 왈 "기러기를 반으로 갈라 한쪽은 굽고, 또 다른 한쪽은 삶아 먹어라."고 말하였다.

형제가 길가로 나와서 기러기를 찾으니 이미 하늘 높이 멀리 날아가고 없었다.

우리 속담에 "떡 줄 사람은 생각도 않는데 김칫국부터 마신다"는 말이 있듯이 구체적인 성과도 얻기 전에 자기 몫부터 챙기려는 성급함을 경고하는 교훈을 준다.

언제부터인지 몰라도 우리가 살아가고 있는 사회는 조급함의 사회가 되었다. 모든 것을 빠르고 급하게 서둘러 처리하는 행동이 체질화 · 습관화 된 지 오래다. 아마도 이것이 우리나라 국민들 삶의 전통적인 생활 습관에 젖어버린 한 단면의 문화일 수도 있다. 그러나 무슨 일이든 규칙과 이치에 순응하지 않고 성급하게 뭔가를 이루기 위해 속도를 내는 데에만 치중하다 보면 오히려 일을 더 그르칠 수가 있다.

앞뒤를 잘 헤아려 깊이 생각하지 않고 억지로 성급하게 일을 처리하고 행동하는 사람은 자신의 위치를 잃는 것과 같은 것이다. 위치를 잃는다는 것은 바로, 무모한 이익에 눈이 멀어서 자칫하면 비윤리적이고 비도덕적인 관계 행동으로까지 치닫게 될 수도 있다는 것이다.

'급할수록 돌아가라'는 얘기도 있는데, 이 말은 인간관계에서도 적용된다. 상대방의 감정이 마구 쏟아질 때 그 감정에 대응하게 되면 관계는 더 악화할 수밖에 없다. 그리고 상대방의 말을 다 듣기도 전에 미리 예단하여 결론을 내린다든가, 상대방의 말을 끊고 중간에 끼어들어 자기가 하고 싶은 얘기만 하는 경우도 종 종 볼 수 있다. 이러한 모든 행동은 남을 배려하지 못하고 조급함에 나오는 현상이다.

왜 우리는 규칙과 이치에 순응하는 법칙을 무시하고 더 빨리 목적을 달성하기 위해 발버둥치는 것일까? 왜 모든 것을 빨리 이루려고 하는 것일까? 이런 현상은 조급함에서 벗어나는 지혜의 사자성어인 "인원이비(引援而飛)"가 말해 주기도 한다. 속도를 추구하는 것은 급하기 때문이다. 사물의 자연적인 발전 법칙은 생존에 필요한 속도를 유지해야 한다는 것이다. 느릿하게 가야할 것이 빨리 간다든지, 빨리 가야 할 것이 느리게 간다면 생존에 필요한 질서가 무너지고 혼란이 초래된다는 의미를 지닌다. 물론 상황에 따라서는 빨라야 할 때도 있겠지만 느려야 할 때는 느려야 하는 것이 규칙과 이치에 순응하는 유일한 방법이다. 따라서 자아(自我)를 잃지 않도록 브레이크 고장을 잘 정비하고 고장 나지 않도록 늘 관리해 나가야 인생성공을 이룩할 수 있는 것이다.

✔ 고사성어

■ 망양보뢰(亡羊補牢): 亡(잃을 망), 羊(양 양), 補(기울 보), 牢(우리 뢰)
"양을 잃고 우리를 고친다"는 뜻이며, "일을 실패한 후에 뉘우쳐도 아무 소용없다"는 의미다.

▸ 아무리 급해도 생각하지도 않고 "성급하게 현재의 편한 것만 택하는 임시방편의 계책(고식지계: 姑息之計)"은 "궁여지책(窮餘之策: 궁한 끝에 낸 계책)"으로써 당연히 실패하기 마련이다. 따라서 "실패위험이 없는 완전한 계책(만전지책: 萬全之策)"을 위해서는 성급한 행동과 비윤리, 비도덕적인 관계 행동을 하지 않고 오로지 규칙과 이치에 순응해야 만이 실패의 길을 벗어나 자신의 위치를 찾게 되는 것이다.

□ TIP 1. 성격이 급한 사람의 특징

모든 성격에는 장단점이 있기 마련이다. 성격 중에서 가장 급한 성격은 A형이다. 따라서 성격 A형은 자신은 물론 조직에서의 역할을 수행함에 있어서 장점도 물론 많지만 단점도 많이 존재한다.

• A형의 성격

① 시간에 대한 통제에 강박관념(强迫觀念: 아무리 떨쳐 버리려고 애써도 마음속에서 떠나지 않고 오히려 점점 더 심하게 일어나는 생각)을 가지고 있는 사람들이다.
② 느긋하고 여유 있는 B형 성격보다, A형 성격들은 점점 더 짧은 시간에 점점 더 많은 일을 하려고 일을 벌이는 성향을 보인다.
③ 경쟁지향 적이고 도전적이며, 많은 일을 동시에 추구한다.
④ 높은 목표를 세우고 열심히 일하지만, 위임을 잘 할 줄 모르고 자신이 일을 처리해야 마음이 편하다.

⑤ 성급한 결론을 내리며 혼자 일 하는 것을 좋아한다.
⑥ 모든 것이 빠르고 급하며 화를 잘 낸다.
⑦ 일이 지연되거나 변명은 용서 못 한다.
⑧ 스트레스를 많이 받기 때문에 심장병에 걸릴 확률이 B형보다 몇 배 높다.

□ TIP 2. 어느 CEO의 급한 성격 다스리는 법: 모래시계

사람이 직급이 올라갈수록 자기 직관에 의한 의사결정을 많이 하게 된다고 합니다. 그런 의사결정을 하다 보면, 의도치 않게 실수가 발생할 가능성이 크다고 합니다. 그러면 모래시계를 엎어놓고 모래가 다 떨어질 때까지 지켜보고 기다린다고 합니다. 행동에 옮기지 않고 다 떨어지기 전에 하고자 했던 것이 모두 바뀐다고 합니다. 전화를 걸어 야단을 칠까 하다가도 이걸 보면 전화를 안 걸게 되고, 특히 요즘에는 이메일을 많이 쓰게 되는데, 이메일에 의해서 감정이 조금이라도 실리게 되면, 그건 글자로 그대로 남기 때문에, 받는 사람은 그만큼 상처가 오래가고, 또한 본인도 지시나 행동에 대해서 후회가 된다고 합니다. "꼭 한번 해보십시오."라고 주문한다.

43

사회적 자본

사회적 자본은 사회를 아름답게 만들고 삶을 살찌게 한다

대부분 사람은 접촉은 자주 할지언정 연결은 못 하는 경향이 있다. 연결은 존재와 존재 사이의 정신적 교감에서 일어나는 것이다. 따라서 연결은 마음에서 우러나오는 연(緣)을 끊이지 않고 견고히 오래 지속하도록 하는 지혜의 노력이 필요하다.

사회생활 속에서 사람을 평가할 때 흔히 하는 말은 2가지로 귀결된다. 그 하나는 그 사람은 '능력이 뛰어난가?'이고 또 하나는 그 사람은 '사회생활을 잘 하고 있는가?'이다. 결론은 둘 다 모두 충족해야 훌륭한 사람이라 말할 수 있다. 그러나 부득이 이 두 가지를 비교한다면 능력이 다소 뒤처지고 떨어진다 하더라도 주변 사람들과 관계가 좋으면 그 사람을 평가할 때 능력이 뛰어난 사람, 훌륭한 사람이라고 평가하게 된다. 따라서 모든 조직에서는 대체로 인간관계가 뛰어난 사람을 선호하게 되고 그 사람한테는 후한 평가를 하게 되는 경향이 있다.

실제로 카네기 공과 대학에서 능력이 뛰어난 사람과 관계 활동이 좋은 사람을 대상으로 성공적인 삶에 대해 분석을 했는데, 결과는 의외로 놀랍게 나왔다.

만 명의 표본 집단을 대상으로 분석한 결과 만 명 중 15%의 사람들이 전문적 기술이나 뛰어난 두뇌 덕분에 성공했을 뿐, 나머지 85%의 사람들은 바람직한 성격을 가지고 왕성한 관계 활동 때문에 성공했다고 한다.

사회적 자본은 사람과의 관계에 기초한 자본이다.

사회적 자본을 어떻게 축적하느냐가 사회생활 속에서 인간관계가 좋은가, 나쁜가를 평가하기도 하는데, 그 평가하는 기준은 '참 친구'라고 할 수 있다.

'참 친구'란? 사회적 자본에서의 관계의 폭보다는 관계의 깊이로 말할 수 있다. '관계의 깊이'란 '서로 간에 얼마나 몰입되어 있는 가'를 말한다. 몰입의 한 예(例)를 들자면 다음과 같은 것이 있다.

일본 도쿄에서 올림픽이 열리게 되었을 때 스타디움 확장을 위해 지은 지 3년이 된 건물을 헐게 되었다. 지붕을 뜯던 인부들은 꼬리 쪽에 못이 박힌 채 벽에 움직이지 못하고 있는 도마뱀 한 마리를 발견하게 되었다. 집주인은 인부들을 모두 불러놓고 그 못을 언제 박았느냐고 물어보았다. 그랬더니 인부들은 한결같이 집을 짓던 3년 전에 박은 것이 분명하다고 했다.

3년 동안이나 못에 박힌 채 죽지 않고 살아있다는 사실은 참으로 놀라운 일이라고 모두 혀를 내둘렀다.

사람들은 이 신기한 사실의 경위를 알아보기 위해 공사를 잠시 중단하고 도마뱀을 지켜보자고 했다. 그랬더니 다른 도마뱀 한 마리가 먹이를 물어다 주는 것이었다. 그 도마뱀은 3년이란 긴 세월 동안 못에 박힌 친구를 위해 하루에도 몇 번씩이나 먹이를 물어다 주는 것을 게을리 하지 않았던 것이었다.

몰입에 관한 예(例)가 또 하나 있다. 어느 출판사에서 '친구'란 단어를 가장 잘 설명해 줄 수 있는 말을 공모한 적이 있었다고 한다. 많은 사람이 응모했는데 밤이 깊을 때 전화하고 싶은 사람, 나의 아픔을 진지하게 들어주는 사람, 나의 모든 것을 이해해 주는 사람 등 여러 가지 정의를 내렸지만 그중 1등 한 것은 "온 세상이 나를 등지고 떠날 때 나를 찾아 올 수 있는 사람 " 이었다고 한다.

사람의 아픔과 슬픔을 사랑하는 것은 아무나 할 수 없는 일이다. 친구 또한 아무나 될 수 있지만 아픔과 슬픔까지 감싸 안을 수 있는 진정한 친구는 아무나 될 수 있는 것은 아니다. 기쁨을 두 배로 하고 슬픔을 반으로 줄일 줄 아는 넉넉함과 아름다움의 사회적 기술을 흠뻑 지닌 사람, 남은 사람들이 다 떠나간 후에도 마지막까지 그의 존재를 믿고 지켜 줄 수 있는 사람, 이런 친구가 '참 친구'다.

그렇다면 사회적 자본을 어떻게 축적하여 '참 친구'를 만들 수 있을까?

그 첫째는 이기적인 자세를 버리고 이타주의자가 되어야 한다. 우리 인간은 근본적으로 지극히 이기적인 특성을 지니고 있다. 그 이기적인 태도는 상대방을 멀어지게 만드는 요인이 되는 것이다. 그러므로 자기중심적인 사고를 버리고 타인의 입장에 서서 생각하는 태도를 지향해야 한다.

둘째는 상대방과 관계를 할 때는 머리로 하는 정(情)이 아니라 줄 때는 받는다는 전제로 하지 않는, 아름다운 마음과 따뜻한 가슴으로 하는 정(情)이어야 한다. 진정한 의미의 정이란 교환관계가 아니라 아낌없이 주는 마음이기 때문에 그렇다.

셋째는 상대를 인정하고 배려하는 정신이 흠뻑 배여야 한다. 우리 인간은 사람마다 특성이 모두 다르기 마련이다. 그러므로 자신과 타인은 근본적으로 특성이 다르다는 것을 인정해야 한다. 따라서 다른 사람의 욕구와 능력 그리고 장단점까지도 이해하고, 그리고 그 다른 점을 서로가 맞춰가는 노력이 중요하다.

또한 더욱 중요한 것은 우선 본인이 먼저 상대에게 다가가 자신의 마음을 활짝 열어 보여서 무한한 믿음을 줘야 한다. 그래야 '참 친구'를 만들 수 있는 통로가 만들어지는 것이다.

참 친구가 되려면, 무엇보다도 인연을 잘라내기보다는 푸는 습관을 들여야 한다. 인간은 감정의 동물이기 때문에 삶의 과정에서 갈등도 그리고 고뇌와 번뇌도 있을 수 있다. 혹간 얽히고설킨 삶의 매듭들이 있다면 하나하나 풀어나가야 진정한 관계가 되는 것이다. 인연의 끈은 그냥 내버려 두거나 자르는 게 아니라 푸는 것이기 때문이다.

"참 친구란 모든 얘기를 들어달라고 부탁하는 것이 아니라 상대방이 원하는 모든 것을 들어주는 것이다"라는 참 빛 한마디는 분명히 관계몰입의 깊이를 더하게 할 것이다.

✔ 고사성어

■ 막역지우(莫逆之友): 莫(없을 막), 逆(거스를 역), 之(갈 지), 友(벗 우)
"서로를 거스르는 일이 없는 막연한 친구사이"라는 듯이며, "생사를 같이 할 수 있는 가장 친한 친구, 벗"이라는 의미다.

▸ 한평생을 살아가면서 더도 말고, 덜도 말고 "정직한 사람과 인간의 도리를 지키는 사람, 그리고 지식이 있는 사람(익자삼우: 益者三友)"과 더불어 "서로의 쓸개를 꺼내 보일정도의 관계(간담상조: 肝膽相照)," 이 두 가지만 충족된다면, "막연지우(莫逆之友: 생사를 같이 할 수 있는 가장 친한 친구, 벗)"라고 할 수 있다.

☐ TIP 사회적 자본

- 사회적 자본을 이해하기 위해서는 인적자본과 비교해서 이해해야 한다.
  ① 인적자본: 경영자원에 해당하며 개인의 능력에 기초한 자본이다.
  ② 사회적 자본: 사람과의 관계에 기초한 자본이다.
- 리더는 조직 내부(조직 내적 자본)와 조직 외부(조직외적 자본)에서 인간관계를 잘 해야 한다. 즉 리더는 사회적 자본을 얼마나 많고 깊이 있게 활용하느냐에 따라 조직의 성과가 좌우된다.
- 사회적 자본축적을 위한 리더의 행동원칙
  〈원칙 1〉 이기적인 자세를 버려라
  〈원칙 2〉 매력적인 이슈를 매개로 관계를 확대하라
  〈원칙 3〉 관계를 섬세하게 관리하라
  〈원칙 4〉 상대방의 성격과 취향에 적절히 대응할 줄 알아야 한다.

아

삶의 차이를 만드는 **인간성공 경영**

44 안목

긴 안목을 가지고 환경변화 예측과 대응을 잘 해야 성공적인 삶을 이룩할 수 있다

환경변화를 예측하고, 적응하고, 신속하게 대응을 잘 하면, 설령 1등은 못하더라도 최소한 실패는 하지 않는다.

「여씨춘추(呂氏春秋)」 우언(寓言)의 "연작지지(燕雀之志:제비의 안목)"에 관한 얘기다.

제비들이 다투어 처마 밑의 안전한 곳을 찾아 집을 지었다.

어미와 새기가 서로 먹이를 먹여주고 지지배배 거리며 서로 즐겁게 지냈다.

그들은 스스로 안전하다고 생각하였다.

부뚜막의 아궁이 굴뚝이 깨져 불길이 올라와 대들보를 태워도 제비들은 안색조차 변하지 않았다.

그것은 왜일까?

장차 자기들에게 재앙이 닥친다는 것을 몰랐기 때문이다.

마찬가지로 인간이 성공적인 삶을 위해서는 우선 자신을 둘러싼 환경을 잘 파악하고 미래를 바라볼 수 있는 역량을 키워야 한다. 그리고 그 환경은 언제든지 변한다는 사실을 알고 환경변화 예측과 대응을 잘 해야 한다. 그래야 안정과 성공을 꾀할 수 있다는 것을 "연작지지(燕雀之志: 제비의 안목)"의 우언은 잘 말해 준다.

모든 사람은 오늘보다 내일에 좀 더 나은 행복한 삶이 되기를 희망한다. 그래서 모두는 그 행복한 삶을 성취하기 위해 부단히 노력한다.

개인이든 조직이든 추구하는 목표를 달성하기 위해서는 삶을 영위해 나가면서 수시로 점검해야 할 사항이 꼭 있다. 그 무엇보다도 우선되어야 할 것은 삶의 질에 영향을 미치는 자신이 갖는 내부 환경과 그리고 자신을 둘러싼 외부환경을 꼼꼼히 파악해야 한다.

내부 환경은 자신이 갖는 삶의 철학 그리고 행복한 삶의 목표달성이나 문제해결 하는 데 있어서 합리적 수단의 도구가 되는 "역량(力量)"을 의미한다. 따라서 내부 환경이 건전하고 튼튼하면 그 사람이나 조직은 장점과 강점으로 작용 된다. 그러나 그중 하나라도 부족하거나 약하면 단점과 약점으로 작용한다.

또한 외부환경은 자신과의 경쟁자 및 외부세력들에 해당하는 경제적 환경, 정치 법률적 환경, 사회 문화적 환경 등이 자신의 삶을 영위해 가는 과정에서 간접적으로 영향을 미치는 요인이 된다.

대부분 사람은 내부 환경변화에 의해 어려움이 닥치면 대체로 자신의 능력을 발휘하여 잘 대처해 나가는 편이다. 그러나 외부환경 변화에는 예측과 적응을 하고 대응하는 데 한계에 부딪치게 된다. 외부환경은 인위적으로 통제하기가 불가능하기 때문이다.

세상은 급변하고 있다. 오늘의 환경과 내일의 환경은 다르기 마련이다. 그리고 경쟁은 나날이 더욱 심화하고 있다. 이러한 급격한 환경변화와 경쟁사회에서 지속적으로 발전하여 생존을 이룩하기 위해서는 환경의 변화를 예측하고, 적응하고 대응을 잘 할 수 있는 역량을 키워나가야 한다.

「여씨춘추(呂氏春秋)」 우언(寓言)의 연작지지(燕雀之志:제비의 안목)에 관한 얘기에서 시사하는 바가 또 하나 있다.

사람들은 누구나 할 것 없이 미래의 희망의 지향점이며 좌표가 되는 비전을 설정한다. 그리고 삶의 목표를 세우고 그 목표를 달성하여 성공적인 삶과 자아실현 욕구를 추구한다.

어떤 사람들은 중장기적인 목표를 설정하고 그 목표에만 매달리다 보면 단기적인 성과 창출을 못 하는 경우가 있다. 반면에 어떤 사람은 당장 눈앞에 보이는 것에만 집중하여 단기적인 성과에만 급급하기도 하다. 이런 사람들은 당장은 자신이 원하는 것을 얻을 수는 있고 일정기간동안에는 버티어 생존할 수 있다.

그러나 시간이 지날수록 그 사람들은 이제는 성과를 낼 수 없고 얼마 지나지 않아 자신이 세운 비전과 계획은 물거품이 되고 마는 것이다.

따라서 행복한 삶을 성취하려면 자신이 미래에 바라는 비전을 설정한 후 중장기적인 목표를 세우고 노력하면서 동시에 단기적인 성과를 창출해야 한다. 그리고 끊임없는 도전과 혁신을 하고, 더불어 환경변화에 대응하는 역량을 키워야 한다.

"나무를 심을 때는 그 나무가 성장하여 어디에, 어떻게 사용할 재목인가를 예측할 수 있어야 훌륭하게 키울 수 있다"는 말은 바로 선견지명(先見之明: 다가올 일을 미리 짐작하는 밝은 지혜)을 얘기하는 것이다.

✔ 고사성어

■ 명견만리(明見萬里): 明(밝을 명), 見(볼 견), 萬(일만 만), 里(마을 리)
"만리 밖의 일을 환하게 살펴서 알고 있다"는 뜻이며, 관찰력이나 판단력이 뛰어나서 앞날의 일을 정확하게 내다봄"을 의미한다"

▸ 현재를 살아가는 사회는 "변화무상(變化無常: 사물이 모양이나 성질 등이 바뀌고 달라지는 일이 많거나 일정하지 않아 종잡을 수 없음)"한 사회다. 이러한 한 치의 앞도 내다보기 힘들고 치열한 경쟁에서 성공하여 행복한 삶을 이루기 위해서는 무엇보다도 "미래를 꿰뚫어 보는 지혜(선견지명: 先見之明)"를 키워나가야 하며, 더불어 상황에 따라 적응할 수 있는 "원비지세(猿臂之勢: 나아가고 물러감을 자유로이 하는 행세)"의 역량을 키워야 한다.

▢ TIP 1. 도하작전의 실패 원인

「여씨춘추(呂氏春秋) 찰금편(察今篇)」에 나오는 이야기다.
초(楚)나라가 송(松)나라를 침공하기 위하여 먼저 정찰 요원을 파견하여 국경을 이루고 있는 하천의 물깊이를 측량하여 표시해 두었다.
그런데 그사이 물이 불어 깊이가 달라졌는지 모르고 전에 표시해둔 지점에서 야간에 도하작전을 폈다가 크게 낭패를 겪었다.
현재 사회는 변화와 혁신이 가속하는 글로벌 사회다. 이러한 무한경쟁 사회에서 살아남아 승리하기 위해서는 급변하는 환경변화에 민감해야 한다. 환경을 미리 파악하고 대응을 잘해야 한다는 것이다.

▢ TIP 2.

"배를 타고 항해를 하고 싶은 사람이 있다면, 목재를 가져오게 하고 다듬어서 배를 만드는 법을 가르치려고 하지 마라! 대신 그들에게 저 넓고 끝없는 바다에 대한 동경심을 심어줘라" - 생떽쥐베리(Saint-Exupéry) -

45 약속

약속은 균형이며, 균형이 깨지면 공멸한다

약속을 어기는 것은 거짓이며, 사기이고 배반이다. 그러므로 약속은 함부로 하는 것이 아니다. 쉬운 약속보다 좀 힘들어도 당장 거절하는 것이 보다 더 나을 수 있기 때문이다.

지식이든, 정신이나 육체적 건강이든, 모든 측면에서 100% 완벽하고 최고는 존재할 수 없다. 그러므로 인간은 협력과 협동을 통하여 그리고 균형을 이루며 살아가는 사회적 동물이다.

특히 신뢰의 균형은 서로의 약속을 지키는 것에 기반을 둔다. 사람들은 많은 약속을 하면서 살아간다. 그러나 약속은 하긴 쉽지만 지켜지는 것은 힘들고 어려운 것 또한 사실이다. 그건 자신의 이익과 그리고 약속 이후에 벌어지는 상황과 환경변화에 따라 약속을 지키겠다는 신뢰의 농도가 흐려지기 때문이다.

속담에 지성(至誠)이면 감천(感天)이라는 말이 있다. 우리가 일반적으로 알고 있는 내용은 "'지성' 것 정성을 다하면, 하늘도 감동해서 '소원'이 이루어진다"는 뜻으로 알고 있다. 이 뜻은 달리 해석하면 "정성을 다하면 좋은 결과를 얻는다"는 뜻으로 받아들여진다. 즉 인간사회에서, 서로 언약한 미음을 끝까지 지키게 되면 필연적으로 좋은 결과가 나타나고, 그렇지 않으면 실패와 멸망으로 끝나기 마련이다.

'지성'을 '앉은뱅이', '감천'을 '시각장애인'으로 비유하여 우화로 꾸며 보면, 우리 마음에 가까이 다가와 인간은 절대 초심을 잃지 말고 균형을 이루어야 한다는 교훈을 얻게 된다.

언약에 관한 이야기가 또 하나 있다.

옛날에 걷지 못하고 기어 다니는 앉은뱅이가 있었습니다. 추운 겨울밤이면 얼어 죽지 않으려고 남의 집 굴뚝을 끌어안고 밤을 보내고, 낮에는 장터를 기어 다니며 구걸과 동냥으로 하루하루를 살아갔습니다.

그러던 어느 날 장터에서 구걸하는 시각장애인을 만났습니다. 동병상련(同病相憐)의 아픔이 있었기에 두 사람은 끌어안고 울면서 함께 살아가기로 약속을 하였습니다.

앉은뱅이는 시각장애인에게 자기를 업으면 길을 안내하겠다고 하였습니다.

시각장애인이 앉은뱅이를 업고 장터에 나타나면, 서로 돕는 모습이 보기가 좋았던 사람들은 두 사람에게 넉넉한 인심을 보냈습니다.

그러자 비록 빌어먹고 살지만 예전보다는 점점 살기가 좋아지다 보니, 보는 놈이 똑똑하다고, 점차 앉은뱅이는 영양가 있고 맛있는 음식을 골라 먹게 되고 맹인에게는 음식을 조금만 주다 보니, 앉은뱅이는 살이 쪄서 점점 무거워지고 맹인은 하루하루 점점 약해져 갔습니다.

어느 날 두 사람은 시골 논길을 가다가 시각장애인은 허약한 나머지 힘이 빠져 쓰러지면서 두 사람 모두 도랑에 처박혀 죽게 되었습니다.

우리 사회에서 법률행위는 통상적으로 계약을 통해서 이뤄진다. 그러나 계약은 반드시 문서로만 해야 효력이 발생한다는 법은 없다. 쌍방의 의사 합치로 충분하며, 문서 등의 특별한 형식이 필요치는 않다. 따라서 구두로 한 약속도 엄연한 계약인 것이다. 그러나 어려운 처지에 놓인 앉은뱅이와 시각장애인은 서로 불쌍히 여겨 동정하고 서로 도우며 살아가기를 굳게 약속했지만 앉은뱅이는 초심을 잃고 마음이 변한 것이다. 결국 앉은뱅이는 일방적으로 믿음을 저버리고 약속을 깨버린 것이다.

약속은 서로 간 믿음이고 그 믿음은 신뢰에서 이루어진다. 따라서 약속은 균형을 이루는 것이므로 약속을 어기면 균형이 깨지는 것이다. 또한 약속을 지키는 것은 사람이 기본적으로 지녀야 할 인격이며 사회적 자본을 증대시키는 원천이 되기도 하는 것이다.

물론, 서로의 약속을 잘 지켜 처음과 끝이 변함없이 한결같아야 한다는 것은 그리 쉬운 일은 결코 아니다. 그러나 앉은뱅이와 시각장애인이 주는 교훈에서 얻는 것처럼, 마음이 변치 않고 믿음으로 끝까지 가게 된다면, 공생이 되고 그렇지 않고 마음이 변하여 믿음을 저버리면, 균형이 깨져서 공멸할 수 있다.

개인이든, 조직이든 우리 사회가 공멸하지 않고 공생하려면 균형을 잃지 말아야 한다. 양보와 배려가 담긴 약속의 균형, 봉사와 희생이 담긴 약속에 대한 균형 등 서로 간 믿음과 신뢰의 균형이 깨지지 않고 균형을 이룰 때, 비로소 너도나도 행복하고 아름다운 사회, 희망의 나라로 정진 할 수 있는 기회가 찾아오는 것이다.

"아무리 보잘것없는 것이라 하더라도 한번 약속한 일은 상대방이 감탄할 정도로 정확하게 지켜야 한다. 신용과 체면도 중요하지만, 약속을 어기면 그만큼 서로의 믿음이 약해진다. 그러므로 약속은 꼭 지켜야 한다" 이 말은 '데일 카네기(Dale Carnegie)의 명언이다.

✔ 고사성어

■ 견여금석(堅如金石): 堅(굳을 견), 如(같을 여), 金(쇠 금), 石(돌 석)
"굳기가 쇠나 돌 같다"는 뜻이며, "약속이나 맹세가 금석(金石)과 같이 굳고 변함없이 단단함"을 의미한다.

▸ 약속은 "대의명분(大義名分: 사람으로서 당연히 지켜야 할 도리와 본분"이고 "금과옥조(金科玉條: 금이나 옥같이 귀중하게 여기어 지킬 법규나 규정을 말함)"이다. 따라서 모름지기 사람은 "견여금석(堅如金石)" 같아야 한다.

□ TIP 약속과 권력에 대한 우언(寓言)

비둘기들이 오랫동안 철저한 경계태세를 유지하면서 매의 공격을 성공적으로 피해갈 수 있었다. 실패를 거듭하던 매는 어느 날 작전을 바꾸어 속임수를 쓰기로 한다. 매가 비둘기를 찾아가 이렇게 말했다.

"어찌 너희들은 늘 불안한 이런 삶을 굳이 고집하는가. 내가 솔개든, 독수리든 그 누구도 덤벼들지 못하게 안전하게 보호해줄 텐데, 나를 왕으로만 만들어 준다면 말이야. 그러기만 하면 난 이제는 너희를 괴롭히지 않겠어."

비둘기들은 이 말을 믿고 매를 자신들의 왕으로 뽑았다. 하지만 매는 왕이 되자 왕명으로 하루에 한 마리씩 비둘기를 갖다 바치도록 했다. 아직 자기 차례가 돌아오지 않은 한 비둘기가 한탄했다. "우린 이런 꼴을 당해도 싸."

매와 비둘기의 약속(권력에 대한 우언)은 현재 사회에 살아가는 우리들에게 크고 많은 교훈을 던져준다.
선거에서 유권자와 후보자 사이의 관계 역시 약속과 권력의 교환으로 볼 수 있다. 그리고 그 약속과 권력은 균형을 이루어야 한다.
후보자는 유권자를 대상으로 권력을 자신에게 주게 된다면, 어떤 일을 어떻게 하겠다고 굳게 약속한다. 그리고 유권자들은 그 후보의 약속을 믿고 그를 지지하여 권력을 맡기게 된다. 하지만 선거가 끝나고 권력을 쥐고 나면 계약관계는 균형을 이루지 못하고 유명무실해진다.
이러한 권력의 배반을 당하지 않으려면 다음 선거에서 약속위반을 응징하기 위해서는 권력을 교체하는 것이다. 매와 비둘기와의 약속처럼 일이 지난 후에 어리석음을 깨닳으면 때는 늦은 것이고 모든 피해는 오로지 유권자 몫이 되는 것이다.

46 역발상

역발상은 바로 발상의 전환인 것이다

남들이 모두 할 수 있는 것은 이미 녹슬어 쓸모가 없는 것이다. 고정관념은 혁신적인 변화와 창의적인 발상은 기대하기 어렵다. 고정관념을 깨부수고 새로운 대안을 찾아내야 한다. 그러기 위해서는 조감도를 바라보는 시각을 가지고 180도를 돌려본다. 그러면 새로운 가치가 보이기 마련이다.

모든 사람은 어떻게 사는 것이 잘 사는 것이고, 그리고 잘 살기 위해서는 어떻게 생각하고 행동하는가에 대해 나름대로 고심이 많은 것이 사실이다.

인간은 불완전하고 실수를 하는 사회적 동물이다. 따라서 늘 안전하고 완벽을 향한 추가적인 노력이 필요한 것이다.

한 할머니에게 우산을 파는 큰아들과 염색 공장을 경영하는 작은아들이 있었다. 할머니는 종일 근심 걱정으로 무엇을 해도 기쁘지 않았는데, 날씨가 맑으면 우산 파는 큰아들이 걱정이었고 비가 내리면 작은아들의 염색 천들이 비에 젖을까 염려스러웠기 때문이다. 할머니는 날마다 아들들을 걱정하느라 결국 병에 걸렸고, 고심 끝에 현자(賢者)에게 도움을 청하였다.

현자가 말했다. “할머니는 정말 복이 많으시군요. 한번 생각해 보세요. 비 오는 날이면 큰아들의 장사가 잘 될 것이고 맑은 날이면 작은아들의 장사가 잘 될 테니 궂은 날이나 맑은 날 모두 할머니에게는 좋은 날이 아닙니까.”

할머니는 곧 그동안 자신이 단 한 번도 긍정적인 방향으로 생각하지 않았다는 사실을 깨달았다. 그 뒤로 할머니의 병은 깨끗이 나았고, 매일매일 즐겁게 생활

했다, 할머니는 만날 때마다 큰아들의 장사가 잘된다거나 작은아들의 장사가 잘된다는 자랑을 하며 보냈다.

할머니를 둘러싼 환경이 변한 것은 아무것도 없고 상황은 그대로이다. 생각을 조금 바꾸었는데 할머니의 병은 완쾌되었다.

변화와 혁신이 가속하는 무한 경쟁사회에서 우리가 살아가는 방식도 마찬가지다. 오늘보다 내일의 발전과 더 나은 행복을 위해서는 생각의 각도를 조금만 바꾸면 현실이 달라진다. 생각의 각도를 바꾼다는 것은 혁신을 위한 발상의 전환이 필요한 것이다. 180도를 돌려보면 새로운 가치가 보이고 자신은 물론 조직의 경쟁력을 만들기 때문이다.

혁신적인 변화의 첫걸음은 무엇보다도 일상적으로 자신이 가지고 살아가는 고정관념에 대한 의문을 품어야 한다. 위대한 업적도 고정관념에서 탈피한 역발상에서 시작되었다. 뉴턴의 만유인력 법칙도 사과나무 밑에서 쉬는 동안 발견되었다. 뉴턴이 머리 위에서 떨어지는 사과를 보고 만유인력 법칙을 생각해 낸 것도 통찰력에서 온 발상 전환의 대표적인 예라 할 수 있다.

발상의 전환은 우리의 생활 속에서 늘 존재한다. 미처 깨닫지 못하고 있었던 진리와 사실들이 아주 조그마한 변화를 불러일으킴으로써 발상의 전환을 가져오게 되고 이것이 새로운 진리를 만들어 낸다.

중국 춘추전국시대에 전란으로 금값이 폭등하고 곡식값이 폭락했을 때 금이나 패물을 사들이는 사람들과는 반대로 곡식을 사들이는 이가 있었다. 전쟁이 오래 지속하면서 식량이 바닥나자 자연 양곡 값이 폭등하고 금값이 떨어져 그는 손쉽게 엄청난 부를 축적할 수 있었다. 오늘의 말로 하면 역발상 방식을 구사해 성공한 것이다.

발상의 전환을 가져오기 위한 역발상은 무엇보다도 조감도를 바라보는 시각을 가져야 하며, 기존 사고에서 해답을 찾지 말고 새로운 대안을 찾아내야 한다. 그리고 접목과 통합을 하는 과정에서 또 다른 시너지 효과를 찾을 수 있다는 사고를 해야 한다.

어떠한 잘 짜진 틀 속에서는 결코 창의적인 발상은 어렵다. 발상의 전환은 자유와 자율성이 보장된 환경 속에서 가능하며 정신적 통제 속에서는 불가능하다.

현대그룹 창시자 정주영 회장의 명언은 현대를 살아가는 모든 사람에게 역발상의 중요성을 깨우쳐 준다.

"스스로 아이디어를 내고 검증해 볼 생각은 않고, 책 속에서만 답을 찾고 권위에만 의존한다면 창의력은 죽고 만다. 창의력이 없으면 획기적인 변화도 없다"

✔ 고사성어

■ 이환위리(以患爲利): 以(써 이), 患(근심 환), 爲(할 위), 利(이로울 리)
"근심을 이로움으로 삼는다"는 뜻이며, "위기를 기회로 만든다"는 의미다.

▸ "인패위공(因敗爲功: 실패한 것을 바꾸어 성공되게 함)"하는 비결은 "탈영관림(脫影觀林: 크고 멀리 바라볼 수 있는 안목)"하는 것이다. 또한 성공하고 행복해지는 비결은 자신의 능력과 실력에서 안주하지 말고 거기에서 벗어나 "불치하문(不恥下問: 지위나 나이, 학식 따위가 자기보다 못한 사람에게 묻는 것을 부끄러워하지 않음)" 하는 것이다. 그래야 자신이 모르고 부족한 것을 채워서 더 나은 발전을 이룩할 수 있다.

□ TIP 1. 발상의 전환

사람이 인생을 살아가면서 세상만사(世上萬事)를 어떻게 생각하는가에 따라 선(善)과 악(惡), 희망(希望)과 절망(切望), 성공(成功)과 실패(失敗)를 가르게 한다.

어떤 생각과는 반대로 또는 거꾸로 생각해 내는 일(역발상: 逆發想)은 바로 발상(發想: 어떤 새로운 생각을 해냄)의 전환이다.

"자살"을 거꾸로 하면 "살자"가 되고, "내 힘들다"를 거꾸로 하면 "다들 힘내"가 된다. 그리고 "NO"를 거꾸로 하면 "ON"이 된다. 이와 같이 부정(不定)을 긍정(肯定)의 힘으로 만드는 단어가 바로 발상의 전환인 것이다.

□ TIP 2. 발상의 전환 "데자부(De ja vu)와 부자데(Vu ja de)"

로버트 서튼(Robert I. Sutton) 교수는 「역발상 마케팅」이라는 책에서 데자부를 거꾸로 적은 부자데라는 흥미로운 용어를 만들어 냈다.

- 부자데: 익숙한 것도 낯설게 바라보는 시각이나 느낌
- 데자부: 낯선 것임에도 불구하고 마치 어디서 본 것처럼 생각하고 행동하는 것

□ TIP 3. 발상의 전환을 생각하게 하는 '개와 고양이의 비유'

베르나르 베르베르(Bernard Werver) 상상력 사전에 나오는 '개와 고양이의 비유' 내용이다.

개는 매일 밥을 주는 주인을 보며, '나에게 매일 밥을 주는 우리 주인님은 신이다'라고 생각한다고 합니다. 반면 고양이는 매일 밥을 주는 주인을 보며, '우리 주인이 나에게 매일 밥을 주는 걸 보니, 나는 신이다'라고 생각한다고 합니다.

같은 사실을 받아들이는 개와 고양이가 생각하는 차이를 보이는 것을 상상해 본다면 발상의 전환을 생각해 보게 된다.

47 열등감

열등감은 자신을 스스로 어둑한 동굴로 끌어들이는 주된 요인이다

남과 늘 비교해서 살아간다면 경쟁으로 인하여 오히려 자신이 존재를 저버리는 꼴이 된다. 따라서 자신의 참된 삶은 기대하기가 어렵다. 행복의 최대 적은 남과 비교함으로써 스며들기 때문이다.

인간은 누구나 열등감을 경험해 본 적이 있으며 어느 정도는 열등감을 지니고 살아가기 마련이다. 단지 열등감에서 벗어나려고 노력하여 열등감에서 벗어날 뿐이다.

열등감이란 "다른 사람에 비하여 자기는 뒤떨어졌다거나 자기에게는 능력이 없다고 생각하는 만성적인 감정 또는 의식"을 말한다.

열등의식이 강한 사람들의 특징을 살펴보면, 자신과 타인 그리고 삶에 대하여 가지는 태도가 자기부정, 타인긍정이다. 그래서 다른 사람들은 자신보다 훨씬 뛰어나다고 생각하며 항상 우울하고 자신을 소외 시키는 경향이 있다. 그리고 열등감은 자신에 대한 편견이며, 그 편견이 깊어지고 오래가면 정신적 압박감으로 다가와 자신감과 정상적인 활동의 범위를 좁혀들게도 한다.

인간은 모두가 모든 면이 똑같을 수는 없는 법이다. 사람마다 성격이 다르고 인지적 특성이 모두 다르다. 그리고 경험의 정도, 전문성, 가치관 등 내적 속성과 역량이 모두 다르기 때문이다. 특히 내적 속성은 다름의 차이와 정도에 따라 자신의 장단점이 될 수 있다. 그러나 어떤 사람의 단점은 남과 비교했을 때 자신의 장점이 될 수도 있고, 한편 이와 반대가 될 수도 있다. 따라서 단순히 자신과 타인을 비교하여 장점과 단점, 우월과 열세를 따져서 남보다 못하다고 판단되면 일반적으로 열등감에 빠지는 경우가 있다.

열등감이 많은 사람은 대체로 부정적인 정서를 가진 사람들이 많다. 열등감을 가진 사람들은 감사, 존경, 희망, 용서, 배려 등에 인색하고 반면에 매사에 분노와 시기, 질투 그리고 적개심과 좌절 등이 늘 존재한다. 그리고 스스로 자신을 무시하게 만들어간다. 그렇게 되면 자신감에서 멀어지고 더욱 열등감에 사로잡혀 결국에는 어둠의 동굴에서 벗어나지 못하고 만다.

또한 열등의식은 자존감과도 밀접한 관계를 맺고 있다. 그러므로 자신 스스로 품위를 지키고 자기를 존중하는 마음을 강화해서 열등감에서 벗어나 해방될 수 있는 방안을 찾아 노력하여야 한다.

열등의식에서 벗어나는 방법은 절대 남과 비교하지 말아야 한다. 행복의 최대 적은 남과 비교하는 것이다. 그러나 적당히 비교하면 경쟁심리가 작동하여 자신을 더 발전시킬 수 있는 동기부여가 될 수 있지만, 지나친 열등의식은 자신을 피폐시키는 주된 요인이 된다. 그러므로 상대와 사물을 바라보는 관점을 과감히 바꿔야 한다. 마음을 바꾸면 세상이 다르게 보이기 때문이다.

그렇다면 열등감에서 벗어나는 노력은 어떤 것들이 있을까. 그 첫째는 자신이 좋아하는 것, 잘하는 것을 가능한 매일 실천하는 것이다. 그러면 부정적 요소는 점차 감소하고 긍정적 자아개념을 키울 수 있기 때문이다.

둘째, 자신의 현재 모습을 받아들인다. 과거의 부정적 기억이나 경험을 떨쳐버리고 과거와 미래는 같지 않다는 것을 깨달아야 한다. “현재는 만족하지 않지만 그래도 꽤 괜찮아”라고 생각하면서 자신을 받아들인다. 그렇게 하면 타인과 차이는 결점이 아니라 오히려 장점이라는 신념을 갖게 되기 때문이다.

셋째, 건강한 자긍심을 가진 사람을 주위에서 살핀다. 부정적인 반응에 대해서 타인은 어떻게 대처하고 행동하는지 관찰한다. 그리고 그 사람의 인간관계 기술을 배워 자기 삶의 방식에 적용해 보는 것이다.

넷째, 존경하는 사람의 전기를 읽거나 유명한 사람들의 일생을 그린 비디오를 본다. 성공한 사람들이 자신의 불행이나 자긍심에 큰 상처를 받은 일들을 어떻게 극복해 나갔는지를 살펴보는 것이다. 그리고 상대방의 입장에서 그 도전을 어떻게 받아들일 건가를 생각해 본다.

다섯째, 자신이 가진 장점을 나열해 보고 그 장점들을 자아개념 한 부분으로 삼는다. 가장 발전시킬 수 있는 특기나 자질을 우선순위로 정하여 조금만 노력하게 되면 긍정적 효과가 나타나기 때문이다.

여섯째, 멘토나 역할 모델을 찾는다. 내가 원하는 특성, 내가 원하는 위치에 있는 사람을 선정하여 본을 받고 모방을 해 보는 것이다. 그러나 남의 본을 받고 모방을 하면서 무조건 남을 따라하다가 자칫 자신의 정체성을 잃어서는 안 된다는 것을 명심해야 한다.

일곱째, 긍정적 독백을 한다. 자신과 계속 대화를 통해 스스로 변화시킬 수 있기 때문이다. 긍정의 힘은 자신감을 가져다주기 때문이다.

팔과 다리 없이 살아가면서 목회 활동과 동기부여 연설로 유명한 닉 부이치치(Nick Vujici)의 명언은 열등감을 가진 사람들뿐 아니라 모든 이에게 잔잔한 감동을 준다.

"세상 완벽한 나무나 꽃이 있나요?
우리는 다 다르게 생겼기 때문에 아름다워요." 이 명언 말입니다.

✔ 고사성어

■ 절장보단(絕長補短): 絕(끊을 절), 長(긴 장), 補(도울 보), 短(짧을 단)
"긴 것은 잘라서 짧은 것에 보탠다"는 뜻이며, "강점으로 약점을 보완하여 현재의 약점에서 벗어난다"는 의미다.

▸ "자격지심(自激之心: 자신이 한 일에 대하여 스스로 미흡하게 여기는 마음)"은 열등감으로 이어지기 마련이다. 그러므로 열등감에서 벗어나기 위해서는 자신을 먼저 사랑할 줄 알고, 그리고 타인과 너무 비교하는 데 집착하면 안 된다. 따라서 "해현경장(解弦更張: 무기력하거나 삶이 무의미할 때 열등감을 극복함)"하는 방법은 "절장보단(絕長補短)"하는 것이 최상의 방법이다.

☐ TIP 열등감

- 과유불급(過猶不及: 너무 지나치면 모자라는 것보다 못하다. 중용(中庸이 중요함)의 의미를 위안(慰安) 삼아 '열등감'과 싸워 이기는 것 또한 지혜로움의 발상인 듯하다.
- 심리학자인 '알프레드 아들러'는 이런 말을 하였다.

"사람은 누구나 열등감을 가지고 산다. 이런 열등감을 극복해가는 과정에서 약간의 부족함을 느끼면서 채워가는 즐거움이 사람을 행복하게 만든다"
지나친 열등감은 자기를 피폐하기 만들지만 적당한 열등감은 자기발전의 계기가 된다. 따라서 열등감을 잘 관리하는 사람이 현명하고 지혜로운 사람이다.

- 열등감은 남과 비교우위를 지향하고 "무엇이든지 할 수 있다"는 것이 자신감과 용기가 넘쳐 만용에서 발생한다. 그리고 어느 순간 "무엇이든지 할 수 없다"는 자아파괴를 발견하는 순간 하염없는 공허감을 느끼게 된다. 스스로 생각하고 판단하는 과정 속에서 얻게 되는 자멸(自滅)과 맞서 싸워 이겨야 열등감을 극복할 수 있다.

48 완벽함

완벽추구보다 최선을 다하는 것이 행복한 삶이다

실현 불가능한 목표를 높게 잡고 완벽을 추구하는 것보다 최선을 다하는 노력의 자세가 더 중요하다. 그래야 완벽이란 속박에서 벗어나 만족과 행복을 찾을 수가 있다. 완벽함이란 정해 놓고 도달하는 골인점이 없기 때문이다.

인간은 누구나 어떤 일을 실행하면서 실수나 실패를 하지 않고 남들과 비교해서 더 나은 성과를 얻고 성공하고자 끊임없이 노력한다. 이러한 사람들을 일반적으로 완벽주의자라고 칭한다.

인간의 욕망과 욕구는 무한하다. 모든 일을 처리하는 과정에서 완벽을 추구한다는 것은 더할 나위 없이 바람직한 것이라 할 수 있다. 그러나 완벽주의가 갖는 가치는 역기능과 순기능이 혼재해 존재하기 마련이다.

역기능적인 측면에서의 완벽주의자들은 자신이 정한 목표를 완벽하게 달성하지 못하면 삶의 고통과 욕심만 가져다주게 된다. 또한 개인에게 완벽주의 성향이 강할수록 그 개인은 합리적이거나 존재하지 않는 실현 불가능한 목표와 기준을 달성하고자 심한 좌절감과 우울감 그리고 불안감과 분노를 느끼게 된다. 결국 자신을 학대로 몰고 가게 된다는 사실이다. 그리고 자기학대는 바로 부정적인 자기벌칙으로 이어져서 자신을 구속하게 된다.

반면에 순기능적인 측면에서의 완벽주의자는 주변 사람들로부터 인정을 받고 자신의 삶에 대한 행복과 만족을 가져다주기 때문에 지극히 긍정적인 측면이 강하다.

완벽을 추구하는 열망이 강한 사람들은 성격에서도 나타나지만 인간이 자연스럽게 추구하는 욕구 중에서 최상위 욕구인 자아실현욕구가 강하게 작용하기 때문이기도 하다.

자아실현 욕구는 개인의 능력과 기술 그리고 잠재력을 최대한 실현하고자 하는 인간의 욕구 중 최상위 욕구이다. 이는 자신에게 가까워지려는 욕망으로써 진정으로 정점에 이르고 싶은 욕망이라고 표현할 수 있다.

자아실현 욕구가 확실히 나타나려면 그 이전에 최하위 욕구인 생리적 욕구와 단계적으로 안전 욕구, 사회적 욕구, 존경 욕구가 충족되어야 비로소 최상위 욕구인 자아실현 욕구가 나타나게 된다. 그렇다면 과연 자아실현 욕구충족은 가능할까?

자아실현 욕구충족이란 정해진 기준점은 없다고 해야 맞을 것이다. 그건 개인에 따라 자신이 설정한 기준을 수용하느냐, 수용치 않느냐에 따라 다르기 때문이다.

어느 피아니스트의 인생최대 소망은 세계 최고 권위 있는 콩쿠르대회서 1등을 하는 것이라고 할 때, 그 피아니스트는 열심히 피나는 노력의 결과로 마침내 그 대회에서 1등의 영예를 거머쥐게 되었다고 하자, 그렇다면 과연 그 피아니스트는 자아실현 욕구가 충족 되었다고 할 수 있을까. 결론적으로 그 피아니스트는 자아실현 욕구충족을 못 할 수도 있다. 그 타당한 이유는 비록 1등을 했지만 자신이 노력하여 기대했던 만큼 완벽한 연주가 되지 못했다 생각할 수도 있기 때문이다. 이렇듯 완벽함이란 기준점이 없다. 그저 최선을 다할 뿐이다. 실현 불가능한 목표를 높게 잡고 완벽을 추구하는 것보다 최선을 다하는 노력의 자세가 더 중요하다. 그래야 완벽이란 속박에서 벗어나 만족과 행복을 찾을 수가 있기 때문이다.

인디언들은 구슬 목걸이를 만들 때 완벽한 구슬들 틈에 깨진 구슬을 하나 꿰어 넣는다고 한다. 전혀 흠결이 없는 목걸이는 영혼이 담길 수 없다고 생각하기 때문이다.

완벽추구는 인간관계에서도 마찬가지다. 한 치의 빈틈도 없이 완벽한 사람은 기세가 당당하고 오만하게 보여 그런 사람 곁엔 사람들이 잘 모여들지 않는다. 왜냐하면, 그건 인간다운 아름다운 향기가 풍기지 않기 때문이다.

완벽을 추구하되 자신이 희망하는 뜻과 생각을 다 하지 않고 의도적으로 여유를 남겨둔다면 그 사람은 현명한 사람이다. 그래야 자신도 행복하고 인간관계도 잘할 수 있다.

만약 매사에 반드시 만족을 추구하고 자신만이 최고가 되기를 하고자 하는 사람은 심적, 정신적으로 고통만 찾아오게 된다. 그리고 외부로부터 적대감을 불러들이게 된다.

프랑스의 사상가 파스칼이 지은 철학서 「팡세(Pensees)」에 나오는 이런 명언이 있다.

"만사를 조금씩. 인간은 만능일 수가 없다. 모든 일을 한꺼번에 안다는 것은 불가능하므로 조금씩 알아야 한다. 한 가지 일을 완벽하게 알기보다는 조금씩이나마 모든 일을 아는 편이 훨씬 낫다"

✔ 고사성어

■ 철두철미(徹頭徹尾): 徹(통할 철), 頭(머리 두), 徹(통할 철), 尾(꼬리 미)
"머리에서 꼬리까지 통한다"는 뜻이며, "처음부터 끝까지 빈틈없고 철저하다"는 의미다.

- 모든 인간은 신(神)이 아니므로 완전무결(完全無缺: 모두 갖추어져 아무런 결점이나 부족한 것이 없음)할 수는 없다. 그래서 "아무리 훌륭한 사람이라도 한 가지 정도의 흠은 있기 마련이다(옥하: 玉瑕)."
완벽함이란 정해놓고 도달하는 골인점이 없다. 그러므로 "완벽한 준비로 늦은 것보다는 실수하는 행동이 오히려 낫다(교지졸속: 巧遲拙速)" 그리고 "너무 지나친 것은 미치지 못한 것보다 못하기 마련이다(과유불급: 過猶不及)"

□ TIP 1. 완벽함

완전무결(完全無缺: 사람이 빈틈없이 언제나 모두가 완벽함)하다는 것은 융통 머리가 없다는 것과 다름이 없다. 이렇게 사람이 빈틈이 없으면 "유아독존(唯我獨尊: 세상에서 자기만 잘났다고 뽐내는 태도)" 의 사고방식 때문에 일은 그르치게 되고, 사람들이 모여들지 않아 인간관계를 잘 할 수 없게 된다.

□ TIP 2. 완벽주의자의 비밀

- 비현실적인 높은 기대를 하는 경향이 있다. 자신에 대해서든, 타인에 대해서든, 삶에 대해서든, 조금이라도 기대에 미치지 못할 때 무척 실망하거나 비판적이다.
- 작은 결함과 실수에 대해서도 과민 반응을 일으키는 경향이 있다. 잘못하고 아쉬운 것에만 집중하고 잘하고 만족스러운 것은 당연하게 여기거나 무시하고 과소평가할 때가 많다.

- 항상 누구보다 열심히 노력하고 잘하지만 더 불안감을 많이 느끼게 된다. 완벽주의자의 비밀은 결국 자신을 보지 않으려는 약한 마음을 가졌기 때문이다.
- 부족한 점을 반복해서 숨기다 보면 승화 현상이 일어난다. 무엇인가 부족한 것을 채우려는 욕심이 있기 때문이다.
  - ⇨ 남에게 잘 보이려고 노력하면 그만큼 많은 사람이 나를 좋아하겠지만, 나에게 진실 되고 솔직하면 나 자신이 그만큼 행복해지는 법이다. 내가 나를 바라보고 관심을 가질 때 우리는 점점 더 강해지고, 내가 만들었던 가면을 조금씩 벗겨낼 수 있을 것이다.

□ TIP 3. 효율(efficiency)과 효과(effect) 그리고 만족(satisfaction)과 완벽(perfect)

어떠한 성과를 얻는다는 것은 효율이나 효과 중에서 하나만 얻어도 만족이라는 것이 성립된다. 그러나 완벽이란 것은 효율과 효과 모두를 충족해야 완벽이라 할 수 있다. 세상에는 최대의 효율과 최고의 효과를 동시에 추구할 수는 그리 쉽지는 않다. 단지 최대, 최고가 되도록 최선을 다할 뿐이다.

- 효율: 들인 힘과 노력에 대하여 실제로 얻은 효과의 정도를 나타내는 비율(최소의 비용으로 최대효과 창출)
- 효과: 어떤 목적을 지닌 행위로 나타나는 보람 있는 일이나 결과(시간과 비용이 크기는 관계없이 성과에 대한 가치극대화추구)

49 요행
요행을 쫓는 사람은 성공할 수 없다

세상에는 그냥 얻어지는 것은 하나도 없다. 노력한 만큼, 일한 만큼 얻게 된다고 굳게 믿는 신념만이 요행을 쫓지 않는 비결이다.

삶을 영위해 나가면서 누구나 요행을 바라는 것은 일반적으로 희망사항이라 할 수 있다. 삶이 팍팍하고 어려울수록 요행을 바라는 마음은 더욱 간절해진다. 그러나 노력을 하지 않거나 게을리하면서 뜻밖의 요행을 바라는 것은 커다란 문제가 된다.

요행을 바라는 사람들의 속성을 드려다 보면, 무슨 일이든 요행을 기대하며 자신이 바라는 것을 노력 없이 얻기를 기대하고 희망한다. 그리고 힘들게 일하고 머리 쓰며 고민하는 것을 원치 않는다. 이러한 사람들에게는 가끔 주사위에 의한 수학적 확률의 운이 따를지는 몰라도 대부분은 원하는 것을 얻지 못하고 뒤처지고 후회하는 삶을 살아가는 것이 대부분이다.

성공과 행복은 그냥 얻어지는 것이 아니다. 허망한 기대에 매달려 요행만을 바라본다면 그것이야말로 삶의 노예가 되는 것이다. 그러므로 성공하려면 반드시 그에 상응하는 대가를 지급해야 하고 노력해야 한다. 절대 요행을 바라서는 안 된다.

어려운 환경에 처해 있을 때 어려움과 괴로움을 극복하기 위해 마음의 기도를 통해서 요행을 기대해 볼 수는 있지만 그것도 근본적으로 문제를 해결할 수는 없다.

요행을 바라는 것은 조직에서 리더의 통제성향에 따른 통제 위치에서도 마찬가지이다. 통제 위치(Locus of control)는 자신이 처한 환경과 일어나는 일에 대한 통제를 누가 할 수 있다고 믿는가의 문제이다. 요행을 바라지 않는 사람들의 성향은 내부통제론자(Internal)들 이고, 요행을 바라는 사람들은 외부통제론자(External)들에 해당한다 할 수 있다.

요행을 바라지 않는 내부통제론자들은 자신이 처한 환경과 일어나는 모든 일은 자신이 통제할 수 있다고 믿는 성격이다. 그러므로 이들은 일의 성공과 실패는 자신이 노력한 결과라고 믿는다. 그러므로 "혼자 일을 처리할 수 있어"라고 생각하기 때문에 리더는 부하들에게 신뢰와 믿음의 리더십과 사람 중심, 즉 민주적 리더십을 발휘한다. 반면에, 요행을 바라는 외부통제론자들은 세상에 모든 일 들은 운이나 다른 힘이 있는 사람들 또는 신에 의해서 통제된다고 굳게 믿는다. 그러므로 "당신은 당신 스스로 일을 처리할 수 없어"라고 생각하기 때문에 이들은 일에 대해 스스로 노력하지도, 주도하려 하지도 않는다. 이런 사람들은 남에게 배려 행동을 보이지 못하고 강압적 방법의 리더십과, 일 중심 리더십을 발휘하며 추종자들을 통제하려는 태도를 보이기도 한다.

만약 요행을 바라는 외부통제론자들이 안고 있는 문제점을 스스로 발견하지 못하여 수정하지 못한다면 조직을 이끌어 가는 리더들은 추종자들로부터 리더가 갖는 존경심과 믿음을 잃게 된다. 그렇게 되면, 결국에는 조직이 추구하는 목표달성도 실패로 끝나기 십상(十常)이다.

삶의 이치는 지극히 원인에 의해서 결과로 나타난다. 최선을 다하여 노력하게 되면 성공과 행복이 찾아올 수 있지만 노력하지 않으므로 나타나는 그 결과는 실패와 불행만을 초래할 뿐이다. 자신의 삶은 결코 요행을 바라는 것이 아니라 오로지 자신이 만들어가는 것이기 때문이다.

"알베르트 아인슈타인"은 이런 말을 했다. '삶을 사는 데는 단 두 가지 방법이 있다. 하나는 기적이 전혀 없다고 여기는 것이고 또 다른 하나는 모든 것이 기적이라고 여기는 방식이다.'라고 말이다.

행운의 여신은 노력하지 않는 사람에게는 다가가지 않는다. 오로지 주어진 일에 최선을 다하는 사람에게 다가가기 마련이다. 세상에는 피나는 노력 없이 그저 쉽게 얻어지는 것은 하나도 없기 때문이다.

✔ 고사성어

■ 수주대토(守株待兎): 守(지킬 수), 株(그루 주), 待(기다릴 대), 兎(토끼 토)
"나무그루터기에 앉아서 토끼를 기다린다"는 뜻이며, "힘들이지 않고 요행으로 일이 성취되길 바라거나 착각에 빠져 되지도 않을 일을 공연히 고집하는 어리석음"을 의미한다.

▸ 열심히 노력하지도 않고 모든 일은 "운수소관(運數所關: 모든 일이 사람의 능력이나 노력에 상관없이 운수에 달려 있다는 생각)"이라고 생각하는 사람과, 가만히 앉아 "운수대통(運數大通: 인간 능력을 초월하는 천운과 기수가 크게 트여 이루어 짐)"을 바라는 사람에겐 성공도 행복도 절대 가져다주지 않는다. 그러므로 성공적인 삶, 행복한 삶을 위해서는 요행을 바라지 말고 "자강불식(自强不息: 쉬지 않고 노력해야 함)" 하는 삶을 살아야 한다.

☐ TIP 1. "수주대토(守株待兎)" 이야기

수주대토는 「한비자(韓非子) 오두편(五蠹篇)」에 나오는 말이다. 내용은 이렇다.
송(宋)나라에 한 농부가 있었다. 하루는 밭을 가는데 토끼 한 마리가 달려가더니 밭 가운데 있는 그루터기에 머리를 들이받고 목이 부러져 죽었다. 그것을 본 농부는 토끼가 또 그렇게 달려와 죽을 줄 알고 밭 갈던 쟁기를 집어 던지고 그루터기만 지켜보고 있었지만 토끼는 다시 나타나지 않았고 그는 사람들의 웃음거리가 되었다는 이야기다.
우연히 한번 있었던 행운이 계속 이어질까 하는 마음에 눌려 본 직업인 농사일을 뒤로 하고 토끼가 나무 그루터기에 또다시 걸리기를 바라는 어리석은 사람을 가리키는 내용이다.

☐ TIP 2. 한비자(韓非子) "요행을 바라는 마음"

초나라 남쪽 지방 여수라는 강에 사금이 많았다. 사람들이 몰래 사금을 훔쳐 가자, 나라에서 이를 금하였다.
사금을 훔치다 잡히면 찢어 죽여 판자에 박아서 대로변에 내거는 고책 형에 처하여 본보기로 삼는다고 하였으나 사금을 훔치는 사람은 전혀 줄어들지 않았다. 결국 형벌을 받아 죽은 사람의 시신이 강을 막을 정도였다.
형벌 가운데에 고책 형이 가장 무거운 형벌인데도 그치지 않는 이유는 잡히지 않은 사람도 많았기 때문이다.
만약 어떤 사람에게 "천하를 다 주는 대신에 목숨을 내 놓아라" 한다면 아무리 어리석은 사람일지라도 천하를 가지겠다고 하지는 않을 것이다.
천하를 차지하는 것이야말로 가장 큰 이익이지만 그렇게 하지 않는 까닭은 반드시 죽을 것을 알기 때문이다.
그러므로 붙잡히지 않은 사람이 많다는 것을 알면, 고책 같이 엄한 형벌을 시행해 놓아도 지켜지지 않는다. 잡히면 반드시 죽는다는 것을 알면, 비록 천하를 준다 하더라도 가지려고 할 사람은 없을 것이다.

윤택한 삶

현재와 미래의 윤택한 삶은 자신에게 달려있다

과거에 매달리는 사람은 참으로 불행하고 어리석은 사람이다. 그건 현재를 버리고 미래의 희망을 잃게 하기 때문이다.

인간은 과거를 먹고 살지 못하면 삶의 의미를 잃는 것이나 마찬가지라고들 한다. 그래서 인간은 과거를 그리워하는 사회적 동물이라 하는지도 모른다.

인간은 누구나 과거의 경험을 가슴에 안고 살아가기 마련이다. 과거를 돌이켜 보면 누구나 기억하고 싶은 좋은 경험만 있는 것이 아니라 기억하고 싶지 않은 나쁜 경험도 있기 마련이다.

좋은 경험은 자존감으로 이어져 삶에 대한 자신감과 함께 힘이 솟구치고 자랑스럽게 받아들여지지만, 부정적인 경험들은 자신을 부끄럽게 만들기 때문에 기억에서 지워버리고 싶은 충동이 강하게 작용하곤 한다.

삶을 윤택하게 하는 요소는 무엇보다도 복지, 안녕, 번영, 행복이라 할 수 있을 것이다. 우리는 모두 이런 윤택한 삶을 영위하기 위해 미래를 설계하고 현재의 위치에서 끊임없이 쉬지 않고 열심히 달려가고 있다. 그러나 어떤 사람들은 과거의 부정적인 경험의 요소들이 자신을 괴롭게 하여 자기발전을 저해하는 요소로 등장할 때도 있다.

물론 과거의 부정적인 경험의 요소들이 미래의 더 나은 삶을 추구하기 위한 보약이 될 수도 있지만, 너무나 과거에 지나치게 몰입하게 된다면 오히려 발전을 저해하는 요인이 될 수 있다는 것이다.

어두운 과거를 지니고 살아온 사람들이 과거의 부정적인 경험을 잊고, 혹은 거울로 삼아, 후에는 위대한 인물로 등장한 지도자들이 많이 있다. 대표적으로 미국 대통령이었던 프랭클린 루스벨트는 부패한 정치인과 결탁하고 점성술을 믿으며 두 명의 부인이 있었고 담배와 폭음을 즐겼다고 한다. 그리고 영국의 수상이었던 윈스턴 처칠은 두 번이나 회사에서 해고된 적이 있고 정오까지 잠을 잤으며 아편을 복용한 적이 있다고 한다.

과거의 모든 일은 되돌릴 수도 없고 수정하거나 보정 할 수도 없다. 그러므로 과거에 너무 집착하여 후회하고 자책하게 되면 오히려 마음에 상처만 깊어질 뿐 자신의 발전과 행복한 삶을 추구하는 데는 전혀 도움이 될 수 없다.

그렇다면, 과거보다 현재와 미래에 더욱 윤택한 삶을 이룩하기 위해서는 어떻게 해야 하는가. 무엇보다도 중요한 것은, 사람은 누구나 부정적인 경험보다 긍정적인 경험이 더 많다는 것을 자신 스스로 알고 있어야 한다. 또한 남들도 자신과 똑같은 경험들을 모두 다 가지고 있다는 것을 인정하여야 한다.

그러므로 현재에 처해 있는 환경에 대해 슬퍼하거나 괴로워하기보다는 과거의 자신을 철저하게 버리는 고통의 시간을 갖는 것이 중요하다. 그래야 과거의 부정적인 경험을 현재와 미래에 더 나은 윤택한 삶으로 연결하는데 거울로 삼을 수 있기 때문이다. 루스벨트 전 미국 대통령과 영국 수상이었던 처칠처럼 말이다.

이런 말이 있다. "미래보다 현재를, 현재보다 과거에 더 관심이 많고 집착한다면 그 사람은 이미 삶의 희망을 잃은 것이나 다름이 없다"고 말이다.

✔ 고사성어

■ 화양연화(花樣年華): 花(꽃 화), 樣(모양 양), 年(해 년), 華(빛 화)
"꽃이 일 년 중 가장 아름답게 피는 시기"라는 뜻이며, "인생의 가장 행복한 시간"이라는 의미다.

▸ "화양연화(花樣年華: 인생에서 가장 아름답고 행복한 순간)" 한 삶을 누리려면 "왕자불간 내자가추(往者不諫 來者可追: 지난 일을 다 잊고 다가올 일에 대처함)"하고 "은감불원(殷鑑不遠: 과거의 실패를 거울삼아 자신의 교훈으로 삼음)" 하며 "대지원망(大志遠望: 원대한 꿈과 희망)"을 가져야 미래에 윤택한 삶을 영위할 수 있다.

▢ TIP 1. 대지원망(大志遠望: 원대한 꿈과 희망)은 곧 비전(vision)이다.

비전은 미래 희망의 지향점이며 좌표이다. 따라서 비전은 개인이나 조직의 핵심가치를 반영하며 현재 지향하고 있는 가치에 새로운 희망을 심어주고, 그리고 그 희망의 길로 안내하는 나침반 역할을 한다.

▢ TIP 2. 비전 사례(事例) "비전은 미리 보는 것"

디즈니 월드(Disney World)가 문을 열었을 때 월트 디즈니(Walt Disney)는 이미 죽고 없었다. 그 행사장에 아내가 그를 대신하여 연설하게 되었는데, 청중 앞에 그녀를 소개한 사회자가 "디즈니(Disney) 여사, 디즈니(Disney)씨가 이것을 볼 수 있었다면 얼마나 좋았을까요?"라고 말하자 그녀는 대답했다.
"그 양반은 우리보다 먼저 보고 가셨답니다"
이 사례는 지구상 모든 사람에게 "비전은 미리 보는 것"이라는 참 교훈을 던져주고 있다.

51 음해

음해하는 사람은 인격살인보다 더한 암 같은 존재이다

남을 음해하는 것은 자신의 이익을 얻기 위해서 행해지는 모략 행동이다. 음해하여 당장 승리의 기쁨을 맛 볼 수 있을지 몰라도 그건 오래가지 못하고 그 대가는 다시 자신에게 배로 돌아온다.

요즘 사회를 경쟁사회라 한다. 경쟁이 없으면 개인도, 조직도 모두 경쟁에서 뒤처져 발전과 미래의 영광은 기대할 수 없다. 문제는 공정하고 정의로운 경쟁을 하지 못하고 개인과 조직의 이익 추구와 이해관계로 인하여 상대방을 음해하고 모함, 모략하는 수단으로 사용하기 때문에 사회에 문제가 된다.

음해는 자신을 외부로 들어내지 않고 옳지 못한 방법으로 남을 해하는 행동이다. 그래서 음해는 사회악의 하나이기도 하다. 음해하는 사람들의 심리상태를 들여다보면, 분명히 비도덕적이고 불법적이지만 본인들이 하는 일이 정당하다는 착각 속에서 살아가는 사람들이 많은 것 또한 사실이다. 따라서 우리 사회에서는 참으로 도저히 이해 못 할 일 그리고 상상조차 못할 일들이 많이 발생한다.

음해나 모함, 모략 등에는 분명히 원인이 있기 마련이다. 가장 많이 등장하는 음해 중 그 하나는 경쟁심리가 너무 강하여 피해의식과 피해망상에서 나타나는 심리 현상을 들 수 있다. 피해의식은 상대 때문에 자신이 피해를 받고 있거나 받을 수 있다고 생각하는 것이고, 피해망상은 실제로 일어나는 일이 아닌데도, 망상을 통해 자신이 지금 피해를 받고 있다고 확정하는 것이다. 이러한 피해의식과 피해망상에서 벗어나기 위해서 '음해'로 발전하기도 한다.

또 하나의 음해는 욕심이 너무 많아서 지나친 질투나 시기에서도 나타난다. 조직의 발전을 위해 그동안 한 번도 시도해 보지 못한 일을 새로운 시각에서 한 번 시도해 보겠다고 하면, 그때부터 문제가 발생하기 시작 한다. 자신이 못하는 것을 정작 다른 사람이 실행에 옮기면 심하게 간섭하려 하거나 방해 하려 한다. 이것으로도 마음이 풀리지 않으면 더욱 승화되어 음해나 모함, 모략으로 치닫는다.

또한 음해는 개인과의 관계에서 나타나기도 하고 조직 관계, 집단관계, 지역사회 등에서 발생하기도 한다. 특히 정치집단에서는 이념이 다른 정당끼리 그리고 같은 집단 내에서도 정파 간 음해는 심각하고, 그 미치는 영향은 방대하고 문제가 너무나 심각하다.

정치집단에서의 음해는 국민의 민심을 극단적으로 이분화시켜 정쟁으로 몰고가 국민통합에 악영향을 미치기도 한다. 이처럼 음해는 개인과의 관계에서 나타나는 것보다 조직과 집단과의 세력으로 번질수록 그 파괴력은 걷잡을 수 없는 악영향을 동반하게 된다.

음해는 인격살인이다. 남을 음해하는 일은 자신을 병들게 만드는 독약이나 마찬가지다.

우리 사회의 면면을 들여다보면, 덕이 없는 사람이 덕 있는 사람을 훼방하고, 능력이 없는 사람이 능력 있는 사람을 헐뜯는 경우가 비일비재하다. 덕과 능력이 상대에게 미치지 못한다면 그건 과감히 인정하고 양보와 배려가 선행되어야 한다. 그러나 먼저 인정하지 못하고 양보와 배려를 못 하면서, 상대를 음해부터 하려는 사람은 인류사회의 암 같은 존재이다. 이런 사람은 결코 존경과 신뢰를 받을 수도 없고 성공할 수도 없다.

음해는 모든 것을 일시적으로 정복할 수 있지만, 음해로부터 얻은 승리와 쾌감은 그리 오래가지 못하기 때문이다.

✔ 고사성어

■ 인모난측(人謀難測): 人(사람 인), 謀(꾀 모), 難(어려울 난), 測(잴 측)
"인간의 간사함을 헤아리기 어렵다"는 뜻이며, "인간은 사회적 동물이기 때문에 사람의 마음속에 숨어 있는 간사함을 가늠하기는 불가능하다"는 의미다.

▸ 남을 "음해(陰害: 몸을 드러내지 아니한 채 옳지 못한 방법으로 남을 해함)"하고 "중상모략(中傷謀略: 근거 없는 말로 남을 헐뜯어 명예나 지위를 훼손하는 중상과 속임수로 남을 해롭게 하는 모략)"하는 것은 인격살인(人格殺人) 행위다. 따라서 인간관계를 잘하여 행복한 삶을 이루기 위해서는 "대오각성(大悟覺醒: 진실을 깊이 깨닫고 올바르게 정신을 가다듬음)"하는 자세로 거듭나야 한다.
남을 음해(陰害)하는 사람들의 공통점은 "권상요목(勸上搖木: 남을 부추겨 놓고 낭패를 보도록 방해함)"하고 "면종복배(面從腹背: 겉으로는 복종하는 체하며 마음속으로는 배반함)"하여 "표리부동(表裏不同: 마음이 음흉하여 겉과 속이 다름)"한 행동을 하는 사람이다.

☐ TIP 구밀복검(口蜜腹劍: 겉으로는 친절하게 잘 대해주지만 속으로는 해칠 마음을 품고 있다는 뜻)의 유래

중국 당나라 현종 황제 때 「이임보」라는 간신이 있었다. 그는 아첨에 매우 능하여 황제와 후궁, 환관들에게 환심을 샀고, 19년 동안 재상으로 있으면서 막강한 권력을 휘둘렀다.
특히, 그는 자신보다 뛰어난 사람은 웃으면서 접근하여 안심시킨 후, 몰래 모함하여 관직에서 내쫓거나 죽여 버렸다. 그가 있는 동안 많은 사람이 죽임을 당했고 신하들은 그를 위험인물이라고 생각하여 매우 두려워했다.
그래서 훗날 고사에서 이르기를, "이임보는 현명한 사람을 미워하고 능력 있는 사람을 질투하여 자기보다 나은 사람을 배척하고 억누르는, 성격이 음험한 사람이다. 사람들이 그를 보고 입에는 꿀이 있고 배에는 칼이 있다"고 말했다(李林甫 妬賢嫉能 性陰險 人以爲 口有蜜腹有劍).

52 인내
'바위도 뚫는 물방울의 인내(忍耐)'가 주는 인간성공 경영

포기하지 않는 끈기의 열정은 자신과 싸움에서 승리할 수 있는 원천이다.

모든 사람은 어떻게 하면 인간관계를 잘 하여 성공적이고 행복한 삶을 이룩할 것인가를 희망하고 있다.

성공적인 인간관계를 위한 노자(老子)의, 물(水)의 육덕(六德) 중에서 그 하나가 '바위도 뚫는 물방울의 인내'이다.

우리 인간들은 인내심을 가지고 살아가는 존재이다. 어떤 사람은 모든 일의 결과는 모두가 운명이라 생각하여 그다지 노력하지 않고 살아가는가 하면, 반면에 어떤 사람은 모든 일의 결과는 자기 노력에 의한 성과라 생각하여 매사에 최선을 다하는 삶을 살아간다.

끈기와 열정 그리고 지혜까지 두루 갖춘 어느 사람에 관한 이야기는 이렇다.

우물을 잘 파는 어느 사람이 있었다. 다른 사람이 실패한 곳도 그는 곧잘 우물을 파냈다. 다른 사람들은 그의 능력을 신기하게 여겼고 결국 어떤 사람이 그에게 물었다.

"당신은 어쩌면 그렇게 우물을 잘 팝니까?"

그러자 그의 대답은 "예! 나는 우물을 파는 데 실패한 경우가 없습니다. 그래서 다른 사람이 실패한 곳에 잘 불려 다닙니다.

우물을 잘 파는 비결은 꼭 하나입니다. 나는 아무 곳이나 파지만 물이 나올 때까지 팝니다"

우물을 잘 파는 사람의 비결은 우물을 잘 파는 기술과 능력이 뛰어나서가 아니라 포기하지 않는 끈기와 열정이 있었기 때문이다. 그뿐만 아니라 우물을 잘 파는 사람은 남들이 우물을 파다 포기한 곳에 가서 적은 노력을 통하여 우물을 파는 지혜까지도 지니고 있는 사람이다.

이 세상에서 아무런 노력 없이 자기가 원 하는 것이 이루어지는 것은 하나도 없다. 따라서 바람직한 결과를 얻기 위해서는 운명이 아니라 포기 없는 끈기와 노력이 있어야 하고 그 성공은 인내로부터 얻어진다는 것을 명심해야 할 것이다.

성공하는 사람들의 한 가지 공통점은 조금은 좀 느리더라도 여유 있게, 끊임없는 노력과 지치지 않는 끈기와 열정을 가지고 있다는 것이다. 아마도 끈기와 열정은 불가능도 가능케 하는 괴력을 발휘하기 때문일 것이다.

사과나무를 심어, 그 나무가 성장하여 열매를 맺을 때까지 기다리는 희망의 인내, 어렵고 힘든 어떠한 일도 자신에게 주어진 사명이라 생각하고 참으면서 매일 같이 열심히 노력하는 그러한 인내 등은 우리 생활 속에서 누구나 경험하는 의식의 소산인 것이다.

실제로 하버드대학의 연구는 성공한 사람, 훌륭한 사람, 그리고 그렇지 못한 사람의 차이는 시간 전망(time perspective)이라고 한다.

유명한 마시멜로 이야기에 나오는 시간 전망 실험은 이렇다.

어린아이들에게 마시멜로 한 개씩 나누어 주고 실험이 끝날 때까지 먹지 않고 기다리는 아이에게는 한 개를 더 주겠다고 약속한 경우, 대부분의 아이가 참지 못하고 먹어버린다.

그러나 먹지 않고 참았던 아이들은 그렇지 못한 아이들에 비해 평균 점수가 더 훨씬 높았다는 것이다.

순간의 욕구에 충실하기보다는 더 나은 미래를 위해 선택과 집중을 한 시간 전망이 긴 아이들이 그렇지 못한 아이들 보다 성공적인 인생을 살아간다는 것이다.

또한 인내는 개인의 성공과 행복만을 위한 것은 아니다. 인내는 자신도 행복하고, 타인도 행복하게 만들어 아름다운 사회를 형성해가는, 그러한 인내의 원천도 필요한 것이다.

우리 인간은 사회생활 속에서 같은 문화를 공유하고 살아가는 사회 공동체

일원이다. 그러므로 자기가 좋아하고, 하고 싶은 것만 누릴 수는 없다. 따라서 한 사회인으로서, 감당해야할 공공선(公共善) 추구와 사회의 규범적 질서를 지키기 위해 노력하는 그러한 실천 행동의 인내도 또한 필요한 것이다.

자신만을 위해서 노력하는 것이 아니라 자신과 사회를 위해서, 사회적 행동인으로서 해야 할 일을 소홀하지 않고 반드시 수행하는 '행동규범'의 인내와 사회적 의무와 책임을 다하고자 노력하는 '사회규범'의 인내, 그리고 지극히 윤리적이며 도덕적인 행동을 조건 없이 앞장서서 실천·노력하는 '도덕적 규범'이란 인내의 순풍이 사회 전체로 퍼져나갈 때 인내의 참 열매를 맛볼 수 있는 것이다.

대중교통 속에서 노약자 지정석이 비어 있을 때 앉아 있다가 노약자가 나타나서 일어나게 되면 실용적 측면에서는 합리적이라 할 수 있다. 하지만 자리가 비어 있다 해도 누구나 부담 없이 앉을 수 있게 비워두는 것이 사회인으로서의 가져야 할 '도덕적 규범'의 인내인 것이다. "귀찮고 성가시러운 일이라도 수백 번, 수천 번 올바르게 거듭하여 한결같이 지키는 것만이 정신 주체를 키운다"는 말이 있다. 이것이야말로 인간성공 경영의 원천이 되는 '바위도 뚫는 물방울의 인내(忍耐)'인 것이다.

✔ 고사성어

■ 수적천석(水滴穿石): 水(물 수), 滴(물방울 적), 穿(뚫을 천), 石(돌 석)
"물방울이 돌을 뚫는다"는 뜻이며, "물방울이라도 끊임없이 떨어지면 끝내는 돌에 구멍을 뚫듯이, 작은 노력이라도 끈기 있게 계속하면 큰일을 이룰 수 있다"는 의미다.

▸ 인간성공 경영을 위해서는 "자강불식(自强不息: 오직 최선을 다하여 힘쓰고 가다듬어 쉬지 않는다. 수양에 힘을 기울여 게을리하지 않음)"하고, "질풍경초(疾風硬草: 아무리 어려운 일을 당하여도 뜻이 흔들리지 않음)"하며, "도광양회(韜光養晦: 자신이 재능을 밖으로 드러내지 않고 인내하면서 때를 기다림)"하면, 끝내는 "고진감래(苦盡甘來:고생 끝에 낙이 온다.)"한다.

☐ TIP

It does not matter how slowly you go so long as you do not stop 멈추지 않으면 얼마나 천천히 가는지는 문제가 되지 않는다. - 공자(confucius) -

• 인내는 빠른 것을 원치 않는다. 오로지 포기하지 않고 "시련은 있어도 실패는 없다"는 굳은 신념을 가지고 목표를 달성하는 데 최선을 다할 뿐이다.
인내가 빛나고 성공으로 이끄는 방법은 극복뿐이며, 그 극복은 고난, 위기, 고통, 실패, 최악, 절망 등을 대상으로 한다.

53 융통성

'어떤 그릇에나 담기는 융통성(融通性)'이 주는 인간성공 경영

어떤 그릇에 물을 담으면 물그릇, 밥을 담으면 밥그릇, 술을 담으면 술그릇이 되는 것처럼 인간은 상황 적합한 행동을 해야 행복한 삶, 성공된 삶을 이룩할 수 있다.

모든 사람은 어떻게 하면 인간관계를 잘 하여 성공적이고 행복한 삶을 이룩할 것인가를 희망하고 있다.

성공적인 인간관계를 위한 노자(老子)의, 물(水)의 육덕(六德) 중에서 그 하나가 '어떤 그릇이나 담기는 융통성'이다.

융통성을 비유한 '갈대와 고무나무'에 관한 우언(寓言)은 현대사회를 살아가는 사람들에게 많은 교훈을 주고 있다.

"생명의 유연함을 간직하라. '지극히 유연한 것은 유연한 것이 아니고 지극히 강한 것은 강한 것이 아니다.' 강인함과 유연함을 함께 갖추어야 한다"

갈대와 고무나무는 서로 자기가 더 강하다며 한 치의 양보도 없이 싸우고 있었다. 고무나무는 바람이 조금만 불어도 쓰러지는 갈대가 무슨 힘이 있냐며 비난했다. 마침 갈대가 반발하려 할 때 갑자기 강풍이 불어왔다. 갈대는 허리를 굽히고 바람에 몸을 맡겨 뿌리가 뽑히는 것을 막을 수 있었다. 하지만 바람에 꼿꼿이 맞선 고무나무는 뿌리째 뽑혀버렸다.

고무나무는 왜 쓰러지고 갈대는 왜 쓰러지지 않았을까? 한마디로 말하자면, 인간은 누구나 고정관념에 사로잡혀 고집을 부리면 화를 자초하게 되고, 또한 환경변화에 적응하며, 상황 적합한 행동을 하지 않으면 성공적인 인간관계를 할 수 없다는 것을 시사하는 바가 크다 할 수 있다.

현대사회를 4차 산업혁명 사회라 칭한다. 이런 사회는 문명과 과학의 끊임없는 진화와 발달, 무역장벽과 그리고 사상과 이념의 벽이 허물어져 전 세계가 한 울타리에서 무한 경쟁 시대에 진입했다는 뜻이라 할 수 있다. 이러한 다양성 · 다변화사회, 급변하는 환경 속에서 살아가다 보면 무엇보다도 인간의 본성인 이기주의가 팽대하고 자기중심적 사고가 강하게 작용하여 자칫하면 사회 공동체 속에서 인간의 존엄한 가치를 저버리게 될 수도 있다. 이것이야말로 사회를 메마르게 만드는 커다란 주요 요인이 아닐 수 없다.

융통성은 상대방에 대한 배려와 상대를 이해하는 데서부터 시작된다. 그리고 융통성은 마음이 너그럽고 지혜로움에서 나오는 것이다. 따라서 융통성은 인간이 공동체를 이루며 살아가는 데 있어서 기본적으로 갖추어야 할 아름답고 갸륵한 덕행이라 할 수 있다.

인간은 혼자 존재할 수도 없고 혼자 살아갈 수도 없다. 우리는 공동체라는 테두리 안에서 사회생활을 하는 것이고, 여기에서 우리는 상대를 배려하는 것을 경험하고 학습을 하게 된다.

그렇다면 타인을 배려하는 효용의 가치는 무엇일까? 아무래도 그것은 공감과 소통능력이 될 것이다. 공감 능력을 키우고 소통을 잘 하려면 인간행동에 중요한 영향을 미치는 자아개념(self-concept)이 정립되어야 하며 자기중심적인 사고와 그리고 고집이나 아집을 버려야 한다. 이것은 무엇보다도 타인의 입장에서 타인의 감정을 이해하는 것부터 시작되는 것이다. 자기 자신부터 자신의 생각과 마음을 열어놓고 다른 사람의 다양성 있는 가치관과 문화를 받아들여야 한다. 더 나아가 상대방의 말만 듣지 말고 그들의 꿈, 소망, 경험, 고난, 그리고 마음속 깊은 곳에 담아둔 근심 · 걱정까지 들을 수 있어야 공감과 소통이 되는 것이고 그것이야말로 진정한 의미를 부여하는 배려의 융통성이 되는 것이다.

철학자 헤겔은 "마음에 문을 여는 손잡이는 안쪽에 있다"고 했다. 문밖에 서 있는 사람은 마음을 열지 못하는 사람이다. 문밖에는 손잡이가 없기 때문이다. 자기 자신부터 마음을 활짝 열고 상대를 받아들일 준비가 되어야 한다.

또 하나의 융통성 이라함은 상황 적합한 처세술이다. 자기 자신이 선호하는 것만 집착하고 자기가 생각하고 있는 척도나 자기 기준만으로 상대를 대하게 되면 상대방의 지닌 가치를 올바르게 평가할 수 없다. 따라서 그 사람은 존경받지도, 성공할 수도 없다.

모든 조직 또한 마찬가지다. 조직 속에서의 리더는 때로는 회의에 빠져 좌절과 방황도 하고, 때로는 리더의 위치에서 찾아오는 고독과 외로움 때문에 갈등하기도 한다. 하지만 외롭고 힘들다고 해서 권력을 이용하여 융통성 없이 강압적인 행동만을 해서는 안 된다.

그러므로 리더는 부드러운 터치와 균형 있는 행동을 해야 한다. 물론 균형 있는 행동은 지루해 보이지만 반드시 리더가 갖춰야 할 리더십 행동의 핵심이기 때문이다.

일 중심과 사람 중심의 균형, 단기목표와 장기 비전추구의 균형 그리고 의사결정 할 때 독단과 참여의 균형 등 다양한 역할 간에 균형을 이뤄야 진정한 의미의 융통성이 되는 것이다.

어떤 그릇에 물을 담으면 물그릇, 밥을 담으면 밥그릇, 술을 담으면 술그릇이 되는 것처럼 환경변화에 잘 적응하고 상황에 따라 잘 대처한다면 그 사람은 타인으로부터 분명히 존경과 칭찬을 받을 것이며 인간성공 경영이 갖는 참가치를 실현하게 될 것이다.

✔ 고사성어

■ 운용지묘(運用之妙): 運(돌 운), 用(쓸 용), 之(갈 지), 妙(묘할 묘)
"그때그때 변하는 상황에 따라 활용하고 대처하는 것은 사람의 마음에 달린 것이다" 라는 뜻이며, "아무리 좋은 제도라도 그것을 운용하는 사람의 마음 여하에 갈린 것이기 때문에 임기응변이나 융통성이 중요하다"는 의미다.

▸ 사람이 세상을 살아가면서 "백이숙제(伯夷叔齊: 고지식하고 변통성이 없거나 혼자서 청렴한체하는 사람)" 하며, "미생지신(尾生之信: 미련하도록 약속을 굳게 지키는 사람이나, 고지식해서 융통성이 없음)"하고, "교주고슬(膠柱鼓瑟: 너무 고지식하여 조금도 융통성과 흔들림이 없음)"하는 것은 바람직하지 못하다. 그러므로 그런 사람들은 성공적인 인간관계를 할 수 없다. 따라서 존경과 칭찬을 받으면서 성공적인 삶을 이루기 위해서는 "운용지묘(運用之妙)"하는 것이 최상의 방법이다.

▢ TIP 융통성

- "하나만 알고 둘은 모른다"는 속담 ⇨ 하나도 알고 둘도 알고, 셋도 아는 사람이 융통성을 발휘하는 유능하고 현명한 사람이다.
- 융통성이 있는 사람은 일반적으로 친화성이 높은 성격의 소유자이다. 친화성이 높은 사람은 온화하고, 배려심이 강하며, 유연하고 품위가 뛰어나기 때문에 인간관계에서 훌륭한 평가를 받는다. 친화성은 타고난 면도 있지만 후천적으로 노력하면 얼마든지 친화성을 높일 수 있다.
- 원칙과 융통성은 칼날의 양면이다. 원칙과 융통성은 상호 보완관계이기 때문에 모두가 필요하고 중요하다. 다만 환경에 따라 상황 적합하게 선택하여 사용해야 빛을 더 발하게 되는 것이다.
  그러나 원칙을 선택해야 할 때 융통성을 갈구하고, 융통성을 선택해야 할 때 원칙을 앞세우는 것이 문제다. 원칙과 융통성은 나와 내편, 그리고 남과 남의 편에서 극렬히 상반되게 작용하여 사용 된다. 따라서 아시타비(我是他非: 나는 옳고, 타인은 그르다)가 사회문제로 등장하고 있다.
- 아시타비(我是他非)는 내로남불과 같은 의미로써 사용되기도 한다. 같은 상황을 두고 자신에 해당하는 경우는 관대하고, 타인이 하는 것은 비판 또는 비난하는 태도를 보인다. 아시타비(我是他非)에서 벗어 탈출방법은 반구저신(反求諸身: 중용을 자신에게 먼저 물으라고 하는 의미)해야 한다.

자

삶의 차이를 만드는 **인간성공 경영**

54 자신감

자신감은 성공의 밑거름이다

자신감은 자신이 만들고 자신감이 충만할 때 비로소 자기 자신을 존중하게 된다. 그렇게 되면 누구도 자신을 업신여기지 않고 자신을 사랑하고 인정하게 된다.

어떤 일을 자신의 능력으로 충분히 감당할 수 있다고 믿는 마음이 강해야 성공을 기대할 수 있다.

자신감은 성공의 토양이라고 할 수 있다. 토양이 좋아야 나무가 튼튼히 자라서 훌륭한 열매를 맺을 수 있기 때문이다.

자신감이 없는 사람은 어떤 일에 대해 시도해 보지도 않고 망설임이 앞선다. 설령 시도한다 해도 쉽게 포기하는 경향이 있다.

그러나 자신감이 충만한 사람은 결단력과 실행력이 강하고, 고통과 시련이 따르더라도 포기하지 않는 용기가 하늘을 찌른다.

사람의 자신감을 느끼게 하는 것은 무엇보다도 외모와 그리고 내면에서 풍기는 아름다움에 대해, 상대가 느끼고 그것을 인정해 줄 때 자신감은 더욱 충만하기 마련이다. 성공하는 사람들의 특성을 보면, 자신감을 느끼게 하는 이 두 요인들이 모두가 충족하기 때문에 자신감이 넘쳐흐른다는 사실이다.

당나라 때 관리를 선발하는 시험에서도 인물 평가 기준으로 "신언서판(身言書判)"이었다고 한다. 신언서판은 사람의 풍채(身)와 언변(言)과 문장력(書) 그리고 판단력(判)으로서, 선비가 지녀야 할 네 가지 미덕을 말한다.

"신(身)"은 사람의 외적인 요소로써 사람의 풍채와 용모가 훌륭해야 하며, 신체적으로 건강해야 한다는 것이다.

그리고 내적인 요소로써, 아름답고 고운 말과 정직하고 균형 잡힌 말솜씨(言)와 지식의 함양을 말하는 글(書)과 그리고 사물의 이치를 깨달아 아는 판단력을 뜻하는 판(判) 등이 무르익어서 풍기는 향기가 아름다워야 한다는 것이다.

따라서 사람은 내적, 외적인 요소가 모두 충만할 때 스스로 능력 있고 믿는, 믿은 정도가 커져서 그것이 자신감으로 이어져, 주어진 일을 수행해나가는데 수월한 반면, 또한 주변 사람들로부터 훌륭한 사람으로 인정을 받을 수 있는 것이다.

자신감의 발로는 외모도 중요하지만 내면에서 뿜어 나오는 아름다움의 향기다.

사람이 갖게 되는 외모는 꽃과 비유할 수 있다. 피어 있을 때는 아름답지만, 시간이 지나면 시들기 마련이기 때문이다. 그러나 내면에서 풍기는 인격의 그윽한 향기는 아름답고 영원한 것이다.

우리가 일상에서 자주 사용하는 속담 중 하나로 "빛 좋은 개살구"라는 말이 있다. 이 의미는, 겉만 그럴싸하고 실속 없는 경우를 비유하는 말로 주로 사용되고 있다.

아무리 훌륭한 체구와 아름다운 미모를 가졌다 하더라도 내면의 세계에서 뿜어 나오는 향기가 아름답지 않으면 자신감이 상실된다는 의미를 지니고 있다.

자신감의 증대는 자신이 스스로 개척해 나갈 수도 있다. 그러나 더욱 중요한 것은 자신이 갖는 자신감을 남들과 공유되어 남들이 인정해 줄 때 자신감은 더욱 증대되는 것이다.

자존감이 잘 형성된 사람은 자신을 소중히 여기며, 남들과 훌륭한 관계를 유지하는 데 큰 힘이 된다. 그러나 자존감이 충만하지 않으면 열등감으로 이어져 자신감은 잃어버리고 만다.

건강하고 바람직한 자존감은 자신을 편견과 지각오류 없이 정확하게 볼 수 있다는 것을 의미한다. 즉 자신이 지닌 내면에서 풍기는 아름다움에 대한 가치에 대해 많고 부족함을 잘 알고 있다는 것이다. 따라서 자신감을 키워 성공을 이루기 위해서는 신체적인 건강과 외모도 중요하지만, 더욱 중요한 것은 내면에서 뿜어 나오는 아름다운 향기의 역량을 키워나가야 한다는 것이다. 그리고 그 역량을 남들로부터 인정을 받도록 꾸준히 노력해야 한다.

엘리노어 루즈벨트는 이러한 명언을 남겼다. "당신이 동의하지 않는 한 이 세상 누구도 당신이 열등하다고 느끼게 할 수 없다"는 말씀이다.

✔ 고사성어

■ 소향무적(所向無敵): 所(바 소), 向(향할 향), 無(없을 무), 敵(원수 적)
"이르는 곳마다 적수가 없다"는 뜻이며, "자신감이 매우 충만하여 어디를 가나 대적할 자가 없다"는 의미다.

▸ "모든 일의 성패는 자기 자신의 마음과 행동 여하에 달려있다(선패유기: 善敗由己)" 따라서 "자격지심(自激之心: 자기가 한 일에 대하여 스스로 미흡하게 여기는 마음)"은 자신감을 상실케 하는 원인이기 때문에 자신감을 키우기 위해서는 "자강불식(自强不息: 스스로 힘써 몸과 마음을 가다듬고 쉼 없이 노력함)" 해야 한다.

□ TIP 자신감

• 자신감과 긍정적인 사고를 하는 사람은 태도가 "자기 긍정 - 타인 긍정((I'm Ok, You're OK)"이다.
이 태도를 가진 사람은 자신과 타인에 대한 신뢰를 기초하여 심리적으로 바람직하고 건강한 상태에 놓여 있으며, 매사에 타인과 협력하고 그리고 존재의 가치를 인정하고 건설적인 방향을 추구하는 건강한 정신의 소유자이다.

• 자기 긍정-타인긍정형의 일반적 행동유형
- 자긍심이 강하기 때문에 매사에 자신감으로 임하며 목표가 불일치할 경우 그 원인을 찾아 문제해결을 하는 데 앞장선다.
- 자신은 물론 타인을 존중하고 소중히 생각하기 때문에 늘 자기 개방적이며 수용적 태도를 지닌다.
- 자신감과 긍정적인 사고를 하고 있기 때문에 일에 대한 보람을 공유하며 타인과 소통이 잘된다.

또한 성인애착유형으로 분류해 보면 안정애착으로 안심 형에 해당한다.
- 나는 비교적 쉽게 다른 사람들과 정서적으로 가까워지는 편이다.
- 내가 남들에게 의지하든, 남들이 나에게 의지하든 관계없이 나는 편안하게 느낀다.
- 나는 혼자서 지내거나 남들이 나를 받아들이지 않는다고 해서 걱정하지 않는다.

• 바람직한 "자기 긍정-타인긍정" 태도는 변함없이 늘 지속하는 것은 아니다. 인간의 정신적.심리적 · 환경적 변화에 따라 불안정한 상태로 돌아갈 수도 있다. 따라서 항상 자기제어 능력을 키워서 문제가 발생하지 않도록 항상 자기의식의 노력이 필요하며 동시에 타인에 대한 긍정적 관심과 이해가 동반되어야 한다.

55 자신의 단점

자신의 단점은 그저 단점일 뿐이다

자신의 단점을 과감히 인정하고 동시에 남의 장점도 과감히 인정하게 되면 거기에서 자신의 장점도 발견할 수 있고 자신의 단점도 장점으로 승화(昇華)시킬 수 있다.

모든 사람은 모든 것 부족함 없이 완벽한 인격체를 갖춰 남들로부터 존경과 인정을 받기를 희망한다. 그러나 누구도 완벽을 추구할 수 없는 것이 또한 인간이기도 하다. 사람이 완벽하다는 것은 아무런 흠결이 없다는 것과도 일맥상통한다.

일반적으로 사람의 흠결은 신체적 결함으로 인한 단점, 그리고 지식과 지성 함양에 따른 단점을 들 수 있다. 그러나 대부분의 사람은, 자신은 흠결 없는 완벽한 인격체이고 다른 사람에게만 단점이 많다고 생각하는데서 문제가 발생된다. 그것은 오로지 자기 착각이다. 아니 단점을 알면서도 인정하기 싫은 자가당착(自家撞着)이다.

사람마다 단점은 모두 있기 마련이다. 단지 적고 많음의 차이일 뿐이다. 그러므로 그 단점을 어떻게 받아들이고 어떻게 사고하고 행동하느냐에 따라 인격의 가치에 미치는 영향은 지대(至大)하다 할 것이다.

대부분 사람은 단점을 감추기 위해 신경증적 방어기제가 작동하기도 한다.

자신의 단점이 외부로 노출되든가, 노출될 염려가 있을 때, 사람들은 많은 두려움을 느끼게 된다. 또한 상대방에게 불쾌함을 드러내고, 그리고 욕구불만에 부딪히기도 한다. 이때 자기 자신을 불안에서 대처하기 위한 행위들이 나타난다.

그러나 현명한 사람들은 단점을 극복하기 위해 단점을 장점으로 승화시키는 건강한 방어기제가 작동된다. 따라서 단점은 그저 단점일 뿐이라고 대수롭지 않게 여기는 경향이 강하다.

세상에는 자신의 단점을 극복하고 성공한 위대한 인물들이 많이 있다.

나폴레옹은 자신의 단점을 장점으로 승화시킨 전쟁 영웅이며, 한 나라의 최고 지도자였다.

그는 혼혈아로 시골에 태어난 평민 출신이었다. 너무 가난해서 영양실조로 인한 허약 체질, 키는 151cm 단구(短軀)로 온갖 콤플렉스를 안고 살았다.

그는 작은 키를 비웃는 장군들에게 "비록 땅에서 재는 키는 작지만 하늘에서 재는 키는 당신들 보다 훨씬 크다"고 당당히 응수했다. 그리고 그는 작은 키가 커 보이도록 항상 말을 타고 다녔고 심지어 회의 까지 말 위에서 할 정도였다고 한다. 그 덕분에 그는 기마술에 뛰어난 달인이 되었고, 기병대를 최대한 활용하는 전술로 이어져 모든 전쟁에서 연전연승했다.

오히려 키 콤플렉스가 전쟁 승리의 원동력이 된 것이다. 그 이후 황제가 되어서도 훌륭한 리더십을 발휘하여 국민의 열광적 지지를 받을 수 있었다.

나폴레옹의 일화에서도 말해 주듯이 단점은 그저 단점일 뿐이다. 자신의 단점에 과잉반응 하지 말고 장점을 꾸준히 살려 나가다 보면 어느새 단점이 장점으로 발전되기 마련이다.

초등학교 출신인 다나카 전 일본 수상이 동경대 출신이 많은 대장성 장관으로 임명되었을 때, 엘리트 관료집단의 본산인 대장성에서는 노골적인 불만이 표출됐다.

다나카는 1분도 안 되는 취임사 한마디로 우려와 불만을 일거에 해소했다.

"여러분은 천하가 알아주는 수재들이고, 나는 초등학교밖에 나오지 못한 사람입니다. 더구나 대장성 일에 대해서는 깜깜합니다. 따라서 대장성 일은 여러분들이 하십시오. 나는 책임만 지겠습니다"

대장성 직원들의 염려와 불만은 일시에 누그러졌다.

다나까는 자신이 지닌 콤플렉스를 과감히 공개하여 단점을 장점으로 승화시킨 대표적인 인물로 유명하다.

단점을 인정하는 것은 자신을 더욱 성장시키는 계기가 된다. 그래서 단점을 인정하는 것은 용기이며 지혜로운 행동인 것이다.

"자신의 단점을 과감히 공개하는 것은 부끄러움이 아니라 오히려 상대를 감동시킨다"라는 말을 교훈으로 삼아야 할 것이다.

✔ 고사성어

■ 각자무치(角者無齒): 角(뿔 각), 者(놈 자), 無(없을 무), 齒(이 치)

"뿔이 있는 짐승은 이가 없다"는 뜻이며, "한 사람이 여러 가지 복이나 재주를 한꺼번에 다 가질 수 없음"을 의미한다.

▸ 세상에서 아무리 훌륭하고 뛰어난 사람일지라도 "한 사람이 여러 가지 복이나 재주를 한꺼번에 다 가질 수 없다(각자무치: 角者無齒)", 그러므로 단점을 고쳐 장점으로 승화시키기 위해서는 "개과불린(改過不吝: 허물을 고치는데 인색하지 말고, 혹 잘못이 있으면 고치기를 주저하지 않음)"하고 "문과즉희(聞過則喜: 남이 자신을 비판하거나 잘못된 점을 들춰내어 얘기 하더라도 그것을 오히려 약으로 여겨 기쁜 마음으로 받아들임)" 해야 더욱 성장을 가져와 비로소 성공적인 삶을 이룰 수가 있다.

□ TIP 이솝우화(토끼와 거북이)

이솝우화 "토끼와 거북이"의 내용은 느린 거북이가 빠른 토끼한테 경주하자고 제안한 이야기다.

빨리 달리기 시합에 있어서 토끼는 장점을, 거북이는 단점이란 특징을 지니고 있다. 따라서 상식적으로 평가할 때, 빨리 달리기 시합에서 거북이는 토끼에게 당연히 질 수밖에 없다. 그러나 거북이는 이길 수 있다는 용기와 굳은 신념 하나만으로 토끼에게 시합을 제안하여 결과는 예상을 뒤엎고 거북이의 승리로 끝난다.

토끼는 자신의 빠르다고 하는 장점을 발휘하지 못하고 자만심에 빠져 낮잠을 잤기에 패했고, 거북이는 느리다는 경각심을 부지런함으로 승화시켜 쉬지 않고 최선을 다하여 열심히 달렸기 때문에 자신의 단점인 느림을 극복하여 승리한 것이다.

자신의 단점을 과감히 인정하고 동시에 남의 장점도 과감히 인정하게 되면 거기에서 자신의 장점도 발견할 수 있고 자신의 단점도 장점으로 승화(昇華)시킬 수 있다는 참 교훈을 우리에게 던져준다.

56 자질과 능력

지도자의 자질과 능력은 인간 됨됨이가 근본이 된다

권한과 책임을 맡겼을 때, 그 주어진 권한을 남용 않고 책임회피 않는 역량을 강화하기 위해 노력을 한다면 그 사람은 지도자로서 됨됨이를 갖춘 사람이다.

인간의 삶은 인간관계 속에서 펼쳐지며 성장하고 진화한다. 현대사회는 급변하는 환경과 더불어 무한경쟁 시대다. 이러한 사회에서 성공적인 삶을 위해, 각 조직에서 가장 중요하게 대두되는 것이 우수한 리더를 확보하고 육성하는 것이다. 그러므로 리더십은 인간관계 측면에서 그 중요성은 더욱 증대 되고 있으며, 이는 개인의 삶과 집단의 행동, 그리고 조직의 성과에 큰 영향을 미치고 있다.

그렇다면, 리더의 자질과 능력은 어떻게 측정할 수 있을까. 그리고 어떻게 행동해야 훌륭한 리더십이라고 할 수 있을까.

이런 일화가 있다. 고려의 명장 강감찬 장군이 귀주에서 거란군을 대파하고 돌아오자, 현종 왕이 친히 마중을 나가 얼싸안고 환영을 했다. 또한 왕궁으로 초청해 중신들과 더불어 주연상을 성대하게 베풀었다.

한창 주흥(酒興)이 무르익을 무렵, 강감찬 장군은 무엇인가를 골똘히 생각하다가 소변을 보고 오겠다며, 현종의 허락을 얻어 자리를 떴다. 나가면서 장군은 살며시 내시를 보고 눈짓을 했다. 그러자 시중을 들던 내시가 그의 뒤를 따라나섰다.

"여보게, 내가 조금 전에 밥을 먹으려고 밥그릇을 열었더니 밥은 있지 않고 빈 그릇뿐이더군. 도대체 어찌된 일인가? 내가 짐작하건데 경황 중에 자네들이 실수를 한 모양인데 이걸 어찌하면 좋은가?" 순간 내시는 얼굴이 새파랗게 질렸다. 이만저만한 실수가 아니었기 때문이다.

오늘의 주빈이 강감찬 장군이고 보면 그 죄를 도저히 면할 길이 없었다. 내시는 땅바닥에 꿇어 엎드려 부들부들 떨기만 했다.

이때 강 장군은 다음과 같이 말했다. "성미가 급한 상감께서 이 일을 아시면 모두 무사하지 못할 테니 이렇게 하는 것이 어떤가? 내가 소변보는 구실을 붙여 일부러 자리를 뜬 것이니, 내가 자리에 앉거든 곁으로 와서 '진지가 식은 듯하오니 다른 것으로 바꿔 드리겠습니다.'라고 하면서 다른 것을 갖다 놓는 것이 어떨까?" 내시는 너무도 고맙고 감격스러워서 어찌할 바를 몰라 했다.

그와 같은 일이 있은 후, 강감찬 장군은 이 일에 대해 끝까지 함구했다. 그러나 은혜를 입은 내시는 그 사실을 동료에게 실토했으며, 이 이야기가 다시 현종의 귀에까지 들어가 훗날 현종은 강감찬 장군의 인간됨을 크게 치하해 모든 사람의 귀감으로 삼았다는 고사가 전해지고 있다.

사람은 누구나 어떠한 주어진 일에 최선을 다하여 몰입하다 보면, 본의 아니게 잘못과 실수를 저지를 수도 있다. 현종 왕이 초청하여 주빈이 된 강 장군을 맞이하여 이루어지는 상황 속에서 내시의 실수는 도저히 용납될 수 없는 예견치 못한 사건이었다. 그러나 강 장군은 전체적인 좋은 만찬 분위를 유지하기 위해 내시를 대상으로 유감없이 슬기로운 지혜의 참 리더십을 발휘하였다.

참 리더십은 구성원이 실수나 잘못한 것을 무조건 감싸 주는 것이 아니다. 또한 여러 사람 앞에서 공개적으로 지적하고 코칭하는 것도 아니다. 오로지 문제를 일으킨 당사자를 조용히 불러 잘못이나 실수한 점을 부하 스스로 깨우치게 한 후, 앞으로 그런 똑같은 일이 재발하지 않도록 지혜를 발휘하여 이끌어 주는 것이다.

리더십은 불확실성 상황에서도 구성원들을 주도적으로 이끌어 갈 수 있는 능력이다. 그리고 리더십은 평상시보다 조직이 어려운 환경에 처한 때에 더욱 가치가 있는 것이다. 강 장군은 그러한 곤란하고 어려움에 부닥쳐 있는 환경을 유감없이 극복하는 리더십을 발휘해냈다.

아무리 권력과 지위가 높고 능력이 뛰어나고 많은 부를 축적했다 하더라도 인간으로서의 지녀야 할 품격이 갖춰지지 않으면, 그 사람은 존경받지 못하고 리더의 자격이 없는 것이다.

이런 참 빛 한마디가 있다. "겉으로 화려하게 비치는 것은 그저 아름다움일 뿐이고 내면의 세계에서 뿜어 나오는 아름다움은 청결의 향기이다"고 말이다. 이것이 비로 인간으로서의 됨됨이를 갖춘 리더의 자질과 능력을 말해 주는 것이다.

✔ 고사성어

■ 호연지기(浩然之氣): 浩(클 호), 然(그러할 연), 之(갈 지), 氣(기운 기)
"하늘과 땅 사이에 가득 찬 기운"이라는 뜻이며, "사람의 마음에 차 있는 너르고 크고 올바른 기운"을 의미한다.

▸ 지도자의 자질과 능력은 "아전인수(我田引水: 자기에게만 유리하도록 행동함)"와 "견강부회(牽强附會: 이치에 맞지 않고 말을 억지로 끌어 대여 자기주장의 조건에 맞도록 함)" 하지 말고 모름지기 "변함없는 품성(상송상청: 霜松常靑)"을 유지하고 오로지 "호연지기(浩然之氣)"를 길러야 한다.

☐ TIP 리더십개발에 있어 감성 지능의 역할

다니엘 골만(Daniel Goleman)은 선진국 대기업 임원들을 대상으로 벌인 연구에서 높은 성과를 거둔 고위경영자가 그렇지 못한 고위경영자에 비해 감성 지능의 뚜렷한 차이가 있음을 밝히고 있다. 그는 고위경영자의 리더십을 첫째, 기술적인 능력, 둘째, 인지적 기능, 셋째, 감성지능의 세 가지로 구분하여 측정한 결과 감성지능이 성과 향상에 기여한 정도가 다른 두 가지 능력보다 무려 2배 이상 높다는 사실을 밝혀냈다.

57

지각오류

지각오류(知覺誤謬)를 범하지 말아야 훌륭하고 바람직한 인간관계를 가질 수 있다

세상을 쳐다보고 평가하는 관점이 같다고 생각하지만, 그건 대단한 착각이다. 사실은 개인이 갖는 지각된 가치에 따라서 채색되고 지각오류 세상의 틀에 갇혀 생활하고 있다.

사람을 평가하든, 사물을 평가하든, 어떤 대상을 평가할 때는 지각오류(知覺誤謬)를 범하지 말아야 한다. 그래야 그 대상이 지닌 태도나 특성을 이해하여 객관적이고 정확하게 상황 또는 사물을 인식할 수 있다.

지각(知覺)이란 개인이 주변의 환경으로부터 전달된 외부 자극을, 오감을 통해 느끼고 받아들이는 일을 하는 과정을 말한다. 자극에 부여되는 의미는 개인이 이미 지닌 지각구조(知覺構造)에 의해 결정되기 때문에 지각은 실제의 물리적 세계를 진실 되게 반영되는 것이 아니라 개인의 편견에 의해 재구성된 세계가 반응하여 표출되는 것이다. 따라서 개인의 지각 영역은 서로 달라서 모든 사람들이 동일한 자극을 동일한 방식으로 지각하지는 않는다.

어느 학교에서 한 선생님이 매일 지각(遲刻)을 하는 학생에게 회초리를 들었다. 어쩌다 한 번이 아니다. 날마다 지각을 하는 것을 보고, 그 학생이 괘씸해서 회초리를 든 손에 힘이 들어갔다.

회초리를 든 다음 날 아침, 그 선생님은 차를 타고 학교에 가다가 늘 지각(遲

刻)을 하는 그 학생을 우연히 보게 되었다. 한눈에 봐도 병색이 짙은 아버지가 탄 휠체어를 밀고 요양시설로 들어가고 있었던 것이다.

순간 선생님은 가슴이 서늘해졌다. 학교에 늦게 오는 이유는 곧 불성실(不誠實)이라는 생각에 이유도 묻지 않고 무조건 회초리를 든 자신이 부끄러웠고 자책감이 들었다.

가족이라고는 아버지와 단 둘뿐이라서, 아버지를 꼭 보살펴야 하는 처지이기에 지각(遲刻)할 수 밖에 없는 학생의 형편이다. 게다가 요양시설은 문을 여는 시간이 정해져 있었다. 학생은 요양원이 문을 여는 시간에 맞춰 아버지를 모셔다드리고 학교에 오는 것이다.

그날도 어김없이 지각(遲刻)을 한 학생은 선생님 앞으로 다가가서 말없이 종아리를 걷었다. 이어서 선생님은 "미안하다, 정말 미안하다"라는 말과 함께 그 학생을 따뜻하게 끌어안았다. 그리고 두 사람은 함께 울었다.

지각(知覺)에 영향을 미치는 요인 가운데 그 하나는 '지각(知覺)이 이루어지는 상황 특성으로 인한 원인'이 있다. 이는 지각 대상이 갖는 태도나 과거의 지각(知覺)의 대상에 대해, 경험한 기억이 지각(知覺)에 영향을 미치는 원인을 말한다.

지각(知覺)하는 사람이나 지각(知覺)되는 사람이 같다고 가정해도 상황이나 환경이 다르면 지각(知覺)은 달라진다. 그리고 같은 사건을 다른 조건으로 다르게 인식될 수 있다.

학교에 가는데, 한결같이 매일 지각(遲刻)하는 학생을 두고 선생님마다 제각각 지각(知覺)의 차이를 보일 수 있다. 한 선생님은 "그 학생은 늘 학교를 늦을 수밖에 없는 피치 못할 사정이 있을 거야"라는 반응을 보이는가 하면, 또 다른 한 선생님은 "아니야 내가 평가하기로는, 그 학생은 불성실이 몸에 배어서 늘 학교에 늦게 오는 거야"라는 반응을 보일 수 있다.

이 두 선생님이 각자의 지각(知覺) 차이를 보이는 원인은 그들이 평소에 지각생(遲刻生)에 대하여 가지고 있던 태도나, 과거에 그 학생에 대한 경험한 기억이라는 환경이 지각(知覺)에 영향을 미쳤기 때문이다. 따라서 위 사건에서 회초리를 든 선생님은 지각오류를 범한 사례가 되며, 그 선생님은 지각오류를 늦게 깨달았고 지각오류에 대한 회개(悔改)의 눈물을 보인 것이다.

지각오류는 지각과정에서 다양한 영향요인들에 의해 다양하게 존재하며, 대상을 평가할 때 그 미치는 영향은 지대하다. 그리고 지각오류는 다양하게 존재하여 대인관계에서 부정적인 영향을 미치게 된다.

예를 들면 어떤 사람을 평가할 때, 단지 '근면하다는 것만으로 능력이 뛰어나다.'라고 혼동하여 평가하는 "현혹효과"와 같은 한 개인의 특질에 근거한 것과, '그 사람은 어느 지역 출신이므로 이러할 것이다.'라고 평가되는 "고정관념"과 같은 그가 속한 집단의 특성을 기반으로 하여 대상을 평가하는 경향, 그리고 윤리적 품성이 낮은 평가자(상사)가 윤리적 품성이 높은 평가자(상사)보다 피평가자(부하)의 윤리적 품성을 평가할 때 비윤리적 품성을 지녔다고 단정 지어버리는 경향인 "투사" 등은 대표적인 지각오류의 예(例)에 해당 한다. 또한 심지어는 어떤 아라비아 숫자를 바닥에 눕혀놓은 것을 바라보고, 어떤 사람은 '6(육)자'라고 고집하고, 또 어떤 사람은 '9(구)자'라고 고집한다. 그건 그 숫자를 바라보는 사람의 위치가 고정된 채 바라보는 지각 때문이다.

지각은 논리적 세계의 차이가 아니라 심리적인 세계의 차이이기 때문에 발생한다. 따라서 지각은 완전히 소거할 수는 없고, 단지 지각오류를 감소하는 방안을 찾아 꾸준히 노력해야 한다.

지각오류를 감소하는 방안은 첫째는 자기 이해 및 자기수용이다. 인간의 지닌 고유한 속성은 모두가 달라서 자신도 완벽하지 않다는 것을 인식하고 수용하는 것부터 출발해야 지각오류를 감소할 수 있다.

둘째는 의식적 정보처리이다. 지각과정에서 세부 메커니즘을 주의 깊게 지켜보고 사실을 신중히 그리고 의식적으로 지각과정이 어떻게 작용하는지 잘 살피고 검토하여 오류가 어디서 일어나는지 잘 파악한다.

셋째는 객관성 테스트다. 자신의 관점에서 잠시 벗어나 타인의 관점으로 이해하는 노력이 선행된 후 자신과 타인의 지각을 비교하여 자신의 지각을 정확히 파악하는 의도적 노력을 한다. 이 모든 것은 무엇보다도 커뮤니케이션 활성화를 통하여 오류를 줄일 수 있다.

넷째는 사고의 폭과 깊이의 유연성이다. 현재의 지각이 항상 옳은 것이 아니고 시간이 지남에 따라 달라질 수 있음을 인정하고 필요하다면 의도적으로 자신의 지각도 변경하는 유연한 태도를 보인다.

미국의 철학자이자 심리학자인 윌리엄 제임스(William James)는 이런 말을 남겼다. "많은 사람은 단순히 자신의 편견을 재배치해 놓고 이것이 새로운 생각을 하고 있다고 믿는다"는 명언 말이다. 지각오류가 얼마나 자신을 무능하고 부끄럽게 하는가를 단적으로 지적해 주는 대목이다.

✔ 고사성어

■ 군맹무상(群盲撫象): 群(무리 군), 盲(소경 맹), 撫(어루만질 무), 象(코끼리 상) "여러 장님이 코끼리를 어루만진다"는 뜻이며, "사람들이 모든 사물을 자기주장대로 판단하거나 그 일부 밖에 파악하지 못하는 좁은 식견"을 의미한다.

▸ 상대를 평가할 때 "같은 사물인데도 어진 사람은 어질다고 보고, 지혜로운 사람은 지혜로운 것으로 본다(견인견지: 見仁見智)"는 것도 일종의 지각오류라 할 수 있다. 따라서 "군맹무상(群盲撫象)"에서 벗어나는 방법은 "정관자득(靜觀自得: 자신의 주관적 고정관념을 벗어버리고 사물을 보아야 사물의 진짜 모습을 볼 수 있다.)" 해야 한다.

☐ TIP 지각오류

기생이란 신분의 단어가 주는 편견과 지각오류는 사람에 따라 다르겠지만, 분명한 것은 존재한다고 볼 수도 있다. 필자는 이제까지 살아오면서 이렇게 치부했다. "기생은 아름답지만 지저분한 사람, 남자들의 노리갯감, 정상적인 삶을 살아가는 존재 밖에서 머무는 사람들" 등 이렇게 말이다. 그렇지만 '김영한 삶의 가치와 심오한 철학'이라는 글을 쓰기 위해, 김영한의 삶을 추적하는 과정에서 나의 존재에 대해 통탄했다. 그 상당한 이유는 편견과 지각오류를 범했기 때문이다. 그렇다면 그동안 살아오면서 인간관계는 어떠했으며, 타인들은 나를 어떻게 평가했을까 하는 생각에 부끄러움을 감출 수가 없었다.

모든 인간은 실재(reality)에 기반하여 태도를 보이는 것이 아니라 개인의 지각된 실재(perceived reality)에 따라 태도를 보이기 때문에 핵심적인 요인은 실재가 아니라 지각된 실재가 된다는 것을 알게 되었다.

지각은 논리적 세계의 차이가 아니라 심리적인 세계의 차이이기 때문이다. 따라서 타인과 비교했을 때 지각하는 바가 다르다고 해서 타인을 부정하면 안 된다. 오로지 지각 오류에 대한 이해의 폭을 넓이고 그리고 편견과 지각오류를 범하지 않는 노력에 초점을 두어야 훌륭하고 바람직한 인간관계를 이룩할 수 있다.

58 지식

잘못 알고 있는 지식의 표명은 자신의 무지와 위선을 들춰내는 꼴이 된다

자신이 지닌 능력이나 역량에 대해 겸손을 잃고 부족함이 있어도 그 부족함을 깨닫지 못하면 그저 무지만 들어내게 되는 것이다.

중국 위(魏)나라 한단순(邯鄲淳)이 지은 「소화집(笑話集)」 소림(笑林)에 나오는 "소가 된 부자 영감"이라는 우화(寓話)가 있다.

누군가가 이웃의 부자 영감에게 쪽지를 보내 그 집의 소를 좀 빌리자고 요청하였다.

글을 읽을 줄 모르는 부자 영감은 손님과 대화를 하면서 짐짓 이를 숨기고 봉투를 뜯어 읽는 시늉을 하면서 심부름 온 사람 쪽을 바라보면서 "그래 알았네. 좀 있다 내가 직접 감세."하더란다.

자기가 뭘 좀 안다고 자꾸 들어내는 것은 일종의 허세이다. 더구나 알지도 못하면서 아는 척하는 행동은 스스로 무지와 위선을 들춰내는 것이며, 이는 자신을 돋보이기 위해 취해지는 심리상태다.

또한 모르면서 아는 체하는 것은 내가 최고라는 권위의식의 소산이기도 하며 솔직하지 못한 마음을 갖고 있어서 자신을 감추고 자신을 치장하여 자신의 위치를 지키려는 심리가 강하기 때문이기도 하다. 여기에서 더 나아가 모르면서 남을 업신여기고 비아냥거리는 태도는 자신의 정신과 삶을 파멸로 이끄는 지름길이 된다.

청대 민간소화집(靑代 民間笑話集) 「소득호(笑得好)」에 나오는 우화(寓話)가 또 하나다.

두 사람이 함께 만나 소금에 절인 오리 알을 먹게 되었다. 형뻘 되는 사람이 "나는 그동안 싱거운 알만 먹어 왔는데, 이 알은 어찌 이리 짜지?"하고 이상하게 여겼다.

그러자 동생뻘 되는 사람이 "나는 모르는 게 없는 사람이지. 물으셨으니까 말인데, 사실 이 알은 소금에 절인 오리가 낳은 거라고." 하며, 아는 체를 하였다.

모든 인간은 모든 분야에서 남들이 아는 것을 자신이 모두 다 알 수는 없고 이 세상 모든 이치를 다 알 수도 없다. 따라서 아는 만큼, 모르면 모르는 대로 처세해야지 모르면서 아는 체하는 것은 자신의 무지와 위선을 들춰 보이는 꼴이 된다는 것을 우화(寓話)는 교훈을 준다.

소크라테스는 '인간이란 무엇인가'라는 질문에 대하여 과연 어떤 답을 하였을까? 소크라테스는, 세상에는 어떤 절재(絕才)적인 진리가 있다고 믿었다. 그래서 자신은 아는 것이 없다고 생각해야 그 진리를 추구할 수 있다고 생각했다. 모른다고 생각해야 알려고 노력하게 된다는 말이다. 다시 말하자면, 인간은 늘 부족하고 모르는 존재란 것이다.

애플의 창시자이자 최고경영자였던 스티브 잡스는 "늘 자신이 기술과 인문학의 중간에 있으며 기술만 가지고는 많이 부족하다"고 말해 왔다. 심지어 그는 "소크라테스와 한나절을 보낼 수 있다면 애플이 가진 모든 기술을 내놓겠다"고 말하기도 했다. 즉 잡스의 세계로 들어가는 가장중요하고 핵심적인 키 워드는 바로 인문학이었다. 스티브 잡스의 인문학이란 곧 사람에 대한 이해다. 원래 인문학 자체가 바로 사람을 이해하기 위한 하나의 방법이다.

따라서 스티브 잡스가 지닌 천재성 카리스마 리더십은 혼자서는 불가능하므로 조직 관리는 팀 쿡이 맡고, 디자인은 조너선 아이브, 그리고 마케팅은 필 실러가 맡아 스티브 잡스가 부족하고 모르는 분야를 역할 분담하여 최고의 기업으로 성장했고 성장하고 있다.

이렇듯 인간은 늘 부족하고 모르는 존재라고 소크라테스는 말했고, 그래서 스티브잡스는 스스로 부족함을 깨달아 그 부족함을 인정하고 자신의 부족함을 고백한 것이다.

우리 사회에서 사람들의 면모를 살펴보면 인간은 늘 부족하고 모르는 존재라는 것을 망각하고 살아가는 것 같다. 아니 "알면서도 아는 만큼, 할 수 있는 만큼"은 인간이 가진 수용역량의 한계라 할 수 있다. 따라서 이런 역량의 한계는 자존심이 상하고 부끄러운 것이 아니다.

모르면 모른다고 말할 수 있는 솔직한 용기가 오히려 상대를 감동하게 해 관계를 증진시키고 그리고 자신도 무지와 위선에서 벗어나는 방법이 되는 것이다.

✔ 고사성어

■ 도광양회(韜光養晦): 韜(감출 도), 光(빛 광), 養(기를 양), 晦(그믐 회)
"빛을 감추고 어둠을 기른다"는 뜻이며, "자신의 재능이나 명상을 드러내지 않고 참고 기다린다"는 의미다.

- "요동지시(遼東之豕: 견문이 낮은 사람이 잘난 체하다가 오히려 무식이 드러남)" 하는 행동은 자신 스스로 무지와 위선을 들춰내는 꼴이 된다.
- 인간은 모든 분야에서 모두 다 알 수도 없고 최고가 될 수도 없다. 그러므로 '앎'이란 부족함을 채워가는 노력 그 자체라고 말할 수 있다. 따라서 진정으로 지식이나 능력이 있는 사람은 '앎'을 겸손하게 여기고 모든 일을 "경당문노(耕當問奴: 모름지기 모든 일은 그 일에 대하여 잘 아는 사람과 의논한다.)" 하며, "도광양회(韜光養晦)"한다.

□ TIP 1. 이솝우화 "여우와 신포도"

여우가 길을 가다가 담벼락 위에 포도가 대롱대롱 매달려 있는 것을 보았다. 너무나 먹고 싶어서 뛰어 보았지만 도저히 포도에 입이 닿지 않았다. 여우는 포기하고 돌아서며 말했다. "무슨 상관이람. 저 포도는 아주 실할텐데."
여우는 자신의 무지함을 들어낸 것을 인정 않고 오히려 자기합리화한다.
자신에 대한 합리화는 일시적으로 심리적 안정감을 주기도 한다. 그렇지만 잘못이나 실수를 저질렀을 경우, 어찌 보면 자기성찰의 기회로 삼을 기회를 놓치고 만다. 자기합리화에 강하다는 것은 이기적이기 때문이다.

□ TIP 2. 이기적인 사람의 특징

자기 행동에 대해서 양심, 죄의식, 수치심 없이 오로지 자신의 이득만을 위해서 살아가는 사람들을 말한다.

- 자신이 한 행동에 대해 부정하고 자기합리화에 능하다.
- 온순하지 못하고 말과 행동이 거칠다.
- 화를 잘 낸다.
- 욕망이 지나치다.

59

지혜

'막히면 돌아갈 줄 아는 지혜(知慧)'가 주는 인간성공 경영

논쟁은 파괴적인 일이며 마음에 상처만 줄 뿐이다. 그리고 에너지를 낭비할 뿐이지 근본적인 문제해결을 하는 데는 전혀 도움이 될 수 없다. 논쟁을 이길 수 있는 유일한 방법은 막히면 돌아갈 줄 아는 지혜뿐이다.

모든 사람은 어떻게 하면 인간관계를 잘 하여 성공적이고 행복한 삶을 이룩할 것인가를 희망하고 있다.

성공적인 인간관계를 위한 노자(老子)의, 물(水)의 육덕(六德) 중에서 그 하나가 '막히면 돌아갈 줄 아는 지혜'다.

인간의 특성 가운데 하나가 막히면 돌아갈 줄 모른다는 것이다. 인간들은 막히면 무작정 부딪쳐보고 어떻게든 자기주장을 관철해 상대의 행동과 의견을 무시하고 어떻게 해서라도 자기가 마음먹은 대로 원하는 방향으로 전개해 나가려고 몸부림을 친다. 그렇지만 그것은 자기 마음먹은 대로 할 수 없으며 승리로 이끌 수도 없다. 그것은 일시적으로 상대를 제압했다는 통쾌함과 기분 풀이가 될지 몰라도 결국은 자기 파괴적 행동의 소산일 뿐이다.

우리가 살아가는 사회집단에 속한 사람들의 면면(面面)을 들여다보아도 양극단(兩極端)의 길을 걷고 있는 것이 확연하다. 정치는 정치인끼리, 종교는 종교인끼리, 학문은 학자끼리 그리고 지연, 학연끼리 패거리를 이루어 자기들이 추구하는 목적을 달성키 위해 자기들만이 보이는 방향으로만 열심히 달려가고 있는 것이 현실이다.

똑같은 문제라도 사람마다 바라보는 관점과 태도가 다르기 마련이다. 어떤 사람들은 자기의 욕망을 갈구한 나머지 자신의 견해와 생각대로 자기가 원하는 방향으로 일을 처리해야 한다고 주장하면서부터 논쟁이 벌어지기도 한다. 아마도 이렇게 논쟁이 벌어지는 타당한 이유는, 인간의 본성이 지극히 이기적이고 공격적인 본능에서 기인한 현상일지도 모른다. 아니 자기의 가치관과 뜻이 맞지 않으면 건강하지 못한 방어기제(defence mechanism)가 작동하여 자아(自我)의 힘이 약해져서 나타나는 현상일 수도 있다.

소모적인 논쟁은 누구에게도 도움이 될 수 없고 자신은 물론 상대에게까지 모두 파괴적인 일이며 마음에 상처만 줄 뿐이다. 그리고 끝없는 논쟁은 시간과 에너지를 낭비할 뿐이지 근본적인 문제해결을 하는 데는 전혀 도움이 될 수 없다.

어떻든지 그 누구도 논쟁에서 이길 수는 없는 것이다. 논쟁은 거듭될수록 타인의 마음을 바꾸게 만들어 자신이 승리의 기쁨을 맛보는 것이 아니라 오히려 자신을 고집스러움을 승화시킬 뿐이다. 논쟁을 이길 수 있는 유일한 방법은 막히면 돌아갈 줄 아는 지혜뿐이다. 그 지혜라는 것은 상대방을 위한 양보와 헌신, 그리고 상대방을 위해 아낌없이 도움을 주고 애정으로 아껴주는 배려와 존중하는 마음을 키워나가는 것이다. 따라서 배려와 존중하는 기술을 습득하여 인간성공 경영을 할 수 있는 유일한 방안 중 그 첫째는, 타인의 감정을 이해하고 이를 건설적 방향으로 돌려놓을 줄 아는 능력을 키워야 한다는 것이다. 둘째는, 상대에 대한 자신의 감정을 정확히 인식하고 자기를 객관적으로 평가할 수 있는 능력을 키워야 한다는 것이다. 셋째는, 어떠한 상황에서도 부정적인 충동과 기분을 통제할 수 있는 자기 능력을 키워야 한다는 것이다. 넷째는, 타인의 신념이나 태도를 존중하고 수용적인 태도로 경청하고 더불어 자기가 존경받고 싶듯이 타인을 존중해야 한다는 것이다. 다섯째, 자기중심적인 사고와 편견을 버리고 상대가 지닌 가치를 올바르게 평가해 주는 것이다.

오페라 테너 가수인 '얀 피어스'는 50년간의 결혼생활 후에 이렇게 말했다.

'집사람과 저는 오래전에 규칙을 하나 만들었습니다. 상대방에게 아무리 화가 나도 그 규칙을 지켜왔죠. 그 규칙이란 한사람이 소리를 지르면 다른 사람은 무조건 잠자코 듣기로 한 것입니다. 두 사람 모두 고함을 지르게 되면 대화는 없어지고 단지 소란과 흥분만 남게 되잖아요.'라는 '막히면 돌아갈 줄 아는 지혜' 말이다.

✔ 고사성어

■ 일피일차(一彼一此): 一(한 일), 彼(저 피), 一(한 일), 此(이 차)
"혹은 이것을 따르기도 하고, 혹은 저것을 따르기도 한다"는 뜻이며, "항상 일정하지도 않고 상황에 따라 지혜로운 행동을 함"을 의미한다.

▸ 지혜롭고 현명한 사람은 "말로 옳고 그름을 다툼(언거언래: 言去言來)"을 지양(止揚)하고 더욱 성공적인 삶을 위해서 "백가쟁명(百家爭鳴: 많은 학자나 지식인 등의 활발한 논쟁과 토론)을 지향(指向)한다. 따라서 지혜롭고 현명한 사람이 되기 위해서는 무엇보다도 "자기의 감정을 통제할 수 있는 능력(목계지덕: 木鷄之德)"을 갖춰야 하고, "문일지십(聞一知十: 한 가지를 듣고 열 가지를 미루어 안다는 뜻으로, 지극히 총명함)"해야 한다.

□ TIP 1. 지혜로운 사람들의 특징

독일 베를린의 막스 플랑크 교육연구소(Max Planck Institute)가 15년 동안 1천 명을 대상으로 나이와 지혜의 연관성을 연구하여 지혜로운 사람들이 갖는 몇 가지 공통점을 밝혀냈다.

① 지혜로운 사람들은 대부분 역경을 극복했거나 고난을 체험한 경험이 있다.
② 가난한 환경에서 자란 사람들과 일찍 인생의 어두운 단면을 체험한 사람들이 평탄한 삶을 살아온 사람보다 훨씬 지혜로웠다.
③ 또한 개방적이고 창조적인 사람들이 나이가 들수록 점점 지혜의 빛을 발한다.
④ 연구소는 인생의 문제를 깊이 생각하는 사람들이 지혜를 얻는다고 발표했다.
⑤ 그러나 고집이 세고 괴팍한 사람들은 나이가 들수록 지혜와 신용을 잃어버린다고 경고한다.

□ TIP 2. 우직지계(迂直之計: 역경을 멀리 보는 안목으로 발전할 기회를 엿보라는 뜻)

우물을 파는데 포기하지 않고 파다 보면 끝내는 성공한다는 말이 있다. 하지만 이렇게 한 우물을 판다는 것은 결코 쉬운 일은 아니다.
이렇듯 오직 앞만 보고 외길을 성실하게 살아가다 보면 굳은 길, 오르막길, 내리막길 등 온갖 고난과 역경을 겪게 되는 것이 인생의 삶이다. 이러한 순탄치 않은 인생의 길을 멀리 돌아가는 것은 미련하고 불리한 짓 같지만, 그렇지만은 않다. 그건 늦게 출발해도 먼저 도착할 수 있고, 포기할 수 있는 상황이 닥쳐도 포기하지 않고, "현재 처한 역경을 멀리 보는 안목으로 발전할 수 기회를 엿보는(우직지계(迂直之計)" 지혜가 있기 때문이다.

차 삶의 차이를 만드는 인간성공 경영

60 참나
인간성공 경영은 "참나" 발견부터 출발한다

인간은 모든 측면에서 완벽을 추구할 수는 없다. 부족한 것을 채워나가고 무(無)에서 유(有)를 창조하며 성숙한 인격체로 살아가려고 노력하는 존재인 것이다.

현대사회를 살아가면서 어떤 사람들은 자기 잘못이나 실수를 모르면서 오히려 타인의 단점과 잘못만 보는 "참나(사실이나 진리에 어긋남 없이 올바른 자기 자신)"를 발견 못 하고 살아간다.

"입 큰 개구리의 음악회"라는 우화(寓話)는 '참나'를 모르고 살아가는 사람들을 비유하는 데는 커다란 가치를 더해준다.

동물 합창을 지휘하던 코끼리는 입 큰 개구리가 큰 목소리로 틀린 것을 발견했다. 자존심이 상할까 봐 "거기 '입 큰 동물', 악보 잘 보고 따라하세요"라고 지적했다. 그러자 입 큰 개구리는 "악어야, 너 조심해라"라고 했다. 실수는 반복됐고 코끼리가 다시 "입 크고 물에서도 육지에서도 사는 동물, 또 그러면 쫓아냅니다"라고 경고했다. 그러자 눈물을 훌쩍이며 "하마가 불쌍해서 어떡해!"라고 했다고 한다.

자기 잘못이나 실수가 있을 때 그 자체를 인식하지 못하는 인간무지(人間無知)보다도, 잘못이나 실수를 알면서도 그 자체를 인정하지 않고 그 모든 문제점을 타인에게 돌리는 것은 더욱 문제가 있는 사람이고, 이는 사회 병리 현상을 초래한다.

인간이 다른 피조물(被造物)과 구별되는 것은 자기 자신에 대해서 "네가 누구냐"고 질문하는 존재라는 것이다. 희랍의 현인 탈레스(Thales of Miletus)의 말과 같이 "인간이 아는 것은 모르는 것뿐이다"라는 표현이 옳다. 따라서 인간은 부족한 것을 채어나가고 무(無)에서 유(有)를 창조하며, 성숙한 인격체로 살아가는 존재이다.

참 나를 모르는 또 다른, 개구리에 관한 얘기가 있다. 예수회 신부이자 심리학자인 앤서니 드 멜로(Anthony de Mello: 1931~1987)가 쓴 "개구리의 기도"에 나오는 일화다. 깊은 산속 움막에서 기도하던 수도사는 시끄러운 개구리울음 소리에 화가 났다. "왜 수도사의 기도를 방해하느냐. 조용히 해"라고 창밖으로 소리쳤다. 그러길 몇 차례 갑자기 들려온 신의 음성에 수도사는 깨달음을 얻었다. "왜 혼자만 기도한다 생각하느냐. 개구리도 기도하면 안 되는가." "참나"를 발견하면 개구리 소음도 기도로 들린다. 그렇다면 왜 개구리 울음소리는 기도로 들리지 않을까.

인간은 누구나 외부에서 자극을 받으면 자동으로 반응한다는, 지기방어 능력이 뛰어나다. 이는 신경증적인 구조에 속하는 것은 아니지만 자신을 보호하고 방어하는 그 자체는 병적으로 간주하지는 않는다. 그렇지만 방어기제는 인간이 삶을 영위해 나가는데 있어 참된 인간관계속에서는 해악이 되기도 한다.

방어기제(防禦機制)는 인간의 두뇌와는 그다지 관계가 없다. 그리고 지식이 많고 적음이 아니다. 인간은 누구나 삶을 영위해 가는 환경 속에서 두렵고 불쾌한 일 그리고 욕구불만에 부딪쳤을 때 스스로 방어하기 위하여 취해지는 적응행위가 자연스럽게 나타난다. 이 방어기제에서 벗어나 성숙한 인간으로서 존재의미를 부여받는 것은 "참나"를 발견하는 것이다. 따라서 성공적인 인간관계를 이룩하기 위해서는 우선 타인의 감정을 이해할 수 있는 능력을 키워나가는 동시에 자신에 대해 관대한 평가보다 엄정한 평가를 할 줄 아는 능력부터 키어나가야 한다. 그리고 자기성찰의 정도를 높여나가는 노력을 해야 한다. 자기성찰의 정도가 높은 사람은 어떤 행동이 적절한 행동인지에 대한 환경적, 사회적 신호를 읽을 줄 알고 적절히 해석하여 자신의 행위를 그에 맞추어 나가는 능력을 가지고 있기 때문이다.

모든 인간은 모든 측면에서 완벽을 추구할 수는 없다. 완벽을 추구하는 방법은 오로지 부족한 것을 채워나가는 노력뿐이다. 그리고 부족함이 있다면 그 부족함을, 잘못이 있다면 그 잘못을 겸손하게 인정하는 것이 자신을 더욱 성숙하게 만드는 기회가 된다. 그것이야말로 '참나'를 발견할 수 있는 길이 되는 것이다.

✔ 고사성어

■ 회광반조(回光返照): 回(돌아올 회), 光(빛 광), 返(돌이킬 반), 照(비칠 조)
"빛을 돌이켜 거꾸로 비춘다"는 뜻이며, "끊임없이 자기반성을 통해 자신에게 내재된 영성(靈性)을 깨닫는다"는 의미다.

▸ "나는 옳고 남은 그르다고 하는 사람(아시타비: 我是他非)"과 "자기 결점을 생각하지 않고 남의 잘못을 비난하는 사람(이단공단: 以短攻短)"은 "후한무치(厚顔無恥: 낯이 두껍고 뻔뻔하며 부끄러움을 모름)"한 사람이다. 이러한 사람들은 "참나(사실이나 진리에 어긋남 없이 올바른 자기 자신)"를 발견 못 하고 살아가기 때문에 성공적인 삶을 기대하기는 어렵다.

☐ TIP 육바라밀(六波羅蜜)

육바라밀 여섯 가지 덕목 · 수행 · 실천을 통칭한다. 구체적으로 다음을 뜻한다.
육바라밀을 어기면 악(惡)이 되고 지키면 선(善)이 된다. 이것은 중력인 만큼 무서운 우리 마음의 법칙이다.

① 선정 바라밀(禪定波羅蜜): 한마음으로 사물을 생각하여 마음이 하나의 경지에 정지하여 흐트러짐이 없게 하는 수행 평정심을 유지하는가?

② 보시 바라밀(布施波羅蜜): 욕심과 탐욕이 없다.
자신만의 이익을 추구하지 않고 상대방에 대한 이익도 배려하였는가?

③ 지계 바라밀(持戒波羅蜜): 참나의 청정함. 오염되지 않고 오욕의 허물에서 벗어나 있다.
욕심의 유혹에서 견디어 냈는가?
내가 싫은 것을 남에게 주문했는가?

④ 인욕 바라밀(忍辱波羅蜜): 아무리 곤욕을 당하여도 마음을 움직이지 않고 참고 견디는 수행
상대방의 입장을 진심으로 인정하고 수용하였는가?

⑤ 정진 바라밀(精進波羅蜜): 참나의 성실함. 나태함에서 벗어나 있다.
몸과 마음을 가다듬고 매사에 최선을 다하기 위해 성실성을 기울였는가?

⑥ 지혜 바라밀(智慧波羅蜜): 참나의 자명함. 제법(諸法)에 환하여 잃고 얻음과 옳고 그름을 가려내는 마음의 작용으로서, 미혹을 소멸하고 보리(菩提)를 성취함.
나의 선택과 판단은 찜찜함이 없이 자명했는가?

61 충동

충동을 억제하는 사람은 강한 힘을 가진 사람이다

충동성은 순간에서 더 강력한 힘을 발휘한다. 순간은 충동을 억제할 조금의 시간도 주지 않고 즉각적인 행동으로 옮겨지기 때문이다. 충동에서 벗어나는 유일한 방법은 자신과 싸움에서 자신을 다스리는 길밖에 없다.

사람의 됨됨이를 평가하는 요소 중 그 하나를 말하자면 충동성을 들 수 있다.

충동은 인간이 지닌 일종의 본능적인 심리적 특성이다. 충동이 무조건 모두 나쁘고 부정적으로 작용하는 것은 결코 아니다. 그러나 충동성이 너무 강하여 공격적인 본능으로 구성된 원초아(id)로 돌아가는 경우에는 많은 문제가 발생 될 수 있다. 원초아의 에너지인 공격적 본능이 너무 강해서 충동을 유발하기 때문이다. 충동과 공격적인 본능은 상호 보완관계가 성립하기에 그런 것이다.

충동은 굽이치는 파도와 같기도 한 것이다. 강하고 높은 파도는 바위도 단숨에 삼켜 버리듯이 충동은 자기 자신을 힘들고 어렵게 만들지만, 그러나 참고 기다리다 보면 어느새 높고 강한 파도는 어느새 잔잔한 물결로 수렵 되듯이 인내심을 발휘하면 인간은 누구나 충동에서 벗어날 수 있다.

충동심이 발동되면 충동은 강요적인 특성이 있으므로 행동이 억압되는 경우에는 극도의 긴장 상태가 유발되어 여간해서는 저지하기도 어렵게 된다.

“우언고사(寓言故事)” 속에 담긴 “충동적 행동”의 예(例) 하나가 있다.

임금에게는 충성스러운 애견 한 마리가 있었다. 어느 날 임금이 산책하고 돌아왔는데 애견의 입가에 피가 묻어 있는 게 아닌가. 개는 온몸이 피투성이가 되어 미친 듯이 짖어댔다. 너무 놀란 임금은 애견을 갓 태어난 아기의 침실로 데리고 갔다. 그런데 침실에는 피 묻은 요람만 있을 뿐 아기는 어디에도 없었다. 신경질적으로 짖어대는 애견의 입가에선 아직도 핏방울이 뚝뚝 떨어지고 있었다. 임금은 개가 아이를 죽인 것이라고 확신했고, 너무도 화가 나 그 자리에서 애견을 칼로 찔러 죽였다. 이때 어디선가 갓난아기의 울음소리가 들렸다. 울음소리가 나는 곳으로 가보니 아기는 다른 방구석에 눕혀져 있었고, 그 옆엔 피투성이가 된 늑대 한 마리가 죽은 채 누워 있었다. 임금은 아기를 보고 나서 모든 걸 깨달았지만 때는 이미 늦었다. 애견은 아기를 보호하려고 늑대와 필사적으로 싸웠는데 임금은 그것도 모르고 일시적인 충동에 못 이겨 애견을 죽여 버린 것이다. 임금은 애견을 잘 묻어주라고 명하고 모두에게 애견의 충성을 본받게 했다.

인간은 지극히 감정의 동물이다. 그래서 어떠한 상황이 닥치게 되면, 사람들은 이성적이고 논리적이지 못하고 사고나 행동이 감정에 의해 좌우되어 즉각적인 반응을 보이게 된다. 그리고 인내력이나 자제력이 상실되어 순간적인 충동분출의 결과는 돌이킬 수 없는 행동으로 이어지는 것이다. 따라서 우언고사 속에 담긴 임금의 충동적인 행동은 성급한 의사결정을 불러일으켜 화를 자초한다는 교훈을 주고 있다.

어느 회사의 최고경영자는 자신의 충동적인 성격을 다스리는 노하우에 대해 모래시계를 말하였다.

"직급이 올라갈수록 충동적인 성격이 강한 사람들은 자신의 직관에 의한 의사결정을 하고, 급하게 실행에 옮길 때가 많다. 그렇게 되면 잘못이나 실수가 생길 가능성이 매우 크다. 그럴 때 마다 모래시계를 엎어 놓고 떨어질 때까지 행동에 옮기지 않고 기다린다"고 했다.

충동을 자제할 수 있는 것은 오로지 "자기제어능력"뿐이다. 스스로 감정을 조절하고 억제할 수 있는 "감정제어 훈련"을 해야 한다. 매순간 선택을 하고, 의사결정을 하고, 행동에 옮기기 전에, 잠시 모든 것을 멈추고 조용히 생각해 보는 것이다. "지금 내가 선택하고 내린 결정에 대해 내가 바로 행동으로 옮기면, 어떠한 결과가 초래될까"를 미리 생각해 보는 것이다. 그렇게 하면, 즉각적인 충동에서 벗어 날 수 있다. 충동은 자제력이 부족하고 감정 조절을 못해서 일어나는 일종의 정신적, 성격적 결함이기 때문이다.

✔ 고사성어

■ 극기복례(克己復禮): 克(이길 극), 己(몸 기), 復(돌아올 복), 禮(예도 례)
"자기의 사욕을 극복하고 예로 돌아간다"는 뜻이며, "충동적이고 감성적인 자아를 의지로 극복하여 예법을 갖춘다"는 의미다.

▸ "편안한 마음으로 한곳에 오래 앉아 있지 못하고 마음이 매우 불안하여 안절부절 못하는 사람(좌불안석: 坐不安席)"은 충동억제를 못 하는 사람이다. 그런 사람은 일을 하는데 있어서도 잦은 실수와 실패를 하며 인간관계도 원활하지 못하다. 그러므로 충동에서 벗어나는 방법은 무엇보다도 자신과 싸움에서 자신을 다스리는 길을 찾아 행하고 "충동적이고 감성적인 자아를 의지로 극복하여 예법을 갖추는 것이다(극기복례: 克己復禮)

□ TIP 파리들(쾌락과 생존)에 관한 우화

꿀단지가 엎어지자 파리들이 날아들어 정신없이 달콤한 꿀을 빨라 댔다. 하지만 꿀을 다 먹은 파리들은 다리가 바닥에 붙어 날아갈 수 없게 된 것을 깨닫고 이렇게 한탄했다. "아, 어리석어라. 조그만 쾌락을 누리려고 목숨을 바치다니."
파리들(쾌락과 생존)에 관한 우화에서는 즉각적인 쾌락의 유혹이 충동적인 행동으로 옮겨져 목숨까지 위협을 받을 수 있다는 교훈을 얻는다. 순간적으로 어떤 행동을 하고 싶은 욕구를 조절하기 어려움이 있는 사람은 인간관계를 잘 할 수 없으므로 아름답고 행복한 삶을 이룰 수가 없고 성공할 수도 없다. 따라서 인간은 충동을 자제하고 자기 제어능력을 키어나가야 한다.

62 칭찬

칭찬은 아름다운 사회를 창조하는 원동력이다

칭찬은 고래도 춤추게 하는 최고의 선물이다.

우리가 인간관계를 말할 때는 다양한 관점에서 설명할 수 있다. 인간관계란 사회생활 속에서 서로의 관계를 유지하여 효과적으로 삶을 영위해 나갈 수 있는 기술이나 능력이라고 말할 수 있다. 그리고 타인의 욕구와 그 사람이 지닌 장점, 단점과 능력을 이해하는 노력을 의미하기도 한다.

인간관계는 성공이나 실패에서도 결정적인 영향을 미치게 된다. 예를 들면 어떤 사람이 직무능력은 뛰어나지 않고 평균밖에 되지 않지만 그 사람이 훌륭한 인간관계 기술을 가지고 있다면 다른 사람들로부터 더 높게 평가 받기도 한다. 반대로 능력 있는 사람이라 할지라도 원만한 인간관계기술을 가지지 못한 사람은 자신의 능력보다 더 낮은 평가를 받기도 한다.

따라서 어떻게 하면, 우리는 인간관계를 잘하여 아름답고 풍요로운 사회를 만들어가야 하는지를 깊이 있게 짚어보고 실천해 나가야 할 것이다.

그렇다면 상대방의 감정을 적절히 반응해서 인간관계를 잘하여 아름답고 풍요로운 사회를 만들어가는 방안은 과연 무엇일까. 아마도 그건 상대를 칭찬하고 인정해주는 것부터 시작되어야 할 것이다.

"칭찬은 고래도 춤추게 한다"는 말은 우리 사회에 널리 익숙해 진지 오래다. 이것은 업무생산성과 팀 효율성 교육의 최고 권위자인 '캔블렌 챠드'가 1976년도 미국 서부지방을 여행하던 중 샌디에고에 있는 시월드 해양관을 들려 '범고래 샴의 쇼'를 관람하고 난 후에 기존의 고정관념 탈피기회를 얻어 리더십 분야에 적용하기 시작한데서부터 유명해졌다. 결국은 돌고래에 대한 조련사의 무한한 신뢰와 칭찬은 조련사가 원하고 바라는 것, 모두를 만족시켜 준다는 것이다.

인간은 누구나 상대로부터 비판이나 비난받는 것을 싫어하고 칭찬과 인정을 받기를 원한다. 그렇지만, 정작 본인은 상대에 대해 배려나 칭찬을 하는 데에는 인색하기 짝이 없다는 것은 누구도 부인할 수 없는 사실이다. 이런 현상은 인간의 본능인 존경 욕구와 이기주의가 인간의 마음속 깊이 공존하고 있기 때문이다.

상대를 칭찬하지 못하고 비판하는 것은 상대를 미워서가 아니라 자신을 미워하기 때문이다.

자기를 미워하는 이유는 자긍심이 낮으며 자아개방이 안 되고, 지극히 자기중심적 사고가 강하기 때문이다. 따라서 상대를 진정으로 칭찬하는 방법을 익히기 위해서는, 우선 스스로 능력 있고 가치 있다고 믿는, 믿음을 키워나가야 한다. 그리고 동시에 자기가 누구인지를 타인에게 알리는 것부터 노력하고 실천해야 한다. 보이지 않는 마음속 깊이 쳐 놓은 두꺼운 벽을 과감히 허물어야 비로소 상대에 대한 칭찬과 인정의 물꼬를 트는 것이다.

또 하나는 타인이 자신에게 하는 비판이나 비난을 수용할 수 있는 능력을 갖추어야 한다. 그리고 그 비판이나 비난의 원인을 분석하여 그것을 고쳐 나가는 노력을 해야 한다. 그래야 자신도 상대로부터 더욱 성숙한 인간으로서의 칭찬과 인정을 받게 되는 것이다.

인간의 욕구는 무한한 것이다. 한 단계 욕구가 채워지면 자연스럽게 더 높은 욕구가 요구되는 것이 인간의 기본 속성이다. 개인이 갖는 지위와 권력에 대한 존경 욕구, 명예와 명망에 대한 존경욕구 등이 충족되면, 이어서 자아실현 욕구를 달성하기 위한 최상위 욕구 때문에 모든 인간은 칭찬과 인정을 더 많이 더 크게 받기를 원한다는 것을 알아야 한다.

칭찬의 힘은 경이롭고 위대한 것이다. 칭찬은 훌륭한 인간관계를 하게끔 하는 촉매제 역할을 한다. 또한 칭찬은 매사에 소극적이고 부정적인 사람을 적극적이고 긍정적인 사고로 전환하게 하여 사기를 진작시키고 성장을 이룩하는 데 있어서 동기부여가 된다는 것을 잊지 말아야 한다.

칭찬에 대한 참 빛 한마디는 모든 사람에게 많은 교훈을 던져준다. "이 세상에는 남들로부터 비난을 받기를 원하는 사람은 단 한 명도 없다. 그러나 칭찬을 받기를 원하는 사람은 모든 사람이다. 따라서 칭찬은 모든 사람들이 갈구하는 최고의 선물인 것이다"

✔ 고사성어

- 훼아지언가문(毁我之言可聞): 毁(헐 훼), 我(나 아), 之(갈 지), 言(말씀 언), 可(옳을 가), 聞(들을 문)
- 훼야지인불필문(毁我之人不必問): 毁(헐 훼), 我(나 아), 之(갈 지), 人(사람 인), 不(아닐 불), 必(반드시 필), 門(문 문)

"나를 헐뜯는 말은 새겨듣고, 나를 헐뜯는 사람이 누구인지는 물을 필요가 없다"는 뜻이며, "자신에 대한 비판의 내용은 받아들이고, 자신에게 비판이나 반대소리를 한 사람이 누구인지는 알려고 하지 말아야 함"을 의미한다.

▸ 칭찬에 인색하지 않으려면 "남과 처지를 바꾸어 생각한다(역지사지: 易地思之)." 그리고 칭찬을 하고자 할 때는 진심이 우러나와야 한다. 그러므로 칭찬이 "감언이설(甘言利說: 남의 비위에 맞도록 꾸민 달콤한 말)" 이나 "남에게 아첨하느라고 발라 맞추는 말과 교묘하게 꾸미는 태도(교언영색: 巧言令色)"는 지양(止揚)해야 한다. 그러나 가까운 사람이나 스승의 "정문일침(頂門一針: 상대방의 급소를 찌르는 따끔한 충고나 교훈)"은 칭찬 중에 최고의 칭찬이 된다.

□ TIP 1. 칭찬

- 상대방의 존재감을 심어주는 말: "당신과 함께하면 힘이 나고 편안해요."
- 상대방의 사기를 복 돋아 주는 말: "최고의 브리핑이었어요."
- 상대방이 위로되고 큰 힘이 되는 말: "무척 애를 쓰셨어요. 계속 응원할 거 예요."
- 상대방이 실수나 잘못을 했을 때의 말: "그럴 수가 있어요. 거울로 삼아 앞으로 잘하면 돼요."
- 상대방의 갈등과 스트레스를 해소해 주는 말: "모든 것이 제 잘못입니다. 미안합니다"
- 상대방의 잠재 능력을 끌어내는 말: "당신은 해낼 수 있어요. 난, 당신을 믿어요."

□ TIP 2. 칭찬의 힘

① 도전정신을 불러일으키고 자신감을 느끼게 한다.
② 훌륭한 인간관계 형성에 놀라운 효과를 창출되게 한다.
③ 부정적인 고정관념 태도에서 긍정의 태도 변화로 전환된다.
④ 사기를 진작시키고 주인 정신을 갖게 한다.
⑤ 개인의 성장과 조직의 성장 모두를 가져와 개인과 조직 모두의 만족을 끌어낸다.

타

삶의 차이를 만드는 **인간성공 경영**

63 탐욕

탐욕은 인간을 병들게 하고 삶을 파괴한다

물질적 욕심은 정신적 빈곤을 만들고, 정신적 부유함은 행복한 삶을 노래하게 한다.

인간은 지극히 이기적이고 자기중심적인 사고의 본능을 가지고 있어서 누구나 욕심은 있기 마련이다. 그러나 권력, 재물, 명예 등 욕심이 지나치게 넘쳐 모두를 가지려 하는 탐욕 때문에 문제가 된다.

인간이 욕심을 부리는 것은 현재의 삶보다 미래에 더 나은 행복한 삶을 추구하고 싶은 소박한 마음의 작용 때문일 것이다. 그러나 욕심이 지나치면 물질에 노예가 되어 진정한 삶의 의미를 잃게 되어 불행하고 파괴적인 삶만 초래할 뿐이다.

춘추전국시대 「상군서(商君書) · 내민(徠民)」편에 "욕심장이 동곽창"이란 중국 우언이 있다.

제(齊)나라에 동곽창(東郭敞)이라는 사람이 있었다.

그는 욕심이 아주 많아 만금의 재산을 가지고 싶어 했다.

그의 제자가 그에게 불쌍한 사람을 도와주라고 간청하였다.

그러나 그는 반대하며 말했다.

"나는 장차 돈으로 벼슬을 살 작정이란다"

그의 제자는 화를 내며 송(宋)나라로 떠나면서 말했다.

"이렇게 없는 것을 좋아하느니 차라리 있는 거나 잘 다루세요."

이 우화가 주는 의미는 이렇다. 욕심이 많으면 자기가 가지고 있지 않은 것까지 탐하여 오히려 자기가 가지고 있는 것까지 모두 잃어버리게 된다는 것이다. 특히 명예욕을 얻으려다 가장 중요한 인적자본인 유능한 사람까지 잃게 된다는 교훈을 준다.

권력의 탐욕, 재물의 탐욕, 명예의 탐욕 등은 인간의 무지에서 나타나는 인간성 상실의 산물이다. 따라서 탐욕이 만연하면 기회는 평등하고, 과정은 공정하며, 결과는 정의롭지 못한 사회가 되며, 양보와 배려 없는 세상, 혼탁한 세상이 된다는 것이다.

탐욕은 통제 불가능한 브레이크 없는 자동차의 질주이다.

욕심이 과하면 화를 부르기 마련이다. 인간이 고통을 받고 후회하는 근본적인 원인은 욕심 때문이다. 행복이란 참 맛을 느끼지 못하고 불만족의 욕심에 사로잡히게 되면 화가 나기 마련이다. 화가 나면서 욕심을 부리게 되고 그 욕심이 지나치면서 탐욕으로 승화된다. 그리고 탐욕스런 욕망의 본능은 이성적이지 못하고 인간의 정신을 병들게 하여 아름다움 삶의 가치를 잃어버리게 한다.

모든 것은 과하면 부족한 것만 못하다.

인간은 간혹 욕심을 버려야 하겠다는 생각을 가지고 잠시 자신과 약속을 하지만, 그 약속도 잠시일 뿐, 욕심은 자기 자신에게 살며시 다시 찾아 든다. 그 욕심을 내려놓지 못하는 이유는 무엇보다 자신도 모르게 욕심을 부리고 싶은 욕망이 마음속 깊이 자리 잡고 있기 때문이다. 자신의 행동과 신념이 달랐다는 것을 부정하고 현재의 욕심이 향후 자신의 삶을 어떻게 파괴 시킬 지를 까마득히 모르기 때문이다. 또한 욕심이 지나치면 얻는 것 보다 더 많은 것을 잃는다는 것을 생각지도 못하게 만들기 때문이기도하다.

탐욕에서 벗어나는 유일한 역량은 자기통제 능력이다.

인간이 끝없이 추구하는 탐욕은 파멸을 자초하는 지름길이 될 뿐이다. 그러므로 탐욕에서 벗어나려면 그 무엇보다도 자족하는 삶의 법칙을 알아야 한다.

욕망에 대한 집착이 높을수록 자족과는 거리가 멀어진다. 자족하는 방법은 우선 치열하게 경쟁하는 사회에서 잠시 숨을 돌리고 한발 물러나 자신에게 맞는 삶의 규격과 균형을 찾아보는 것이다. 그리고 자신을 둘러싸고 있는 고민과 들끓는 갈망들을 모두 내려놓고 삶에 대한 참된 의미를 다져보는 것이다. 그래야 인간의 탐욕을 부추기는 요인을 알 수가 있어, 자족하는 법을 배워 만족하는 삶을 이룩하는 길을 찾을 수 있다. 물질적 동경의 세상보다 정신적 동경의 세계로 다가갈 때 바로 자족을 하게 되는 것이다.

✔ 고사성어

■ 견물생심(見物生心): 見(볼 견), 物(만물 물), 生(날 생), 心(마음 심)
"물건을 보면 욕심이 생긴다"는 뜻이며, 좋은 물건을 보면 누구나 그것을 가지고 싶은 마음이 생긴다."는 의미다.

▸ 속담에 "바다는 메워도 사람의 욕심은 못 채운다"는 말이 있다. 이 속담은 끝이 없는 인간의 욕심을 지적한다. 사람의 욕심은 "말 타면 종두고 싶고(기마욕솔노: 騎馬慾率奴)" 그리고 "행랑 빌리면 안방까지 든다(차정차규: 借庭借閨)."는 것이 인간의 심리다.
그러므로 욕심에서 벗어나 정신적 부유함에서 찾아오는 행복한 삶을 이루기 위해서는 "소욕지족(少欲知足: 욕심을 줄이고 만족할 줄 안다)"해야 하고 "오유지족(吾唯知足: 욕심을 버리고 현재 가진 것에 만족하다)"해야 한다. 따라서 그렇지 못한다면 "자기 능력 밖의 일을 욕심내다가 이루지도 못하고 망신만 당하기 십상이다(화호류구: 畵虎類狗)

☐ TIP 1.

탐욕에서 벗어나려면 그 무엇보다도 자족하는 삶의 법칙을 알아야 한다. 그러나 자족은 이중적 의미가 있다는 것이다.
'버트란트 러셀'은 부족함을 느끼는 것이 행복에 없어서는 안 될 요소라고 한 바 있는데, 부족함을 느낄 때 그것을 채우려고 더 노력 한다는 것이다.
부족함을 느끼는 사람들은 일을 더 많이 시도하고, 그래서 성공한 확률이 높아진다.

☐ TIP 2. 이솝우화(황금알을 낳는 거위 이야기)

이솝우화에 "황금알을 낳는 거위 이야기"가 있다. 내용 요지는 이렇다.
하루에 한 개씩 황금알을 낳는 거위를 가진 농부가 있다. 그 농부는 황금알을 팔아서 부자가 되었다. 탐욕스러운 농부는 더 빨리, 더 많이 부자고 되고 싶어서 조급한 나머지 급기야 거위 뱃속에 황금알이 많이 들어있는 줄 알고 거위를 죽여 버린다. 하지만 거위 뱃속에는 황금알은 없고 붉은 피만 있었다.

☐ TIP 3. 욕구와 탐욕의 차이

- 욕구: 자신과 싸움 ⇨ 매슬로우(Maslow)의 인간 욕구 5단계 에서도 알 수 있음
  매슬로우의 욕구단계이론은 다음과 같은 기본 전제로 설명된다.

첫째는 인간은 결합된 욕구를 충족하기 위하여 그 욕구를 충족하고 싶은 방향으로 동기가 유발된다는 것이다.

둘째는 한번 충족된 욕구는 다시 새로운 욕구가 나타날 때까지 더 이상 동기 유발이 되지 않는다는 것이다.

셋째는 진행의 원칙으로서 하위욕구가 충족된 후에 상위 욕구의 충족을 향하여 진행된다는 것이다. 그리고 한 번 충족된 욕구는 하위욕구 단계로 향하는 데는 어려움이 발생한다는 것이다.

- 제1단계(생리적 욕구) ⇨ 제2단계(안전 욕구) ⇨ 제3단계(사회적 욕구) ⇨ 제4단계(존경 욕구) ⇨ 5단계(자아실현 욕구)개인의 능력과 기술, 잠재력을 최대한 실현하고자 하는 욕구/자기한테 인정받아야 하는 욕구/가장 채워지기 힘든 욕구

• 탐욕: 상대방과 싸움 ⇨지나친 이기적 발로 ⇨욕심이 지나치면 탐욕이 됨

64 특수신용

사람이 갖는 특수신용은 인격의 원천이다

인격의 크기도 그릇의 크기와 같이 모두 다르기 마련이다. 그릇의 크기가 작은 사람들은 그 중심에는 무능과 비인격적 요소가 자리 잡고 있다. 무능하고 비인간적인 사람이 자신의 본질을 감추기 위해 인격이라는 가면을 쓰고 있다. 그렇기 때문에 자신은 인격자라고 자신하지만, 타인이 평가할 때는 인격자가 될 수 없는 것이다.

상당수의 사람은 훌륭한 인격을 갖추어 타인으로부터 존경과 인정받기를 희망하고 노력하는가 하면, 또 한편으로는 명예와 권력과 부를 쫓기에 여념이 없다. 그러나 아무리 명예와 권력 그리고 부를 축적했다 하더라도 인격이 상실되면 그 모든 것을 잃게 되는 것이다.

인격의 사전적 의미는 '사람의 됨됨이'로 표현할 수 있다. 그리고 '사람의 됨됨이'는 품격, 인품, 인성, 인간성 등과도 밀접한 관련이 있으며 이러한 관련된 단어를 종합하여 요약한다면, 도덕적 행위의 주체로서, 진위(眞僞) · 선악(善惡)을 판단할 수 있는 능력과 자율적 의지 등을 지닌 존재로 정리할 수도 있다.

비윤리적이고 비도덕적인 사람, 줏대 없고 의리도 없는 기회주의자, 원칙 없는 처세술 등은 인격을 상실한 사람이라 할 수 있다. 이러한 사람들의 처세술과 행동은 별다른 문제없이 당장은 도움이 될지 모르지만 결국에는 자신을 파멸의 지름길로 몰고 가는 것이다.

인격은 그릇의 크기와 같다고 말할 수 있다. 그러므로 인격의 크기도 그릇의 크기와 같이 모두 다르기 마련이다. 그릇의 크기가 작은 사람들을 한 꺼풀 벗겨 놓고 보면, 그 중심에는 무능과 비인격적 요소가 자리 잡고 있다. 무능하고 비인간적인 사람이 자신의 본질을 감추기 위해 인격이라는 가면을 쓰고 있다. 그렇기 때문에 자신은 인격자라고 자신하지만, 타인이 평가할 때는 인격자가 될 수 없는 것이다.

인격을 상실한 사람은 삶의 방향을 잃어 결국에는 버림받게 된다. 특히 조직에서 리더는 부하 구성원들로부터 '특수신용'을 상실하게 되어 이제는 리더로서의 존재가치를 잃게 된다. 특수신용은 리더가 부하구성원에게 믿음을 제공해주고 기대와 욕구를 충족 시켜줄 때 바로 특수신용이 발생하는 것이다.

사람의 마음은 참으로 잔인하다고 할 수 있다. 백번 잘해도 한번 실수를 기억하고, 좋았던 그 수많은 기억보다, 단 한 번의 서운함에 오해하고 실망하게 하여 상대의 믿음이라 할 수 있는 특수신용을 철회하게 되는 것이다.

특수신용이라는 것은 쌓기는 어렵지만 잃는 것은 한순간이다. 선출된 대통령이 초기에는 인지도가 높다가 시간이 지나면서 임기가 가까워질수록 점차 인기가 떨어지게 되는 현상을 볼 수 있다. 그 타당한 이유를 살펴보면, 초기에는 국민들이 대통령에 대한 기대와 신뢰 그리고 욕구가 높아졌다가 시간이 흐름에 따라 점차 낮아지기 때문이다.

그렇다면, 리더는 어떻게 인격을 소중히 보관하여 '특수신용'을 쌓을 수 있단 말인가?

처세술 등은 물론 항상 공명정대하고 청렴결백하게 행동하여 자신의 인격을 소중히 보전한다는 것은 분명 그리 쉬운 일은 아니다. 인격을 지키는 일은 가장 위대한 힘이라 할 수 있는 인내가 필요한 것이다. 인내는 온갖 미움, 증오, 분노, 배타심 그리고 탐욕들을 마음속에서 싹틀 때마다 빨리 인지하고 과감히 결단력 있게 퇴치하기 때문이다. 또한 리더는 스스로 인간이 갖추어야 할 높은 도덕적 의무와 윤리의식을 함께 키워나가야 한다. 인격은 명예와 권력 그리고 재산보다 더 소중하기 때문이다. 인격이 상실되면 그 모든 것을 잃게 된다는 것을 명심해야 한다.

✔ 고사성어

■ 무괴아심(無愧我心): 無(없을 무), 愧(부끄러울 괴), 我(나 아), 心(마음 심)
"내 마음에 부끄러움이 없도록 한다"는 뜻이며, "다른 사람의 허물을 탓하기 전에 내 스스로 엄격하고 절제된 모습을 보여야 한다"는 의미다.

▸ 지도자나 리더의 자질과 능력이 "무괴아심(無愧我心)" 하면, 외집단(out club)에 속한 부하직원들도 감탄고토(甘呑苦吐: 달면 삼키고 쓰면 뱉음)하지 않고 "걸견폐요(桀犬吠堯: 선악을 가리지 않고 자기가 섬기는 주인에게 충성을 다함)" 할 정도로 자신의 리더에 대해 신뢰를 부여하고 충성을 다한다.

☐ TIP 인간관계 대차대조표(Balance sheet)

대차대조표란 자산과 부채를 밝히는 회계작성표이다. 무엇을 갖고 있고 무엇을 누구에게 빚지고 있는지를 밝힌다. 이것을 인간관계에서도 적용할 수 있다. 나는 누구와는 채권관계(받을 것이 있음)가 있고 누구에게는 채무관계(빚지고 있음)가 있는가를 구체적으로 볼 수 있다.

• 중점과제

성명	내가 받을 것(채권)이 있는 관계 – 채권 내용 –	내가 빚(채무)을 지고 있는 관계 – 채무 내용 –

① 채권과 채무 중에서 어느 항목이 더 큰가?
② 채무보다 채권을 더 많이 쌓기 위해서는 리더가 노력해야 할 일을 자세히 적어본다.
③ 특수신용은 리더십 발휘를 정당화해주는 자신이므로 특수신용(채권)을 더 많이 쌓고 견고히 지키기 위한 노력이 중요하다.

파

삶의 차이를 만드는 인간성공 경영

65 포용력

'구정물도 받아주는 포용력(包容力)'이 주는 인간성공 경영

포용의 힘은 자신도, 타인도, 사회도 모두를 행복하게 해 주는 따뜻한 마중물이다.

모든 사람은 어떻게 하면 인간관계를 잘하여 성공적이고 행복한 삶을 이룩할 것인가를 희망하고 있다.

성공적인 인간관계를 위한 노자(老子)의, 물(水)의 육덕(六德) 중에서 그 하나가 '구정물도 받아주는 포용력'이다.

바닷물은 결코 맑은 물과 구정물을 가리지 않고 맞이한다. 넘치면 양보하고 부족하다 싶으면 채워주곤 한다. 이것이 바로 세상을 폭넓게, 깊이 있게 바라보고 타인을 너그럽게 감싸 받아들여 아름답고 행복한 세상을 만들어가는 포용의 마중물이다.

포용은 품성 그 자체도 물론 중요하지만, 더 중요한 것은 실천행동이다. 인간은 모두가 자신만의 독특한 특성을 보이고 있다. 그러므로 모든 것은 타인과 다르다는 것을 인식하고 자신과의 다름을 받아들이는데서 부터 포용은 시작되는 것이다. 그렇다고 문제가 많고 잘못된 것이나 틀린 것까지 가리지 않고 무조건 모두 받아들인다는 것은 결코 아니다.

포용은 넓고 부드러운 것이다. 그리고 요란하지도 않고 요구하지도 않으면서 사람들의 마음을 사로잡는데 강한 힘을 가지고 있다. 따라서 이러한 포용의 힘을 가지려면, 타인을 사랑과 너그러움으로 감싸주고 받아들이는 용광로 같은 가슴을 가져야 한다.

또한 포용은 커다란 둥근 원통형에서 보이는 것만 택하는 것이 아니라, 볼 수 없는 더 큰 부분까지 헤아려 볼 줄 알아야 진정한 포용이다. 따라서 포용의 힘이란 마음에 무엇을 담느냐가 문제이다.

「초나라(楚) 장왕(莊王)」에 나오는 우화, "투구 끈을 뜯어내고 마음껏 마셔라"는 포용력에 관한 내용이다.

어느 날 전투에서 이기고 돌아온 장수들을 위해 장왕이 연회를 베풀었다. 한참 흥이 오르는데 갑자기 센 바람이 불어와 방안의 등불이 다 꺼져버렸다. 대신과 장수들이 놀라 웅성거렸다. 어둠을 틈타 한 장수가 장왕이 제일 아끼는 애첩의 허리를 껴안고 입술을 훔쳤다. 당황한 애첩이 그 장수를 밀치며 소리쳤다.

"대왕, 어떤 놈이 나를 희롱하옵니다. 여기 그놈의 투구 끈을 뜯어 놓았습니다. 엄벌을 내려주소서."

순간 연회장의 분위기는 찬물을 끼얹듯 가라앉았다. 애첩의 하소연을 들은 장왕이 영을 내렸다.

"불을 켜지 마라. 모든 장수는 투구 끈을 뜯어내라. 자! 마음껏 마셔라."

왕명에 따라 모든 장수가 투구 끈을 뜯은 다음에야 불을 밝혔다.

그런 다음 한참 시간이 흐른 후 장왕이 출전한 어느 전쟁에서 퇴로가 끊겨 죽게 되었는데 한 장수가 목숨을 걸고 구해냈다. 그는 연회에서 왕의 애첩을 희롱해 죽을 뻔했다가 왕의 넓은 도량으로 살아난 장수 당교였다. 이처럼 포용력을 지닌 왕이었기에 참으로 훌륭한 신하들이 모였다. 늘 자신보다 신하를 보기 원했고 그런 신하가 없을 때는 나라가 위태롭다며 한탄했다.

위대한 인물은 사사로운 일에 신경을 쓰지 않고 더 큰 일을 위해 남을 배려하고 포용력을 발휘한다. 그리고 원대한 비전과 영감적인 커뮤니케이션을 발휘할 때 리더의 리더십은 더욱 빛나게 되는 것이다.

그러나 우리 사회 면모를 살펴보면 어떠한가. 권력을 추구한 나머지 권력에 취하고, 많이 가진 자는 더 가져야 한다는 욕심이 넘쳐흐름을 볼 수 있다. 그래서 그 넘치는 권력과 욕심의 그늘에 가려 포용의 힘은 잃고 마는 것이다. 따라서 가려진 그 그늘에서 벗어나는 것만이 진정한 포용력의 통로가 열리는 것이다.

그렇다면 포용의 힘을 키워서 인간관계를 잘 하여 성공적이고 행복한 삶을 이룩하기 위해서는 어떻게 해야 하는가?

포용은 자신과 타인은 물론 사회 전체를 변화시키는 강력한 힘을 가지고 있다. 그러므로 포용의 힘을 가지려면 무엇보다도 굳게 닫힌 마음의 문을 활짝 열고 겸허해야 한다. 그리고 포용력의 한계를 극복하기 위해서는 우선 선입견이나 편견을 갖지 말아야 한다.

선입견으로 인해 상대가 지닌 실제의 모습을 평가하지 못하고 한쪽으로 치우쳐, 평가오류를 자초한다면 그 포용의 힘은 사리지고만다.

포용의 힘을 키우기 위한 또 하나의 방법은 자긍심 향상이다. 자긍심은 "인간의 마음가짐에 따라 자신이 가지고 있는 에너지를 끌어낼 수 있으며, 인생의 방향을 얼마든지 긍정적인 방향으로 바꿀 수 있다"고 뉴 소트(new thought)는 말했다. 낮은 자긍심을 가진 사람은 사물의 실제 모습이 아니라 삐뚤어진 느낌에 기초를 둔 태도를 보이게 된다. 따라서 포용이라는 힘을 키우기 위해서는 그 무엇보다도 자긍심을 키워나가는 노력을 해야 한다.

또한 포용의 힘을 키우려면, 남들이 자신에 대해 비난을 퍼부어도 오히려 그 비난을 자신에 대한 깊은 관심이라고 생각하는 긍정적이고 폭넓은 사고로 받아들일 때 가능한 것이다. 이에 더불어 수직적인 사고를 버리고 수평적인 사고를 하고, 남을 존중하고 깊은 이해를 하면 포용의 힘은 더욱 강한 빛을 발하게 된다.

인도의 역사상 뛰어나고 위대한 시인(詩人) 라빈드라나스 타고르(Rabindranath Tagore)는 이런 명언을 남겼다. "만약 우리가 받아들일 포용능력(그릇)을 갖춘다면 우리에게 속하는 모든 것이 온다"

✔ 고사성어

■ 천공해활(天空海闊): 天(하늘 천), 空(빌 공), 海(바다 해), 闊(넓을 활)
"하늘은 그 끝이 없고, 바다는 매우 넓다"는 뜻이며, "도량이 넓고, 그 기상이 웅대함"을 이르는 의미다.

▸ 포용은, 모든 것은 타인과 다르다는 것을 인식하고 자신과 다름을 받아들이는데서 부터 시작되는 것이다. "바다와 같은 크나큰 그릇은 온갖 물들을 다 수용한다. 깨끗하다고 받아들이고 더럽다고 내 치지는 않는다(해불양수: 海不讓水)" 따라서 포용의 힘을 키워서 인간관계를 잘 하여 성공적이고 행복한 삶을 이룩하기 위해서는 "이것저것 따지지 않으며, 다른 사람을 탓하지 않고 너그럽게 감싸 주거나 받아들이는 마음(해납백천: 海納百川)"을 지녀야 한다. 그러나 "우유부단(優柔不斷: 넉넉하고 부드러운 성격 때문에 냉정하지 못함)"함은 포용에 있어서 가장 경계해야 할 태도이므로 주의해야 한다.

▢ TIP 포용력 기르기

넓은 포용력은 성공적인 관계를 도모하며 훌륭한 리더십을 기르는 원천의 하나이다.
① 남을 위하거나 이롭게 하는 마음을 가져야 한다(이타심:利他心)
② 다른 사람의 처지에서 사고하고 행동한다(역지사지:易地思之)
③ 매사에 긍정적인 사고를 한다(肯定思考)
④ 남의 잘못 따위를 너그럽게 받아들이거나 용서한다(관용:寬容.)
⑤ 한쪽으로 치우쳐서 공정하지 못한 생각이나 견해(편견:偏見), 그리고 마음속에 굳어있어 변하지 않는 생각(고정관념:固定觀念)에서 벗어나야 한다.

66 편견

편견(偏見) 없이 평가하고 행동해야 성공을 이룩할 수 있다

사람이 갖는 편견은 선(善)을 낳을 수도 있고 악(惡)을 낳을 수도 있다. 그러나 선을 악으로, 악을 선으로 보는 것이 가장 큰 문제다.

사람이나 사물을 바라보고 평가할 때, 어느 한쪽으로 치우친 공정하지 못한 생각이나 견해를 통상적으로 "편견"이라 말하며 편견은 개인은 물론 사회적으로 용인될 수 없는 해악적 요소 중 하나다.

편견은 일반적으로 "주관적 편견"과 "집단적 편견"으로 나누어 볼 수 있다.

우선 주관적 편견은 장제(蔣濟; 魏明帝때의 사람)의 「만기론(萬機論)」에 나오는 우언(寓言), "서로 보는 눈이 달라서"에서 생각해 볼 수 있다.

오나라 사람 둘이서 임금의 용모에 대하여 서로 의견이 갈렸다.

한 사람은 "잘 생기셨지요!"라고 극찬하는데, 다른 한 사람은

"세상에 그런 추남이 없지요!"라고 혹평하였다. 한참을 다투었으나 결판이 나지 않았다.

그리고 둘이 서로 "당신이 한번 내 눈 속으로 들어와 보시오. 잘 생겼는지 못생겼는지 바로 판가름이 날 것이니..." 하고 물러서지 않았다.

이와 같이 똑같은 사람을 두고도 사람마다 평가가 다른 것은 사물이나 현상을 바라보는 생각이나 입장이 다르기 때문이다.

편견 중 또 하나인 집단적 편견은 "황소 몸무게 맞추기" '집단지성'에서 편견에

관한 내용을 폭넓게 이해할 수 있다.

영국의 유전학자 프랜시스 골턴은 1906년 영국 서부의 우시장에서 황소의 몸무게 맞추기 대회를 개최했다. 800여 명에 이르는 군중이 참여했고, 이 중에는 소 전문가도 일부 포함되어 있었다. 골턴은 소 한 마리를 끌어내고, 소의 무게를 추정하여 적어내게 하였다. 전문가들을 포함하여 아무도 정확하게 소의 무게를 맞추지 못했지만, 모든 군중이 눈짐작으로 적어낸 값을 평균해 보니 각각의 추정치보다 훨씬 실제에 가까웠다. 전문가 한 사람의 능력보다 구성원 전체의 지식이 집단을 이루었을 때 발휘되는 능력이 훨씬 향상된다는 것을 보여준 것이다.

전문가보다는 평범한 다수의 집단지성이 위력을 발휘한다는 사실은 현재 각종 시장조사에서도 유용한 측정 도구로 활용되고 있다

그러나 "다수의 판단이 소수 전문가의 지식보다 우월하다"는 명제가 반드시 성립되지는 않는다. 그 이유는 이렇다. 편견에 사로잡힌 몇 명이 집단에 들어와 자신들의 주장을 집요하게 펴면 집단에 속한 많은 합리적인 사람도 쉽게 동요되어 끌려가기 때문이다. 이것이 '집단적 편견 위험'이다. 실례로 2008년도 미국산 쇠고기 광우병 괴담은 수십만 명의 시민들이 촛불을 들고 광화문 광장으로 모이게 만들었던 것이다.

집단지성이 제대로 발휘되어 공론화가 성공하려면, 우선 각 개인이 독립적으로 옳고 그름을 판단하고 사고하는 능력을 길러야 한다. 그리고 현안의 본질을 충분히 이해해야하며, 동시에 다양한 사람들을 참여시켜야 한다. 그렇지 않으면 공론화 참가자들이 선동가에 휘둘리거나 편견과 지각오류에 빠질 위험이 크다. 따라서 공론화를 하면 적용할 곳과 적용 안 될 경우를 구분할 줄 아는 선구안이 필요하다. 공론화를 마음대로 사용하면 '집단적 편견 위험'으로 인하여 '공론화'가 망하는 길로 치닫기 때문이다.

편견은 모든 조직에서도 매우 중요성이 강조된다. 성공적인 조직을 이끌기 위해서는 리더의 리더십과 부하직원들의 팔로워십이 훌륭해야 한다. 특히 리더가 갖추어야 할 능력과 자질에 있어서 중요한 것 중 하나가 편견이다.

리더는 구성원들을 대상으로 편견이 개입되지 않고 적재적소(適材適所)와 외적보상과 내적 보상을 제때에 잘해줘야 한다. 그래야 조직이 바라는 목표를 달성하여 성공시킬 수 있다.

리더의 편견이 개입하면, 불공정하게 부하직원을 대한다든가, 또는 외부환경으로부터의 자극이나 정보를 잘못 판단하거나 왜곡되게 받아들여 평가를 하는 데서 부터 크고 작은 문제가 발생하곤 한다.

대부분 리더는 편견으로 인하여 구성원들을 내집단(In-Group)과 외집단(Out-Group)으로 나누어서 조직을 이끌어 나간다.

내집단에 속한 구성원들은 근무만족도가 높아지고 조직에 더욱 몰입하게 되며 더 큰 자유재량 권을 갖게 되기도 한다. 그리고 자기희생적인 업무처리를 하게 되는, 아주 긍정적 효과도 있지만, 다른 한편으로는 공정의 합리성 훼손이란 문제가 대두되고, 조직의 규범을 어기고 비윤리적인 행동을 보이는 부정적인 측면도 있다. 그러나 외집단에 속한 구성원들은 소외감을 느끼고 리더의 불공정함에 대한 불만이 많아서 리더는 구성원들로부터 리더의 자격을 의심받게 된다. 이러한 부정적인 영향은 조직경영에 어려움으로 이어져 문제가 되기도 한다.

각 조직에서 구성원들을 내집단으로 분류하는 원인을 살펴보면, 리더 자신과의 학연이나 지연, 혈연 그리고 하급자의 태도가 공손하고 가치관이 비슷하게 되면 내집단으로 끌어들일 확률이 높다.

그렇다면 내집단이 지닌 부정적인 요소를 없애고, 외집단에 있는 구성원들의 소외현상을 극복하기 위해서는 어떻게 해야 하는가.

구성원들이 자기가 속한 조직과 자신의 상관에게 충성을 다하는 것은 어떻게 보면, 자연스럽고 바람직한 현상이라 할 수 있다. 그러나 내집단을 구성할 때는 편견과 고정관념에서 벗어나 개인과 팀의 성과를 중시하고, 그리고 지극히 도덕적이며 윤리적인 품성 등을 갖춘 팔로워십을 기초로 하여야 한다. 그리고 여기에 수반되는 도구적 가치는 "공정"하고, "평등하고", "정의"로워야 한다.

✔ 고사성어

■ 군자불기(君子不器): 君(임금 군), 子(사람 자), 不(아닐 불), 器(그릇 기)
"군자는 고정된 그릇이 아니라 모든 분야에서 원만하게 적응할 수 있는 사람이다"는 뜻이며, "참된 인물은 편협하지 않는다"는 의미다.

- 리더가 부하직원을 대하고 평가할 때 "당동벌이(黨同伐異: 하는 일의 옳고 그름은 따지지 않고 뜻이 같은 사람끼리는 한패가 되고, 그렇지 않은 사람은 배척함)" 행동은 지양(止揚)하고 "흑묘백묘(黑苗白描: 고양이가 검든, 희든 쥐를 잡는 고양이가 좋은 고양이다. 즉 편견 없이 능력과 성과를 보고 평가함)" 해야 한다. 특히 리더는 "공평무사(公平無私: 한쪽으로 치우침 없이 공평하여 사사로움이 없음)" 해야 하고 "군맹무상(群盲撫象: 모든 사물을 좁은 소견과 주관으로 잘못 판단함)" 하는 사고에서 벗어 날 수 있는 자질과 능력을 길러야 한다.

☐ TIP 편견(偏見) 소거(消去)

편견은 고정관념으로 인하여 한쪽으로 치우친 공정하지 못한 사람들의 부정적인 태도다. 편견은 선천적이 아니라 후천적인 학습효과로 인하여 발생한다. 이는 정치적 이념, 경제적으로의 계층 간 갈등, 전위적(사상이나 예술에서, 선구적이고 실험적인 창작을 시도하는 성격을 띤 것)인 공격, 성격적인 원인, 사회규범(사회질서를 유지하고 사회생활을 바람직한 방향으로 이끄는 법률, 도덕, 종교, 관습 등의 규범)에 대한 수용성 등을 들 수 있다.
편견은 사회생활, 특히 조직에서는 지대한 부정적인 영향이 초래되므로 편견을 없애고 버리는 것이 중요한 과제로 등장한다. 따라서 각 사회집단에서의 편견을 타파하는 학습과 더불어 개인적인 꾸준한 노력이 요구된다.
편견을 깨부수는 방법은 각 집단과의 빈번한 접촉을 통하여 마음의 벽을 허물고 상대를 정확히 재평가하여 고정관념에서 탈출하는 것이다. 그리고 나와 그들의 경계에 대한 '재범주화'를 설정하여 편견을 감소시킬 수 있다.

하

삶의 차이를 만드는 **인간성공 경영**

67 행복

행복은 자신의 능력에 맞는 일에 최선을 다할 때 찾아온다

행복의 크기는 남과 절대 비교하는 것이 아니다. 다만 자기가 현재 가지고 있는 행복을 향유(享有)해야 만이 그것이 최대 행복이다.

모든 사람의 공통적인 희망은 행복을 누리면서 잘 살아가는 것이다. 행복은 남들이 만들어 주는 것이 아니라 자신 스스로 만들어가고 향유되어야 한다. 그러나 적지 않은 사람들은 남들과 비교·평가하여 행복의 척도를 정하기 때문에 문제가 된다.

인간은 모두가 성장해온 환경이 각기 다르다. 그리고 가치관과 태도도 다르고 성격과 능력도 모두 다르기 마련이다. 그래서 어떤 사람이 잘 할 수 있는 장점이 자신에게는 거기에 미치지 못하고 단점이 될 수도 있으며, 반면 그와 반대가 될 수도 있다. 그래서 조직경영에서도 어떤 일을 맡기기에 알맞은 재능을 가진 사람을 알맞은 자리에 배치한다는 '적재적소(適材適所)'를 중시하고 있으며 실천하고 있다.

어떤 사람들은 남들이 가지고 있는 부와 명예, 지위와 능력을 자신과 비교하기 때문에 자신이 지닌 강점과 장점을 발휘하지 못하고 오히려 현재 누리고 있는 행복을 상실하곤 한다.

"뱁새가 황새 따라가다 가랑이가 찢어진다"는 속담이 있다. 뱁새는 뱁새 나름대로 황새가 갖지 못한 장점과 강점이 있는가 하면, 황새도 황새 나름대로 뱁새가 갖지 못한 장점과 강점을 지니고 있기 마련이다. 그러나 뱁새는 다리가 긴 황새를 부러워하여 뱁새 자신이 지닌 장점과 강점을 살리지 못하고 현재 누리고 있는 행복조차 잃어버린다는 어리석음의 교훈을 속담은 일러준다.

우리 인간은 신(神)이 아니고 성인(聖人)도 아니므로 모든 분야에서 모두 뛰어남을 보일 수도 없고 해낼 수도 없다는 것을 알아야 한다. 그렇다고 남들이 지닌 장점과 강점을 부러워하지 말라는 것은 결코 아니다. 단지 부러워는 하되 남이 가진 강점과 장점을 자신의 역량에 비추어 볼 때 과연 따라갈 수 있고, 할 수 있는가를 따져봐야 한다는 것이다.

"오르지 못할 나무는 쳐다보지도 말라!"는 말이 있다. 이 말은 곧, 노력은 열심히 해야 하지만, 자신이 지닌 능력 밖의 일에는 처음부터 욕심을 내지 말고 시기하지도 말라는 것이다.

시기하고 욕심이 지나치면 아무것도 얻을 수 없고 헛된 수고일 뿐이다. 그러나 자신의 역량에 맞는 바람직한 희망은 조금만 노력한다면 행복을 가져올 수 있다.

대체로 사람들의 속성을 들여다보면, 남들이 잘되고 행복한 삶에 대해 부러워하면서도 진작 자신이 누리고 있는 행복에는 만족하지 않는 경향이 있다. 이러한 인간의 본성에 대해 첸중수(錢鍾書) 선생은 「위성(圍城)」에서 아주 적절한 비유를 했다. '성안의 사람들은 나가고 싶어 하고 성 밖의 사람들은 들어오고 싶어 한다.'라고 말이다.

사람은 누구나 조금만 노력하면 행복해질 수 있는 능력을 가지고 있다. 그러나 중요한 것은 남들이 지닌 장점을 부러워만 하다가 자신의 장점 활용을 못한다면, 그것은 무능한 사람이 되는 것이다.

행복과 불행은 오로지 자신이 만들어가는 자기의 몫이 된다는 것을 알아야 한다. 자신이 가진 독특한 장점의 특질을 소중히 여기면서 동시에 남들이 가진 장점에 너무 과민 반응하지 말아야 한다. 자신의 장점을 앞세워 현재의 생활에 최선을 다하는 것만이 그게 바로 행복을 추구할 수 있는 최상의 방법이기 때문이다.

✔ 고사성어

■ 가계야치(家鷄野雉): 家(집 가), 鷄(닭 계), 野(들 야), 雉(꿩 치)
"집의 닭을 미워하고 들의 꿩을 사랑한다"는 뜻이며, "내가 가진 것보다 남이 가진 것이 더 좋아 보이고 소중하게 느껴진다"는 의미다.

▸ 행복의 조건은 "다른 사람과 자신을 비교하지 말아야 하고(가계야치: 家鷄野雉)", 그리고 "안분지족(安分知足: 편안한 마음으로 분수를 지키며 만족할 줄 알아야 함)"해야 하며, 현재의 "소박하고 청빈한 삶(단사표음: 簞食瓢飮)"을 향유하여 행복의 척도로 삼아야 한다.

☐ TIP 「한비자(韓非子). 내자설(內儲說)」에 나오는 우언(들통 난 위장 악공)

제나라(齊) 선왕은 3백 명 규모의 합주단이 연주하는 관악을 감상하기를 좋아하였다. 남곽(南郭)씨가 임금의 눈과 귀를 속여 합주단의 일원으로 끼어들어 높은 급료까지 챙겼다.

선왕이 죽고 민왕이 즉위하자, 민왕은 독주를 즐겨 들었으므로 남곽씨는 더 이상 가짜 악공 노릇을 할 수가 없어 도망치고 말았다.

어설픈 악공은 자신의 능력에 맞지 않는 합주단에 끼어들어 동료들의 실력에 묻혀 연주하였으나 개인 실력을 간음하게 하는 독주의 경우에는 적당한 실력으로 넘어갈 방법이 없다. 그래서 남곽씨가 도망친 것이다. 어떤 분야건 자신의 능력에 맞는 일에 최선을 다해야 행복한 삶을 이룩할 수 있다.

68 행복과 성공
행복을 초대하면 성공을 낳는다

행복의 조건은 오로지 자신에 달려 있다. 지금 자신이 열심히 하는 일을 죽도록 사랑한다면 바로 그게 행복이다.

인간은 누구나 삶을 영위해 나가면서 불행과 고통에서 벗어나 기쁨과 만족감을 느끼면서 행복하게 살아가기를 기대한다. 따라서 모든 사람은 자기 나름대로 자신만이 행복을 추구하며 행복을 느끼는 방법을 터득하기 위해 꾸준히 노력한다.

그러나 행복은 누구에게나 언제든지 그리고 늘 존재하는 것은 아니다. 개인마다 차이는 있겠지만, 행복을 느꼈다가도 시간이 지나면서 그 행복이 사라지는 경우도 있다. 그 이유 중 하나는 인간의 욕망은 끝이 없고, 욕망이 높을수록 행복의 지수는 오히려 낮아지기 때문이다. 따라서 행복을 지속해서 느끼게 할 수 있는 방법은 오로지 자신만의 몫이 되는 것이다.

행복은 누구나 가질 수 있는 평등하고 공정한 것이다. 그 평등하고 공정한 것은 정해진 것이 아니고 오로지 자신이 만들어가는 것이다.

행복은 크고 거대한 것이 아니다. 행복의 조건은 권력과 지위가 높고, 그리고 재산이 많든가 지식이 풍부하다고 하여 행복해지는 것은 결코 아니다. 마음을 비우고 작은 것에나 사소한 것에 감사의 마음과 긍정의 힘을 갖는다는 그 자체가 행복해지는 출발점이다. 따라서 행복은 인간의 욕구에 따라 느끼는 정도가 다를 수 있기 때문에 오로지 자신이 만들어 가는 마음의 습관과 의지에 달려 있다 할 것이다.

일찍이 카네기(Dale Carnegie)는 이런 명언을 남겼다. "당신이 무엇을 가졌는지, 어떤 사람인지, 어디에 있는지, 무슨 일을 하는지는 당신의 행복과는 상관이 없다. 행복과 상관있는 것은 당신이 어떻게 생각하느냐는 것이다"고 말이다.

사람들이 행복을 느끼지 못하는 가장 큰 원인 중 하나는 남들이 갖는 큰 행복과 자신이 같은 행복을 비교하기 때문이다. 행복이란 타인과 비교하는 것은 결코 아니다.

두 팔도 없고 다리와 몸통도 너무 작은 기형아로 태어난 어느 사람의 행복한 삶 얘기이다. 그 사람은 늘 행복한 삶을 살고 있다고 늘 말한다. 살아 숨 쉬면서 여러 사람들과 소통 할 수 있고 기형적인 작은 두 팔로 다리역할을 하면서 스스로 먹고 스스로 움직일 수 있으니 얼마나 행복한지 모르겠다고 역설한다. 정상적인 사람들이 그 사람을 바라보는 측은함의 시선은 그 사람에게는 그저 편견이고 기우(杞憂)에 불과 한 것이다.

최근 심리학에서는 행복이 먼저냐, 성공이 먼저냐가 관심거리가 되었다. 지금까지 사람들은 성공을 중심으로 행복이 돈다고 했다. 하지만 애드디너, 유보머스키, 로라킹 등 긍정 심리학자들은 수많은 메타분석을 통해 행복을 중심으로 성공이 돈다는 사실을 밝혀냈다. 즉 행복이 성공을 낳는다는 것이다.

행복을 불러들여 성공을 이룩하려면 자신의 삶을 전체적으로, 자신만이 추구하는 목표를 세우고 그 목표를 달성시키는 것이다. 목표를 달성하는 방법은 긍정적이고 자율적인 태도로 매사에 임해야 행복을 만들어 낼 수 있는 것이다. 그리고 분노, 화, 불안, 무기력 같은 부정적인 정서를 적게 경험하고 성취감, 감사, 즐거움, 자신감 같은 긍정적인 정서를 많이 경험해야 한다.

행복과 근심은 언제나 동시에 마음의 문을 두드린다. 행복을 초대하면 행복과 함께할 것이고 근심을 초대하면 근심과 함께할 것이다. 마음의 주인이 무엇을 초대하느냐에 따라 함께할 대상은 달라질 것이다.

✔ 고사성어

■ 자구다복(自求多福): 自(스스로 자), 求(구할 구), 多(많을 다), 福(복 복)
"많은 행복은 자기 스스로 구해야 한다"는 뜻이며, "많은 행복(幸福)은 하늘이 주어서가 아니라 자기가 스스로 구(求)해야 한다"는 의미다.

▸ 행복한 삶과 성공은 "뜻이 있으면 반드시 이루어진다(유지경성: 有志竟成)." 따라서 인생의 삶 자체가 "새옹지마(塞翁之馬: 인생의 '길흉화복(吉凶禍福)'은 변화가 많아 예측하기 어렵다)"이고 "희로애락(喜怒哀樂: 기쁨, 노여움, 슬픔, 즐거움)" 그 자체다. 그러므로 매사에 긍정의 마음을 가지고" 희색만면(喜色滿面: 기쁜 빛이 얼굴에 가득함)"하고 "희희낙락(喜喜樂樂: 매우 기뻐하고 즐거워함)"하면 행복이 찾아들어 성공된 삶을 이룰 수 있다.

□ TIP 1. 무엇이 사람을 행복하게 하는가? (Seligman, 2011)

① 정서: 긍정적 정서(Positive emotion)를 가진 사람이 행복하다.
행복(감사, 존경, 희망, 용서, 배려) ⇔ 불행(분노, 시기, 질투, 열등감, 적개심)
② 몰입: 몰입(Engagement)하는 사람이 행복하다.
행복(독서, 등산, 서예, 봉사) ⇔ 불행(하는 일 없이 빈둥댐)
③ 인간관계: 긍정적인 인간관계를 가진 사람이 행복하다.
행복(가족, 우정, 동료, 공동체, 연대감) ⇔ 불행(따돌림, 배척)
④ 존재의미: 긍정적 의미감(Positive Meaning)을 가진 사람이 행복하다: 양보, 희생, 애국, 헌신, 공헌
⑤ 자아실현: 좋아하는 일에 성취(Accomplishument)를 이룬 사람이 행복하다: 본인이 원하는 것

□ TIP 2. 행복한 사람의 특징(긍정적 정서)과 불행한 사람의 특징(부정적 정서): 문용린 자료

- 긍정적 정서: 감사, 용서, 양보, 희생, 사랑, 존경, 인내, 희망, 기대, 꿈, 낙관, 호감, 열정, 몰입, 관심, 배려, 만족, 즐거움(18개)
- 부정적 정서: 분노, 시기, 질투, 원망, 한, 적개심, 좌절, 포기, 낙담, 독단, 열등감, 자기비하, 충동, 비관, 우울, 슬픔, 불만족, 짜증(18개)

□ TIP 3. 행복을 위한 9가지 원리

① 감사하면 행복해진다. 감사는 인생의 시크릿(Secret)이다.
② 관점을 바꾸면 행복해진다. 마음을 바꾸면 세상이 다르게 보인다.
③ 비교하지 않으면 행복해진다. 꿈과 목표를 가지면 행복해진다. 행복의 최대적은 비교하기다.
④ 꿈과 목표를 가지면 행복해진다. 목적이 이끄는 삶이 즐겁다.
⑤ 현재의 즐거움을 키울수록 행복해진다. 현재를 즐겨라
⑥ 좋은 인간관계를 맺으면 행복해진다. 행복은 사람 사이에 존재함
⑦ 용서하면 행복해진다. 용서는 자신에 주는 최고의 선물이다.
⑧ 몰입이 잦고 깊을수록 행복해진다. 뭔가에 집중하는 것 자체가 행복이다.
⑨ 나누고 베풀면 행복해진다. 남을 행복하게 하면, 나도 자연히 행복해진다.

69 행복한 삶

행복한 삶을 위한 계획은 목표달성이 가능해야 한다

자기 역량 밖의 일에는 처음부터 욕심을 부리지 않는 사람이 자기 분수를 아는 것이다.

성공하려면 꿈이 없이는 이루어질 수 없다. 그러므로 "꿈을 크게 가져야 성공할 수 있다"라는 말은 우리 삶 속에 행복한 삶을 영위하기 위한 상징적인 지표이기도 하다. 따라서 행복한 삶을 영위해 나가기 위해서는 비전과 목표를 설정하는 것부터 출발하게 된다. 그러나 어떤 사람들은 현실적이지 못하거나 실현될 가망이 없는 것을 마음대로 상상하면서 장밋빛 삶을 위한 꿈을 꾸기도 한다.

이상은 높은데 현실이 그 이상을 따라가지 못한다면 그건 자명한 실패이고 정신적 고통만 가져다줄 뿐이다.

우리가 살아가는 사회에서 사람들의 면면을 들여다보면 노력하지도 않고 벼락부자가 되겠다고 매달리는 사람, 벼락출세를 위해 자기 능력을 키워서 당당히 평가를 받는 것을 외면하고 불공정과 정의롭지 못한 것에 매달리는 사람들을 심심찮게 볼 수 있다. 이런 사람들은 자연의 이치와 순리를 모르는 것과 다름이 없다.

계획이란 미래에 달성해야 할 목표를 세우고 행복한 삶을 이루기 위한 활동에 대하여 의사결정을 하는 동태적 과정이라 할 수 있다.

개인이든, 조직이든 나름대로 추구하는 목표를 달성하기 위해 머릿속으로 구상하며 계획을 세우는 것은 당연하고 필연적이다. 하지만 목표를 달성하기 위해서는 체계적인 계획을 세우고 효과적이고 효율적인 실천 행동을 해야 목표달성에 유효한 효과를 달성할 수 있다.

나폴레옹 말처럼, "생각하는 것은 현명한 일이고, 계획을 세우는 것은 더 현명하며, 실행에 옮기는 것은 가장 현명하고 훌륭하다"고 말이다.

꿈을 달성하기 위해 아무리 훌륭한 아이디어를 가지고 있다 하더라도 목표를 달성하기 위한 후속적인 활동에 해당하는 실행을 옮기지 못하다면 그건 허황된 꿈에 불과하고 무능함을 보여 줄 뿐이다. 따라서 행복한 삶, 성공적인 삶을 이루기 위해서는 인생의 목표를 세우고 체계적인 계획을 세워야 한다. 그리고 비전을 달성하기 위한 장기적인 계획과 목표를 세우고, 그 장기적인 계획과 목표를 달성하기 위한 단기적 계획과 목표를 세워서 실행에 옮겨 단기적 성과를 극대화해야 결국에는 희망하는 목표를 달성할 수 있고 성공할 수 있다.

계획과 목표를 세우지 않으면 자신이 추구하는 목표달성 성과를 기대할 수 없고 환경의 불확실성에 유연성 있게 대응할 수도 없다.

목표는 단지, 미래에 달성 가능한 계획에 불과하므로 불확실한 요소가 많을 수밖에 없다. 따라서 계획을 수립하고 목표를 설정하여 실행에 옮기는 과정에서 예기치 않은 환경변화가 생겼을 때 신속히 적응해 나가고 대응함으로서 불확실성을 감소시킬 수 있다. 무조건 목표를 세우고 실천을 한다고 해서 모두 다 만족할 만한 성과를 기대할 수는 없다는 것이다.

사람은 꿈과 목표가 없으면 삶의 의미를 잃는 것과 마찬가지다. 그러나 이루지 못할 허황한 꿈과 목표는 오히려 자신은 물론 조직에 발전을 저해하는 주요 요인이 될 수 있다. 더 나아가 허황한 꿈을 버리지 못하거나 이루지 못할 목표를 수정하지 못하면 그건 영원히 실패와 멸망의 길을 걷게 될 수도 있다.

✔ 고사성어

■ 당랑거철(螳螂拒轍): 螳(사마귀 당), 螂(사마귀 랑), 拒(막을 거), 轍(바퀴자국 철) "사마귀가 수레바퀴를 막아서다"의 뜻이며, "자기 능력을 생각지도 않고 무모하게 대항한다"는 의미다.

▸ "사람이 제 분수를 지키지 않고 욕심을 부리면 화를 입게 된다(원후취월: 猿猴取月)." 그러나 "자기 분수를 지켜 만족할 줄 아는 사람은 마음이 부자다(지족자부: 知足者富)" 그러므로 행복한 삶을 위해서는 꿈을 가지고 노력은 열심히 하되, "불가능한 일을 무리해서 굳이 하려 함(연목구어: 緣木求魚)"을 자제하고 일상적인 생활을 하면서 늘 "청심과욕(淸心寡慾: 마음을 깨끗이 하여 욕심을 줄여야 한다)" 해야 실패 없이 성공적인 삶을 이룩할 수 있다.

☐ TIP 「초나라(楚) · 어릉자(於陵子)」에 나오는 우언, "개미의 웃음거리가 된 달팽이"의 이야기

달팽이 한 마리가 그동안의 허송세월을 후회하면서 큰일 한 가지를 해보겠다고 뜻을 세웠다. 그런데 동쪽으로 태산(泰山)까지는 3천 년의 거리요, 남쪽으로 장강(長江)까지의 거리도 또한 3천여 년의 거리인데, 자기의 수명을 헤아려 보니 아침에서 저녁사이에 지나지 않아 큰 슬픔에 빠져 덤불 위에서 말라 죽어 개미들의 웃음거리가 되고 말았다.

자신의 능력을 가늠해 보지도 않고 달성 불가능한 목표를 세우는 것은 불행을 자초하는 것이다. 따라서 모든 일을 추구하고자 할 때는 자기 역량 밖에 일은 처음부터 욕심을 부리지 말고 분수를 지킬 줄 알아야 현명한 사람이다.

70 향기

사람에서 풍기는 아름다운 향기는 행복한 삶을 만들게 한다

꽃의 향기는 백 리를 가고, 술의 향기는 천 리를 가지만 사람의 향기는 만 리를 가도 남음이 있다.

사회생활 속에서 사람을 평가할 때 통상적으로, 2가지로 귀결된다. 그 하나는 그 사람은 '능력이 뛰어난가?'이고 또 하나는 그 사람은 '사회생활을 잘 하고 있는가?'이다. 결론은 둘 다 모두 충족해야 훌륭한 사람이라 말할 수 있다. 그러나 부득이 이 두 가지를 비교한다면 능력이 다소 뒤처지고 떨어진다 하더라도 주변 사람들과 인간관계가 좋으면 그 사람을 평가 할 때 능력이 뛰어난 사람, 훌륭한 사람이라고 평가하게 된다. 따라서 모든 조직에서는 대체로 인간관계가 뛰어난 사람을 선호하게 되고 그 사람한테는 후한 평가를 하게 되는 것이다.

중국 남북조 시대의 남사(南史)에 보면, 송계아(宋季雅)라는 고위관리가 정년퇴직을 대비하여 자신이 노후에 살집을 보러 다닌 이야기가 나온다. 그는 천백만금을 주고 여승진(呂僧珍)이란 사람의 이웃집을 사서 이사하였다.

백만금 밖에 안 되는 그 집값을 천백만금이나 주고 샀다는 말에 여승진이 그 이유를 물었다. 송계아의 대답은 간단했다. "백만매택(百萬買宅)이요, 천만매린(千萬買隣)이라, 백만금은 집값으로 지급하였고 천만금은 당신과 이웃되기 위한 프리미엄으로 지불한 것이다"라고 답했다.

좋은 이웃과 함께하려고 시세 가격보다 10배를 더 지급한 송계아의 태도에 여승진이 감동하지 않을 수 없었겠지요.

'화향백리(花香百里), 주향천리(酒香千里), 인향만리(人香萬里)'라는 말이 있다. 해석하면 이렇다. '꽃의 향기는 백리를 가고, 술의 향기는 천리를 가지만 사람의 향기는 만 리를 가도 남음이 있다' 이다. 또한 '금란지교(金蘭之交)'라는 고사성어가 있다. '친구 사이가 너무 친밀하여 그 우정이 쇠 보다 굳고 그 향기가 난초와 같다'로 해석된다. 다정한 친구 사이의 두터운 정을 이르는 말이다.

송계아가 여승진이 사는 옆집으로 왜 이사를 하였을까 하는 여러 가지 의문점이 남게 된다. 한 개인을 이해하고 평가하기 위해서는 그 사람의 성장 과정과 경력을 보고 알 수 있듯이 송계아는 고위 관리를 지내는 동안 많은 사람들과 관계를 하면서 여승진이라는 사람만큼 훌륭한 사람을 보지 못했음을 짐작하게 한다. 인간이 지녀야 할 인성과 윤리적 자질, 그리고 균형감각을 두루 갖춘 균형 잡힌 삶 등, 이런 것들이 송계아는 여승진을 신뢰하고 존경하게끔 만든 요인이라 추론된다.

송계아는 해냈다. 늦게나마 '자아'를 발견한 것이다. 자신에 대한 관대한 평가보다 엄정한 평가를 할 줄 아는, 자기성찰을 한 것이다. 그러므로 송계아는 자신에 대하여 어떠한 행동이 적절한 행동인지에 대한 환경적, 사회적 신호를 읽을 줄 알고 자신의 행위를 그에 맞추어 나가는 능력을 갖추고 있는 사람이라 할 수 있다.

예로부터 자기를 알아주는 이와 어울려 사는 환경을 가장 큰 복된 삶이라고 여겼다. 여승진 또한 자신을 인정해주는 사람이 거금을 들여 이웃하자고 찾아왔으니, 평생을 반듯하게 살아온 지난 세월이 입증된 셈이 된 것이다.

'돈을 잃으면 조금 잃는 것이고, 명예를 잃으면 많이 잃는 것이며, 건강을 잃으면 모두를 잃는 것이다.'라는 말이 있듯이 인간이 행복한 삶을 이루기 위해서는 육체적 건강도 중요하지만 정신적 건강도 중요하다. 특히 인간관계를 잘하기 위해서는 정신적 건강이 매우 중요한 것이다. 사회에 대한 비관적 생각이나 대인관계에서 발생하는 문제를 긍정적으로 해결하는 힘을 기를 수 있기 때문이다.

✔ 고사성어

■ 근주자필적(近朱者必赤): 近(가까울 근), 朱(붉을 주), 者(놈 자), 必(반드시 필), 赤(붉을 적)

"붉은 빛과 가까이 하면 반드시 붉게 된다"는 뜻이며, "사람은 그가 사귀는 사람의 영향을 반드시 받게 된다"는 의미다.

▸ 살아가면서 훌륭한 사람을 사귄다는 것은 인간관계에 아주 중요한 요소로 작용한다. 그러므로 친구를 사귈 때는, 선(善)과 악(惡)의 기준을 두고 판단하여 "근묵자흑(近墨者黑: 친구나 사람을 가려 사귀어야 함)"하고 "붕우책선(朋友責善: 참다운 친구라면 서로 나쁜 짓을 못하도록 권하고 좋은 길로 이끌어야 함")하는 데에 초점을 두어야 한다. 그래야 "금란지교(金蘭之交: 친구 사이가 너무 가까워서 그 벗함이 쇠보다 굳을 뿐 아니라 그 향기 또한 난초와 같음)"라고 할 수 있다.

TIP 함께하고 싶은 사람 ⇔ 함께하고 싶지 않은 사람

- 소박하고 편안한 사람 ⇔ 겉치레하고 불편한 사람
- 부담 없고 넉넉한 사람 ⇔ 까다롭고 인색한 사람
- 베풀고 겸손한 사람 ⇔ 욕심이 많고 경거망동한 사람
- 정직하고 믿음직한 사람 ⇔ 비윤리 · 비도덕적이고 미덥지 못한 사람
- 즐거움이 있고 긍정적인 사람 ⇔ 괴로움이 많고 부정적인 사람

71 허영심

허영심은 바람에 견디지 못하는 화려한 가면의 포로일 뿐이다

허영심이라는 울타리를 허물고 싶다면 타인들에게 보여주기 위한 겉치레와 그 외관상의 화려한 가면을 과감히 벗어던져야 한다.

허영심이란 단어는 일반적인 측면에서 부정적 의미로 사용되는 경향이 크다 할 수 있다. 그러나 허영심은 정도의 차이지 허영심은 누구나 가지고 있으며 인간에게 허영심이 없는 것은 불가능하다고 볼 수 있다. 단지 허영심은 자기를 확대 해석시키고 범주를 벗어나 삐뚤어진 인간성을 만들게 하는 것 때문에 문제가 되는 것이다.

허영심의 사전적 의미는 "자신의 분수에 맞지 않을 필요 이상의 겉치레나 외관상의 화려함에 들뜬 마음"이다. 허영이라는 것은 자기 일을 과장되게 보이려고 허세를 부리고 싶어 하는 인간심리의 작용이기도하다. 따라서 자신을 남들에게 안정적으로 보이기 위해서 또는 안정적 상태에 있다는 자기 확신을 위해 열과 성을 다한다면, 바로 그것이 허영심이다

허영심에 강한 사람은 자기평가에 대한 성과가 낮은 사람이다.

인간이 소유한 허영심의 대부분은 아는 척하는 것뿐만이 아니라 사치와 함께하며, 허영심의 가장 큰 무기는 '비교'라 할 수 있다. 일단 비교하기 시작하면 허영심의 함정에 빠져들기 쉽고, 허영심은 우리 마음의 약점 곳곳을 파고든다.

요즘 세상은 우리에게 직 · 간접으로 비교를 강요한다. 인스타그램, 페이스북, 유튜브, 메신저를 통해 타인의 일상에 대한 과장되고 왜곡된 정보가 폭포수 같이 쏟아져 들어온다.

허영심이 강한 사람들의 특징을 살펴보면, 자존심이 강하고, 자기 자랑이 많으며 오기가 발동하는 경향이 있다. 그리고 자신이 상대보다 열등하다거나 입장이 낮은 것으로 밝혀지는 것이 두려워서 타인에 대한 평가를 피하는 경향이 두드러진다. 또한 사회적 지위에 집착하는 경향이 있다. 이는 사회적 지위를 이용하여 자신을 훌륭하게, 높게, 크게 보이고자하는 도구로 사용할 수 있기 때문이다.

허영심이 강한 사람은 자신에 대하여 자신감이 없고, 자신이 하는 일을 좋아할 수 없으므로 자기평가에 대한 성과가 낮게 나타난다. 하지만 거짓말을 해서라도 자신을 돋보이게 하여 자신의 존재감을 드러내 보이고자 하는 심리가 마음속 깊이 존재해 있다. 이러한 허영심이 강한 사람일수록 거짓말은 습관화되어 거짓말하는 횟수의 증가는 물론 죄책감이 둔해지는 경향이 있다.

허영심에서 벗어나는 방법은 내적 보상을 얻는 데 힘써야 한다.

허영심에서 벗어나는 방법은 그 무엇보다도 사회적으로 갖는 인간의 심리적으로 자연스럽게 찾아드는 인간의 본연의 욕구는 추구는 하되, 일정한 범주와 정도를 벗어나는 욕구를 충족시켜야 하겠다는 생각 자체를 버려야 한다는 것이다. 자신의 이상과 현실 사이에 존재하는 괴리현상이 너무 큰 것을 모르고 무작정 욕구와 욕심이 높고 크다 보면, 허영심이 지나쳐 마음을 병들게 만들기 때문이다. 그리고 외적 보상인 재물, 사회적 지위, 명예, 권력 등에 너무 치우치지 말고 행복한 삶을 누릴 수 있는 내적인 정신적 보상을 가져올 수 있도록 인격수양에 힘써야 한다는 것이다. 강한 욕구의 허영심에 사로잡히면 항상 심리적 고통에 시달리며, 체면을 중시하고 현실을 무시하게 되어 결국에는 자신을 파괴하게 하기 때문이다. 허영심이라는 울타리를 허물고 싶다면 타인들에게 보여주기 위한 겉치레와 그 외관상의 화려한 가면을 과감히 벗어던져야 한다.

✔ 고사성어

■ 진금부도(眞金不鍍): 眞(참 진), 金(쇠 금), 不(아닐 부), 鍍(도금할 도)
"진짜금은 도금하지 않는다"는 뜻이며, "진실한 재주가 있는 사람은 꾸밀 필요가 없다"는 의미다.

▸ 사람이 "허례허식(虛禮虛飾: 마음이나 정성이 없이 겉으로만 번드르르하게 꾸밈)" 하고 "외화내빈(外華內貧: 겉은 화려하나 속은 텅 비어 있음)"은 결코 존경받을 수도 없고 행복을 추구할 수도 없다. 따라서 사람은 모름지기 "지족가락(知足可樂: 분수를 알고 만족할 줄 알면 즐거울 수 있다)"하는 법을 배워야 한다.

▢ TIP 「한비자(韓非子) · 외자설(外儲說)」에 나오는 우언 "실패한 보석 거래"

초나라(楚) 사람이 귀한 구술을 정나라(鄭)까지 가지고 가서 파는데 목란나무로 상자를 짜고, 계피 후추로 향을 내고, 반짝이는 옥으로 장식하고, 비취를 주저리주저리 매달아 매장에 내놓았다. 그러자 어떤 사람이 와서 상자만 사고 구슬은 돌려주었다. 결국 상자만 팔고 구슬은 팔지 못한 셈이다.
겉치레를 지나치게 좇다 보면 자신이가지고 있는 장점까지도 모두 잃어버리고 하고자 하는 목표도 달성할 수 없게 된다는 것을 본 우언에서 교훈을 얻을 수 있다.

72

현실안주

현실에 안주하는 것은 실패의 지름길이다

삶에 대한 변화가 없다면 그의 인생은 이미 녹슬어 쓸모가 없는 도구나 다름이 없는 것이다. 성공된 삶을 이루기 위해서는 무엇보다도 현실안주에서 벗어나 환경변화의 예측과 대응을 잘해야 한다. 그리고 변화에 대한 동기유발이 되도록 환경에 자신을 드러내야 한다.

"액자 속에 잠자고 있는 박제된 비전은 실패할 수밖에 없다"는 말이 있다.

개인이든, 조직이든 모두는 미래에 더 나은 행복한 삶을 꿈꾸며 살아간다. 그런데 문제는 이상은 높고 거창한데 현실은 그렇지 못한 것이 더 큰 문제다.

어떤 기업조직은 인재를 최고의 가치라고 말하면서 위기에 처할 때마다 인력 구조조정을 한다. 그리고 변화와 혁신을 중요시 하면서 단기 실적이나 비용절감에만 초점을 맞추는 행동을 한다. 이 모든 것이 미래를 보지 못하고 현재의 만족에서 현실안주하기 때문이다.

세상은 참으로 빠르게 변화하고 있다. 오늘의 1등은 내일의 1등이 될 수 없을 정도로 너무 치열한 경쟁사회에 돌입하였다. 그래서 이로 인하여 '삶아진 개구리의 증후군'이 사회 곳곳에서 '변화와 혁신'의 필요성을 강조하기 위해 대두되고 있는 것이다.

개구리는 따뜻한 물에서 생활하기를 좋아한다. 그러나 개구리는 그 따뜻한 물이 점차 뜨거워져 삶아져도 위험을 느끼지 못한 채 기분 좋게 잠을 자며 죽어간다. 이런 현상이 우리 사회에 던져주는 교훈은, 개인이나 조직은 현실에 안주하면서 변하지 않고 혁신을 하지 않으면 무한 경쟁 사회에서 도태될 수밖에 없다는 커다란 교훈을 던져준다.

영국 언론계의 풍운아인 런던 「더 타임스(The Times)」의 사장이 일한 지 3개월된 편집부 차장에게 물었다.

"자네는 매주 오십 파운드의 보수를 받고 일하는데 현재의 직위에 만족하는가?"

차장은 자신 있는 말투로 아주 만족스럽다고 대답했다. 그러자 사장은 그를 당장 해고하고는 매우 실망스러워하며 그에게 말했다.

"내 직원이 매주 오십 파운드의 보수에 만족하고 발전을 추구하지 않는 것을 나는 원치 않네."

현재의 자신에게 만족해서는 안 된다. 세상에 '최고'란 없기 때문이다. 단지 '더 나은 것'만 있을 뿐이다. 1등은 남들이 만들어 놓은 지식을 빨리 받아들이는 데 선수이지만 혁신적인 사고를 하는 사람은 남의 지식을 빨리 받아들이고 그것을 활용해서 미래를 설계할 수 있는 능력을 갖춘 사람이다.

개인이나 조직은 모두 마찬가지로 현실에 안주하고 만족하게 된다면 미래는 없다 해도 무리가 아닌 듯싶다. 삶에 대한 변화가 없다면 그의 인생은 이미 녹슬어 쓸모가 없는 것과 다름이 없기 때문이다. 성공된 삶을 이루기 위해서는 무엇보다도 현실에 안주하지 말고 환경변화의 예측과 대응을 잘해야 한다. 또한 끊임없는 노력으로 바꿀 수 있는 현실과 싸우고 그리고 고통을 감내할 수 있는 것을 쉽사리 포기해서는 안 된다. 현재의 안주에서 만족하지 말고 미래에 더 큰 목표를 향해 경주해야하기 때문이다.

생전에 삼성그룹 이건희 회장의 리더십 커뮤니케이션은 "마누라와 자식만 빼고 다 바꿔라"에서 그 이후에는 "1등의 위기와 싸워서 이겨라"이다. 이 짤막한 말 한마디의 의미는 이 사회의 존재하는 개인이나 조직 모두에게 크나큰 경종을 울린다. 매일 매일 스스로 혁신하고 변화의 길을 가지 않고 현실안주 한다면, 언제 자멸할지 모른다는 커다란 교훈을 던져주고 있다.

어제보다 오늘, 오늘보다 내일, '더 나은, 더 높은' 희망으로 자신을 격려하고 늘 새로운 시각을 가지고 현실안주에서 벗어나 혁신적인 노력을 통해 자신을 초월해나간다면 더욱 발전되고 희망찬 미래를 창조할 수 있을 것이다.

✔ 고사성어

■ 제구포신(除舊布新): 除(덜 제), 舊(예 구), 布(펴다 포), 新(새로운 신)
"묵은 것을 제거하고 새로운 것을 펼쳐 낸다"는 뜻이며, "새로운 자세로 변화와 혁신을 추구해야 한다"는 의미다.

▸ 이 세상에 "존재하는 것은 모두가 변하기 마련이다(제행무상: 諸行無常)." 따라서 "변화무쌍(變化無雙: 바뀌어 달라짐이 매우 많거나 심함)"한 시대에 "현실안주(現實安走)"에서 "환골탈태(換骨奪胎: 낡은 제도나 관습 따위를 고쳐 모습이나 상태가 새롭게 바뀜)" 하지 않으면 "미래를 기약할 수 없다. 그러므로 혁신하지 못하고 현실에 안주하거나 미봉책으로 "동족방뇨(凍足放尿: 언 발에 오줌 누기, 즉 잠깐만 효력이 있을 뿐 곧 없어짐)"는 실패를 자초하는 길 이므로 급격한 환경의 변화와 무한 경쟁사회에서 삶의 변화를 주어 성공하기 위해서는 "제구포신(除舊布新: 묵은 것을 제거하고 새로운 것을 펼쳐냄)"해야 만이 "강구연월(康衢煙月: 태평성대의 풍요로운 풍경)"를 기대할 수 있다.

☐ TIP 1. 스스로 껍질을 깨고 나오면 "닭"이 되고 남이 깨주면 "달걀후라이(fry)"가 된다.

- 필름의 제왕 코닥: 디지털카메라 기술 먼저 개발하고도 필름 시장 지키려다 디지털카메라 때문에 망했다.
- 유럽 핀란드 기업 노키아: 2000년대 초중반 휴대전화시장 점유율 70%로 "족탈불급(足脫不及: 넘을 수 없는 4차원의 벽)"과 같은 많은 모바일(mobile) 특허를 갖고도 피쳐폰(Feature Phone) 지키려다 시대에 뒤 쳐져서 몰락했다.

☐ TIP 2. 아인슈타인 명언

"같은 방법을 반복하면서 다른 결과를 기대하는 사람은 정신병자이다"
내일의 더 큰 성공과 행복을 위해서는 현실에 안주하지 말고 오늘의 삶의 방식을 모두 바꿔야 한다는 것을 말해 준다.

73 훌륭함

훌륭하다는 것은 자신을 잘 알고 있다는 것이다

남을 모르는 것 보다 자기를 모르는 것이 몇 배 더 위험하다는 사실이다. 그 위험에서 벗어나려면 스스로 생각하는 자기 자신의 모습과 그리고 현재 시점에서 자기 자신을 스스로 올바르게 바라보고 평가할 수 있는 능력을 키워나가야 한다.

우리는 정말로 우리 스스로 우리가 누구인지를 알 수 있을까? 우리가 알고 있는 우리 자신이 진짜 자신의 모습이라고 확신할 수 있을까?

인간은 완벽한 상태가 아니고, 무결점이 아니다. 그리고 자신을 정확히 모른다는 것은 자신을 과대평가하거나 과소평가하여 폄하하는 것까지를 포함한다.

깨달음과 자기반성은 인간이 살아가는 데 있어서 기본적으로 가져야 할 역량이 되는 것이다. 그러므로 인간이 됨됨이가 되기 위해서는 언제나 겸손하고 자신이 가진 모든 가치에 대한 무게나 비중을 스스로 측정할 수 있는 능력을 키워야 한다. 이에 비유한 중국 우언고사(寓言故事)에 나오는 한 내용이 있다.

어느 날 개미 한 마리가 걸어오는 코끼리를 보고 몰래 다리 한쪽을 뻗었다. 옆에 있던 동물이 뭐 하는 거냐고 묻자, 개미가 말했다.

"쉿, 조용히 해! 코끼리 발을 걸어 넘어뜨리려는 거야."

말이 채 끝나기도 전에 개미는 코끼리의 발에 걷어차여 진흙탕에 빠졌고, 하마터면 죽을 뻔했다.

소크라테스가 제자에게 남긴 말이 "너 자신을 알라!" 이다. 소크라테스가 남긴

경구를 정확히 알고 실천하기 위해서는 "너는 누구인가?"를 상대방은 늘 자신에게 묻고 있다는 것을 명심해야 한다는 것이다.

자신을 잘 아는 사람은 남에게 자신이 지닌 참모습을 숨기지 않고 있는 그대로 보여줄 수 있는 용기를 가지고 있는 사람이다. 그리고 아는 만큼 행동하고 해야 할 일, 하지 말아야 할 일을 정확히 구분하여 경솔한 행동을 하지 않는다. 모르면 모른다고, 도움이 필요할 때는 필요한 만큼 도움을 청한다.

반면, 자신을 잘 모르는 사람은 자신이 알고 있는 것은 오로지 자신만이 알고 싶어 하는 것만, 자신이 갖는 사고에 매몰되어 있다. 따라서 자신을 정확히 알기 위해서는 자아를 잃어버리면 안 된다는 것이다.

자신을 알기 위해서는 무엇보다도 스스로 생각하는 자신의 모습과 현재 시점에서 자신을 스스로 바라보고 평가할 수 있는 능력을 키워나가야 한다.

장자(莊子)에 나오는 우언에 이런 이야기가 실려 있다.

"발이 하나뿐인 짐승은 발이 많은 노래기를 부러워합니다.

노래기는 발이 없어도 빨리 가는 뱀을 부러워합니다.

뱀은 형체가 없어도 빨리 가는 바람을 부러워합니다.

바람은 한 자리에 서서도 멀리 볼 수 있는 눈을 부러워합니다.

눈은 보지 않고도 저절로 알 수 있는 마음을 부러워합니다."

이 우언의 내용은 자신의 처지를 모르고 남을 부러워하는 인정을 비유한 말이다.

사람들도 마찬가지다. 대부분의 사람은 남이 지닌 장점과 강점을 부러워한다. 하지만 자신이 남을 부러워하듯이 남도 자신을 부러워할 수 있는 것이다.

따라서 자신을 정확히 알기 위해서는 꾸준히 내면의 거울에 비친 자신의 모습을 생각하면서, 특정 상황이나 어떤 환경에 부딪쳤을 때 어떻게 처신해야 하는지를 깨닫도록 노력해야 한다.

스스로 생각하는 자신의 모습은 매일 하는 행동과 말에 의하여 프로그래밍화 될 수 있어서 늘 긍정적인 태도를 가지고, 행동하고 그리고 남에게는 긍정적인 사고를 가지고 긍정적으로 대해 주는 노력이 중요하다.

자신에 대해 정확히 알아야 자신을 성찰하게 되고 자신이 지닌 단점이나 문제점을 발견하여 성숙한 인간으로 성장할 수 있기 때문이다.

✔ 고사성어

■ 반구저신(反求諸身): 反(돌이킬 반), 求(구할 구), 諸(어조사 저), 身(몸 신)
"돌이켜 나에게 책임을 물음" 이라는 뜻이며, "잘못이 있으면 남의 탓을 하지 않고 자신에게 돌이켜 그 원인을 찾는다"는 의미다.

▸ 성숙한 인간으로 성장하기 위해서는 "사려분별(思慮分別: 깊게 생각해 다른 일이나 사물을 구별하여 가름)"할 줄 알고 "내시반청(內視反聽: 남을 꾸짖기보다 자신을 돌아보고 반성함)" 해야 하고 "주제 파악할 줄 알고 분수를 알아야 한다(자지지명: 自知之明)"

□ TIP

자신에 대해 정확히 알아야 자신을 성찰하게 되고 자신이 지닌 단점이나 문제점을 발견하여 성숙한 인간으로 성장할 수 있다.

• 언어의 심리학과 인생성공법칙
① 언어가 거칠고 욕을 잘 하는 사람 ⇨ 분노를 안고 있기 때문이다.
② 부정적인 언어습관을 가진 사람 ⇨ 마음에 두려움이 있기 때문이다.
③ 과장되게 이야기 좋아하는 사람 ⇨ 그 마음이 궁핍하기 때문이다.
④ 자랑을 늘어놓기 좋아하는 사람 ⇨ 그 마음에 안정감이 약하기 때문이다.
⑤ 음란한 이야기를 좋아하는 사람 ⇨ 그 마음이 청결하지 못하기 때문이다.
⑥ 항상 비판적인 말을 하는 사람 ⇨ 그 마음에 비통함이 있기 때문이다.
⑦ 다른 사람을 헐뜯는 사람 ⇨ 그 마음이 열등감에 사로잡혀 있기 때문이다.
⑧ 다른 사람 말을 듣지 않고 자기 말만 하려는 사람 ⇨ 그 마음이 조급하기 때문이다.
⑨ 말마다 상대의 인격에 상처를 주고 함부로 욕하는 사람 ⇨ 자신을 부정하고 못 믿기 때문이다.
⑩ 교언영색(巧言令色: 남에게 잘 보이려고 그럴듯하게 꾸며대는 말과 알랑거리는 태도)으로 상대를 교모하게 환심을 사는 사람 ⇨ 상대를 속이고 편취하기 때문이다.

74 흉내 내기(따라 하기)

무작정 남을 따라 하면 자신의 장점과 색깔을 모두 잃어버린다

다른 사람이 하는 행동이 너무 멋있어 보여 무턱대고 흉내 내려다가 자칫하면 자신의 잘 하는 본래의 색깔까지 모두 잃어버리게 된다.

사람들은 자신만이 지닌 독특한 색깔과 강점을 가지고 살아간다. 그리고 더 나은 삶을 위해서 훌륭한 사람들의 이념, 가치, 이상, 철학 등을 본받아 삶의 일부분으로 승화시켜 나가기도 한다. 그러나 자신의 본질을 무시하고 무턱대고 남을 흉내 내기만 하면, 그 결과는 돌이킬 수 없는 실패의 길로 접어들 수 있다는 것이다.

독수리가 높은 암벽에서 급강하하더니 양 한 마리를 낚아채 갔다. 까마귀가 이 광경을 보고는 경쟁의식에 불타 자기도 똑같이 해봐야겠다고 결심했다.

그래서 법석을 떨며 숫양 한 마리를 덮쳤다. 그러나 까마귀의 발톱은 숫양의 빽빽하고 곱슬곱슬한 털을 뚫지 못한 채 얽혀버리고 말았다. 까마귀는 아무리 세차게 날갯짓을 해도 발이 털에서 빠지지 않아 날아가지도 못하는 신세가 되고 말았다.

양치기가 이 광경을 보고는 달려와 까마귀를 붙잡았다. 그는 까마귀의 날개 양 끝을 잘라내고 집에 있는 아이들에게 가져갔다. 아이들은 아빠에게 무슨 새냐고 물었다.

양치기는 이렇게 대답했다.

"내가 보기엔 까마귀인데 녀석은 독수리라고 봐주길 원하는 것 같구나."

이 이솝우화는 자질과 능력이 부족한 사람이 남이 하는 것을 부러워, 무작정 따라 하다가는 돌이킬 수 없는 상황을 맞이할 수 있다는 커다란 교훈을 준다.

남들이 가진 훌륭한 점을 본받아 따라 하고 배우는 것은, 어찌 보면 자신을 현재보다 더 높은 단계로 성장시키는 계기가 될 수 있다. 그러나 자신의 본질을 망각하고 무작정 무리하게 따라 하는 것은 오히려 자신을 망치게 하는 꼴이 되고 만다.

"모방은 창조의 어머니"라고 했다. 남이 먼저 일구어 놓은 것을 따라 하다 보면, 새롭고 더 훌륭한 아이디어를 창출해 낼 수 있다는 의미다.

그러나 모방의 진수를 위해서는 조건이 따라야 한다. 모방하여 현재보다 더 나은 아이디어를 창출해 낼 수 있는 역량을 가지고 있어야 한다는 것이다. 그리고 창출해 낸 그 아이디어는 자신은 물론 사회에 유익한 가치로 자리매김하여 쓰임새가 있어야 한다.

"들보로 성벽을 부수지만 구멍을 막을 수는 없다. 크기가 다른 까닭이다. 천리마는 하루 천 리 길을 달리지만 쥐를 잡는 데는 고양이만 못하다. 재주가 다른 까닭이다" 이 내용은 전국시대 조나라 「장자(莊子) 추수편(秋水篇)」에 나오는 얘기다.

같은 구기 종목에서도 유능한 축구선수가 손으로 하는 유능한 배구선수가 될 수 없으며, 또한 축구시합에서 우승하기 위해서는 모든 선수가 공격수가 될 수 없다. 각자 포지션에서 각자 맡은 역할을 충실이 다 할 때 승리의 기쁨을 맛볼 수 있듯이 사람은 누구나 자신이 잘하는 분야가 있기 마련이다.

미국의 재즈 피아노 연주자 델로니어스 몽크는 "천재는 가장 자기 자신다운 사람"이라고 했다.

모든 사람은 똑같이 천재가 될 수 없으며, 모든 분야에서 최고가 될 수도 없다. 머리가 아주 좋은 사람, 보통인 사람, 좀 낮은 사람이 혼재해서 살아가는 것이 인간 사회다. 천재가 아니더라도 자신만이 지닌 색깔과 장점을 사랑하고 그 색깔과 장점을 최대한 활용하여 노력하는 사람이 지혜로운 사람이고 또한 성공할 수 있는 사람이다.

✔ 고사성어

■ 동시효빈(東施效嚬): 東(동녘 동), 施(베풀 시), 效(본받을 효), 嚬(찡그릴 빈)
"눈살을 찌푸리는 것을 흉내 낸다"는 뜻이며, "세상의 웃음거리가 되거나 또는 자신의 정체성을 잃고 남의 단점을 장점인줄 알고 따라 함"을 의미한다.

- 성공적인 삶을 이루기 위해서는 자기의 색깔과 장점을 사랑하고 살려 나가야 한다. 그러나 "각주구검(刻舟求劍: 깊이 생각해 보지도 않고 어리석은 행동을 함)"하고 "제 분수를 잊고 무턱대고 남을 흉내 내다가는 이것저것 다 잃는다(한단지보: 邯鄲之步)

□ TIP 서시빈목(西施嚬目: 서시의 찡그린 모습)

"서시빈목(西施嚬目)"은 '서시가 눈을 찌푸린다.'로 덮어놓고 남을 흉내 내는 어리석음을 비판한 성어로써 '장자(莊子)'에 실려 있다.
춘추 시대 말엽, 오(吳)나라와의 전쟁에서 패한 월왕(越王) 구천(勾踐)은 오왕(吳王) 부차(夫差)의 방심을 유도하기 위해 절세의 미인 서시(西施)를 바쳤다. 그러나 서시는 가슴앓이로 말미암아 고향으로 돌아왔다. 그런데 그녀는 길을 걸을 때 가슴의 통증 때문에 늘 눈살을 찌푸리고 걸었다. 이것을 본 그 마을의 추녀(醜女)가 자기도 눈살을 찌푸리고 다니면 예쁘게 보일 것으로 믿고 서시의 흉내를 냈다.
그러자 마을 사람들은 모두 질겁을 해서 집 안으로 들어가 대문을 굳게 걸어 잠그고 아무도 밖으로 나오려 하지 않았다. 「장자(莊子) 천운편(天運篇)」에 나오는 이 이야기는 원래 반유교적(反儒敎的)인 장자가 외형에만 사로잡혀 본질(本質)을 꿰뚫어 볼 능력이 없는 사람을 신랄하게 풍자하고 있는 것으로 실로 의미심장(意味深長)하다. 춘추 시대 말엽의 난세(亂世)에 태어난 공자가 그 옛날 주왕조(周王朝)의 이상 정치(理想政治)를 그대로 노(魯)나라와 위(衛)나라에 재현시키려는 것은 마치 '서시빈목(西施嚬目)'을 흉내 내는 추녀의 행동과 같은 것이라는 것이다.

초대의 글

가난이 준 선물

아프리카 아시아 난민 교육 후원회장
권이종 박사(한국교원대학교 명예교수)

나는 1940년 전라북도 장수군 산서면 지리산 자락 농촌 마을에서 2남 2녀 가운데 막내로 태어났다. 내 고향 전라북도는 물론 전국을 꼽아 보더라도 오지 중의 오지라 할 수 있는 고원지대였고, 그런 곳에 사는 사람들이 그렇듯 우리 집도 빈농(貧農)이었다. 그때의 가난은 오늘의 젊은이들은 아마도 상상조차 못 할 것이다.

보리가 익기 직전인 음력 4월을 보릿고개라고 한다. 험한 고개처럼 넘기기가 힘들다고 해서 붙여진 이름이다. 지난가을에 수확한 양식은 이미 바닥이 나고 보리는 미처 여물지 않았으니, 모두가 주린 배를 부둥켜안고 먹을 것을 찾아 헤매는 힘든 나날을 보며 살았다.

그런 춘궁기(春窮期)에는 들에서 쑥을 캐다가 얼마 남지 않은 곡식 가루와 버무려 쪄먹거나 쌀겨를 버무려 개떡을 만들어 먹으면 진수성찬이라 할 수 있었고, 칡뿌리며 소나무껍질 등 씹을 만한 것이 있다는 사실에 감사했다. 이제는 캘 나물도 벗겨낼 나무껍질도 없으면 진달래나 목화꽃, 옥수수나 찔레 꽃대를 씹었고, 그마저도 없으면 논에서 우렁이를 잡거나 냇가에서 다슬기나 가재, 그리고 송사리며 미꾸라지 등을 잡아먹었다.

가을이면 그나마 좀 나았다. 산에 있는 나무에는 감이나 밤이 열렸고, 밭에는 무나 고구마가 있었으니 말이다. 돌멩이도 씹어 먹을 수 있을 만큼 성장할 왕성한 시기에 제대로 먹지를 못했으니 영양이 부족한 것은 당연했다. 게다가 작은 체격으로 산에서 벤 나뭇가지 등, 무거운 짐을 가득 실은 지게를 지고 다녔기에 무게에 짓눌려 키가 크지 않았을지도 모른다. 만약 그때 잘 먹었더라면 지금 세대들처럼 키도 크고 체격도 좋았을 텐데 하는 아쉬움을 토해 내기도 한다.

지나고 보니 당시의 생활은 참으로 비참했다. 하지만 가난이 익숙하고 자연스러운 현상이라 여겨졌기 때문에 불행하다는 생각은 해 보지를 않았다. 그래도 지금까지 성장하면서 부모나 나의 삶을 한 번도 원망해 본 일이 거의 없다. 그 시절에는 나만 그런 것도 아니라 대부분 사람이 어렵게 지냈으니 당연한 것으로 받아들였고, 어떤 면에서는 가난을 숙명으로 여기기도 했다. 어쩌면 가난은 내게 실패에도 굴하지 않는 굳은 의지를 갖게 해 준 원동력이었다고 할 수 있다. 그리고 가난 덕분에 나는 끊임없이 노력할 수 있었다. 어려웠던 지난날이 있었기에 오늘날 작은 성공이나마 거둘 수 있었다.

나는 '가난이 곧 성공의 비결이다'라는 선조들의 말씀을 늘 떠올리며 살고 있다고 해도 과언이 아니다. 나의 삶이 그러했고, 내 생애 결정적인 계기들은 모두 가난이 준 선물이라 할 수 있었으니까 말이다.

초등학교에는 학생 수가 적어 반이 둘밖에 없었다. 어려운 환경이었지만 학교 다니는 것이 매우 즐거웠다. 마을에서 면사무소 부근의 학교까지는 3킬로미터 남짓했는데, 가는 길에는 자갈과 칡넝쿨, 돌과 나무뿌리가 뒤엉켜 있었다. 풀이 가득한 좁은 논두렁길을 지나 학교를 오가는 길에는 뱀도 자주 모습을 드러냈다. 늑대와 여우, 너구리, 노루, 토끼 같은 산짐승도 자주 만났는데, 조금만 더 답했더라면 친구로 지낼 수 있었을 정도이다.

1950년대 한국 농촌의 실정은 비참하기 짝이 없었다. 열악한 주거 환경과 가난 때문에 빈농 안에서는 먹을 것을 풍족하게 먹지 못했고, 옷도 제대로 입지 못했다. 학교 갈 때의 복장은 어머니가 직접 천을 짜서 만든 무명 홑바지와 홑적삼, 검정 고무신 그리고 책과 공책을 둘둘 말아 싼 보자기가 전부였다. 맨발로 자갈밭을 달려도 나는 학교 가는 것이 그렇게 즐거울 수가 없었다.

교과서가 제때 공급되지 않아 학기가 다 지나가도록 책 없이 공부한 적도 있었고, 공책이 없어서 모랫바닥에서 글씨 연습을 하기도 했다. 지우고 또 쓰기를 반복하여도 '모래 공책'은 나의 온갖 말대꾸를 다 받아 주었다.

어쩌다가 귀한 공책 한 권을 사게 되면 표지부터 마지막 장까지 깨알처럼 작게 글씨로 다 채웠다. 빈 곳이 있다는 사실이 너무 안타까웠다. 그러고도 다시 그 위에 또 빽빽하게 필기를 했기 때문에 하얀 종이가 나중에는 먹지처럼 까맣게 변했다. 연필을 쥐었던 오른손 새끼손가락부터 손목에 이르는 손날 부분은 공책 위를 종횡무진으로 활약하느라 흑연가루가 묻어 반들반들했다.

연필이 짧아져 손에 쥐기 힘들 정도가 되면 대나무 대롱에 꽂아 어떻게든 끝까지 써 보려고 했다. 지우개가 없어서 손가락에 침을 묻혀 지우기도 했다. 그러다가 종이가 침에 젖어 구멍이 뚫리면 낭패를 보았다. 필기한 부분을 도통 알아볼 수 없었으니까.

전기가 들어오지 않아서 시골에서는 호롱불을 켜놓고 책을 읽었다. 앉은뱅이 책상이 없어서 뒤뚱거리는 밥상이라도 끌어다 놓고 들여다보았다. 형제가 여럿이다 보니 매일 밥상을 차지하기도 쉽지 않았다. 방바닥에 배를 깔고 엎드려 침을 발라가며 정성껏 숙제했다. 공부가 정말 재미있었고 또 하고 싶었다.

가난 때문에 도시락은 감히 생각도 못 했는데, 어쩌다가 도시락을 싸는 날은 아침부터 마음이 설렜다. 반찬이라고 해봤자 깨에다 소금 간을 하고 참기름을 부어 볶은 것이 전부였는데도 어찌나 맛있던지, 점심시간만 기다려지곤 했다.

"슬기로운 배움의 동무, 이 땅의 새 일꾼이 되기 위해 환하게 묵묵하게 자라납니다"란 교가는 아직도 흥얼거리며 부를 수 있다. 교훈과 교가처럼 나는 평생 '환하고 묵묵하게' 살고자 노력했고, '이 땅의 새 일꾼이 되기 위해' 최선을 다했다고 자부한다.

전쟁이 끝나고 초등학교를 무사히 졸업했지만, 가정 형편상 도저히 중학교에 진학할 수 없었다. 나는 1년 동안은 시골에서 농사일을 도우며 중학교에 진학할 수 있는 날만 눈이 빠지게 기다렸다.

어느 날인가, 나는 부모님께 말씀도 안 드리고 무작정 집을 뛰쳐나와 전북도청 소재지인 전주로 가서 중학교 입학시험을 치렀다. 그때가 1954년이었다.

다행인지 불행인지 전주의 중학교에 덜컥 합격하고 말았다. 부모님께 허락도 받지 않고 본 입학시험이었기에 합격은 했지만, 자랑 삼아 말씀드릴 수가 없었다. 하지만 내 힘으로 등록금을 마련할 길이 없었으니 혼자 끙끙 앓는 것도 며칠을 버티지 못했다. "저, 어머니, 전주 중학교 입학시험을 봤는데요……." "이종아, 뭐라고?"

어머니는 어떻게든 공부해 보겠다고 발버둥 치는 자식이 안쓰럽기도 하고 기특하기도 하셨나 보다. 자초지종을 들으시더니 '어떻게든 학교를 보내주겠다'며 집에 있는 장독을 비롯하여 어머니가 짜놓은 삼베와 무명베까지 모두 내다 파셨다. 그러나 등록금에는 턱없이 부족했다.

다음 날 아침 어머니는 눈물을 흘리시며, '빚이라도 내어 너를 꼭 학교에 보내겠다'며 일찍 동네 부잣집을 찾아가셨다. 사정하며 부탁해도 빌려줄까 말까 한 판국에 어머니는 무슨 배포에서인지 으름장을 놓으셨다. "쌀 한 가마니를 빌려 줄 때까지 나는 이 집 대문 앞을 절대 떠나지 않을 테니, 그리 아시오!" 결국 해거름 안으로 쌀 한 가마니를 얻어왔던 것이다. 아, 어머니, 어머니 덕분에 나는 1년 뒤이기는 하지만 간신히 등록금을 마련하여 중학교에 진학할 수 있었다.

그러나 그때부터가 또 새로운 게임의 시작이었다. 중학교에 입학한 뒤에는 가족과 떨어져, 학교가 있는 전주에 자취방을 얻어 혼자 살기 시작했다. 입학은 했건만 당장 다음 분기 학비가 급했고, 생활비도 만만치 않았다. 누구도 나를 도와줄 수 있는 여력이 없었으니 오롯이 내 몫이었던 학비를 벌기 위해 신문 배달을 시작했다. 이때 시작된 신문 배달이 고등학교를 졸업할 때까지 계속되었다. 가난 구제는 나라님도 못한다더니 내가 그 꼴이었다. 학업을 하며 학비와 생활비 때문에 끊임없이 괴로워했던 고학 생활은 독일에서 박사학위를 받을 때까지 이어졌다.

이렇게 지긋지긋한 가난을 벗어나고자 남성의 마지막 직업이 독일 막장 광부로 지원해서 1964년 10월 4일 독일로 갔다. 광부 신분으로 가서 1979년 대학교수 신분으로 귀국했다.

영화 '국제시장' 이야기의 실제 인물이기도 한 나는 광부로 일할 때 지하 1000m를 내려가 다시 갱도를 따라 3㎞를 이동해야 막장일을 했다. 섭씨 36도가 넘는 작업장에서 팬티 하나만 입고 일했다. 무엇보다 나를 힘들게 했던 것은 조국과 부모 형제에 대한 그리움과 죽음에 대한 두려움이었다. 그렇게 3년 계약기간이 끝나고 한국으로 돌아갈 무렵 양어머니처럼 모시던 로즈마리 독일 부인으로부터 "독일에서 광부로만 지내다 가면 무슨 의미가 있느냐, 독일에서 공부하라"는 권유에 따라 독일에 더 남게 된 나는 우여곡절 끝에 국립학교인 아헨(Aachen) 사범대학에 입학했다. 외국인이 국립대학에 입학한 것은 독일 국립대학이 설립된 이래 최초였다.

가난에서 벗어나야 하겠다는 나의 신념과 노력은 그리 헛되지 않은 삶을 살았다고 조심스럽게 생각해 본다.

단풍산

심산 김은남[3000산(山) 시탑(詩塔)을 쌓은 집념의 시인(詩人)]

들머리 바위에 걸터 단풍산을 우러른다
황금빛 핏빛으로
더러 갈색 회색으로
살아온 삶에 따라서 전혀 다른 단풍빛깔

이른 봄 새잎 돋아 꽃 피우고 맺은 열매
나이테 넓혀가며 공기 걸러 맑혔다 해도
이제는 떠나야 하리
거역할 수 없는 섭리

나 어떻게 살았던가
어떤 길 걸었던가
겨레 위한 소망의 탑 혼불 밝혀 쌓았던가
불현 듯 뜨거운 눈물 뺨을 적셔 흐릅니다

해거름 오솔길을 쉬엄쉬엄 내립니다
온갖 상념 털어내며 뇌어보는 말 한마디
"내 삶의 단풍빛깔은 얼마만큼 붉을까?"

나의 삶의 철학

금제 김종태 명예박사(한국서예신문 발행인 겸 회장)

인생은 살아가면서 내일이 있기에 행복하다. 오늘은 인생의 작은 한 자락이고 나에게 주어진 소중함을 알고 어떻게 보내느냐에 따라서 삶의 의미가 달라진다. 살아가면서 꿈을 가지고 성공의 길로 가기 위해서는 세 가지 저축을 해야 한다고 생각하며 실천해 왔다.

첫째, 건강저축이다. 건강해지려면 적당한 운동을 365일 꾸준히 해야 한다. 젊은 시절은 봐준다. 50~60세가 넘어서면 운동을 하지 않는 사람에게는 무서운 병마가 찾아온다. 나도 어느 사이 나이테가 여든 번이나 휘감고 보니 세상 보는 눈이 달라졌고, 그동안 20년간 꾸준히 테니스하고 40년을 산을 다녔으니 병원에 입원할 정도로 아프지 않고 잘 견뎌왔다. 운동저축의 덕이라 생각한다.

둘째, 지식저축이다. 이 시대는 평생 공부를 해야 하는 시대이다. 옛날에는 모르면 어른들에게 물었다. 이제는 4차 산업혁명 시대이다. 역으로 노인이 아이들에게 물어야 산다. 거꾸로 되었으니 어찌 어른에 대한 존경을 예전만큼 하겠는가 말이다. 그러니 젊으나 늙으나 공부를 해서 지식저축을 열심히 쌓아야 한다. 그래야 원하는 자리에 갈 수 있고, 정신적 부가 따른다. 물질만능 세상에 내적으로 풍요롭지 못하면 행복하고 풍요로운 삶을 영위한다는 것은 기대하기 어렵다.

평생 공부해야 한다. 모른다. 안 된다고 생각하면 그것은 행복과 성공은 기대할 수 없다. 모름지기 목표를 세우고 끊임없는 도전을 해야 한다. 자식 손자의 글 읽는 소리가 거문고 소리보다 더 아름답다 했다. 모든 사람이 바라는 희망사항일 것이다.

셋째, 금전저축이다. 다산 정약용 선생이 귀양살이하면서도 자식들에게 공부하고 근면하여 부를 구하라 했다. 근검절약을 부르짖는 것은 삶의 철학이다. 평소에 물도 아껴 쓰고, 전기도 아껴 쓰고 명품 찾지 말고 매사에 근검절약 정신을 생활화할 때 비로소 많은 돈이 모이게 된다. 돈이 없으면 머리 숙여야 하고 비천해진다.

이상의 3가지 기본적인 저축은 누구나 알고 인정할 것이다. 그러나 그것을 실천하는 것은 결코 쉬운 일은 아니다. 그러므로 너무나 어렵다고 생각하는 것을 마음 다잡아 행하는 것이 실천이다.

시작은 쉽지만 꾸준히 실천하여 습관을 만든다는 게 너무나 어렵다. 습관을 만들기 위해서는 최소한 8개월은 꾸준히 해야 한다. 이건 과학적인 데이터다. 8개월이 지나면 조금씩 재미가 붙는다. 결국 재미를 느낄 때 성공의 길로 들어서는 것이다. 무슨 일을 할 때 안 되면 책을 읽으면 된다. 그곳에 방법이 있고 삶의 진리가 있다.

경제적 자립이 이루었을 때는 겸손하고 남에게 베풀어야 한다. 흔히들 "나이가 먹으면 입은 다물고 지갑을 열어라"고 한다. 이것 또한 실천하지 않으면 어디를 가도 인정과 존경을 받을 수 없으니 명심해야 할 대목이다.

본인은 어린 시절 아버님이 일찍 작고하시어 장남으로서 5남매를 보살펴야 했다. 그래서 대학 진학을 못 하고 동생들과 아들, 딸 공부시키느라 아주 늦깎이로 2016년 한국방송통신대학교 일본학과에 입학하여 2021년 6년 만에 학점을 다 땄다. 꾸준히 노력하고 실천한 결과라 생각한다.

팔순에 학부 공부를 마쳤으나 평생 공부이니 새로운 도전에 들어갔다. 남들은 웃을지 모르겠다. "노래하는 서예가"로 CD를 내고 노래를 했지만, 나의 부족한 부분을 보충하기 위해서 이제 피아노를 배우기로 했다. 도레미 클럽을 만들어 노래를 배우며 익히기로 작정하고 시작했다. 나는 확신한다. 가고자 하는 길을 정하고 열심히 공부하고 혁신하면 길이 열린다고 생각한다. 희망이란 확실하게 잘 보이지 않는 법이다. 그것이 보인다면 이미 그 사람은 성공한 사람이 된다. 보이지 않는 희망은 바로 자기가 정한 꿈이다. 하루에도 수백 번, 수천 번 자기가 정한 꿈을 생각해야 한다. 자신한다. 꿈은 필연코 이루어진다는 것을 자신있게 말할 수 있다. 믿어도 된다. 하고 싶은 일, 해야 할 일을 끊임없는 열정을 갖고 도전해 본다. 희망이 없다고 생각하면 내가 희망을 만들겠다는 생각을 하고 실천을 하면 된다. 그건 책 속에 길이 있기 때문이다.

행복과 성공에 공짜는 없다

오영택 박사(명지대학교 교수)

감을 따기 위해서는 감나무를 심고 가꾸어야 한다. 물고기를 잡기 위해서는 고기를 잡을 준비를 하고 물 있는 곳으로 가서 고기를 잡아야 한다. 하오나 사람들은 감나무를 심지도 않고 감을 따려고 하고, 물고기를 잡기 위한 준비와 수고 없이 물고기 잡기를 원한다. 세상에 공짜는 없다.

사람은 누구나 원하는 것이 있다. 건강. 부자, 행복, 성공 등이 대표적인 것들이다. 그러나 이를 얻고 이루는 것보다는 실패하고 좌절하는 경우가 더 많은지도 모른다. 왜 그런가. 수고와 노력 없이 바라는 경우와 그리고 자기 자신 마음 가까이 와있는데도 이를 깨닫지 못하는 경우가 대부분이라 여겨진다.

'돈을 잃으면 조금 잃고, 명예를 잃으면 많이 잃고, 건강을 잃으면 모든 것을 다 잃는다.'라는 당위성 속에 건강의 중요성은 다 알고 있다. 하오나 본인에게 맞는 건강에 대한 수고와 투자 없이 건강하기를 원하는 경우가 많은 것이 문제다.

부자 또한 마찬가지다. 돈을 벌어 부자가 되어야 한다고 하면서 이에 따른 준비, 전략, 수고와 노력 또한 잘못되고 부족한 경우가 많다. 모든 것이 인과응보(因果應報)다. 결과를 이루기 위해서는 이에 합당한 원인과 수고의 행동이 반드시 따라야 한다. 세상에 공짜는 없기 때문이다.

이미 이루고 와 있는데도 깨닫지 못하여 못 느끼는 경우가 많은 것이 행복과 성공이다.

행복이란 무엇인가? 돈, 명예, 건강을 그리고 성공을 이루었다고 행복한가? 아닌 것 같다. 조건이나 여건보다는 본인의 느끼는 주관적 만족 상태이다. 행복의 사전적 의미는 생활 속에 기쁨과 만족감을 느껴 흐뭇한 상태를 말한다. 세계적 부호나, 돈 많은 재벌 총수와 가족들이 현재의 나보다 행복할까? 아니면 대통령, 사장 최고의 지위 명예를 달성한 대통령이나 최고경영자가 나보다 행복할까? 아주 건강한 사람이 나보다 늘 행복할까? 잠시 생각해 보자 정답은 아니올시

다이다. 행복이란 최소의 기본요건이 충족되고 난 후 주관적인 만족이기 때문이다.

평소에는 모르다가도 아파서 병원에 있어 보면 건강이 최고의 행복일 수 있고, 높은 지위가 아닌 낮은 지위에 마음 편하게 생활하는 것이 더 행복한 경우가 많다. 또한 돈은 없어도 자연과 벗하며 자유롭게 생활하는 경우가 더 행복함은 어떤 의미일까?

행복은 생활 속에 기쁨과 만족감을 느끼는 상태로 가까운 곳에 있고 극히 주관적인 것으로 늘 감사하고 스스로 느끼지 못하면 행복은 없는 것이다. 행복도 공짜는 없다.

성공 또한 마찬가지다. 성공이란 '자신이 원하는 바를 이루어 내는 것'으로 주관적인 면과 객관적인 면이 포함된 개념이다.

성공한 사람은 평소 잘 웃고 즐기고 감사하는 사람이다. 성공한 사람은 마음이 순수하고 깨끗한 사람으로서, 순리에 거스름 없이 부족함을 채우고 주어진 임무를 다하는 사람이다. 성공한 사람은 늘 겸손하고 배우는 사람이다. 성공한 사람은 과거보다 더 좋은 세상을 만들어 놓고 누리는 사람이다. 성공한 사람은 다른 사람이 잘되도록 배려하고 이끌어 주는 사람이다.

성공은 무언가를 실천하여 이루어 놓은 실체적 개념과 이루어 놓은 것에 대하여 만족하고 감사하는 주관적 개념이 포함되어 있다. 따라서 성공은 자기가 좋아하고 잘하는 것을 찾아 일을 통하여 이룸으로써 타인과 사회에 이바지하는 사람을 말한다. 세계적으로 성공한 사람의 공통점은 '겸손하다는 점과 불굴의 의지로 어려움과 장애물을 극복한 결과로 이루어 놓은 가치'라 여겨진다. 행복과 성공에 공짜는 절대로 없다.

건강, 부자, 행복, 성공은 누구나 원하지만, 그렇다고 누구나 달성하는 것은 아니다. 그 이유는 간단하다. 그건 그것을 달성 못 할 수밖에 없는 원인이 있기 때문이다. 오로지 정신적 가치관과 수단 방법의 잘못, 그리고 이를 달성하는 과정에서 어렵고 힘든 고비가 더 많은데도 이를 극복하지 못한 결과라 여겨진다. 인간성공 경영을 위해서는 무엇보다도 내 탓의 겸손과 더불어 매사에 끊임없는 노력과 실천하는 열정이 절실히 요구된다.

「게티스버그」에서 쓰는 편지

- O 선생님께 드리는 -

이천기 박사(前 서경대학교 교수/부총장)

친숙하면서 낯선 나라

오늘 새벽 저는 「보스톤」을 떠나 「볼티모어」와 「워싱턴」을 거쳐 「펜실베이니아주」 동남쪽 끝자락에 있는 「게티스버그(Gettysburg)」에 도착했습니다.

교환교수에게 주어진 주 한 강좌는 몇 강좌씩 떠맡아야 하는 국내 형편에 비하면 시간적으로 꽤 여유가 있는 편이어서, 이 잉여시간을 어떻게 활용하느냐가, 여유로운 삶을 청소년 시절 살아본 경험이 없는, 저에겐 또 다른 숙제였습니다. '네 주제에 이렇게 빈둥빈둥해도 되냐?' 누구에겐가 야단맞을 것 같은 느낌이 동반되니까요. 어릴 적 어쩔 수 없이 길들여진 버릇은 정말 어쩔 수 없는 모양입니다.

수박 겉 식으로나마 여기 사람들의 세상사는 풍경을 한 번쯤 들여다보고 싶었습니다.

다국적 학생들로 분비는 대학들

여기 대학들은 미국의 대학이자 세계의 대학으로 자연스럽게 자리매김해가고 있다는 느낌입니다. 원래 이 지역의 「아이비리그」 등 전통적 대학들이 명문으로 소문나 있지만 지금은 훨씬 더 많은 대학이 여기에 가세하고 있고 순위도 수시로 바뀝니다. 이런 현상은 「US News and World Report」가 처음으로 1983년에 대학들을 종합적으로 평가, 발표하면서부터 라고 합니다. 지금은 「포브스(Forbes)」도 뛰어들어 순위별로 100대 대학을 발표하고 있어 마치 그 옛날 고등학교 시절 교무실이 있는 교사의 처마 밑에 길게 붙던 모의고사 성적을 연상케 하기도 합니다. 자유 민주사회에서 경쟁은 지극히 당연한 거겠지요.

미국 땅에 있고 미국인이 운영한다는 것뿐이지 여기에 다니는 학생들은 다국적으로 넘쳐나고 있습니다. 최근 미국에 온 해외 유학생들이 내는 등록금이 연약 450여 억불 정도(2019년도 기준)라니 웬만한 나라의 GDP를 넘어서는 수준입니다. 대학들은 이 돈을 우수한 인재들에게 장학금을 주며 선발해 대학의 수월성을 제고시킴은 물론 명성을 올리는 선순환 고리를 이어 나가고 있습니다.

학생들이 내는 등록금(1인, 연 5~6만 불 수준) 외에, 의식주 생활비와 면회차 오는 가족들의 숙박비 등 생활비용 또한 이에 못지않으리라는 추산입니다. 한 예로 이들이 소비하는 햄버거와 피자만도 엄청나다는 얘기를 여기 「뉴욕」에서 들었습니다. 대학으로 인해 그 지역의 생활경제가 자연스럽게 돌아가는 또 하나의 사회경제 시스템으로서의 대학교육 산업이라 할 만하지 않습니까. 정부간섭은 하나도 없이 대학 스스로 잘 굴러가면서 세계의 대학으로 자연스럽게 부상해 가는 이 현상이 놀랍고 부럽습니다.

우리의 대학교육을 생각해 봅니다. 입학시험 통제, 등록금 제한 등 여러 규제로 대학의 자율성을 막으면서 책임만은 대학에 떠넘기는 이중적인 잣대로는 고등교육이 원활히 발전하기는 어렵겠지요. 창의성 교육을 요구하면서 대학의 독자성을 제한하는 행태 또한 이와 무엇이 다르겠습니까? 씁쓸하기만 합니다.

교육 방법론에서도 그렇습니다. 이곳 대학에서도 다시 한번 느끼는 것이지만, 사이버공간에 길들길 강요받는 학생들은, 대학에서 만큼은 사이버공간 이상이기를 은연중에 기대합니다. 그게 바로 대학이 지니는 특별한 무엇이라고 여기는 것이지요. 보면서 배운다는 말의 진의가 무엇일까요? 커리큘럼 과정 등 학사제도를 망라하여 보고 보여주는 상호작용까지 모두 하나로 모여진 곳이 대학이라는 배움의 장이 아니겠습니까?

이른바 「비대면 언택트(untact)」 교육은 이런 측면에서 역설입니다. 매스터(원판) 강의 하나, 매스터 교수 하나면 가능하다는 논리가 성립됩니다. 그렇다면 왜 그 많은 대학이 필요하고, 많은 수의 교수가 있어야 할까요? 실존적 물음입니다. 언택트 강의 테크닉보다 이 질문이 더 중요하게 여겨지는 까닭입니다.

실제로 사람이 누군가에게 배우는 건 그 누군가가 가르치려 할 때보다도 그러지 않을 때가 적지 않습니다. 학생은 교수의 몸짓 어감 헛기침 문득 문득의 침묵 심지어 헛소리까지 들으며 은연중에 배우니까요. '세상에서 헛소리릴 지껄일 자유가 있는 유일한 곳이 대학이다.' (문화이론가로 알려진 스튜어트 홀이 한 말로 기억하고 있음)는 말은 그래서 긴 여운을 남깁니다.

이런저런 헛소리들이 모여 세상을 바꾸는 뜨거운 함성으로 태어날 수 있는 곳이 대학이니까요. 다양한 이런 것들이 모여 진짜 대학의 학통이 되고 학풍이 되는 것인데 사이버 모니터에 뜨는 확대된 얼굴은 아쉽게도 이러한 당연한 진실을 가려버립니다. 「COVID」 탓으로 돌리겠지요. 과연 그럴까요? 「COVID」 이후 즉, 「포스트 코비드 대학의 미래」가 벌써 우려되는 소이입니다.

Anglo America(앵글로 아메리카)

미국을 보는 우리의 일반적 이해는 정치적 관계나 할리우드식 대중문화의 프리즘으로 굴절된 피상적 수준을 크게 넘어서지 못 하는 건 아닐런지요? 적어도 제게는 그렇습니다. 초기 미국역사의 숨결이 서린 여기 「New England」 지역을 돌아보고 싶은 까닭입니다.

역사 현장을 더듬어 보는 것은 지나온 시간을 거슬러 올라간다는 점에서 노상의 여정이 되지 않을까 합니다. 이민자들이 세운 나라에서 파이어니어(pioneer) 정신으로 대변되는 골드러시와 서부개척의 험로 그리고 내전(civil war 1861~1865)을 경험한 이 나라에서, 공간적 대 이동이나 생활 속의 총기소지 등 사회적 변전은 지극히 자연스러운 미국적 삶의 리듬이 되지 않았을까요? 미국인들에게 내면화되어있는 이 노마드적 정서(nomad)를 이해하지 못하면 미국을 이야기하기가 아주 쑥스러울 것 같습니다. 게다가 이 나라는 백인종(caucasoid), 황인종(mongoloid), 흑인종(negroid) 등 다인종들의 이질적 문화가 조우하며 생긴 역사창출의 장이기도 합니다.

큰맘 먹고 일단 떠나고 본 것이 이 지역 일주였습니다. 처음엔 「New England」지역(동북 13개 주)을 대충 둘러보았지만 시간이 더 할수록 잠잠하던 역마살 병까지 돋여, 캐나다까지를 포함하는 「Anglo America」라는 꽤 넓은 지역까지를 주마간산하게 되었습니다. 아니군요. 마(馬)가 아니고 차(車)입니다. 주차간산(走車看山)이요.

「아팔라치아 산맥(Appalachia Mountains)」을 중심으로 하는 이 일대와 인접해 있는 접경의 캐나다 지역은 초기 역사 때부터 영국인들이 만들고 많이 사는 곳이어서 「앵글로 아메리카」라고 불리 우기도 합니다. 「앵글로 색슨의 나라」라는 거겠지요. 세계에서 국경을 맞대고 사는 나라 가운데 지금까지 어떠한 시비나 분쟁 한번 없이 같은 한 나라처럼 평화롭게 공존하는 유일한 나라가 「미국, 캐나다」라는 말을 여기 캐나다 제1의 도시「토론토(Toronto)」에서 처음 들었습니다.

프로야구 「토론토 팀」이 미국 「메이저 리그」 (미국의 프로야구 2대 조직인 「National League」와 「American League」을 합쳐 「Major League」라고 합니다.)에서 한 나라 팀처럼 자연스럽게 뛰는 것을 보면 의아하다 못해 부럽기까지 합니다. 우리는 일본과 이런 스포츠 교류를 못하겠지요? 툭하면 반일 감정을 들쑤셔 정세변화의 어부지리를 쫓는 작금의 국내정세의 왼쪽 행보가 어디까지일는지 찹찹하기만 합니다.

「Plymouth Rock」 앞에서

▶ 「필그림 파더스」들이 처음 미국 땅에 상륙하며 밟은 바위

▶ 「Plymouth rock」(1620년 글자가 인상적임) 「도리아식 신전」건물 안에 전시되어 있음

「뉴욕」에서 「보스톤」으로 가는 95번 도로는 경치가 매우 아름답습니다. 왼쪽으론 인상 깊은 침엽수림이 이어지고 오른쪽으로는 대서양 푸른 물결이 넘실거리니까요. 「뉴욕주」를 벗어나 「코네티컷주」와 「로드아일랜드주」를 지나노라면 어느새 「매사추세츠주」가 나오지만, 그대로 「보스톤」쪽으로 직진하지 않고, 「케이프코드만(Cape Cod Bay)」쪽으로 핸들을 꺾으면 바로「플리머스(Plymouth)」란 이정표가 보이기 시작합니다.

꼭 400년 전인 1620년, 102명을 태운 「메이플라워(May Flower)」호가 도착한 곳, 「뉴잉글랜드」 최초의 정착지이고 지금의 미국이라는 나라가 시작된 바로 그곳 「플리머스」입니다. 이들이 처음 밟았다는 바위, 즉 「Plymouth Rock」이 해안가에 있는 아름다운「도리아식 신전」건물 안에 전시되어 있어 많은 사람이 보고싶어 하는 역사적 명소가 되었고요. 「게티스버그」 다음으로 보고 싶었던 곳이어서인지 이방인인 제 가슴이 뭉클해집니다.

「필그림파더스(Pilgrim Fathers)」라 불리는 이들 102명(청교도 35, 비신자 67)은 종교의 자유를 찾아 영국의 「플리머스(Plymouth)항」을 떠나 마침내 미지의 땅인 여기 미국의「플리머스(Plymouth)항」에도 도착, 「Plymouth Rock」을 밟고 상륙한 것입니다.

이 기념 바위 좌측으로 마련된 「순례자 추모공원」 아래쪽에는 실물 크기로 건조된 「메이플라워 호 모형 배」가 떠 있습니다. 저렇게 초라한 목선을 타고 저 거친 황량한 대서양을 건너왔단 말인가, 자유를 찾아 저 험난한 항해를 감행한 이 「필그림파더스」들이 없었다면 오늘의 미국은 어찌 되었을까요? 그들에게 자유란 무엇이었으며 어떤 의미였을까요?

해변의 「메이플라워 호 모형 배」 옆 카페에서 커피 한 잔을 시켜놓고 희색의 파도가 밀려오는 대서양 저 너머 유럽쪽 하늘을 응시하려니, 낯선 동방 나그네의 외로운 마음을 아는지 모르는지 속절없이 울어대는 물새 소리만 아련히 들려옵니다. 자유의 나라 미국이 출발한 그 지점에 서서 자유의 가치를 생각하면서 이 역사의 현장을 떠납니다.

캐나다는 「온타리오 호」에서 북대서양 연안의 「퀘백」에 이르는 남동부지역에 대다수 인구가 모여사는 양상을 보이고 있는 것이 특징입니다. 「토론토」를 포함하여 「오타와」, 「몬트리올」, 「퀘백」 등 4대 도시들은 미국의 북동부지역과 국경을 맞대고 있는 「세인트로렌스 강」 언저리에 있습니다. 캐나다에서 보면 남동쪽이고 미국에서 보면 북동쪽이지요. 지도상 캐나다를 동에서 서쪽으로 일직선을 그으면 동쪽 약 25%쯤 되는 지점으로 이 곳 4대 도시에 대부분의 인구가 살고 있는 셈입니다. 워낙 인구가 적은 데다 지리적으로 북쪽이 춥다는데도 한 원인이 있지 않을까요?

아주 멀리 서쪽 끝 태평양 연안 로키산맥 아래쯤에 「밴쿠버」라는 도시 하나가 있을 뿐입니다. 그 넓은 국토가 어디를 가도 삼림이며 평원이며 숲으로 덮여있는 풍요의 나라입니다. 이 속에 담긴 보이지 않는 자원은 또 얼마이겠습니까? 현재 약 100여만이 거주하고 있다는 원주민인 인디언들도 잘 사는 모습이고요.

캐나다 하면 제일 먼저 떠오르는 것은, 학교 다니던 시절 프랑스인이 많이 사는 「퀘백」이 떨어져 나와 독립하려 한다는 기억입니다. 지금은 이런 이야기가 쏙 들어가고 말았다고 합니다. 독립해보았자 경제적 실리 등 여러 면에서 서로

간에 이로 울게 없다는 거겠지요? 그렇다고 불씨가 완전히 꺼진 건 아닙니다. 「퀘백(몬트리올 포함)」의 프랑스인들 자존심은 여전하니까요. 언어도 모국어인 불어를 사용하고 있습니다.

「몬트리올 올림픽(1976)이래 거리의 벽돌 한 장 변한 게 없는 도시가 여기 몬트리올입니다.」는 어느 프랑스 여학생의 말이 왜 이렇게 귓전을 맴돌까요?

Anglo Saxons(앵글로 색슨)

「Anglo Saxons」, 참으로 대단한 종족이라는 생각을 떨쳐버릴 수가 없습니다. 이들이 건설한, 세계에서 해질 날이 없다는, 「대영제국」이 제2차 세계대전을 계기로 해체된 줄 알았지만 여기 이렇게 금세기의 「로마제국(?)」이라는 「USA」로 우뚝 서 있지 않습니까? 이들의 언어(영어)는 사실상 국제공용어처럼 사용되고 있고요. 마치 「로마제국」이 무너졌을 때, 「가톨릭」이 제국의 공용어인 라틴어와 함께 그 유산을 고스란히 이어받았듯이 말입니다. 기왕의 사실로 미국을 만들고 움직이는 건 역시「WASP(White Anglo Saxon& Protestants)」입니다.

놀라운 건, 이 잘나가는 종족의 뿌리가 「게르만(German)」쪽이라는 사실입니다. 「로마제국」이 와해하고 무법의 혼란시대가 걷잡을 수 없이 이어지던 역사의 계절, 「로마」의 속주였던 「브리타니아」즉, 잉글랜드도 예외가 아니었습니다. 여러 종족이 서로 주도권을 잡으려 이 좁은 섬에서 뒤엉켜 싸웠는데, 이 중 어느 종족이 독일 쪽에 지원군을 요청해 들어오게 된 것이 「작센공국」(Sachen), 현재 독일의 Dresden지역)의 「작센족」과 「함부르그(Hamburg)」 북쪽 근방에 살던 「앵글로족」이라고 합니다.

지원 임무를 마친 이들은 돌아가기는 커녕, 기존 종족들 마저 평정하고 눌러앉았으니 굴러온 돌이 박힌 돌 밀어낸 꼴이겠지요. 이들이 바로 오늘날 영국의 주 혈통인「앵글로 색슨」족이라니 역사의 아이러니가 아닐 수 없습니다.

물론 「호주」(호주대륙 전체)나 「뉴질랜드」도 이들이 주인이지요. 미국과 캐나다가 이런 관계라면 「알래스카」가 미국 땅이니, 북미 대륙 전체가 앵글로 색슨계의 땅이라고 볼 수도 있지 않겠습니까? 이들은 모두 같은 언어(영어)를 쓰고, 섬나라 해양국이면서 선진적 자유민주의 나라라는 공통점을 공유하고 있습니다. 안정된 정치, 건실한 경제력, 깨끗한 환경 또한 세계 선두이니 감히 세계 어느 나라가 이들을 능가할 수 있을까요? 지명이나 인명도 한결같이 영국식을 따다 쓰고 있습니다. 세계에서 가장 큰 땅덩어리를 가졌다는 러시아(소련)나 가장 많은 인구를 보유한 중공(중국)은, 제대로 된 자유 민주국가 한 번 못 만들면서 미국의 도움으로 어렵사리 자유민주의 나라를 건설해 이만큼 살게된 「Korea」가 그렇게 못마땅한지 서로 경쟁적으로 북쪽의 김씨 왕조를 사주해 전쟁을 일으키고 도발을 일삼는 작태를 어찌 봐야 하겠습니까? 대국이라는 이름의 덩치가 부끄럽지 않습니까? 근자 중공의 주석이라는 「습근평(習近平)」은 6.25를 미국의 침략으로 이루어진 전쟁이라고 말했다니 어이가 없을 뿐입니다.

하기야 저들 공산주의 독재자들은 거짓말도 백 번 들으면 정말이 된다는 철학을 비료로 삼고, 그 시조격인 「칼 마르크스」의 '사람은 가능한 것만을 생각한다'는 말로 이를 뒷받침해 놓았지요. 역사의 수레바퀴는 오늘도 돌아가겠지만 라틴 문화를 중심으로 하는 서구의 정신문화와 「앵글로 색슨」 계의 저력은 세계사의 무대에서 양대 리더로서의 자리를 언제까지 이어갈 수 있을까요?

저기 국경지대 「세인트 로렌스 강」에서 불어오는 시원한 바람은 알 수 있을까요? 대답이 없네요.

게티스버그와 링컨

그런데 선생님, 주차간산은 말 그대로 진짜 산만 보고 온 느낌입니다. 차창으로 들어오는 것은 전경(前景)과 배경(背景)이 헷갈리는 파노라마적 풍경이어서 초점이 맞춰지지 않고 흔들리기 일쑤입니다. 시간과 공간의 불일치라고나 할까요. 천천히 걸으면서 혹은 마차를 타고 가며 보는 풍경과는 사뭇 다릅니다. 제가 여길 한 번 스쳐갔다는 것 말고 무엇이 남을까요. 누구 말마따나 남는 건 발자국이고 가져가는 건 추억뿐 일까요? 여전히 미국은 가깝고도 먼 나라이며, 친숙하면서도 낯선 나라로 머물러있는 듯합니다.

많은 사람이 여행하지만 쉽게 까먹고 마는 것은 그 대상에 대한 내적 공감을 음미할 기회를 제대로 얻지 못했기 때문이 아닐까요? 대강 대강 훑어보는 것만으로 어떤 공감을 기대하긴 어려울 테니까요.

사람은 시간과 공간을 마음대로 조리할 수는 없습니다. 마음으로만 사는게 아니라 몸으로도 살아야 하는게 인간이기 때문이겠지요. 마음으로야 시공을 자유롭게 넘나들 수 있겠지만, 동시에 시공간은 엄연한 몸짓의 터전이며 삶의 제약이기도 하니까요. 결국 제게 주어진 시공간은「지금 여기」일 뿐입니다.

지금 여기서 조용히 눈을 감으니 불현듯 떠오르는 것이「A.Lincoln의 Gettysburg Address」입니다. 아뇨, 불현듯이 아닙니다. 저는 이미 태평양을 날아 넘어올 때 비행기 안에서「링컨」을 생각했었으니까요.

여기까지 와서 그토록 좋아하는 역사적 인물의 흔적을 한 번 찾아보지 못하고 간다면 정말'잎새에 이는 바람에도 괴로워'할 것 같다는 느낌이 휘감아 옵니다.

「링컨」 대통령과 그의 연설문을 가르쳐 주신 분은 선생님이시니, 결국 저를 여기「게티스버그」로 발걸음을 옮기게 한 분은 선생님이십니다. 제가 왜 이 멀리「게티스버그」까지 와서 선생을 부르며 이 편지를 쓰는지 까닭을 고교 시절의 추억을 더듬어 말씀드리고자 합니다.

꼭 60년 전, 1960년 늦가을 어느 날 'D고' 3학년 영어 시간을 기억 하시는지요? 선생님으로부터, 교과서「World English」의 Lesson 9(?)「Lincoln의 Gettysburg Address」을 배우는 시간이었습니다. '이 연설문은 아무리 강조해도 지나침이 없는 세계적인 명문이다. 대전고등학교 학생쯤 되면 이 문장만은 원어인 영어로 외워둬야 한다. 통째로 외우기를 숙제로 부과한다.' 하도 오래된 일이어서 기억이 아니 나실지 모르겠습니다.

이어서 '여러분은 두 개의 졸업장을 받게 될 것이다. 하나는 졸업식 때 받을 종이로 된 유형의 졸업장이고 다른 하나는「게티스버그 어드레스 외움」이라는 무형의 졸업장이다. 난 이 후자를 진짜 졸업장이라고 믿는다.'

선생님은 조용하고 가라앉은 음성이었습니다. 목소리는 차분하고 간곡했으며 가슴에 호소하는 듯한 잔잔한 톤으로 들려왔고요. 그 옛날 바로 여기「게티스버그」 이 자리에서「링컨」이 그러했겠지요. 무엇보다도 제 마음을 끄는 것이'D고등학교 학생쯤 되면...'이라는 말씀이었습니다. 이 말씀은 60년이 지난 지금까지도 제 가슴 속에 생생하게 살아있습니다.

그때 저는 선생님 목에 걸려있는 헐렁한 넥타이와 손목까지 삐져나온 때 묻은 와이셔츠 소매도 보아두었습니다. 우연의 일치일까요? 후일 제가 대학 강단에 섰을 때 학생들은 물론 대학 구성원들로부터 추앙받는 교수 같은 교수님들은 아주 이런 모습이었습니다. 선생님은 연설문 도입 부문(...) 'Four score and seven years ago our fathers brought forth on this continent A new nation, conceived in liberty, and dedicated to the proposition that all men are created equal' (87년 전 우리 선조들은, 모든 사람은 자유롭게 잉태되어 평등하게 태어났다는 것을 신조로 하는 새로운 나라를 이 대륙에 건설하였습니다.)을 떨리는 음성으로 설명하셨습니다. 영원히 만나지 못할 것 같은 자유와 평등이 이 대목에서 나란히 앉아 있음을 찾아내셨는지요.

족보를 따져보면 자유와 평등은 르네상스를 모체로 하는 프랑스혁명이 낳은 남매와 같은 존재인데, 언제부터인가 자유를 취하려면 평등을, 평등을 취하려면 자유를 버려야 한다고 학자들로 하여금 정의하게 만들어 놓았지요. 자유가 없는 평등이라면 우리속의 돼지에게 더 있을 것이고 평등이 없는 자유라면 숲속의 늑대무리에게 더 있을 텐데 말입니다.

자유와 평등이 함께 있는 이 연설문이 좋아서 이 글을 외우라고 숙제를 내셨는지요? 저는 이 숙제를 이행했습니다. 그리고 선생님은 숙제검사를 하지 않으셨지요. 제가 선생님을 선생님이라고 부르는 소이이기도 합니다.

Gettysburg

제가 왜 여기 「게티스버그」에 와서 선생님을 부르며 편지를 쓰는지를 말씀 다시 안 드려도 아시겠지요.

「Gettysburg」는 「펜실베이니아 주」와 「메리랜드 주」 동남쪽 국경지점에 있는 도시로 「워싱턴」에서 그리 멀지 않은 곳에 있습니다.

내전 당시 인구가 2천3백여 명쯤이었다니 그 규모를 짐작할 수 있을 것 같습니다. 도시에 들어서면, 「Gettysburg National Military Park」라는 간판이 눈길을 끕니다. 「게티스버그 국립 군사공원」으로 풀이되는 이 공원은 세계최초의 군사공원이라고 합니다. 제가 그렇게 보고싶어하는 「Gettysburg National Cemetry(게티스버그 국립묘지)」는, 이 거대한 군사공원의 일부이고요. 사실상 이 큰 공원의 왕좌라고 해도 과언이 아니겠지요. 이 넓은 군사공원 내에는 모두 35개의 박물관과 1천여 개의 추모탑이 있어 그 규모를 짐작게 합니다. 내전 당시 벌어졌던 격전의 땅 5천7백33에이커 전체가 공원화되어있는 것이니까요.

「링컨」 대통령이 직접 연설했던 당시의 그 자리는 「링컨의 연설 기념관」이 서

있어 발길을 멈추게 하고 그 오른편 쪽에 링컨의 흉상이 놓여있습니다. 영원히 잊지 못할 링컨 대통령의 연설 현장을 기리는 흉상이지요. 제가 여기에 온 것도 이 자리 이 기념관, 이 흉상을 보고자 함이었으니까요.

하루 이틀에 이 일대 전역을 돌아보고 무엇인가를 느끼고 싶어 한다는 것은 사실상 욕심임을 알게 되었습니다. 내전 당시 승패를 좌우할 만큼 중요한 요새로 서로 물러섬 없는 격전을 벌여 무려 5만(양측포함)여 명의 사상자를 낸 바로 그 역사의 현장을 밟는 것만으로 위안으로 삼아야 했습니다.

「게티스버그」 링컨 「연설 기념관」에 있는 링컨 대통령 흉상

결국 「링컨」 대통령 측의 승리로 끝나고 많은 희생자를 추모하는 「묘지 봉헌식」에서 행한 링컨 대통령의 연설이 바로 그 유명한「Gettysburg Address」입니다.

연설문은 전날 「링컨」 대통령이 직접 펜으로 쓴 단지 72개의 단어로 꾸며진 짧은 글입니다. 단 2분 만에 연설이 끝나 많은 기자는 미처 사진도 찍지 못했을 정도였다니까요. 많은 신문이 보잘것 없는 연설로 격하시킴은 물론 혹평 일색이었고, 심지어 연설문 내용이 무엇인지 읽으려 하지도 않았고 알려고 하지도 않았다고 합니다. 다만 영국에서만은 이 연설문이'미국식 영어'로 쓰였다고 보도했고요. 전쟁에 지친 피로감 때문일까요?

157년이라는 세월이 흐르면서 링컨의 '게티스버그 연설'도 어느덧 고전화 되어가는 것 같은 느낌이 듭니다. 1863년 11월 19일, 게티스버그 바로 여기 격전의 이 자리에서 「링컨」 대통령이 행한 그 유명한 「Gettysburg Address」을 모르는 사람은 없겠지만 그 내용의 진의를 제대로 아는 사람도 그렇게 많은 것 같지 않습니다. 이 짧은 글이 분열될 위기의 미국을 하나로 통합함은 물론 제1, 2차 세계대전에 뛰어들어 유럽의 자유 민주국가들을 지켜내는 원동력이 되었지요. 다만 끝부분 (...) that government of the people, by the people, for the people, shall not perish from the earth. 만이 민주주의의 금과옥조처럼 회자하고 있지요.

「링컨 대통령」은(1809.02.12.~1865.04.15.) 1865.04.15. 워싱턴의 「포드」 극장에서 「John Wilkes Booth」의 총에 맞아 영면했습니다.(향년 56세) 서부로, 서부

로 끝없이 뻗어 나가던 중서부 지역의 초원에서 태어나 그 숲속에서 민주주의 심볼처럼 자란 그였습니다. 미국이라는 나라를 지켜냈고 노예제를 폐지시키는 위대한 유산을 남겼지요. 1863.11.19「게티스버그」에서 행한 묘지 봉헌식 연설에서 민주주의의 핵심을 정의함과 동시, 미국은 물론 세계 모든 나라의 민주주의를 지켜내야 한다는 확고한 의지를 밝혔습니다.

그가 저격당하기 한 달 전인 1865.03.04 워싱턴에서 행한「두 번째 대통령 취임사」에서 'with malice toward none, with charity for all(...) to bind up the nation's wound.(...)' 누구에게도 악의를 품지 말고 모두에게 관용을 베풀어야 합니다. 벅찬 승리의 순간에 패자인 적을 용서해 달라고 요청한 것입니다. 성자의 경지가 아닐까요? 워싱턴에 있는「링컨 기념관」안「링컨 동상」을 바라보면서 왼편에「게티스버그 어드레스」전문이, 오른쪽에는「링컨」대통령의 두 번째「취임사 전문」이 대조적으로 새겨져 있어 보는 이들의 가슴을 숙연하게 합니다.

에이브라함 링컨의 리더쉽

어느 나라가 위대하냐 아니냐를 가늠하는 기준은 단순히 군사력이나 조직력이 아니라, 그 안에 사는 국민이 얼마나 자유와 민주를 향유하며 사느냐이라고 갈파한 김동길 박사의 말을 기억하고 있습니다. 러시아(소련)나 중공을 위대한 나라라고 보지 않는 소이입니다. 우리가 링컨 대통령을 존경하는 건 그가 인격적 자질을 제대로 갖춘 완전무결한 사람이어서가 아닙니다. 그도 다른 보통 사람들처럼 부족함이나 결점도 많은 평범한 인물이었으니까요.

어느 해인가,「워싱턴 포스트」가 조사해 밝힌 그의 욕에 가까운 별명만 해도 거짓말쟁이 사기꾼 허풍쟁이 불한당 등 무려 열두 가지나 됩니다. 반 이상의 국민(남부)으로부터 배척받았고, 못생겼고, 교육이라곤 초등학교 1년 다는게 다이고, 파산해 빚 갚는데 십수 년이나 걸린 경력의 소유자였고요, 신문 등 언론으로 부터는 거의 매일 얻어맞았습니다. 그럼에도 불구하고「링컨 대통령」이 위대한 인물로 평가되고 존경받는 건 이 같은 많은 결함이 그에게는 문제가 되지 않는다는 것입니다. 그는 이러한 결점보다 훨씬 높은 경지에 있는 사람이었습니다. 장점이 더 많은 인물이라는 것이지요. 정직한 신앙심 의지력 겸손함 등은 누구도 따라가기 힘든 장점이었다고 합니다.

에이브라함 링컨은 52세 때인 1860년 05월 18일 미국 공화당 대통령 후보로 뽑혔습니다. 너무 기대 이상의 인물이어서 국회는 혼란에 빠졌고 휴회까지 가는 초유의 일이 벌어졌다고 합니다. 사실상 링컨은 아무도 기대하지 않은 무명의 인물이었으니까요.

기왕의 사실로써, 링컨을 켄터키주의 시골 마을에서 태어나 정규교육이라고는 초등학교 1년 정도밖에 안 되는 보잘것없는 사람이었습니다. 그가 대통령 후보에 오르리라고 생각한 사람이 아무도 없음은 당연한 일이었을 것입니다. 다만 한 가지 긍정적인 분위기는, 그만치 링컨을 반대하는 사람도 없었다는 사실입니다.

링컨은 바로 이점을 믿는 리더였지요. 링컨 자신이 위와 같은 자신의 약점에 희망을 걸었다고나 할까요. 노예제도 폐지 문제는 경쟁자인 수어드(William Sward)보다 온건한 입장이었고, 흑인의 정치적 사회적 평등문제는 즉시 시행해야 한다고 보지 않았고, 노예제도 확산에는 반대하지만 남부 노예주의 권리를 인정하는 입장이었고, 원칙을 고수하되 현실과의 균형을 유지해야 한다는 입장이었고, 그리고 무엇보다도 보혁대립의 갈등에서 보수도 진보도 아닌 정중앙의 가장 가까운 곳에 있었다는 점을 들 수 있습니다.

링컨의 마음은 '얼마나 많은 지지자를 얻을 것인가 보다 나를 지지하지 않지만 고민하는 자들을 여하이 내 지지자로 만들 것인가'에 온통 쏠려있었음을 아는 사람은 많지 않았습니다.

1860년 11월 06일 그는 마침내 대통령에 당선되었습니다. 조각했는데 수어드 등 상당수가 링컨을 반대했던 사람들이었습니다. 이런 뜻밖의 조각에 대해 질문을 받은 링컨은 '그들은 우수한 능력자들이고, 그들이 미국에 공헌할 기회를 내가 빼앗을 권리가 없다.'고 답변했다고 합니다. 링컨은 반대자도 과감히 끌어안는 이런 리더십의 소유자였습니다.

이들은 이어 발발한 「내전(Civil War)」에서 미국을 구하는데 전심전력을 다해 대통령 링컨을 도왔고, 그리고 링컨이 저격당했을 때 '미국은 위대한 인물을 잃었다.'며 가장 서럽게 울었다고 역사는 기록하고 있습니다.

다시 말하면 링컨은 자신에게 동조하지 않거나 적대적인 사람도 능력이 있다고 여겨지면 과감히 기용하여 그 능력을 백분 활용할 줄 아는 리더였고, 어떤 일을 기획하고 추진할 때는 조용히 가슴에 호소하는 천재적 설득력을 소유한 리더였습니다.

「링컨」도 조직의 일원이었고, 대통령이 된 것도 공화당이라는 조직에 의해서였습니다. 그러나 「링컨」은 이 조직을 레닌이나 스탈린처럼 혹은 모택동이나 카스트로, 김일성 왕조처럼 악용하지 않았습니다. 미국 공영방송「CSPAN」은 약 10년을 주기로, 전문가 100여 명을 위원으로 위촉하여 미국 역대 대통령 40여명을 평가 발표하는 일을 해오고 있습니다. 눈길을 끄는 것은 평가위원이 매번 상당 수 바뀌는데도 불구하고 지난 몇 번의 조사에서 최고 득점자와 최하 득점자의 성향이 거의 비슷한 양상으로 나타났다는 사실입니다.

하위 등급에 속하는 대통령들은 국민을 분열시켰다는 공통점이 있으며, 1929년대 이른바 대공황 때의 「후버」 대통령보다 국민 분열을 초래한 대통령의 죄를 더 중하게 묻고 있다는 점입니다. 그런가 하면 혼신의 힘을 다해 국민통합을 이룬 「링컨 대통령」이 모든 조사에서 한 번도 빠짐없이 압도적인 1위입니다. 미국 국민들이, 남과 북 두 동강이로 쪼개질 위기의 나라를 하나로 합쳐 오늘의 위대한 미국을 있게 해준, 링컨 대통령을 얼마나 고맙게 여기고 사랑하는지를 그대로 보여주는 예가 아니겠습니까?

햇빛 찬란한 한낮의 「링컨 기념관」은 사랑과 희망의 분위기를 자아냅니다. 그런가 하면 해질녘 「링컨 기념관」은 우수에 찬 노스탤지어를 불러일으킵니다. 「링컨」이 걸었던 길, 그가 건넜던 다리, 그가 영감을 받은 장소도 그렇지만 그가 서서 연설했던 기념관 그 자리에 서니 이상하리 만치 따뜻한 온도가 느껴집니다. 「링컨」이 원래 그랬지요. 조용히 속삭이듯 가슴에 호소하는 그의 언어에는 언제나 포근한 체온의 설득력이 묻어 있었으니까요.

세상을 돌아다니다 보면 그 사람이 거기 있어 그 장소가 더 빛나는 경우도 있고 또 이 반대의 경우도 있습니다. 인간과 장소의 궁합이라고 할까요? 누군가 침이 마르도록 극찬하는 곳도 정작 가보면 별로인 곳이 있는가 하면, 남들이 시큰둥해 하는 곳이라도 가보면 감흥을 불러내는 곳도 적지 않습니다.

저에겐 여기 「게티스버그의 링컨기념관」이 그럴 것 같습니다. 지금까진 「워싱턴」의 「링컨 기념관(Lincoln Memorial)」이 그랬는데, 사람이 너무 많다는 점이 좀 그렇습니다. 그에 비하면 여기는 조용하기도 하고 또 키 큰 「링컨 대통령」이

뚜벅뚜벅 걸어 나와 '어서 오세요. 반갑습니다.' 손을 내밀며 악수를 청할 것 같으니까요.

에필로그(하나뿐인 어여쁜 추억)

'삶에는 기습이 있다.'라는 말을 한 적이 있습니다. 십대 젊은 나이에 너무 힘들어 이런 말을 했겠지만 「링컨의 게티스버그 어드레스」를 만난 것도 제겐 삶이 던진 기습이었습니다. 여기엔 일면 웃고 일면 운다는 「야누스의 양면」이 숨겨져 있겠지만 제게 온 것은 웃는 쪽이었습니다. 링컨을 소개하고 가르쳐주신 분은 선생님이시고요.

언젠가는 선생님을 만나 이런저런 저간의 이야기를 해드리리라 맘먹었습니다. 고마운 인사와 함께 속 깊은 이야기를 나눌 기회가 올 줄 알았습니다. 그런데 선생님이 아니 계시다니요? 그래도, 아무리 그래도, 그런데도 저는 선생님을 현재형으로 부르며 이 편지를 씁니다.

미안하고 부끄럽고 서러운 흔적들뿐이었던 고등학교 시절 선생님의 'D고 학생쯤 되면 「링컨」의...'만이 이렇게 어여쁜 흔적으로 남아 선생님을 그립게 합니다. 그리움은 어쩌면 감정이 아니라 시간일지 모른다는 생각이 듭니다. 영원히 지울 수 없는 시간, 영원히 멈출 수 없는 시간 그리고 이렇게 제 마음이라는 액자 속에 스승으로 박제된 시간이 저의 그리움이니까요.

큰 소리로 말하면 영혼도 듣는다지요? '선생님, 저 어때요? D고등학교 학생쯤 되겠습니까?'

타인과 사회를 위해 베풀고 봉사하는 삶이 최대의 행복이다

임종만 박사(前 서경대학교 교수/부총장 겸 대학원장)

인간은 혼자 살아갈 수 없는 사회적 동물이다. 그래서 남과 어울려 살고 그 삶 속에서 베풀고, 배려하는 이타주의가 세상을 살맛나게 하고 아름답게 한다. 그렇지만 우리가 살아가는 세상의 면면을 들여다보면 그렇지 못한 것이 고개를 갸우뚱하게 한다.

세상은 변화 속에서 발전을 추구할 수 있다. 변화한다는 것은 오늘보다 내일의 더 나은 발전과 성숙함을 의미하기도 한다. 그러나 변화가 긍정적임에도 불구하고 역행하는 것이 있다. 그건 남과 싸워서 승리해야 한다는 강박관념과 자기중심적인 사고다.

남과 싸워서 승리하기 위해서는 남보다 많이 뒤처지지 않고 남을 무조건 이겨야 하고, 내가 성공하기 위해서는 수단과 방법을 가리지 않고 남을 짓밟고 올라타야 하는 현실이 난무(亂舞)하다.

오로지 남과 사회를 위해 배려하고 봉사하는 정신이 퇴색되어가는 작금의 현실이 안타까울 뿐이다.

"인간이 살아가면서 사람의 도리를 다하지 못하면 짐승만도 못하다."는 옛말이 있다, 참으로 서글프게 생각되는 대목이 아닐 수 없다. 아니 사회가 그렇게 환경을 만들고 또한 사람들은 무작정 따라가기 때문이기도 하다.

녹명(鹿鳴)이란 먹이를 발견한 사슴이 배고픈 다른 사슴들을 부르기 위해 내는 울음소리다.

수많은 동물 중에서 유독 사슴만이 먹이를 발견하면 함께 먹자고 동료를 부르기 위해 운다고 한다.

여느 동물들은 먹이를 발견하면 혼자 먹고, 먹고 남은 먹이는 숨기기 급급한데, 사슴은 오히려 울음소리를 높여 함께 나눈다는 것이다.

사슴의 동료에 대한 사랑과 배려 그리고 이타주의 정신을 보여주는 녹명(鹿鳴)은 시경(詩經)에도 등장한다. 사슴 무리가 평화롭게 울며 풀을 뜯는 풍경을 어진

신하들과 임금이 함께 어울리는 것에 비유했다. 이처럼 녹명은 공동체 생활 속에서 인간으로서 공공선(公共善)을 추구하고 이기주의에서 벗어나 남을 베풀고 도움을 주는 정신이 흠뻑 젖어 있다.

사람들은 남을 위해 베풀고 봉사하는 것에 익숙하지 못하고 심지어는 외면하는 때도 있다. 그리고 어떤 사람은 남을 위해, 사회를 위해 봉사하고 희생하는 것은 오로지 낭비이고 자신만 손해 보는 짓이라 생각하기도 한다. 이 모든 것은 오로지 자기중심적인 사고와 이기주의가 팽대해서 나타나는 현상에서 기인한다고 볼 수 있다.

대부분 사람은 성공만 하면 행복해진다는 착각 속에 살아가고 있다. 성공과 행복은 엄연히 다르기 마련이다. 행복은 오로지 자기 자신의 주관적인 척도로써, 어떤 삶을 살고, 어떤 만족을 느끼느냐에 따라 행복해지고 행복의 크기도 다른 것이다.

브리티쉬 컬럼비아대학과 하버드 비즈니스스쿨의 연구진들이 지출습관과 행복지수 사이의 관계를 알아보기 위해 실시한 세 가지 연구에서 나온 결과를 보면, 타인을 위해 돈을 쓰는 사람들이 자신을 위해 돈을 쓰는 사람들보다 더 행복하다고 하는 재미난 연구결과가 나왔다.

연구결과는 결국 자기중심적인 사고와 이기주의에서 벗어나 남을 위하고 사회를 위한 삶이 보다 더 행복을 가져다준다는 것으로 귀결(歸結)된다.

자기 자신을 등한시하고 무조건 남과 사회를 위해 희생만 하라는 것은 결코 아니다. 더욱 성숙하고 성공된 삶을 위해 최선을 다하되 욕심을 버리고 주변 사람들과 사회를 생각하는, 인간다운 삶을 영위하라는 것이다.

"염일방일(拈一放一)"이라는 사자성어가 현대사회를 살아가는 사람들에게 지혜의 교훈을 준다. 이 고사의 의미는 이렇다. "하나를 쥐고 있는 상태에서 또 하나를 쥐려고 하면 이미 손에 쥐고 있는 것까지 모두 잃게 된다." 참으로 이 시대에 살아가면서 명심해야 하고 반성해야 할 고사성어(故事成語)의 한 대목이다.

「~ 다와야 한다」

전신욱 박사(前 서경대학교 교수/대학원장)

"칼 R. 포퍼(Karl R. Popper)"는 그의 저서 「열린사회와 그 적들 Ⅰ(The Open Society and Its Enemies, vol. Ⅰ: The Spell of Plato)」(이한구 역, 1982)에서 아담(J. Adam)은 "플라톤(Plato)"의 「민주 정치가들」에 대한 견해를 비판적 입장을 보인다고 기술하고 있다. 플라톤은 "민주 정치가들을 방탕하고 용렬한 자로, 건방지고 무례하고 뻔뻔스러운 자로, 흉악하고 잔인한 맹수로, 순간적인 것에 탐식하며 오직 쾌락과 불필요하고 부정한 욕심으로 가득차서 살아가는 자"로 묘사하고 있다고 하였다. 그러나 플라톤의 언명처럼 민주 정치가들을 전부 그렇다고 단언할 수는 없는 것이 아닌가? 그러나 오늘날의 민주 정치인들은 이러한 플라톤의 언명과는 달리 국민에게 예의 있고 정의로운, 공정하고 난폭하지 않은, 헌신하고 봉사하는 「공복(公僕)다움」을 실천하는 자로 행동하여야 할 것이다.

현대를 사는 우리는 모두 자신의 신분과 직업, 역할과 능력과 본분을 망각하거나 혼돈하면서 살아가는 사람이 많은 것 같다. 인간이기 때문에 그러려니 할 수도 있다. 하나님은 인간의 모습을 다양하게 창조하시고, 그 모습의 외면(겉모습)과 내면(속모습)의 세계에 많은 것을 다양하게 만들어 놓으셨다. 이 지구상에 사는 현재의 지구인은 220여개 국가에 78억 명이라고 한다. 이렇게 많은 인간들의 모습은 모두 같은 모습은 하나도 없다. 외면은 물론 내면의 세계도 전부 다르다. 우리 인간은 동일한 것이 하나도 없다는 것 같다. 인간은 성별, 일, 나이, 피부색깔, 신체구조 그리고 신분 등이 모두 상이하다. 그들은 자신이 한 인간으로서 마땅히 해야 할 저 마다의 임무와 역할이 있게 마련이다.

일단은 본질적인 차원에서 모든 인간은 인간 「다와야 한다.」는 점이다. 인간이 짐승이나 동물답다면 인간 세상은 어떤 모습을 하고 있을까? 이성과 감성을 지닌 인간이 동물적 근성을 가지고 있다면 지구상에서 인간으로 공존하지 못할 것이다. 또 인간은 신이 될 수도 없고, 동물과 같은, 인간의 탈을 쓴 짐승과 같은 존재가 되어서도 안 된다. 또한 인간이 지닌 본질적인 존엄성으로 인간을 수단

화해서도 안 된다. 세계적 뇌과학자 "게랄트 휘터(Gerald Hüther)"는 그의 저서 「존엄하게 산다는 것(Würde was uns stark macht - als einzelne und als Gesellschaft)」(박여명 옮김, 2019)에서 "현대를 살아가는 많은 사람들은 인간이 마땅히 가져야할 고유한 존엄(尊嚴)을 잃어버린 채 살아가고 있다. 존엄함을 잃어버린 자들은 다른 사람들 역시 존엄한 존재로 대하지 못하고 그저 서로를 수단(手段)으로 여기고 착취하며 그렇게 다 같이 빛을 잃어간다"고 하였다. 또 저자는 "우리가 잃어 가는 존엄에 대한 개념과 「인간다움」을 연결하여 인간답게 살아가기 위한 조건으로 존엄(尊嚴)에 대한 회복"을 이야기하고 있다. 존엄을 지키는 것이 곧 인간다움이다. 남자는 남자 다와야 하고, 여자는 여자 다와야 한다. 하나님께서 창조하신 창조물인 여자가 남자 다웁다거나 남자가 여자 다웁다면 세상의 질서가 무너지고 혼돈에 빠질 것이다. 뿐만 아니라 남편은 남편 다와야 하고, 아내는 아내 다와야 할 것이다. 부모는 부모 다웁고, 자식은 자식 다와야 한다.

사회적인 차원에서는 나이에 걸맞은 역할과 기능이 있을 수 있다. 젊은이는 젊은이다워야 한다. 젊은이는 항시 새로움을 추구하는 자세를 견지하고 패기만만(覇氣滿滿)해야만 할 것이다. 청년은 청년다워야 한다는 말이다. 청년은 자신의 꿈과 희망을 실천하는 사람이어야 한다. 항시 정의롭고 합리적 사고를 할 수 있는 인간이 되어야 할 것이다. 그리고 노인은 노인다워야 한다. 중용(中庸)의 정신에 바탕을 두고 사물의 현상에 대하여 옳고 그름을 판단할 수 있어야 하며, 예의가 있고, 사회의 길잡이가 될 수 있는 노인(어르신)이 되어야 한다. 노인이 고집이 세고, 막무가내로 행동한다면 존경받는 노인답지가 않다. 60세를 이순(耳順)이라 하여, 귀로 들으면 모든 것을 순리대로 이해하는 나이, 70세를 종심(從心)이라 하여, 마음이 원하는 대로 행동해도 법도에 어긋나지 않는 나이라고 했다. 노인이 노인다워야 존경받게 된다.

조직에서는 부하 동료직원은 부하 · 동료다워야 할 것이며, 상사는 상사 다와야 할 것이다. 조직구성원들은 각자가 맡은 직에서 자기 일에 대한 책임(責任)을 지는 문화가 정착되어야 할 것이다. 책임을 지지 않는 문화에서는 조직이 성장할 수가 없다. 한 조직의 문화는 조직구성원이 각자의 직(職)에서 최선을 다할 수 있도록 영향을 미친다. 요컨대, 부하, 동료, 상사다운 모습이 정착되면 조직

문화는 긍정적으로 발전되어 나갈 것이다. 선생은 선생 다웁고, 학생은 학생 다웁고, 한 국가의 국민은 그 국가의 국민 다와야 하고, 대통령은 대통령 다와야 한다. 한 국가는 각 국가마다 환경과 조건은 다를 수는 있다. 그러나 국가의 국민은 국가의 최고지도자를 뽑는 선거에서 치우침이 없이 공정한 투표를 통하여 깨끗하고 투철한 애국심과 국가관을 가진 대통령다운 사람을 선택해야 할 것이다. 또 국민은 "존 F. 케네디" 제35대 미국 대통령이 그의 취임연설문에서 행한 연설문 중에서 "국가가 국민을 위해서 무엇을 해 줄 수 있는지를 묻기 말고, 국민이 국가를 위하여 무엇을 할 것인가"라고 한 유명한 연설은 「국민다워야 함」을 상기시켜 주고 있다(And so, my fellow American, ask not what your country can do for you – ask what you can do for your country)". 국민으로서의 권리와 의무를 바르고, 충실히 행함은 국민다움을 보여 주는 것이다. 결국, 장관은 장관 다웁고, 판사는 판사 다웁고, 검사는 검사 다와야 한다. 국회의원은 정치인 다웁고, 시장은 시장 다웁고, 군수는 군수 다와야 할 것이다. 즉, 공무원은 공무원 다와야 한다. 군인은 군인 다웁고.

요컨대, 국가의 모든 구성원은 자신의 위치에서 자신의 능력과 의지에 따라 임무를 수행하면서 자신의 본분(本分)을 다해야 한다. 자신이 행한 일과 말에 대한 책임(責任)을 지는 자세를 가지는 것이 본분을 지키는 것이고, 「~ 다움」을 실천하는 것이다.

2019년 기준으로 우리나라에는 12,823개의 직업이 있고, 유사한 이름까지 합치면 16,891개의 직업이 있다고 한다. 자신의 職과 일에 대해서 「~ 다와야 한다」는 것은 중요한 과제라고 본다. 우리 모든 국민이 각자의 위치에서 자신의 본분을 다 한다면 건강한 국가, 건강한 사회를 만들 수 있을 것이다. 요컨대, 우리 모두는 본분을 지키면서 「~다와야 한다」, 「~다웁다」, 「~다움」 을 추구하는 것은 우리 모두를 위한 중요한 과제이다.

잘 익은 술의 그윽한 향기

(사)대한풍수지리학회 이사장
지종학(교수/문학박사)

우리가 살아가고 있는 이 시대의 급속한 환경의 변화는 모든 패러다임을 송두리째 바꿔 놓고 있다. 그러므로 더욱 발전과 성공된 삶을 위해서는 미래를 설계하고 변화에 대응을 잘 해야 한다. 이에 따라 모든 학문도 마찬가지다.

백석 교수의『인간성공 경영』책 출간에 즈음하여 전문 풍수인으로서 꼭 하고 싶은 말이 있다. 저자께서는 서경대학교에서 오랜 세월 강단에 재직하면서 많은 후학을 양성하셨다. 그 중에서도 대학원에서 풍수지리 전공을 개설하여 뛰어난 인재를 배출한 것이 무엇보다 두드러진다. 당시 풍수는 일반인들의 따가운 인식으로 인해 제 길을 찾지 못해 천덕꾸러기 취급을 받을 때 저자는 많은 반대를 무릅쓰고 풍수가 제도권에 정착할 수 있는 토대를 마련해 주신 것이다. 즉 기존의 풍수지리 고전 학문과 현대사회의 풍수지리 관련 기술적 학문을 결합한 융복합 풍수지리 연계전공은 풍수지리 학문을 현대 과학으로 이끌어 내는데 초석을 놓으신 것이다.

이에 따라 수준 높은 강의 커리큘럼으로 인해 서경대학교 경영대학원 풍수지리전공은 전국에서 지원자가 경쟁적으로 몰리는 풍수의 메카로 자리매김할 수 있었다. 또 1년에 한 차례 풍수지리 세미나를 개최하여 사회적 이슈가 되는 주제로 명망 있는 풍수인 들을 초빙해 토론과 교류의 장을 마련하면서 커다란 호응을 얻기도 했다. 그로 인해 일반인들에게 풍수가 실생활에 접목할 수 있는 유익한 학문이라는 것을 널리 알리는 계기가 되었음은 두말할 필요가 없다.

그 당시 풍수지리의 제도권 진입은 저자에게 명예가 따르는 것도 아니고 누가 알아주는 것도 아니었지만, 묵묵한 우보(牛步)의 행보로 인한 사회적 영향은 어느 훈장과 비교해도 부럽지 않다고 감히 말할 수 있다. 당시의 후학들이 현재는 대학과 연구원, 문화센터 등 각계각층에 폭넓고 깊이 있게 자리매김하면서 풍수학문 세계에서는 "서경학파"라는 신조어가 생길 정도로 전국적으로 높은 포지션을 차지하고 있다.

저자께서는 지금은 비록 강단에서 은퇴하셨지만, 각종 사회 활동 등으로 자신의 노력과 수고를 아끼지 않을 뿐 아니라 한편으로는 틈틈이 언론에 기고하면서 집필을 병행하고 계신다.

큰 나무가 커다란 그늘을 제공하듯 넉넉한 인품으로 인해 저자 주변에는 늘 수많은 사람이 함께하는데, 함께 걷고 대화만 나누어도 저자의 인품이 잘 익은 술의 그윽한 향기가 되어 내 몸에 스며드는 것 같으니 행복한 미소가 절로 나온다.

사향의 은은한 향기는 일부러 바람을 타지 않아도 온 세상에 퍼지듯 오랜 경륜에서 나오는 저자의 고귀한 기품이 본 책에 녹아들면서 한 문장 한 단어마다 잔잔한 울림이 되어 독자들에게 희망의 길잡이가 될 것으로 믿어 의심치 않는다.

부록

삶의 차이를 만드는 **인간성공 경영**

1. 삶을 살찌게 하는 참 빛 한마디
2. Dale Carnegie Human Relation 30가지 따라 하기
   - Ⅰ. 사람을 움직이는 3가지 비밀
   - Ⅱ. 같이 있으면 편안하고 기분 좋은 사람들의 6가지 비밀
   - Ⅲ. 자신의 의도대로 상대방을 설득하는 12가지 방법
   - Ⅳ. 21세기형 리더가 될 수 있는 9가지 방법

1

삶을 살찌게 하는 참 빛 한마디

ㄱ

- 감정: 감정에 많은 투자는 관계를 더욱 원활하게 하고 성과를 극대화하는 가장 훌륭한 윤활유이다.
- 강압: 강압은 빨리 끓고 빨리 식는 냄비와도 같다. 끓을 때는 맛이 있는 것처럼 느껴지지만 식으면 맛을 느끼지 못하기 때문이다.
- 강압: 강압은 상대를 굴복시켜 마음을 일시적으로 모으게 할 수는 있지만, 그건 그리 오래가지 못하고 몇 배의 반감작용으로 인하여 오히려 마음을 흐트러지게 만드는 주범이 된다.
- 강인함: 강인함은 당당함과 자신감을 품고 있는 사람만이 뿜어내는 강력한 힘이다.
- 강한 사람: 흐트러진 마음을 알고 잘 정열 해 놓고 기다릴 줄 아는 사람은 참으로 강한 사람이다.
- 개방: 리더 자신의 개방은 상대를 존경하고 신뢰하는 것이다.
- 거짓말: 거짓말은 자신과 남을 속이는 것이며 정신까지 피폐화시키는 독버섯이다
- 거짓말: 신뢰는 진실만을 쌓는 것이고 거짓말은 신뢰를 허무는 것이다.
- 게으름: 게으름도 병의 일종이다. 서 있으면 앉고 싶고, 앉아 있으면 눕고 싶고, 누우면 잠자고 싶은 것이 인간의 습성 때문이다. 이런 습성이 반복되면 현대 의학으로도 고칠 수 없는 고질병이 되는 것이다.
- 게으름: 게으름에 포위되어있는 사람의 머릿속에는 변명과 후회만 가득 찬 사람이다.
- 겸손: 내면의 아름다움이 진할수록 겸손은 더욱 무거워진다.
- 겸손: 자신을 낮추고 자신을 내세우지 않는 사람은 오히려 남으로부터 칭찬과 존경을 받고 남과 함께 행복한 삶을 노래하게 한다. 진정한 겸손은 자신을 들춰내지 않고 오히려 낮추어 타인을 배려하는 고운 마음씨이기 때문이다.
- 경쟁: 경쟁 없는 사회는 현실 안주에서 벗어나지 못하고 발전도 꾀할 수 없다, 내일에 더 큰 행복한 삶을 이루기 위해서는 경쟁은 필수 조건이다.
- 경쟁: 경쟁은 겉으로 보이기엔 인정이 없고 메말라 보이지만, 사실은 경쟁과정 속에서 자신을 더욱 성숙하게 해 준다는 것이다.
- 경청: 경청보다 지식의 보고는 없다. 잘 들어주고 잘 말하면, 거기에서 지식과 정보가 쏟아져 나오기 때문이다.

- 경청: 상대를 이길 수도 있고 져 줄 수도 있는 또 하나의 방법은 경청뿐이다.
- 고난과 역경: 고난과 역경은 행복한 삶의 기회를 얻는 최고의 선물이다.
- 고집: 바람직한 고집은 불가능도 가능케 하는 결과물을 잉태하지만 쓸데없는 고집은 자신의 인격을 상실케 하는 가장 위험하고 쓸모없는 에너지만 양산한다.
- 공중도덕: 공중도덕은 사회의 안녕과 질서를 유지하여 모든 사람이 다 함께 행복하고 번영토록 하는 데 있어서 자신의 편익을 양보하고 희생하는 정신이다.
- 구십구 퍼센트: 99%의 완성은 1% 부족의 크기를 당할 수 없다.
- 균형감각: 부화뇌동은 조직 전체를 좀먹는 훼방꾼과 다름없다. 성공적인 삶을 위해서는 부화뇌동하지 말고 객관적이고 합리적인 균형감각을 갖춰야 한다.
- 그릇: 그 사람이 가지고 있는 그릇 크기와 모양을 알려면 그 사람의 참 친구를 보면 알 수 있다.
- 긍정: 긍정과 낙관의 힘은 불가능도 가능케 하는 힘의 위력을 발산시킨다. 그러나 부정과 비관의 힘은 가능한 것도, 불가능한 것도 모두를 불가능케 하는 힘을 강화하는 위력을 가지고 있다.
- 길상화: 작금의 시대에 '길상화'에게 깊이 자라 잡고 있는 정신세계와 공공선(公共善)에 대한 아름다운 향기는 우리 사회에 그리고 후손에 길이 물려줄 참 가치가 될 수 있는 롤모델(Role model)이 되어야 할 것이다. "김영한 삶의 가치와 심오한 철학" 중에서
- 끈기: 포기하지 않는 끈기의 열정은 자신과 싸움에서 승리 할 수 있는 원천이다.

- 나약함: 나약함은 자신이 스스로 키워낸 어리석음에 불과하다. 그건 강함보다 나역함을 선택했기 때문이다.
- 내: 내가 나를 잘 안다는 것은 윤택한 삶이고, 나를 모른다는 것은 각박한 삶이다.
- 너그러움: 너그러움은 이해와 용서를 하고 사랑과 평화를 노래하게 하는 그 사람의 품성과 인격이다.
- 노력: 노력은 절대로 배반하지는 않는다. 노력은 오로지 정직함만 존재할 뿐이다.
- 노블레스 오블리주: 부를 누리고, 지위가 높고, 강한 권력을 가진 사람이 그 지위와 권력을 남용하지 않고 오히려 겸손한 마음으로 남을 위해 사회를 위해 아낌없이 봉사하고 희생하는 정신이야말로 이 시대에 진정한 노블레스 오블리주를 실천하는 사람이라 말할 수 있다.
- 늦게 반응: 자극을 받으면 반응이 나오게 되어있다. 문제는 그 반응이 둔해져서 늦게 반응하는 것이 큰 문제다.

ㄷ

- 단점: 남의 단점을 들춰내는 것은 자신의 허물을 남에게 스스로 공개하는 꼴이 된다.
- 단점: 남의 단점을 들춰내는 사람들은 자신이 저지른 잘못이나 문제의 원인을 자신이 아닌 외부에서 찾는데 숙련된 선수다.
- 단점: 자신의 단점을 과감히 인정하고 동시에 남의 장점도 과감히 인정하게 되면 거기에서 자신의 장점도 발견할 수 있고 자신의 단점도 장점으로 승화(昇華)시킬 수 있다.
- 도리: 자기의 내면세계를 자기 자신이 넓히는 것만이 사람의 도리를 다하는 것이다.
- 도리: 자신보다 이웃을 위하고, 사회와 인류를 위해서 마땅히 행하거나 지켜야 할 도리를 다하는 것만이 행복한 삶과 아름다운 사회를 이룰 수 있다.
- 도리: 한 개인이 갖는 인격(人格)과 품격(品格)은 그 나라의 국격(國格)과 비교된다. 한 개인이 갖는 인간의 도리(道理)를 다하지 못하면 그 사회는 아름다운 사회로 만들어 갈 수 없다.
- 도움: 누구에게 도움을 준다는 것은 의무가 아니라 그저 가슴 뜨거운 열정일 뿐이다. 도움은 공공선(公共善)이며, 사랑과 봉사이며, 참된 자기희생이다.

- 리더: 관리자는 저수지 제방을 튼튼하게 만드는 능력의 소유자이고 리더는 제방을 허물 수 있는 능력을 갖춘 기술자이다.
- 리더: 리더는 변화를 먹고 살며, 변화의 환경에 상황 적합하게 움직이는 하인이고, 예술가이다.
- 리더: 리더는 하인이고 부하는 주인이다. 수레를 이끄는 사람은 리더이기 때문이다.
- 리더: 리더의 그릇 크기는 넓고, 깊어야 하며, 그리고 그 그릇에 무엇을 담을 것 인가를 가까이에서 멀리 볼 수 있는 것이라야 한다.
- 리더: 자신을 알고 있다는 것은 지식이 풍부한 리더이고, 그 앎을 실천 한다는 것은 지혜가 풍부한 성공 리더이다.
- 리더: 지시의 명령은 관리자를 키우고, 참여의 사명은 리더를 키운다.
- 리더: 훌륭한 팀을 이룩하기 위해서 리더가 할 수 있는 유일한 방법은 구성원 모두가 한결같이 비전의 맛을 느끼게 하고 그 맛을 스스로 사랑하게 만드는 것이다.
- 리더십: 리더십이란 흐르는 물길을 돌릴 수 있는 기술이며 그리고 잠겨 있는 물의 물꼬를 터서 잘 흐르도록 만들어가는 노력이다.
- 리더십: 줄다리기는 힘이 강한 사람 쪽으로 상대방이 끌려가지만 리더십에서는 힘(직급)이나 권력(직책)이 강하다고 해서 반드시 리더가 되는 것은 아니다. 따라서 직급이나 직책만을 가지고 "내가 리더다"라고 외쳐대면 그 사람은 직급과 직책을 다 잃는 것이다

ㅁ

- 마음: 진정한 마음의 가난은 가진 것 없고 찌들은 마음이 아니라 더 나은 것을 추구하는 욕구이며, 궁핍한 마음은 자신을 왜곡, 포장하고 과장을 갈구하는 탐욕일 뿐이다.
- 마음: 착한 마음을 가지면 남에게 베풀고 선한 행동을 하지만, 나쁜 마음을 가지면 남에게 해를 끼치고 악한 행동하기 마련이다. 자신의 마음속에 무엇을 심느냐가 삶의 성공과 실패를 가르게 되는 것이다.
- 말: 말 잘 하는 선수는 1등을 할 수 있지만, 들을 줄 아는 사람은 훌륭한 리더가 될 수 있다.
- 말: 말은 씨앗이 된다. 그리고 그 씨앗은 보약과 독약을 발아시킨다.
- 말: 말이 많은 사람의 말을 끊어 버리면 그 사람은 틀림없이 말이 많은 사람보다 말이 더 많은 사람이다.
- 맛있는 빵: 맛있는 빵을 먹으려면 반죽하고, 재료 넣고, 잘 만들어서 잘 익혀야 제맛이 난다.
- 무지: 자신이 지닌 능력이나 역량에 대해 겸손을 잃고 부족함이 있어도 그 부족함을 깨닫지 못하면 그건 그저 무지만 들어내는 꼴이다.
- 문화: 어떠한 조직이 갖는 독특한 문화는 그가 속한 개인의 태도 변화를 가져오게 하고 사회 전반에 영향을 미치게 하는 주요 요인이다.
- 믿음: 마음이 평안하다는 것은 오로지 믿음 때문이며 긍정의 힘이 내면의 세계를 지배하기 때문이다.
- 믿음: 믿음은 어떤 시련도 극복할 수 있는 보약이고, 의심은 정신을 병들게 하는 독약이다.

- 박수: 넘어지지 않고 달리는 사람에게는 박수를 잘 보내지 않지만, 넘어졌다 다시 일어나 또 달리는 사람에게는 힘찬 박수를 보낸다.
- 배려: 상대에 대한 배려의 자그마한 반사거울은 모든 사회를 넓게 비추고 아름답게 한다.
- 베푸는 것: 베푸는 것은 사랑이고, 사회를 아름답고 살맛 나게 하는 가슴 뜨거운 열정의 향기다.
- 베풀면: 가지고 있으면 무겁고 괴로움만 넘친다. 그러나 베풀면 가볍고 행복만 가득하다.
- 변명: 변명만큼 더 큰 실수는 없다. 변명한다는 것은 자신도 속이고 남도 속이는 것이기 때문이다.
- 변명: 자신의 잘못이나 실수를 인정하지 못하고 변명하는 사람은 자신을 비겁하게 만들 뿐 아니라 그 어떤 것도 잘 할 수 없다. 변명하는 사람은 자기 합리화에 능하여 변명의 내용을 더 돋보이게 하는 선수이기 때문이다.

- 분노: 질투와 부끄러움은 두려움을 낳고, 두려움은 분노를 낳으며, 분노는 강가를 달리는 브레이크 없는 자동차의 질주이다.
- 분수: 현명한자는 분수를 알고 분수를 지킬 줄 안다. 그러나 어리석은 자는 분수를 지키지 못한다. 그건 분수를 모르기 때문이다.
- 불행: 과거에 매달리는 사람은 참으로 불행하고 어리석은 사람이다. 그건 현재를 버리고 미래의 희망을 잃게 하기 때문이다.
- 비웃음: 비웃음은 아주 좋지 않은 습관에서 비롯되고, 그 습관이 중독되어 나타나는 현상이라고 볼 수 있다. 좋은 습관의 중독은 삶을 살찌게 하지만 나쁜 습관의 중독은 자신은 물론 타인의 정신과 삶을 파멸로 이끈다.
- 비판: 상대를 비판하는 것은 상대를 미워서가 아니라 자신을 미워하기 때문이며, 자기를 미워한다는 것은 자신의 행복과 평화를 포기하는 자이다.

- 사회적 자본: 사회적 자본은 사회를 아름답게 만들고 삶을 살찌게 한다. 사회적 자본은 사람과의 관계에 기초한 자본이기 때문이다.
- 삶아진 개구리: 현재에 만족하고 자만하다가 금방 위기를 맞이한다. 수많은 개인이나 조직들이 급변하는 환경에 둔감하여 삶아진 개구리가 되고 있다.
- 상황 적합한 행동: 어떤 그릇에 물을 담으면 물그릇, 밥을 담으면 밥그릇, 술을 담으면 술그릇이 되는 것처럼 인간은 상황 적합한 행동을 해야 행복한 삶, 성공된 삶을 이룩할 수 있다.
- 생활신조: 개인이 지향하는 생활신조는 꿈을 실현할 수 있도록 이끌어 주는 스승이다.
- 선입견: 지금 보이는 '그것'을 '이것'으로 바르게 볼 수 있는 유일한 방법은 '그것'을 깨 부스는 일 뿐이다. 이것이야말로 선입견을 버리고 인간관계를 잘 하여 더 나은 행복한 삶을 영위할 수 있다.
- 선한 행동: 선(善)과 악(惡) 모두가 선을 낳는 유일한 방법은 선·악 모두가 선한 행동을 하는 것뿐이다.
- 선행: 원한은 악행뿐 아니라 선행에서도 발생한다. 선한 일도 악을 초래하면 누구나 원수가 된다. 사람이 하는 일은 동기가 아니라 과정과 결과를 평가하기 때문이다.
- 성공: 성공이란 그 달콤한 맛은 온갖 고난과 절망을 이겨낸 사람만이 맛볼 수 있는 참맛이다.
- 성공: 있는 것은 활용하고, 부족한 것은 노력하고, 없는 것은 창조하는 사람만이 성공의 열매를 맛볼 수 있다.
- 소통: 소통은 자유, 평등, 진리이고, 전달은 그저 명령일 뿐이다.
- 슬기로운: 슬기로운 사람과 함께하면 어진 행동을 하게 되고, 어리석은 사람과 함께하면 후회하는 삶만 있기 마련이다.

- 시간: 세상에서 가장 소중한 것은 시간이다. 그러나 잡지 못하면 무용지물이나 다름없다. 시간은 마냥 기다려 주지 않고 흘러가기 때문이다.
- 시련과 고통: 시련과 고통의 경험은 더욱 강하게 만들어 더 나은 행복한 삶을 노래하게 한다.
- 신념: 신념과 노력보다 더 강한 힘은 없다. 신념은 '바위도 뚫는 물방울의 인내'를 잉태하기 때문이다.
- 신념: 신념은 할 수 있다는 힘을 가지고 있고, 노력은 신념을 이끄는 힘을 가지고 있다.
- 신념: 신념의 힘은 희망을 샘솟게 하고 신뢰는 긍정의 힘을 솟아나게 한다.
- 신뢰: 신뢰가 깨지면 모두 무너진다. 신뢰가 있어야 너도, 나도 모두가 설 수 있다.
- 신뢰: 자신을 신뢰하는 자는 삶을 노래하는 자이고, 자신을 부정하는 자는 삶을 파괴하는 자이다.
- 신뢰구축: 잘못한 것을 질책하기 보다는 잘 한 것을 칭찬해야 한다. 이때 칭찬의 조건은 일하는 방법, 실수나 잘못을 범하지 않는 방법을 가르쳐 주는 것이 병행되어야 한다. 이것이야말로 신뢰구축의 밑거름이 되는 것이다.
- 신분: 신분에 따른 의무가 커진다는 사실을 알고 있는 사람은 일단, 그 위치에서 머물 자격을 갖춘 것이다. 그러나 커진 의무를 알면서도 실천을 못 한다면 그 위치에서의 자격 박탈은 초읽기다.
- 신용: 말과 행동이 일치하면 약속이고, 그 약속이 굳건하면 신용이 된다.
- 실패: 인생 최고의 실패는 자기 자신의 위치를 잃는 것이다. 브레이크 고장을 정비하고 고장 나지 않도록 늘 관리해야 한다.

- 아첨: 아첨(阿諂)의 활용은 진정한 선물이 될 수 있지만 아첨(阿諂)의 이용은 상대를 무능하게 만들고 병들게 한다.
- 약속: 약속을 어기는 것은 거짓이며, 사기이고 배반이다. 약속은 함부로 하는 것이 아니다. 쉬운 약속보다 좀 힘들어도 당장 거절하는 것이 더욱 더 나을 수 있기 때문이다.
- 약점: 어리석은 사람의 약점은 자신이 지닌 단점에 대해 변화시키는 노력 없이 그저 단점 타령만 한다.
- 열등감: 세상 80%가 열등감을 가지고 살아간다. 그러나 나머지 20%가 행복하게 살아간다고 부러워하는 것은 그저 기우(杞憂)에 불과한 것이다.
- 열등감: 열등감은 자기 자신을 지나친 사랑으로 만들어가는 과정에 나타나는 현상이다. 따라서 열등감이 존재하는 사람은 우열을 모르는 사람이며, 열등감이 가득하여 있는 사람은 상대를 배려 할 줄 모르는 사람이다.

- 완벽: 세상에서 완벽이란 존재하지 않는다. 완벽이란 자신만이 만들어 갈 수 있는 자기 몫일 뿐이다.
- 완벽: 완벽해지고 싶은 마음의 충동은 결국 가면을 쓰게 되는 것이며, 불완전한 심리상태에서 한 발짝 벗어나려는 그 자체일 뿐이다.
- 완벽: 인간은 모든 측면에서 완벽을 추구할 수는 없다. 부족한 것을 채워나가고 무(無)에서 유(有)를 창조하며 성숙한 인격체로 살아가려고 노력하는 존재이기 때문이다.
- 요행: 세상에는 그냥 얻어지는 것은 하나도 없다. 노력한 만큼, 일한 만큼 얻게 된다고 굳게 믿는 신념만이 요행을 쫓지 않는 비결이다.
- 욕심: 물질적 욕심은 정신적 빈곤을 만들고, 정신적 부유함은 행복한 삶을 노래하게 한다.
- 욕심: 욕심을 태우면 배려와 겸손이 뿜어 나오고, 그 배려와 겸손의 아름다운 향기는 상대를 성장시키는 원동력이 되며, 정의로운 사회를 만들어 가는데 초석이 된다.
- 용서: 용서한다는 것은 남을 위해서가 아니라 자신을 위해서이다. 용서할 줄 아는 사람은 마음이 넓고 강한 사람이다.
- 용서: 잘못이나 실수를 지적해 주는 사람은 진실 된 사람이며, 용서를 해주는 사람은 지혜롭고 사리에 밝은 사람이다.
- 융통성: 고래 심줄은 제법 강하고 용감한 것처럼 보이지만 융통성이 없고 무능하며, 고무줄은 연약하고 비굴해 보이지만 실제론 융통성이 많고 지혜롭다.
- 음해: 음해는 자신의 이익을 얻기 위해서 행해지는 모략 행동이다. 음해하여 당장 승리의 기쁨을 맛볼 수 있지만, 그건 오래가지 못하고 그 대가는 다시 자신에게 배로 돌아온다.
- 의심: 남을 믿지 못하는 것은 스스로 의심하는 커다란 문제를 안고 있기 때문이다. 남을 의심하지 않는 방법은 스스로 믿음의 힘을 키우는 것뿐이다.
- 인격: 배려와 겸손은 훌륭한 인격을 낳고 훌륭한 인격은 아름다운 매력의 향기를 뿜어낸다.

- 지각오류: 세상을 쳐다보고 평가하는 관점이 같다고 생각하지만, 그건 대단한 착각이다. 사실은 개인이 갖는 지각된 가치에 따라 채색되고 지각오류 세상의 틀에 갇혀 생활하고 있다.
- 자기 자신: 자기 자신을 잘 알고 있는 만큼 소중하고 훌륭한 것은 없다. 자기 자신을 알면, 사실이나 진리에 어긋남 없이 올바른 자기 자신을 키워나가는 삶을 살 수 있기 때문이다.
- 자기: 남을 모르는 것 보다 자기를 모르는 것이 몇 배 더 위험하다. 그 위험에서 벗어나려면 스스로 생각하는 자기 자신의 모습과 그리고 현재 시점에서 자기 자신을 스스로 올바르게 바라보고 평가할 수 있는 능력을 키워나가야 한다.

- 자신감: 자신감은 자신이 만들고 자신감이 충만할 때 비로소 자기 자신을 존중하게 된다. 그렇게 되면 누구도 자신을 업신여기지 않고 자신을 사랑하고 인정하게 된다.
- 잘못이나 실수: 자기 자신의 잘못이나 실수를 대담하게 인정하고 공개적으로 사과하는 것은 체면을 깎는 것이 아니라 오히려 상대를 감동하게 한다.
- 장애인: 진보는 진보만을, 보수는 보수만을 고집한다면, 온 세상은 한쪽 눈이 없는 장애인만 득실거릴 것이다.
- 절망: 현명한 사람은 절망과 고난이 닥치더라도 긍정적인 태도를 가지며 원망하지도 않는다. 다만 늘 확고한 신념을 갖고 그 어둠 속 터널에서 빠져 나오는데 최선을 다할 뿐이다. 삶이란 고난과 절망 없이는 희망도 성공도 없기 때문이다.
- 조감도: 남들이 모두 할 수 있는 것은 이미 녹슬어 쓸모가 없는 것이다. 고정관념은 혁신적인 변화와 창의적인 발상은 기대하기 어렵다. 고정관념을 깨부수고 새로운 대안을 찾아내야 한다. 그러기 위해서는 조감도를 바라보는 시각을 가지고 180도를 돌려본다. 그러면 새로운 가치가 보이기 마련이다.
- 조급함: 급하게 한다는 것은 빠른 것이 아니라, 더 늦음을 초래할 뿐이다. 여유는 실수할 확률이 낮으나 조급함은 실수와 실패할 확률이 높다.
- 조급함: 씨앗을 뿌려 열매 맺음을 생각하는 사람은 어리석음을 피하는 것이며, 마음의 조급함은 자신의 어리석음을 인정하는 것이다.
- 중용: 매사에 균형감각을 잃지 않고 중용을 지키는 것만큼 훌륭한 품격은 없다.
- 지도자: 권한과 책임을 맡겼을 때, 그 주어진 권한을 남용 않고 책임회피 않는 역량을 강화하기 위해 노력을 한다면 그 사람은 지도자로서 됨됨이를 갖춘 사람이다.
- 지도자: 지도(map)와 자(ruler)를 가지고 있다 하더라도 정확히 보지 못하고, 측정하지 못하면 그 사람은 '지도자'라고 할 수 없다.
- 지식: 지식은 '노력해야 이룰 수 있다.'고 하는 것을 그저 아는 것뿐이다. 그러나 노력은 '불가능도 가능하게 움직이는 힘을 가지고 있다.'는 것을 알고 실천하는 것이다.
- 지혜: 논쟁은 파괴적인 일이며 마음에 상처만 줄 뿐이다. 그리고 에너지를 낭비할 뿐이지 근본적인 문제해결을 하는 데는 전혀 도움이 될 수 없다. 논쟁을 이길 수 있는 유일한 방법은 막히면 돌아갈 줄 아는 지혜뿐이다.

- 참고 그침: 어렵고 힘들다고 느껴질 때 참고 그침이 없으면 마침내 더 큰 것을 얻을 수 있다.
- 참을성: 참을성은 자신과 싸움이므로 이겨도, 저도 아프고 고통스러운 것이다. 아픔을 달래고 고통을 이겨내는 것은 오로지 인내뿐이다.

- 최선: 실현 불가능한 목표를 높게 잡고 완벽을 추구하는 것보다 최선을 다하는 노력의 자세가 더 중요하다. 그래야 완벽이란 속박에서 벗어나 만족과 행복을 찾을 수가 있다. 완벽함이란 정해 놓고 도달하는 골인점이 없기 때문이다.
- 충동성: 충동성은 순간에서 더 강력한 힘을 발휘한다. 순간은 충동을 억제할 조금의 시간도 주지 않고 즉각적인 행동으로 옮겨지기 때문이다. 충동에서 벗어나는 유일한 방법은 자신과 싸움에서 자신을 다스리는 길밖에 없다.
- 칭찬: 칭찬은 고래도 춤추게 하는 최고의 선물이다
- 칭찬: 칭찬의 말 한마디는 강철 덩어리도 녹아내리게 하는 괴력을 지니고 있다.

- 타인의 지혜와 힘: 타인의 지혜와 힘을 활용하는 사람은 성공할 수 있는 확률이 높은 사람이고, 자기 능력만을 맹신하는 사람은 실패할 수 있는 확률이 배가 된다.
- 탐욕: 모든 것은 과하면 부족한 것만 못하다. 탐욕에서 벗어나는 유일한 방법은 오로지 자기통제 능력뿐이다.
- 탐욕: 부족함을 느낄 때 욕심을 잘 관리하면 성장의 길로 갈 수 있지만, 탐욕은 자신을 병들게 하고 파멸의 길로 인도하는 주범이다.

- 편견: 사람이 갖는 편견은 선(善)을 낳을 수도 있고 악(惡)을 낳을 수도 있다. 그러나 선을 악으로, 악을 선으로 보는 것이 가장 큰 문제다.
- 편견: 편견은 두 눈을 똑바로 뜨고 그저 정확히 바라볼 수 있는 능력을 갖췄지만, 사물이나 사람을 정확히 구분 못하면 눈뜬 장님이다.
- 편견: 편견은 오로지 자기 자신만이 욕망을 소망하는 욕심쟁이다.
- 포용: 포용의 힘은 자신도, 타인도, 사회도 모두 행복하게 해 주는 따뜻한 마중물이다.
- 풍요로운 삶: 지금 밝고 풍요로운 삶을 보고 싶다면, 지금 당장 밝고 풍요로움의 씨앗을 뿌려라.
- 핑계: 핑계를 대어 자신의 실수나 잘못을 덮을 수만 있다면 얼마나 좋으련만, 현실은 그렇지 않다. 핑계는 자신은 물론 타인의 마음을 병들게 하는 속임수에 불과하다.

- 합리화: 자기합리화에 강한 사람은 자기모순에 빠져 옳고 그름을 판단 못 하는 어리석은 사람이다.

- 행복: 행복은 누가 가져다주지 않는다. 단지 어떻게 봉사할지를 찾고 노력할 따름이다. 그 때문에 그런 사람들은 행복하고 아름다운 삶을 위해 늘 노래하는 것을 즐긴다.
- 행복: 행복의 조건은 오로지 자신에 달려 있다. 지금 자신이 열심히 하는 일을 죽도록 사랑한다면, 그게 행복이다.
- 행복: 행복의 크기는 남과 절대 비교하는 것이 아니다. 다만 자기가 현재 가지고 있는 행복을 향유(享有)해야 만이 그것이 최대 행복이다.
- 향기: 겉으로 화려하게 비치는 것은 그저 아름다움일 뿐이고 내면의 세계에서 뿜어 나오는 아름다움은 청결의 향기이다.
- 향기: 꽃의 향기는 백 리를 가고, 술의 향기는 천 리를 가지만 사람의 향기는 만 리를 가도 남음이 있다.
- 향기: 인간의 아름다움은 청결의 향기이다. 그 청결은 "마음속에 무엇을 심을까?"라는, 자신에게 던지는 질문에서 싹이 튼다.
- 허영심: 허영심이 강한 사람은 자기평가에 대한 성과가 낮은 사람이다. 허영심에서 벗어나는 방법은 내적 보상을 얻는 데 힘써야 한다.
- 허영심: 허영심은 바람에 견디지 못하는 화려한 가면의 포로일 뿐이다.
- 허영심: 허영심이라는 울타리를 허물고 싶다면 타인들에게 보여주기 위한 겉치레와 그 외관상의 화려한 가면을 과감히 벗어던져야 한다.
- 현명한 사람: 현명한 사람은 고난과 절망이 닥치더라도 긍정적인 태도를 가지며 원망하지도 않는다. 다만 늘 확고한 신념을 갖고 그 어둠 속 터널에서 빠져 나오는데 최선을 다할 뿐이다. 삶이란 고난과 절망 없이는 희망도 성공도 없기 때문이다.
- 환경변화: 환경변화 예측과 적응을 잘하여 고난과 역경을 극복하면 경쟁력이 될 수 있으나 그렇지 못하고 미온적이면 그건 실패하기만 기다리는 패잔병 꼴이 되는 것이다.
- 환경변화: 환경변화는 생명과도 같다. 변화에 민감하고 부지런하면 살 수 있지만, 둔감하고 게으르면 죽음을 예고하는 고통만 있기 때문이다.
- 환경변화: 환경변화를 예측하고, 적응하고, 신속하게 대응을 잘 하면, 설령 1등은 못하더라도 최소한 실패는 하지 않는다.
- 휴식: 휴식은 더 큰 행복과 성공을 열망하게 하고 전진을 위한 재충전의 에너지다. 여유로움을 갖기 위해서는 적당한 마음의 휴식이 있어야 가능하며 조급함에서 탈피하는 기회가 되는 것이다.
- 흉내: 다른 사람이 하는 행동이 너무 멋있어 보여 무턱대고 흉내 내려다가 자칫하면 자신의 잘 하는 본래의 색깔까지 모두 잃어버리게 된다.
- 희망: 과거는 버리고, 현재는 누리고, 미래는 희망을 품어라.
- 희망: 희망을 더 가까이하는 유일한 비결은 오로지 할 수 있다는 강인한 의지뿐이다.

2 Dale Carnegie Human Relation 30가지 따라 하기

Ⅰ. 사람을 움직이는 3가지 비밀
01. 비난이나 비평, 불평하지 말라
02. 솔직하고 진지하게 칭찬하라
03. 다른 사람의 마음속에 강한 욕구를 불러일으켜라

Ⅱ. 같이 있으면 편안하고 기분 좋은 사람들의 6가지 비밀
04. 다른 사람들에게 순수한 관심을 기울여라
05. 미소를 지어라
06. 이름을 잘 기억하라
07. 경청하라
08. 상대방의 관심사에 관해 이야기 하라
09. 상대방이 자신이 중요하다는 느낌이 들게 하라

Ⅲ. 자신의 의도대로 상대방을 설득하는 12가지 방법
10. 논쟁에서 이길 수 있는 유일한 방법은 그것을 피하는 것이다.
11. 상대방의 견해를 존중하라
12. 잘못했으면 즉시 분명한 태도로 그것을 인정하라
13. 우호적인 태도로 말을 시작하라
14. 상대방으로부터 적극적인 긍정을 얻어내라
15. 상대방의 말에 귀를 기울여라
16. 상대방과 당신의 아이디어를 공유하라
17. 상대방의 관점에서 사물을 이해하라
18. 상대방과 공감대를 가져라
19. 보다 고상한 동기에 호소하라
20. 당신의 생각을 드라마틱하게 표현하라
21. 선의의 경쟁심을 불러일으켜라

Ⅳ. 21세기형 리더가 될 수 있는 9가지 방법
22. 칭찬과 감사의 말로 시작하라
23. 잘못을 간접적으로 알게 하라
24. 상대방을 비난하기 전에 자신의 잘못을 먼저 인정하라
25. 직접 명령하지 말고 부탁하라
26. 상대방의 자존심을 지켜주어라.
27. 사소한 일에도 칭찬을 아끼지 말라
28. 상대방에게 장점으로 동기부여 하라
29. 격려하라
30. 상대방이 기분 나쁘지 않게 제안하라

Ⅰ. 사람을 움직이는 3가지 비밀

01. 비난이나 비평, 불평하지 말라

Don't criticize condemn or complain.

- 누구라도 비난하고 비평하고 불만을 늘어놓을 수 있다.
  하지만 감정적 대응으로 원하는 것을 얻는 사람은 없다.
- 비난하기보다는 이해하려고 노력하는 것이 훨씬 더 유익한 일이다. 그것은 사랑과 관용과 우애를 길러 줍니다(하버드대학의 윌리엄 제임스 교수)
- 하느님께서도 인간이 죽을 때까지 심판하지 않는다. 그런데 왜 우리는 서로를 심판 하려 하는가.

02. 솔직하고 진지하게 칭찬하라!

Give honest, sincere appreciation.

- 사람을 움직이게 하는 유일한 방법은 상대가 바라는 것을 주는 것이다.
- 가능하면 상대방을 인정해주라. 그러면 상대방은 자발적으로 움직일 것이다.
- 인간성의 내부에 존재하는 가장 강렬한 갈망은 바로 '중요한 사람이 되고자 하는 욕망'이다.(미국의 철학자 존두이)
- 강철왕 앤드류 카네기는 공적인 자리에서뿐만 아니라 개인적으로도 자신의 직원들에 대한 칭찬을 아끼지 않았던 것으로 유명하다. 그는 죽어서까지도 주변 사람들을 칭찬하는 묘비명을 썼다.
  "자기보다 현명한 인물들을 주변에 모이도록 할 줄 알았던 자, 여기에 잠들다!"
- 비난이나 비웃음은 실패를 불러일으키지만, 진심 어린 칭찬은 좋은 결과를 가져다준다. 비난은 마음에 상처를 남길 뿐이다.
- 사람은 누구나 한 가지 이상의 장점이 있습니다. 그렇기 때문에 저는 누구에게서든 배울 것이 있다고 생각합니다.(랄프 왈도 에머슨: 미국의 사상가이자 시인)
- 당신의 칭찬 한마디는 상대방에게 평생의 기쁨으로 남게 됩니다. 칭찬이야말로 타인에게 용기와 자신감을 심어 줄 수 있는 최고의 선물입니다.

03. 다른 사람들의 마음속에 강한 욕구를 불러일으켜라

Arouse in the other person an eager want.

- 사람은 누구나 자신이 원하는 것에 무척 관심이 많고 다른 사람이 원하는 것에 관심을 두는 사람은 많지 않다.
- 사람은 모두 조금은 이기적이어서 자기가 원하는 것에만 관심을 두기 마련이다. 따라서 다른 사람을 움직일 수 있는 유일한 방법은 그들이 원하는 것에 관심을 두고 그것을 얻을 수 있도록 돕는 것이다.

- '성공의 유일한 비결은 다른 사람의 생각을 이해하고 상대방의 입장에 서서 사물을 바라볼 줄 아는 능력에 있다.'(헨리포드)
- 타인의 마음속에 욕구를 불러일으킬 줄 아는 사람은 전 세계를 자기편으로 만들 수 있다(해리 A 오버스트리트: 「인간의 행동을 지배하는 힘」을 저술한 심리학자이자 하버드대학 교수)
- 멋진 아이디어가 떠올랐을 때, 그것이 상대방 스스로 떠올린 아이디어인 것처럼 느끼게 해 주십시오. 그러면 상대방은 아마도 그 아이디어를 현실화하기 위해 힘껏 노력할 것입니다.

Ⅱ. 같이 있으면 편안하고 기분 좋은 사람들의 6가지 비밀

04. 다른 사람들에게 순수한 관심을 기울여라

Become genuinely interested in other people.

- 세상에는 다른 사람에게 관심을 두기 보다는 다른 사람의 관심을 얻기 위해 애쓰는 사람이 더 많다.
- 다른 사람에게 관심이 없는 사람은 삶을 살아가면서 많은 어려움을 겪게 되며 또한 다른 사람에게 해를 끼치게 된다. 인간의 모든 실패는 이런 타입의 인물에서 비롯된 것이다(알프레드 아들러의 「당신 인생의 의미는 무엇인가?」 중에서)
- 다른 사람이 당신을 좋아하기 바란다면 그리고 누군가와 진실한 우정을 나누고 싶다면 다른 사람들에게 순수한 관심을 보이십시오.

05. 미소를 지어라!

Smile!

- 미소는 '나는 당신을 좋아해요. 당신은 나를 행복하게 해줍니다.'라고 말하는 것과 같다.
- 강아지가 사람들에게 사랑받는 이유도 바로 그 때문이다. 강아지는 우리를 보면 무척 반가워하면서 껑충껑충 뛰어오른다. 그래서 자연히 우리도 강아지를 보면 마음에 드는 것이다.
- 세익스피어는 "세상에서 좋고 나쁜 것이 없다. 다만 생각이 그렇게 만들 뿐이다"라고 말했다.
- 아브라함 링컨은 "사람은 마음먹기에 따라 얼마든지 행복해질 수 있다"라고 말했다.
- '당신의 미소'는 행복을 전하는 심부름꾼입니다. 미소는 상대방의 마음을 밝게 해 준다. 특히 인상을 찌푸리며 외면하는 사람들의 틈바구니에서 '당신의 미소'는 마치 구름 속을 뚫고 나온 햇빛과도 같다.

• 뉴욕에 있는 어느 백화점에서 크리스마스 쇼핑으로 붐비는 동안 직원들이 시달리고 있는 것을 깨닫고 사장이 다음과 같은 소박한 철학이 담긴 광고를 냈다.

▸ 미소는 아무런 대가를 치르지 않고도 많은 것을 이루어 냅니다. 미소는 받는 사람의 마음을 풍족하게 해 주지만, 주는 사람의 마음을 가난하게 만들지는 않습니다. 미소는 순간으로 일어나지만, 미소에 대한 기억은 영원히 지속합니다. 미소 없이 살아갈 수 있을 만큼 부자인 사람은 없고, 그 혜택을 누리지 못할 만큼 가난한 사람도 없습니다. 미소는 가정의 행복을 만들어내며 사업에서는 호의를 베풀게 하고 우정의 표시로 나타내기도 합니다. 미소는 지친 사람에게는 안식이며 절망에 빠진 사람에는 햇빛이고, 슬픈 사람에게는 태양이며 또한 모든 문제에 대한 자연의 묘약이기도 합니다. 그러나 미소는 살 수도 구걸할 수도 빌리거나 훔칠 수도 없습니다. 왜냐하면 미소는 누구에게 주기 전에는 아무런 쓸모가 없기 때문입니다.

06. 이름을 잘 기억하라

당사자에게는 자신의 이름이 그 어떤 것보다 기분 좋고 중요한 말임을 명심하라

Remember that a person's name is to that person the sweetest and most important in any language.

• 미국의 민주당 전국 위원회 의장, 체신부 장관을 역임한 짐팔리에게 성공의 비결을 묻자, 그는 주저 없이 5만 명의 이름을 기억할 수 있는 능력 덕분이라고 했다.
• 짐팔리는 타인의 이름을 기억해 주는 것이 상대방의 호감을 얻는 지름길임을 일찍부터 깨달았다.
• 실제로 사람들의 이름을 기억하고 존중해 주는 자세로 성공한 사람들이 많다.
• 누군가를 소개받았을 때, 몇 마디 나눈 후 헤어지고 나면 우리는 보통 이름을 잊어버리곤 하죠, 그래서야 인맥을 넓힐 수가 있을까요?
• 이름은 우리가 다른 사람을 대하는 데 있어서 마술적인 힘을 부여합니다.

07. 경청하라!

다른 사람의 이야기를 진심으로 그리고 사려 깊게 들어 주어라

Be a good listener. Encourage other to talk about themselves.

• 자신의 이야기를 귀 기울여 들어주는 자를 싫어하는 사람은 없다(잭 우드포드가 자신의 저서「사람의 이방인」에 남긴 말)
• 상습적인 불평론자, 심지어 거친 비평가도 인내심 있게 관심 있는 태도를 보이는 경청자 앞에서는 태도가 유순해지고 성질을 부리지 않는 법이다.
• 성난 불평꾼이 코브라처럼 목을 빳빳이 세우고 입으로 독을 내뿜을지라도 조용히 침묵을 지키며 경청하십시오.

- 자기만 생각하는 인간은 교양이 없는 인간이다. 설사 고등교육을 받았더라도 지식은 있되 교양은 없는 인간이다.
- 잘 듣는 사람이 가장 말을 잘 하는 사람이다.
- 상대방이 자기 자신에 대해 충분히 말할 수 있도록 배려해 주십시오. 상대방은 당신의 문제보다는 자신의 소망에 대해 더욱 관심을 두고 있다. 손가락에 작은 상처가난 사람에게는 수백만명을 굶어 죽게 만드는 아프리카의 기근보다 자신의 상처가 더 중요한 법이다.

08. 상대방의 관심사에 관해 이야기하라!

Talk in terms of the other person's interests.

- 루즈벨트 대통령 관저로 방문한 사람은 누구나 그의 해박한 지식과 다양한 관심사에 놀라곤 했다.
- 루즈벨트 대통령은 방문객이 찾아오겠다는 연락을 하면 그 방문객이 특별히 관심을 보이는 분야에 대해 밤늦게까지 독서를 했다.
- 루즈벨트 대통령은 사람의 마음을 사로잡는 지름길은 그 사람이 가장 흥미를 보이는 일에 관해 이야기 하는 것임을 알고 있었다.
- 구직 전문분야의 개척자인 하워드 허지그는 이렇게 말했다. "상대방의 관심사를 화제로 삼는 것은 쌍방 모두에게 이익을 줍니다. 상대방에게 호감을 주는 것은 물론이고 상대방의 관심사에 대해 깊이 있게 듣게 됨으로써 간접적인 경험이나 지식의 폭을 넓힐 수 있기 때문이죠"라고 말했다.

09. 상대방이 자신이 중요하다는 느낌이 들게 하라.
단 성실한 태도로 해야 한다.

Make the other person feel important and do it sincerely.

- 인간이 본성 중에서 가장 강한 것은 바로 인정받고 싶어 하는 욕구이다(철학자인 윌리엄 제임스)
- 예수는 1900년 전에 유대의 바위산 위에서 '그것'을 가르쳤다. 예수는 '그것'을 한마디로 요약했는데 아마도 그것은 이 세상에서 가장 중요한 법칙일 것이다. 남에게 대접받고 싶다면, 먼저 남을 대접하라!
- 사람은 누구나 최소한 한 가지 정도는 남들보다 뛰어난 장점이 있고 은연중에 그것에 대해 자부심을 느낀다. 그러므로 상대방의 마음을 확실하게 사로잡기 위해서는 상대방이 자신 있어서 하는 것을 인정해 주고 그들의 중요성에 대해 진솔하게 표현해야 한다.
- "사람은 누구나 한 가지 이상의 장점이 있다. 그렇기 때문에 저는 누구에게서든 배우고자 합니다."(랄프 왈도 에머슨의 말)

• "사람들에게 그들 자신에 관한 이야기를 해라, 그러면 그들은 몇 시간이고 귀를 기울일 것이다" (영국의 명재상이었던 디즈레일지의 말)

Ⅲ. 자신의 의도대로 상대방을 설득하는 12가지 방법

10. 논쟁에서 이길 수 있는 유일한 방법은 그것을 피하는 것이다 !

The only way to get the best of an argument is to avoid it !

• 논쟁에서 이기는 단 한 가지 방법 ! 그것은 바로 논쟁을 피하는 것이다. 마치 방울뱀이나 지진을 피하듯 논쟁을 피하는 것이다.

• 당신은 논쟁에서 결코 이길 수 없다. 왜냐하면 당신이 논쟁에 지면 지는 것이고, 이긴다 해도 지는 것이기 때문이다. 왜 그럴까요? 예를 들어 다른 사람이 당신의 논쟁 상대가 안 된다는 것을 증명했다고 합시다. 물론 당신의 기분이야 좋겠지만 상대방은 어떻겠습니까? 당신은 그에게 열등감을 안겨주었고, 그의 자존심을 구겨버렸습니다. 결국 그는 당신의 승리를 혐오할 것입니다.

• 오페라 테너가수인 얀 피어스는 50년간의 결혼생활 후에 이렇게 말했다.
집사람과 저는 오래전에 규칙을 하나 만들었습니다.
상대방에게 아무리 화가 나도 그 규칙을 지켜왔죠.
그 규칙이란 한사람이 소리를 지르면 다른 사람은 무조건 잠자코 듣기로 한 것입니다.
두 사람 모두 고함을 지르게 되면 대화는 없어지고 단지 소란과 흥분만 남게 되잖아요.

• 논쟁을 피하고 서로의 의견을 잘 조율하는 것이 논쟁에서 이기는 것입니다.

11. 상대방의 견해를 존중하라
결코 "당신이 틀렸다"고 말하지 말라!

Show respect for the other person's opinions.
Never say, "you're wrong" !

• 미국 26대 루즈벨트 대통령은 재임하고 있을 때, 그는 자기 생각 중에서 75%만 옳아도 더 바랄 것이 없겠다고 고백하였다.

• 20세기의 가장 뛰어난 인물 중 한 사람인 루즈벨트가 그런 소망을 갖고 있었다는 데 당신은 어떠한가요?

• 절대로 "내가 이것을 증명해 보이겠소."라는 말로 시작해서는 안 된다. 그것은 옳지 못한 설득 방법이다. 이 말은 마치 "내가 당신보다 똑똑하니 내 이야기를 들어보고 당신의 생각을 바꾸시오."라고 말하는 것과 같다. 그것은 일종의 도전으로 당신의 도전정신은 상대방의 반감을 불러일으키게 마련이다. 결국 듣고 있던 상대방은 당신이 채 말을 하기도 전에 당신과 싸우고 싶어질 것이다.

- 영국의 시인이자 비평가인 알렉산더 포프는 "사람을 가르칠 때는 가르치지 않는 것처럼 하면서 가르치고, 새로운 사실을 제안할 때는 그 사람이 마치 잊고 있던 것을 다시 떠올린 것처럼 제안하십시오."라고 했다.
- 소크라테스는 "내가 알고 있는 것은 단 한 가지, 나는 아무것도 모른다는 사실입니다"라고 그의 제자들에게 반복해서 말했다.
- 저명한 심리학자인 칼 로저스는 「인간이 되는 길」이라는 저서에서 이렇게 썼다. "맞아요. 지금 봐도 정말 좋은 글귀에요."
- 우리가 다른 사람들이 하는 말을 듣고 나서 제일 먼저 취하는 반응은 그것을 이해하려 하지 않고, 평가나 혹은 판단을 내리려 하는 것이다.
- 벤자민 프랭클린은 그 친구의 충고를 듣고 난 후 저는 남의 의견을 정면으로 반박하거나 제 의견을 단정적으로 말하지 않기로 했습니다. 심지어 '확실히'나 '의심할 나위 없이' 등의 말처럼 단정적인 생각을 나타내는 말이나 글을 모두 쓰지 않기로 했습니다. 그 대신 '...라고 생각합니다. ...라고 여겨집니다.' 혹은 '...인 것 같습니다. 현재로선 이렇게 생각합니다.' 등의 말을 쓰기로 했습니다.
- 그들의 생각이 틀렸다는 말을 하지 말고 그들을 화나게 하지 마십시오. "사람을 설득하려면 외교적이어야 한다"

12. 잘못했으면 즉시 분명한 태도로 그것을 인정하라

If you are wrong, admit it quickly and emphatically.

- 어느 사람이라도 핑계를 대고 변명을 늘어놓을 수 있다. 사실 대다수의 사람이 그렇게 한다. 그러나 자신의 잘못을 시인한다면 자신의 가치를 높이고 또한 훨씬 더 긍정적인 효과를 기대할 수 있다.
- 앨버트 허바드는 미국 전역을 열광하게 만든 가장 독창적인 작가 중 한사람이었습니다. 독자가 허버드에게 글이 마음에 들지 않는다며 거칠게 항의하는 편지를 보내면 허바드는 이런 답장을 보냅니다.
  당신의 지적에 관해 곰곰이 생각해 보니 제가 쓴 글에 저 자신조차 동의할 수 없는 부분이 있더군요. 어제 글이라 해도 오늘 다시 읽어보면 마음에 들지 않는 부분이 있을 때도 있습니다. 이 분야에 대한 당신의 의견을 알게 되어 저는 매우 기쁩니다. 다음에 당신이 이 근처에 오실일이 있을 때 저를 방문해 주시면 이 점에 대해서 함께 검토해 보고 싶습니다. 서로 멀리 떨어져 있지만 저의 악수를 보내는 바입니다. —앨버트 허바드
- 당신의 생각이 옳을 때는 그 생각을 부드럽고 재치 있는 방법으로 사람들에게 전하도록 하고 혹시 당신의 생각이 잘못됐을 때는 솔직하게 인정합시다. 이 방법을 활용하면 놀랄만한 결과를 얻게 될 뿐만 아니라, 누군가의 비난을 받을 때도 자신을 방어하려고 애쓰는 것 보다 훨씬 더 유쾌할 것입니다.

- "싸움을 통해 기대했던 것을 얻기는 어렵다. 그러나 양보를 한다면 당신이 기대한 것 이상을 얻을 수 있다" (옛 격언)

13. 우호적인 태도로 말을 시작하라

Begin in a friendly way.

- 우드로 윌슨 대통령은 "만일 당신이 두 주먹을 불끈 쥐고 저에게 대든다면 저 역시 곧바로 두 주먹을 움켜쥘 것입니다. 그러나 만약 '사람의 생각이 늘 일치하는 것은 아니므로 우리의 의견에 어떤 차이가 있는지 알아보자"라고 말한다면 저 역시 각자가 지닌 생각의 차이와 공통점을 알아 내여 노력할 것입니다. 그렇게 우리는 서로를 이해하려는 인내심과 솔직함으로 진정한 친구가 될 수 있을 것입니다"라고 말했다.
- 만일 어떤 사람이 당신에 대해 분노와 증오를 느낀다면 이 세상의 어떤 논리를 가지고도 그의 마음을 당신이 생각하는 대로 움직일 수 없다.
- 링컨은 100년 전에 ""한 방울의 꿀이 한 통의 쓸게 즙보다 더 많은 파리를 잡을 수 있다."'라는 만고의 진리의 말을 했다.
- 해는 바람보다 빨리 당신의 옷을 벗길 수 있습니다. 마찬가지로 친절과 우호적인 방법은 이 세상의 온갖 공갈이나 협박보다 더 쉽게 사람들의 마음을 바꿔 놓는다.

14. 상대방으로부터 적극적인 긍정을 얻어내라

Get the other person saying 'YES, YES' immediately.

- '다른 사람들이 내 의견에 동의하도록 할 수 있을까?' 하는 '설득의 심리학'에 대해 당신은 알고 있습니까.?
- 다른 사람들이 당신의 의견에 동의하도록 만들고 싶다면 사람들과 이야기할 때 서로 반대 되는 의견을 먼저 논의하지 마십시오.
- 오버스트리트 교수는 "'아니오'라는 반응은 가장 극복하기 어려운 장애요인 입니다. 일단 '아니오'라고 말해 버리면 자존심 때문에 그 말을 고집할 수밖에 없게 되죠"라고 말했다.
  - 일단 한마디 하고 나면 자기가 한 말을 고집해야겠다는 생각을 하게 된다.
  - 그래서 긍정적인 방향으로 말을 시작하는 것이 무엇보다 중요하다.
  - 노련한 연사는 시작부터 "네"라는 반응을 여러 번 끌어낸다.
- '아니요'라는 말을 통해 인체의 모든 기관은 한데 어우러져 거부상태를 빚어낸다. 그 움직임은 대개 미미한 정도이지만 눈에 띌 정도로 심하게 거부현상이 일어나기도 한다.
  - 신경과 근육의 전 조직이 '아니오'의 태도를 보이게 되는 것이다.

▸ 누군가에게 긍정적인 의사를 표현할 때 인체 기관은 적극적이고 수용적이며 개방상태가 된다.

▸ 따라서 처음부터 '네. 그래요'라는 대답을 유도해 내면 낼수록 자신의 의견에 대해 상대방의 관심을 끌어낼 가능성이 높아진다.

- 당신이 상대방의 잘못을 지적하고 싶을 때는 '소크라테스의 대화법' 즉 '네'라는 반응을 끌어낼 수 있는 '소크라테스의 대화법'의 질문을 하도록 하자.
- 부드럽게 걷는 사람이 멀리 간다. (중국인들의 지혜가 풍부한 옛 격언)

15. 상대방의 말에 귀를 기울여라

Let the other person do a great deal of the talking.

- 그들의 일이나 문제점에 대해서는 당신보다 그들이 더 많이 알고 있다.
- 그들은 아직 하고 싶은 말을 다 한 것이 아니므로 당신이 중간에 끼어들지라도 관심을 보이지 않는다.
- 프랑스 철학자인 라로슈푸코는 "만약 당신이 적을 원한다면 친구를 능가하십시오. 그러나 친구를 원한다면 그가 당신을 능가할 수 있도록 해 주십시오."라고 말했다.
- 이 말은 무엇을 의미하는 것일까요? 친구가 우리를 능가할 때 그들은 자부심을 느끼지만 우리가 그들을 능가하면 그들은 열등감과 질투심을 느끼게 됩니다. 당연히 자부심을 충족시킬 사람이 친구로 남겠지요.

16. 상대방과 당신의 아이디어를 공유하라

Let the other person feel the idea is his or hers.

- 사람은 누구나 타인이 강요한 의견보다는 스스로 생각하고 있는 의견을 더 신뢰하기 마련입니다. 그렇다면 당신의 의견을 억지로 다른 사람에게 강요하는 것은 잘못된 판단이 아닐까요?
- 랄프 왈도 에머슨은 그의 에세이집 「자기 신뢰」에서 "우리는 천재의 작품 속에서 우리가 거부했던 생각들을 보게 되는데 그 생각들은 어떤 위엄을 갖춘 채 우리에게 다시 돌아옵니다"라고 말했다.
- 2500여 년 전 중국의 현인 노자는 오늘날 꼭 명심해야 할 이야기 "산에서 흐르는 시냇물이 강과 바닷물에 충성을 바치는 이유는 강과 바닷물이 시냇물 아래에 있기 때문이다" 그리고 "그것이 바로 강과 바닷물이 모든 시냇물을 비배하는 방법이다"라고 이야기를 했다.

▸ "다른 사람의 위에 있고자 하는 사람은 그 아래 있어야 하고 다른 사람의 앞에 서고자 하는 사람은 그 사람 뒤에 서야 하는 법이니라, 그리하면 위에 있다 할지라도 사람들은 그 무게를 느끼지 못하고 앞에 있다 할지라도 사람들은 무례하다고 생각하지 않는 니라."

17. 상대방의 관점에서 사물을 이해하라

Try honestly to see things the other person,s point of view.

- 무엇보다 명심해야 할 것은 설사 그들의 생각이 모두 틀린 것 일지라도 본인은 그렇게 생각하지 않는다는 것이다.
- 상대방의 입장에서 '내가 만약 그의 입장이었다면 어떻게 느끼고 행동했을까'를 생각해 보아야 한다. 그리면 당신의 인간관계 기술을 더욱더 증진시킬 수 있을 것이다.
- 제럴드 니렌버그 박사는 그의 저서 「사람을 사귀는 비결」에서 "대화를 하면서 당신이 다른 사람의 생각이나 감정을 당신의 것처럼 소중하게 여기고 있다는 것을 보여준다면 쉽게 협력을 얻을 수 있습니다" 그리고 "대화를 시작할 때 당신의 목적이나 방향을 제시하고 상대방이 듣고 싶어 할 말을 기준으로 당신의 말을 조절하면서 상대의 말을 너그럽게 수용한다면 상대방도 당신의 말을 받아들이기 마련입니다"라고 말했다.
- 다른 사람에게 뭔가를 요구하기 전에 잠시 눈을 감고 상대방의 입장에 서서 생각을 해보는 것이 어떨까요?
- 하버드 비즈니스 스쿨의 면접담당자였던 딘 더범은 "누군가와 만나기 전에 내가 무엇을 할 것이며 상대방의 관심이나 동기에 비추어 보아 그가 어떤 대답을 할 것인가를 예상하지 않는다면 차라리 사무실 밖에서 2시간동안 서성대는 것이 더 낫다고 생각합니다"라고 말했다.
- 인간관계에서의 성공은 다른 사람의 입장에 서서 그를 이해하려고 하는 마음 자세에 달려 있다.

18. 상대방과 공감대를 가져라

Be sympathetic with the other person's ideas and desires.

- 논쟁의 여지를 없애고 상대방의 선의를 끌어내 당신의 말에 귀 기울이도록 만드는 멋진 '말'을 알고 있습니까?
  - 그것은 바로 '당신이 그렇게 생각하는 것은 당연한 일입니다. 제가 당신의 입장이었다고 해도 그렇게 생각했을 것입니다.'라는 말입니다.
  - 아무리 성질이 고약한 사람일지라도 이런 말을 듣고 나면 성질을 누그러뜨릴 것입니다. 대신 그 말속에 진심이 담겨 있어야 합니다.
- 아더 게이츠 박사는 그의 저서 「교육심리학」에서 "인간은 누구나 동정받기를 원합니다. 어린아이는 자기의 상처를 무척 보여주고 싶어 하며 심지어 동정을 얻기 위해 스스로 상처를 만들기도 합니다. 이와 마찬가지로 어른들도 상처를 보여주고 싶어 하며 사고나 질병, 특히 외과 수술 같은 것은 자세히 이야기하려 합니다. 이처럼 불행에 대한 자기 연민은 모든 인간이 느끼는 감정입니다"라고 말했다.

- 당신이 만나게 되는 사람 중 4분의 3이 이해와 사랑에 굶주려 있습니다. 그들에게 따뜻한 마음을 베푼다면 그들은 당신을 좋아할 것입니다.

19. 보다 고상한 동기에 호소하라

Appeal to the nobler motives.

- 은행가이자 미술품 수집가로 유명한 J. P.모건은 인간의 심리를 분석한 글에서 인간이 어떤 행위를 하는 데에는 두 가지 이유가 있다고 했다. "하나는 그럴듯하게 보이려는 이유이고 나머지 하나는 진짜 이유"라고 말입니다.
  - 진짜 이유는 다른 사람들과 상관없이 본인만 아는 것이다. 사실 우리는 누구나 이상주의자이므로 내심으로는 자신의 행위에 대해 그럴듯한 이유를 붙이고 싶어 한다.
  - 그러므로 사람을 변화시키기 위해서는 좀 더 고상한 동기에 호소해야 한다.
- 토마스는 자신이 취한 방법에 대해 이렇게 말했습니다.
  - 납부 기한이 지난 대금을 받기 위해 일단 고객을 한 사람씩 찾아갔습니다. 그러나 대금 지급에 대해서는 한마디도 하지 않았고 단지 지금까지의 서비스 실태를 조사하고자 방문한 것이라고 말했습니다.
  - 고객의 말을 듣기 전까지는 말씀드릴 의견이 없다는 점을 분명히 말했고 회사 측에 실수가 있을지도 모른다고 인정했습니다.
  - 제가 관심이 있는 것은 오직 고객의 편익이며 차에 대해서는 차 주인인 고객이 최고의 권위자라고 말했습니다.
  - 저는 고객이 하고 싶어 하는 말을 모두 할 수 있도록 기회를 주었고 고객의 관심사에 대해 진지하게 귀를 기울였습니다.
  - 고객이 할 말을 다하고 기분을 가라앉혔을 때, 비로소 저는 자초지종을 설명했습니다. 그리고 "정말 죄송합니다. 두 번 다시 이런 일이 일어나지 않게 하겠습니다. 당신은 공정하고 끈기 있는 분이므로 당신이 우리 회사의 사장이라 생각하시고 청구 금액을 스스로 정정해 주시기 바랍니다. 모든 것을 당신께 맡기겠습니다"라고 말했습니다.

    이 방법은 매우 성공적이었습니다. 그들 중 단 한사람만 논란이 되었던 한목에 대해 한 푼도 지불하지 않았고, 나머지 5명은 청구서에 적힌 금액 모두를 지불했습니다. 무엇보다 재미있는 사실은 그로부터 2년 안에 그 고객 여섯 명 모두가 우리에게서 새 자동차를 구입했다는 것입니다.
- 토마스는 "고객에 대한 정보가 불분명할 때는 '그 고객은 성실하고 정직한 사람이므로 그에게 동기를 유발하면 청구한 금액을 지불할 것'이라고 생각하는 것이 좋다는 사실을 저는 경험으로 알게 되었습니다"라고 말했다.

- 예외적인 경우는 드뭅니다. 진심으로 신뢰받고 정직하고 공정한 인물로 대접받으면 대부분의 사람은 우호적인 반응을 나타냅니다.

20. 당신의 생각을 드라마틱하게 표현하라

Dramatize your ideas.

- 디스플레이 전문가들은 극적인 효과의 힘을 잘 알고 있습니다.
  - ▸ 한 예로 새로운 쥐약을 개발한 어느 업체에서 살아있는 쥐 2마리를 이용하여 점포를 디스플레이 했다고 합니다. 그랬더니 그 주의 매상고가 평상시보다 5배가 높았다고 합니다.
- TV의 CF를 보면 상품 판매를 위해 극적인 테크닉을 사용한 예를 얼마든지 찾아볼 수 있다.
  - ▸ 어떤 광고이든 시청자들에게 그 상품의 장점을 가장 효과적인 방법으로 극대화 시켜 보여줌으로써 사람들로 하여금 그 상품을 사고 싶은 마음이 들도록 하기 위해 최선을 다합니다.
- 청혼할 때에도 마찬가지입니다. 밋밋하게 '사랑한다'고 말하는 것보다 극적인 연출로 자신의 마음을 호소하면 누구나 감동을 하게 마련입니다.
  - ▸ 그래서 사람들은 사랑하는 사람을 감동하게 하기 위해 무진 애를 씁니다.
  - ▸ 특히 남자 중에는 청혼하기 전에 낭만적인 분위기를 연출하는 사람들이 많습니다. _ 창문을 열어 다오 _'오- 나의 사랑'

21. 선의의 경쟁심을 불러일으켜라

Throw down a challenge.

- 남보다 뛰어나고 싶어 하는 욕구를 자극하십시오! 그것이 발전하고자 하는 모든 사람에게 호소할 수 있는 가장 완벽한 방법이다.
- 파이어스톤 타이어 제조회사의 설립자인 하비 파이어스톤은 "월급만으로 사람이 모이고 인재가 확보되는 것은 아닙니다. 일 그 자체가 인재를 불러들이게 됩니다"라고 말했다.
- 위대한 행동 과학자 중의 한 사람인 플드릭 헤르츠버그도 그가 발견한 동기유발의 가장 큰 요인은 바로 일 '그 자체'이었다.
  - ▸ 일이 신나고 재미있으면 그 일에 대해 기대를 하게 되고 더 잘 해보려는 동기도 생기게 된다. 그것은 남들보다 많이 뛰어나고자 하는 욕구이자 자부심을 얻고 싶은 욕구이다.

Ⅳ. 21세기형 리더가 될 수 있는 9가지 방법

22. 칭찬과 감사의 말로 시작하라

Begin with praise and honest appreciation.

- 모든 사람은 열심히 주어진 일에 열심히 일을 하다보면 간혹 잘못과 실수를 범할 때도 있다. 잘못과 실수를 저지른 사람을 대할 때는 그 전의 일과 행동에 대한 공노와 칭찬을 먼저하고 잘못과 실수를 지적하여 주어야 한다.
- 칭찬은 치료에 들어가기에 앞서 치과 의사가 환자의 고통을 줄이고 치료를 쉽게 하기 위해 사용하는 마취제와 같습니다.
  - 마취제는 이를 뽑는 고통을 억제해 주는 것이다. 진정한 리더는 그런 방법으로 사람을 대하여야 한다.

23. 잘못을 간접적으로 알게 하라

Call attention to people's mistakes indirectly.

- 1887년 3월 8일, 뛰어난 설교가인 헨리워드 비처가 사망하자, 그의 후임으로 라이먼 애보트가 초청되어 설교하게 되었다.
  - 마침내 설교 문이 완성되자, 그 글을 아내에게 읽어 주었다.
  - 그런데 그의 설교문은 마치 논설문처럼 딱딱하고 지루했다.
  - 그녀는 남편에게 "당신의 글이 「노스아메리칸 리뷰」지에 실리면 훌륭한 기사가 될 거예요."라고 말했다.
  - 그녀는 남편의 글을 칭찬하면서 동시에 논문이라면 몰라도 설교 문으로는 적당치 않다는 것을 넌지시 암시했다.
  - 라이먼 애보트는 아내의 뜻을 이해하고 열심히 준비했던 설교 문을 찢어 버렸다. 그리고 아예 글을 작성하지 않고 즉석, 연설했다. 물론 그의 연설은 생동감이 넘쳐흐르는 훌륭한 것이었다.
- 다른 사람의 실수를 바로잡아 주는 데 있어서 효과적인 방법은 잘못을 간접적으로 알게 하는 것이다.

24. 상대방을 비난하기 전에 자신의 잘못을 먼저 인정하라

Talk about your own mistakes before criticizing the other person.

- "너 자신을 알라"(소크라테스)
  - 대부분 사람들은 자기 잘못이나 실수, 그리고 단점을 자기합리화 시키는 경향이 너무 강하다.
  - 그것은 자기중심적 사고와 이기주의에서 출발한다.

25. 직접 명령하지 말고 부탁하라

Ask question instead of giving direct orders.

- 어느 회사에서 매우 큰 규모의 주문을 받았으나, 아무리 궁리를 해봐도 납품기한을 맞출 수가 없을 것 같았지만, 하지만 공장장은 그 일을 해내고 싶었다.
- 생각다 못해 그는 구성원들에게 무조건 일을 더 많이 그리고 더 열심히 하라고 명령하는 대신 그들을 한곳에 모아놓고 상황을 설명해 주었으며 제날짜에 주문량을 생산해 냈을 때, 회사와 그들에게 돌아갈 커다란 이득에 대해 자세히 알려주었다.
- 그러고 나서 "우리가 이 주문량을 처리할 수 있는 효과적인 방법이 없을까요?"라고 질문을 했다.
- 구성원들은 여러 가지 아이디어를 내놓았고 그 주문을 받아들일 것을 강력히 주장했다. 그들은 '할 수 있다'는 태도로 그 일에 임했고 결국 주문량을 제날짜에 납품할 수 있었다.
- 한 사람의 지원자는 억지로 끌려온 열 사람보다 많이 났다. (아프리카속담)
- 상사가 제시한 계획은 구성원에게 명령일 뿐이다. 하지만 구성원을 시작 단계부터 참여하도록 하면 구성원 개인의 사명이 된다.

26. 상대방의 자존심을 지켜주어라

Let the other person save face.

- 제널럴 일렉트릭 사는 기획 부서장인 찰스 스타인메츠를 다른 부서로 이동시켜야 하는 미묘한 상황에 처하게 되었다.
- 스타인메츠는, 전기에 관해서는 천재적이었지만 기획 부서장으로는 부적합한 인물이었다.
- 이때 회사는 그의 자존심에 상처를 주지 않고 그가 맡았던 부서장 자리를 다른 사람에게 맡기는 지혜를 발휘했다.
  - 회사는 스타인메츠를 위해 전기고문 기사라는 새로운 직함을 만들었으며, 그 또한 그 직함을 아주 만족스러워했다. 그리고 제너럴 일렉트릭 회사의 간부들 역시 성미가 괴팍한 인물의 인사문제를 말썽 없이 처리할 수 있었다.
- 전설적인 프랑스의 선구적 비행사이자 작가인 생텍쥐페리는 "나에게는 상대방을 위축시킬 수 있는 말이나 행동을 할 권리가 없다. 중요한 것은 내가 그 사람에 대해 어떻게 생각하느냐가 아니고 상대방이 자기 자신에 대해 어떻게 생각하느냐 하는 것이다. 사람의 존엄성에 상처를 주는 것은 죄악이다"라고 글을 남겼다.

27. 사소한 일에도 칭찬을 아끼지 말라. 또한 진전이 있을 때마다 칭찬을 하라.
"동의는 진심으로, 칭찬은 아낌없이"하라

Praise the slightest improvement and praise every improvement.
Be "hearty in your approbation and lavish in your praise."

- 조그만 진전이라도 보이면 칭찬해 주자. 그것은 상대방의 사기를 높이고 열심히 하고자 하는 욕구를 불러일으켜 그를 발전시킨다.
- 심리학자인 제수 레어는 자신의 저서 「나는 대단한 사람은 아니지만, 나에게는 내가 전부다」에서 "칭찬은 인간의 정신에 비치는 따뜻한 햇볕이라고 할 수 있습니다. 따라서 칭찬이 없다면 우리는 자랄 수도, 꽃을 피울 수도 없습니다. 그럼에도 불구하고 우리들 대부분은 다른 사람들에게 걸핏하면 비난이라는 찬바람을 퍼붓기 일쑤고 웬일인지 이웃이나 동료에게 칭찬이라는 따뜻한 햇빛 을 주는데 인색합니다"라고 말하고 있다.
- 능력은 비난 속에서는 시들지만, 격려 가운데서는 찬란한 꽃을 피우는 법이다.
- 칭찬은 고래도 춤추게 한다. (켄 블렌챠드)

28. 상대방에게 장점으로 동기부여 하라

Give the other person a fine reputaion to live up to.

- 사무엘 보크레인이 볼드윈 기관차 공장의 사장으로 있을 때 "상대방의 좋은 점을 찾아내 그것에 대해 칭찬해 주면 사람들을 쉽게 이끌어 갈 수 있습니다"라고 말 한 적이 있다.
  - 만약 당신이 어떤 사람의 특정한 면을 개선하고자 한다면 바로 그 특정한 면이 그 사람의 장점인 것처럼 이야기하십시오 !
- 세익스피어는 "만일 그대가 지닌 장점이 없으면 장점이 있는 것처럼 생각하고 행동하십시오 ! "라고 말했다.
  - 다른 사람들에게 당신이 계발시켜주고 싶은 장점이 있다면 그것에 대해 자주 말하십시오.
  - 그들의 장점을 칭찬하십시오. 그러면 그들은 당신을 실망하게 하지 않으려고 온갖 노력을 다할 것입니다.

29. 격려하라
잘못은 쉽게 고칠 수 있다고 느끼게 하라

Use encouragement and Make the fault seem easy to correct.

- 당신은 상대방에게 무능하다거나 재능이 없다거나 제대로 하는 일이 하나도 없다고 비난한 적이 있습니까?

- ▸ 그렇다면 당신은 그들이 지니고 있던 잘해보고자 하는 마음의 싹조차 모조리 파괴해 버린 셈입니다.
- 그 반대 방법을 한번 사용해 보십시오.
  - ▸ 즉, 격려를 아끼지 않고 일을 쉽게 할 수 있다고 생각하게 하고 당신이 상대방의 능력을 믿고 있다는 것을 알려 주십시오.
- 인간관계에 있어서 뛰어난 재능을 지녔던 로웰 토마스는 이런 방법을 사용했습니다.
  - ▸ 저는 사람들에게 자신감을 불어넣어 주고 용기와 신념을 갖도록 격려해 주었습니다.
  - ▸ 다른 사람이 발전하도록 도와주고 싶다면 이 원칙을 이용해 보십시오.
- 치켜세우고, 배려하고, 돕는 것이 지도력의 덕목이다.
- 성공의 비결은 험담하지 않고 상대의 장점을 들춰내는 데 있다. (벤자민 프랭클린)

30. 상대방이 기분 나쁘지 않게 제안하라

Make the other person happy about doing the thing you suggest.

- 훌륭한 리더는 사람의 행동이나 태도를 바꿀 필요를 느꼈을 때, 다음과 같은 사항을 염두에 두고 있어야 한다.
  - ▸ 리더는 성실해야 한다. 섣부른 약속은 하지 말고 자신에 대한 이익보다 다른 사람에 대한 이익에 집중한다.
  - ▸ 리더는 다른 사람이 무엇을 원하는지 정확하게 알고 있어야 한다.
  - ▸ 리더는 상대방의 의견에 진심으로 동감할 줄 알아야 한다.
  - ▸ 리더는 상대방이 제의하는 일을 함으로써 그 사람이 어떤 이익을 얻게 되는지를 생각해야 한다.
  - ▸ 리더는 자신의 이익과 다른 사람의 소망을 일치시킬 줄 안다.
  - ▸ 리더는 누군가에게 부탁할 때, 그 일을 통해 상대방에게 돌아가는 이익에 대해 암시할 줄 안다.
- 우리가 만나는 사람들이 그들에게 숨겨진 보물을 깨닫게만 할 수 있다면 우리는 그 사람들을 직접 바꾸는 것 이상의 일을 해낼 수가 있다.

저자 약력

백　석(佰 晳)

경영학박사, 경영지도사
서경대학교 대학원에서 박사학위를 취득하고 호원대학교 산업체대학 책임교수,
청운대학교 산업체대학 초빙교수, 중국 사천대학교 경제학원(대학원) 객좌교수,
서경대학교 경영대학원 주임교수를 역임하였다.
현재는 국제경영컨설팅 대표컨설턴트, 중소기업청 등록 경영컨설턴트,
KLEDI 한국평생교육개발원 이사, 한국서예신문 사장으로 활동하고 있으며,
주요 관심분야 및 저서는 인간관계성공학, 평생교육경영학, 인사조직관리,
인간관계론(리더십, 커뮤니케이션, 동기부여), 경영컨설팅 등이다.

최 정 민 그림

웹툰 작가
상명대학교 만화학과를 졸업하고 명지대학교 웹툰콘텐츠학과 겸임교수,
한국만화영상진흥원, K-comics 아카데미 자문위원, 강사로 활동하고 있다.
〈저서〉 혼자서도 할 수 있는 홍보웹툰 제작노트(앤서북)
〈이모티콘〉 홍아가 간다 시리즈(카톡, 네이버밴드)

인간성공 경영

초　판 1쇄 인쇄 ── 2022년 2월 10일
초　판 1쇄 발행 ── 2022년 2월 15일
지은이 ── 백석(佰晳)
그린이 ── 최 정 민
펴낸이 ── 전 두 표
펴낸곳 ── 도서출판 두남
서울시 강동구 성내로 6길 34-16 두남빌딩
신 고 : 제25100-1988-9호
TEL : 02) 478-2065~7, 2311
FAX : 02) 478-2068
E-mail : dunam1@unitel.co.kr
http://www.dunam.co.kr

정가 22,000원

ISBN 978-89-6414-936-2 03330